Wolfgang Schenkluhn · ORDINES STUDENTES

Wolfgang Schenkluhn

ORDINES STUDENTES

Aspekte zur Kirchenarchitektur der Dominikaner

und Franziskaner im 13. Jahrhundert

Gebr. Mann Verlag · Berlin

Gedruckt mit Unterstützung des Förderungs-
und Beihilfefonds Wissenschaft der VG WORT

CIP-Kurztitelaufnahme der Deutschen Bibliothek

Schenkluhn, Wolfgang:
Ordines studentes: Aspekte zur Kirchenarchitektur
d. Dominikaner u. Franziskaner im 13. Jh. /
Wolfgang Schenkluhn. – Berlin: Mann, 1985.
ISBN 3-7861-1409-9

D 4
Copyright © 1985 by Gebr. Mann Verlag · Berlin
Alle Rechte vorbehalten
Satz: Utesch Satztechnik GmbH · Hamburg
Lithos: Carl Schütte & C. Behling · Berlin
Druck und Verarbeitung:
Jos. C. Huber KG · Dießen/Ammersee
Printed in Germany · ISBN 3-7861-1409-9

Inhalt

Vorwort 7

I. Mendikantenkirchen als Geschichtsmonumente
   1. Säkularisation, Romantik und philosophische Ästhetik. 9
   2. Denkmalpflege und ästhetischer Historismus. 11
   3. Akademische Kunstgeschichte und Bauwissenschaft 13

II. Mendikantenkirchen als Stilprodukte
   1. Voraussetzungen: Raumkategorie, Spätgotik und Hallenideologie 16
   2. »Bettelordenskirchen« aus expressionistischer und funktionalistischer Sicht . . . 19
      Die Arbeit von Richard Krautheimer. 19
      Der Ansatz von Werner Gross 21
   3. Nachwirkungen: Die Etablierung des funktionalistischen Blicks 24

III. Problemstellungen
   1. Formfragen: Typ und Stil. 26
   2. Inhaltsfragen: Utilität und Ideologie 31

IV. Ordensgründung, Studium und Kirchenbau
   1. Konflikte unter Minderbrüdern 34
   2. Dominikus und der Predigerorden 39
   3. Konkurrenz der *Ordines studentes* 43

V. Dominikaner und Franziskaner in Paris
   1. Das Verhältnis beider Orden zur Universität 46
   2. Dominikanische Konventsgründung 51
   3. Kirche und Kloster *St. Jacques* 55
      Topographie 55
      Analyse der Kirche 59
      Das Hospital als Vorbild für Mendikantenkirchen 62
      Zum Kollegienaspekt von St. Jacques 68
      Nachbilder: St. Jacques in Toulouse 72
   4. Franziskanische Niederlassungsprobleme 76
   5. Zur Kirche *Sainte Madeleine* 78

VI. Dominikaner und Franziskaner in Bologna
   1. Die Ankunft der Dominikaner und der Erwerb von San Nicolò delle vigne . . . 85
   2. Die Kirche *San Domenico* 86
      Der Bauverlauf nach den Quellen 86
      Analyse der Kirche nach Dotti's Umbauplänen 90

		Merkmale	92
		Vorbilder.	94
		Rezeptionen	100
	3.	Die verspätete Ansiedlung der Franziskaner	114
	4.	Die Kirche *San Francesco*	122
		Urteile der Kunstgeschichte	122
		Baubeschreibung.	124
		Vorbilder: Notre-Dame in Paris und die Zisterzienserkirche Clairvaux II	136
		Deutungen: Wissenschaft und Ordensleben	158
		Optische Phänomene – ästhetische Prinzipien	163
		Rezeptionen	170
	5.	Exkurs: San Francesco in Assisi	185
VII.	Dominikaner und Franziskaner in Köln		
	1.	Zur Ausbreitung beider Orden in Deutschland	204
	2.	Dominikaner in der Stadt.	205
	3.	Die *Heiligkreuzkirche*	208
		Rekonstruktion	208
		Ableitungsversuch	211
	4.	Die franziskanische Ansiedlung in Köln	213
	5.	Die *Minoritenkirche*	214
		Ein ursprünglicher Hallenbau?	214
		Bologna als Vorbild	221

Nachwort: Zusammenfassung und offene Fragen 231

Literaturverzeichnis 235

Register 245

Abbildungsnachweis 251

Vorwort

Der Titel dieser Arbeit ist durchaus als eine Herausforderung zu verstehen, da die Kunstgeschichte bislang die Orden des hl. Dominikus und des hl. Franziskus allein als *Ordines mendicantium* (»Bettelorden«) begreift. Sie sieht darum auch die bestimmenden Momente für die Kirchenarchitektur beider Orden zu ausschließlich im Armutsgebot und im Predigtauftrag gegeben. Der Begriff »Predigtscheune« ist wohl der bekannteste Ausdruck für diese Auffassung und kennzeichnet zugleich eine auf utilitäre Begründungen aufgebaute Architekturbetrachtung. Dagegen muß hier vorab festgestellt werden, daß keine der architekturgeschichtlich relevanten Kirchen der Dominikaner und Franziskaner aus dem »Geiste der Armut« oder den wortgewaltigen Predigten der Mendikanten entstanden ist. Zweckrationale Bedingungen haben allein keine form- oder gar typenprägende Kraft. Diese vom Funktionalismus entwickelte und in die Geschichte der Architektur projizierte Vorstellung ist inzwischen selbst als eine geschichtlich bedingte erkannt. Historisch gesehen waren es noch immer die Bauherren, die – auf Grund bestimmter Anforderungen – mit Hilfe ihrer Architekten Bauwerke konzipiert haben, die über die utilitäre Seite hinaus *ideologischen Ansprüchen* genügen mußten. Aber gerade die Darstellungsweise des Auftraggebers im Medium der Architektur – in unserem Falle der ordensspezifische Anteil an der Mendikantenarchitektur – ist bis heute weitgehend unberücksichtigt geblieben. Die Auffassung der »Bettelordenskirche« als einer »reinen Predigt- oder Volkskirche« unterstellt, daß die Architektur an sich nurmehr eine bedeutungslose Hülle für die Versammlung der gläubigen Masse sei. Entsprechend verbreitet ist die Vorstellung, daß insbesondere die Mendikantenkirchen an der Profanisierung des mittelalterlichen Kirchenraums entscheidenden Anteil hatten. Doch das Umgekehrte ist der Fall, beachtet man die durch die Architektur sich ausdrückenden Absichten und Ziele beider Orden.

Der Kirchenbau der Dominikaner und Franziskaner begann nämlich erst mit der gezielten Verbreitung und Niederlassung beider Orden in den Städten. Zuvor bedurften beide Gemeinschaften zur Verwirklichung ihres Armutsgebotes und ihrer Predigttätigkeit weder der Kloster- noch der Kirchenbauten. Im Dienste der Kirche und privilegiert vom Papst, hatten sie jetzt die weitgespannte Aufgabe übernommen, häretische Bewegungen aller Art zu bekämpfen, und – wenn möglich – wieder an die katholische Auffassung zu binden. Diese umfangreiche Zielsetzung war ohne eine entsprechende *theoretische Ausbildung* und ohne eine *funktionsfähige Organisation*, die in der Lage war, ein Netz von Niederlassungen zu leiten, nicht zu leisten. Hierzu bot weder Assisi, aus dem die Gemeinschaft der *Fratres Minores* hervorgegangen war, noch Toulouse, wo der kleine *Ordo Praedicatorum* sein erstes Zentrum hatte, die nötigen Voraussetzungen. Allein die »Hohen Schulen des Abendlandes« kamen als Ausgangsbasis in Betracht. Und so zogen die Brüder beider Gemeinschaften vor allem nach Paris und Bologna, um nur die zwei bedeutendsten Universitätsstädte des Mittelalters zu nennen. In diesen Metropolen ließen sie sich nieder, wetteiferten um Gelehrigkeit und organisationsfähige Gelehrte, bauten ihre Konvente zu Ordens- und Bildungszentren aus und entwickelten sich dergestalt rasch zu *Ordines studentes*. Ohne diesen Gang an die Universitäten hätten wohl beide Orden niemals die führende Rolle in den kirchlichen »Reformbestrebungen« der Zeit einnehmen können, ja sie wären gewiß eine vorübergehende Erscheinung geblieben, wie so viele predigende Bruderschaften aus der sogenannten Armutsbewegung des 12. und 13. Jahrhunderts. Die Kirchen, die Dominikaner und Franziskaner in den Bildungsmetropolen errichteten, reflektieren in eigentümlicher Weise ihren in der Ordenslandschaft neuartigen Status, nämlich Ordensangehörige und Studierende zugleich zu sein, und »sprechen« deutlich über die Konkurrenzsituation, in der beide Gemeinschaften sich befanden. Für die Mendikantenarchitektur allgemein stellten diese Kirchen entscheidende Weichen.

Unter dem Eindruck dieser kurz geschilderten Zusammenhänge und dem Bild, das die Kunstgeschichte für gewöhnlich von den Kirchen der Dominikaner und Franziskaner zeichnet, steht die vorliegende Arbeit. Sie versucht, einige der angedeuteten Aspekte an ausgewählten Beispielen aus der Frühzeit beider Orden darzustellen und so für eine noch zu schreibende Geschichte der Mendikantenarchitektur zu problematisieren. Wenn im folgenden trotzdem der Begriff »Mendikanten« verwendet wird, dann nur deshalb, weil es an einem geeigneteren Pluralis mangelt. Dem 13. Jahrhundert war das Charakteristikum der sogenannten »Bettelorden« durchaus bewußt: »*Nicht als* Ordines mendicantium *bezeichnete man die Prediger und die Franziskaner, sondern sie sind die* Ordines studentium *schlechthin*« (I. W. Frank, 1966, S. 189).

Die vorliegende Arbeit war im Februar 1983 abgeschlossen und lag dem Fachbereich Neuere deutsche Literatur und Kunstwissenschaften der Philipps-Universität in Marburg als Dissertation vor. Ihre Entstehung verdankt sie in erster Linie der Unterstützung und Geduld von Bärbel, meiner Mutter und der Familie Lauterbacher, sowie der Betreuung und Förderung durch Prof. Dr. Hans-Joachim Kunst und Prof. Dr. Alexander Perrig. Hans-Joachim Kunst bin ich besonders dankbar für sein ständiges Interesse und die Bereitschaft, zentrale Thesen dieser Arbeit »vor Ort« – in Bologna und Assisi – zu diskutieren. Ohne seine grundlegenden Gedankengänge hätte diese Arbeit in dieser Form nicht geschrieben werden können. Mein besonderer Dank gilt auch meinen Kommilitonen und Freunden Horst Ahlheit, Dr. Dieter Bartetzko, Dr. Uwe Geese, Dr. Hans-Peter Schwarz, cand. phil. Peter van Stipelen und cand. phil. Edgar Zieser. Sie alle haben mir in Gesprächen und auf gemeinsamen Fahrten entscheidende Anregungen vermittelt.

Für die Drucklegung wurde das Manuskript in einigen Teilen verbessert und der Bildteil erweitert. Bei der Beschaffung der Bilder war mir Foto Marburg jederzeit in entgegenkommender Weise behilflich. Besonders bedanken möchte ich mich bei den Fotografen Ramesh Amruth, Jan Gloc und Paul Haag, die für mich in Italien und England fotografierten, sowie bei Dr. Brigitte Walbe. Daß das Manuskript in Buchform erscheinen kann, verdanke ich dem uneingeschränkten Interesse und Bemühen des Gebr. Mann Verlages, Berlin, und dem großzügig gewährten Zuschuß des Förderungs- und Beihilfefonds Wissenschaft der VG Wort in München.

Das Buch widme ich meinem kleinen Sohn David, der es später vielleicht einmal lesen wird.

Marburg, im März 1984   Wolfgang Schenkluhn

I.
Mendikantenkirchen als Geschichtsmonumente

> »... die Rezeptionsdokumentationen fordern eine Unterscheidung zwischen dem realen und dem wissenschaftlichen Gegenstand, zwischen dem allgemeinen und dem wissenschaftlichen Diskurs.«[1]

1. Säkularisation, Romantik und philosophische Ästhetik

Die mittelalterlichen Kirchen der Dominikaner und Franziskaner findet man unter dem Begriff »Bettelordenskirchen« um die Mitte des 19. Jahrhunderts in den großen Kunstkompendien versammelt.[2] Das ist nicht zufällig so, da diese Handbücher und Weltkunstgeschichten – die zugleich den Übergang der Kunstgeschichte aus dem philosophisch-ästhetischen in den kulturgeschichtlichen Kontext markieren[3] – erstmals die Breite mittelalterlichen Bauens zu erfassen und zu würdigen wußten.

Der Prozeß, der zu diesen umfassenden Darstellungen führte, reicht zurück bis in die Aufklärungszeit und steht im Zusammenhang mit der Entfaltung eines bürgerlichen Geschichtsbewußtseins. Die geschichtsphilosophischen Ansätze, die hier noch vor dem Bruch des Bürgertums mit der feudalen Welt ausgearbeitet worden sind und den drohenden Identitätsverlust mit der Tradition aufzufangen suchten,[4] verhinderten zunächst jedoch nicht die mit der Entmachtung und Aneignung der Institutionen verbundene reale Zerstörung kirchlicher und weltlicher Bauwerke. Die Säkularisation in Frankreich (1789) und Deutschland (1803) brachte den Ausverkauf der Kirchengüter, ihre Verstreuung in Privathände. Die Profanierung machte die Klosteranlagen für weltliche Nutzung frei und führte vielerorts zum Abriß der Klosterkirchen.[5]

---

[1] In den Anmerkungen ist die Literatur abgekürzt zitiert. Die vollständigen Titel entnehme man dem Literaturverzeichnis am Ende der Arbeit. – H. Dilly, 1979, S. 44.

[2] Gemeint sind u. a. die Werke von: F. Kugler, 1842 und 1858 ff., C. Schnaase, 1843 ff., A. Springer, 1855, W. Lübke, 1855.

[3] Zum Verhältnis von Ästhetik und Geschichte siehe: H. Dilly, 1979, S. 80–88 und S. 207–232. H. u. H. Schlaffer, 1975, passim.

[4] Zu den geschichtsphilosophischen Ansätzen siehe den Aufsatz von Hannelore Schlaffer in: H. u. H. Schlaffer, 1975, S. 23–71.

[5] Mittelalterliche Ordenskirchen, besonders die der Dominikaner und Franziskaner, waren den zeitgeschichtlichen Ereignissen schon immer stark ausgesetzt. Ein Überblick hierzu fehlt bis heute. Für den deutschsprachigen Raum seien hier einige Etappen angemerkt. Die folgenden Daten sind alle den entsprechenden Inventarwerken entnommen.
Reformation und Bauernkrieg: Viele Konvente der Mendikanten wurden aufgehoben, geräumt und anderen Nutzungen zugeführt, abgerissen oder dem Verfall preisgegeben.
Zerstört wurde die Dominikanerkirche (im folgenden abgekürzt DK) in Eisenach, abgerissen wurde die Franziskanerkirche (im folgenden abgekürzt FK) in Straßburg (Langhaus, 1528), die FK Colmar

Ein neues Verständnis für die »freigesetzten« mittelalterlichen Kirchen entwickelte sich erst wieder in den Kreisen der Romantiker. Ihnen war »*. . . das Gefühl der Baukunst eigentlich der Träger des übrigen Kunstsinns.*«[6] Sie blieben nicht mehr, wie Goethe, vor den Fassaden der gotischen Dome stehen, sondern fanden in den Kirchen, wie Schlegel, »*. . . die ewige Gegenwart und Aura der Kunst.*«[7] Die emphatische Erfassung des Raumatmosphärischen durch die Romantik ließ den zerbrochenen geschichtlichen Kontext der Kathedralen vergessen und ermöglichte ihre ästhetische Aneignung. Wald- und Kristallmetaphern traten bei der Beschreibung gotischer Kirchenräume in den Vordergrund.[8] Das gesamte Kirchengebäude wurde gleichsam als Reliquiar begriffen, dessen Raumatmosphäre das Heilige schlechthin barg. »*Die Atmosphäre des Mittelalters macht fromm; sie gibt Religion; sie birgt in sich Transzendenz. Wollte man Religion haben, so brauchte man Stil und Atmosphäre mittelalterlicher Dome.*«[9]

Mit dieser Wandlung des Sakralbegriffs kündigte sich zugleich die Neogotik an.[10] Doch Kirchengebäude, wie die der Mendikanten, entzogen sich noch dem romantischen Kunstverständnis. So setzte sich Schlegel in seinen »*Ansichten und Ideen von der christlichen Kunst*« zwar für die Beachtung und Erhaltung mittelmäßiger Denkmäler ein, doch erwähnt er in seiner Beschreibung der Kölner Kirchen die bedeutenden Mendikantenbauten der Stadt mit keinem Wort.[11] Noch im selben Jahr des Erscheinens seiner Schrift wurde die kunstgeschichtlich so wichtige Kölner Dominikanerkirche abgerissen.

Letztlich zielte die romantische Architekturhistoriographie auf die Summa aller gotischen Kirchen: *die Kathedrale*. Dieses Anliegen hat sie mit den geschichtsphilosophischen Ansätzen der Zeit gemein. So begreift Hegel die Kunst als eine Stufe auf dem Weg der Entfaltung des Geistes, die, nach der Seite ihrer höchsten Bestimmung hin, eine Vergangene ist. Wahrheit kommt der Kunst nur noch in der denkenden Betrachtung der Philosophie zu, und dort hat das Einzelkunstwerk nur dann seinen Platz, wenn es der »*wissenschaftlich-systematischen*

(Langhaus, 1528), die DK Genf (1530), die FK Bern (1535); die FK Worms zerfiel ungenutzt (1528 ff.); im DK-Kloster Marburg wurde 1527 die Universität eröffnet; in Osnabrück wehrten sich die Dominikaner gegen eine Vertreibung und verharrten im Konvent.
Beide Orden erhielten nach der Reformationszeit viele ihrer Konvente zurück, teilweise wurden sie den Jesuiten übergeben: FK Trier (1570), FK Mainz (1577). 1597 wurde die DK Bremen zum Zeughaus der Stadt, im selben Jahr wurde die FK Eisenach abgerissen. Wieviele Mendikantenkirchen dem *Dreißigjährigen Krieg* zum Opfer fielen, vermag ich nicht zu sagen. 1624 wurde die FK Stralsund zerstört. Die Truppen Ludwig XIV. verbrannten 1689 mit den Städten auch die DK und FK Worms, die DK (Langhaus) und FK Speyer, die FK Pforzheim (Langhaus). Im *18. Jahrhundert* brach man die FK Mainz ab (1742), zerstörte den Chor der FK Straßburg (1765), zerstörte die FK Frankfurt für den Neubau der Paulskirche (1786). In der *Säkularisationszeit* wurden unter anderem abgerissen: die DK Köln (1804), die DK Hagenau (1804), die DK Mainz (1806), die DK Nürnberg (1807), die DK Trier (1812), die FK Wismar (1816), die DK Lübeck (1818), die DK Soest (1820) – von Teilabrissen ganz zu schweigen. Die DK Frankfurt und die FK Bremen wurden zu Warenspeichern (1802); die FK Koblenz Teil eines Hospitals (1804); die FK Münster Teil einer Kaserne (1804). Damit sind bereits die wesentlichen Verwendungszwecke genannt, denen die Mendikantenkirchen nach 1800 günstigstenfalls anheim fielen.

[6] F. Schlegel, 1959, Bd. 4, S. 153/54.
[7] H. Schlaffer, 1975, S. 53.
[8] H.-J. Kunst, 1979, S. 20 ff.
[9] C. Werner, 1968, S. 68.
[10] Wesentlich für das Sakralverständnis der Zeit waren die Schriften Schleiermachers (Vgl. P. Tillich, 1972).
[11] F. Schlegel, 1959, Bd. 4 und S. 168 und 179 ff.

Entwicklung« dient.[12] Eine breite und unphilosophische Auseinandersetzung mit ihm brandmarkt Hegel als »... *eine Art gelehrten Müßiggangs.«*[13] Von der mittelalterlichen Baukunst gibt er einen vom Einzelkunstwerk abgezogenen Begriff wieder, der unter dem bezeichnenden Titel *»Romantische Architektur«* verhandelt wird.

2. Denkmalpflege und ästhetischer Historismus

Gegen die summarisch verfahrende Ästhetik wenden sich die Kunstkompendien eines Kugler, Schnaase oder Lübke. Sie nehmen getreulich jedes ihnen bekannte mittelalterliche Bauwerk auf, also auch die Kirchen der Dominikaner und Franziskaner. Das Geschichtsverständnis, das sich in diesen Werken kundtut, ist politisch-restaurativ geprägt. So schreibt der um eine staatliche Denkmalpflege bemühte Kugler[14] 1837 die folgenden aufschlußreichen Sätze:
»*Auch dürfte in der That den Regierungen aus einem solchen Institute ein kräftiger Wall gegen die befangene Umwälzungslust unsrer Tage erwachsen; den Beweis des Gegentheils wenigstens hat die Geschichte geführt. Die französische Revolution, die einen ganz neuen Zustand der Dinge hervorrufen wollte und es wohl erkannte, wo Treue, Anhänglichkeit und Vaterlandsliebe ihren Sitz haben, begann folgerecht damit, dass sie die theuersten Gedächtnisstätten und Heiligthümer des Volkes in frechem Muthe zernichtete und schändete.«*[15]

Nicht die Kunst als Kunst, sondern die Kunstwerke als vaterländische Heiligtümer und Horte gegen die Umwälzungslust verdienen höchste Aufmerksamkeit und lassen jedes einzelne registrierwürdig erscheinen. Ihre Hüter sind die jungen Kunst- und Altertumsvereinigungen, die, um ihre Erhaltung und Erfassung bemüht, wertvolle Vorarbeiten für die Handbücher leisten.[16]

Den kunstfrommen Romantikern kam eine Restaurierung der Transzendenz bergenden Kirchen noch kaum in den Sinn. Dem Bürgertum nach 1830 aber wurde die Vergänglichkeit der vaterländischen Bauwerke zu einem dringenden Problem, weil sich in ihrem Zustand ihre eigene Vergänglichkeit auf das Unangenehmste spiegelte. Dieser Zusammenhang mag auch das beflügelnde Motiv eines Viollet-le-Duc gewesen sein, die alten Revolutionswunden an der Kathedralfassade von Notre-Dame in Paris zu schließen.

Eine Restaurierung mittelalterlicher Kirchen hatte den »Ursprungszustand« anzustreben, um nicht nur die letzte stürmische Veränderung zu beseitigen, sondern Veränderung überhaupt. Das betraf auch jede »modernistische Zutat«, die man bekämpfte, wie die Debatten um die Wiederherstellung der ehemaligen Dominikanerkirche in Neuruppin (1838) und der Franziskanerkirche in Berlin (1842–45), zwei frühe Restaurierungsprojekte, zeigen. Gegen das Vorhaben, der Berliner Klosterkirche eine Doppelturmfassade vorzulegen, liest man im Protokoll des *»Vereins für Erforschung und Erhaltung der Altertümer in der Mark*

---

[12] G. W. F. Hegel, ³1976, Bd. 1, S. 22/23 und Bd. 2, S. 21.
[13] G. W. F. Hegel, ³1976, Bd. 2, S. 21.
[14] Seit 1816 bestand die Forderung Schinkels nach Denkmälerinventaren. Doch es dauerte bis 1870, bis das erste Denkmälerverzeichnis erschien (Inventar Hessen-Kassel). Neben Kugler bemühte sich auch Ferdinand von Quast um eine Institutionalisierung der Denkmalpflege. Er leitete die Restaurierungsarbeiten an der Dominikanerkirche in Neuruppin und der Franziskanerkirche in Berlin. 1843 wurde er zum ersten Konservator des Preußischen Staates ernannt (Vgl. J. Kothe, 1977, S. 114–138).
[15] F. Kugler, 1854, Bd. 3, S. 226.
[16] Kunst- und Architektenvereinigungen entstanden besonders in den zwanziger Jahren des 19. Jahrhunderts: Karlsruhe (1818), München (1824), Berlin (1825), Dresden (1828) und Düsseldorf (1829).

Brandenburg« die Sätze: »Die Versammlung war erregt durch das Gerücht, daß die Restauration dieses ehrwürdigen Denkmals sich nicht darauf beschränke, das Ursprüngliche wieder an das Licht treten zu lassen..., sondern sich vielmehr auf wesentliche neue Zusätze und Veränderung erstrecke.«[17]

Man war also auch hier weniger am Kunstwerk, als vielmehr an einem Geschichtsbild interessiert, das das Denkmal zu zeigen hatte. In der Purifikation glaubte man historisch zu sein, in Wirklichkeit aber restaurierte man historistisch. So drapierten sich letztlich neue wie alte Kirchen im vaterländisch-neogotischem Gewande.

Zusammengefaßt gesagt: man holte damals die mittelalterlichen Kirchen als *Geschichtsmonumente* in die Handbücher, gewissermaßen als Belege für die eigene Geschichtsmächtigkeit. Und als eine Art Rekrutierungsarbeit für die Geschichtswissenschaft verstand auch Kugler sein Handbuch: »*Die allgemeine historische Wissenschaft (in deren Dienst wir jenes Reich* (Anm.: die Kunst) *zu erobern streben) stellt uns allmählig die sehr ernsthafte Frage, was eigentlich wir in diesen Jahren geschafft haben und welcher Gewinn ihr aus unsern Bemühungen erwachsen ist.«*[18] In dem Maße, in dem die Kunstwerke zu Bündnispartnern des Bürgertums avancierten und ihrem Geschichtsbild anheimfielen, verwandelte sich dieses Geschichtsbild selbst in ein Kunstwerk und geriet zu einem Denkmal. Carl Schnaase war überzeugt davon, mit seiner mehrbändigen Weltkunstgeschichte die bildende Kunst »*klar und bleibend hingestellt*« zu haben.[19] Mit der Auffassung, »*..., daß das letzte Ziel der Menschheit mit der Befriedigung des Schönheitssinnes zusammen falle*«, formulierte er den Gegenpol zur philosophischen Ästhetik.[20] Trotzdem schwebt in seiner Konzeption das Kunstwerk als harmonische Synthese aus Angenehmem und Erhabenem »*einsam und eitel*« über der Wirklichkeit,[21] und seine Geschichtshaftigkeit beschränkt sich auf kapiteleinleitende Epochenskizzen, zu der die Kunstentwicklung die höchste Illustration bietet.

Wie beurteilt nun Schnaase die Kirchen der Dominikaner und Franziskaner in seinem Werk? Im »*Element des Räumlichen*«[22] lobt er sie ob ihrer klaren und lichten Verhältnisse. So gehört »*zu den schönsten Bauten dieser Orden in Deutschland*« die Erfurter Barfüßerkirche.[23] Anstoß hingegen nimmt Schnaase an ihrem bescheidenen Decorum. So ist die Kölner Minoritenkirche: »*... zwar licht und geräumig, aber wie die Kirchen der Bettelorden zu sein pflegen, bis zur Dürftigkeit schlicht und von minder edler Form, sogar in Einzelheiten schon an den später entarteten Styl erinnernd.*«[24] Jene Bescheidenheit, die einerseits die wohlgewählten Raumverhältnisse und andererseits die dürftige Körperform der Kirchen hervorbrachte,

---

[17] Zitiert nach G. Bronisch, 1933, S. 138.
[18] F. Kugler, 1842, S. X.
[19] C. Schnaase, ²1869, Bd. 1, S. 58. F. Kugler schätzt seine Arbeit zurückhaltender ein, wenn er schreibt: »(Sie) *Ist der Stein, den wir zum Baue tragen, doch nicht der Bau selbst.*« (1842, S. XII).
[20] C. Schnaase, ²1869, Bd. 1, S. 53. F. Kugler formuliert ebenfalls diametral zu Hegel, dessen »Ästhetik« im Erscheinungsjahr des Kuglerschen Handbuchs gerade seine zweite Auflage erlebte. Kugler schreibt in seiner Dedikation an den preußischen König: »*Zumal in einer Zeit, welche, wie die unsrige, so reiche und mannigfach bedeutsame künstlerische Bestrebungen erkennen läßt und welche, wie uns glückbringende Zeichen zu verkünden scheinen, an der Schwelle einer noch höheren Entfaltung stehen.*«.
[21] C. Schnaase, ²1869, Bd. 1, S. 5 ff.
[22] C. Schnaase schreibt in der Einführung (1869, Bd. 1, S. 24 f.): »*In dem Elemente des Raumes und aus dem Stoffe der Körperlichkeit entwickeln sich die bildenden Künste, die Kunst der Zeit ist die Musik, die Kunst der Vorstellungen und der Sprache die Poesie.*« Vgl. hierzu G. W. F. Hegel, ³1976, Bd. 1, S. 94/95.
[23] C. Schnaase, ²1876, Bd. 5, S. 441.
[24] C. Schnaase, ²1876, Bd. 5, S. 421.

erklärt Schnaase aus der oppositionellen Haltung der Mendikanten zum reichen Klerus. Franziskus »... athmet den demokratischen Geist des aufkommenden Bürgertums«[25].

Eine transzendente Atmosphäre kann der ästhetische Historismus den Mendikantenkirchen nicht abgewinnen, jedoch verspürt er in ihnen Bescheidenheit und erwachenden bürgerlichen Geist. Dieser veränderte Blickwinkel ermöglichte erst, die Mendikantenräume auch ästhetisch anzuerkennen. Mit der kunstgeschichtlich-ästhetischen Profanisierung vollendet sich gleichsam die vorausgegangene Säkularisation. So nimmt Schnaases Einschätzung der Kölner Minoritenkirche Gestalt an durch Zwirners 1855 beginnende Restaurierung. Viele der Mendikantenkirchen wurden nun zu Schul- und Versammlungszwecken umgebaut, für den Sakralbau des 19. Jahrhunderts gaben sie aber kein Vorbild ab.[26]

Im letzten Drittel des 19. Jahrhunderts, unter zunehmenden sozialen Konflikten, verstärkt die Geschichtswissenschaft die Aufarbeitung der »Bettelordensbewegung« des Mittelalters.[27] Dabei rückt die Harmonie zwischen Bürgertum und Mendikanten, wie sie bei Schnaase schon anklingt, sowie ihre befreiende Wirkung auf die Unterklassen in den Mittelpunkt der Forschung. *»Wenn man nun bedenkt, welche furchtbaren Gefahren dieses Proletariat für das gesammte Staatsleben damals so gut in sich schloss wie heute, und sich vorstellt, wie diesen Massen jetzt ein Ausweg geboten war, auf dem man nicht nur dem Elend entgehen, sondern auch zu hohen Würden emporsteigen konnte, dann bekommt die Idee der absoluten Armuth, die allein diesen Verlorenen den Eintritt in den Orden möglich machte, noch eine ganz andere Bedeutung. Mag sich der Ordensstifter darüber klar gewesen sein oder nicht: es lag darin ein Versuch zur Lösung der socialen Frage.«*[28]

An diesem Zitat wird schlagartig deutlich, mit welcher Zielrichtung die Historiker die »Bettelordensbewegung« aufarbeiteten. Ob die Idee der absoluten Armut die sozialen Probleme unter dem Wilhelminismus mit seiner Sozialistengesetzgebung hätte lösen können, sei dahingestellt. Viel Aufsehen erregte in diesem Klima die 1897 in deutscher Übersetzung erschienene und bis heute umstrittene Franziskus-Biographie Sabatiers'. Sie machte erstmals auf den Mißbrauch der franziskanischen Idee durch die Kirche des 13. Jahrhunderts aufmerksam.

3. Akademische Kunstgeschichte und Bauwissenschaft

Die Handbücher der Jahrhundertmitte bedeuteten eine »*Rehabilitation der Kunstwerke*«[29] gegenüber der philosophischen Ästhetik, und sie zeigen an, daß die Kunstgeschichte auf dem Weg zu einer akademisch anerkannten Einzelwissenschaft war. Ihre Eingliederung in die

---

[25] C. Schnaase, ²1876, Bd. 5, S. 11.
[26] Die FK Zürich wird 1833/34 als Theater eingerichtet; die FK Konstanz wird 1844 Stadthaus, dann Schule; die DK Konstanz wird 1870 zum Inselhotel umgebaut. Die DK Frankfurt am Main kann 1875 und 1884 nur unter Aufbietung aller Kräfte (v. Quast; Kunst- und Architekturverein) vor dem Abriß bewahrt werden. 1885–89 wird sie zu einer kombinierten Stadt- und Turnhalle umgebaut, wobei aber ihr Chor arg in Mitleidenschaft gezogen wurde. – Dem *deutsch-französischen Krieg* fallen 1870 die DK Straßburg und die DK Metz zum Opfer *(Abb. 30)*. 1878 wird das Langhaus der DK Wismar, 1881 das Langhaus der FK Schlettstadt, 1888 das Langhaus der DK Bremen abgerissen.
[27] A. Koch, 1880 und 1881; K. Müller, 1885; K. Eubel, 1885 und 1906; R. Banasch, 1891; P. Minges, 1896; L. Lemmens, 1896; J. Wiesehoff, 1905; P. Schlager, 1906 und 1908/09; A. Schäfer, 1910.
[28] A. Koch, 1881, S. 74.
[29] H. Dilly, 1979, S. 210.

geisteswissenschaftlichen Fächer ab 1860 forderte von ihr eine verstärkte Theoriebildung.[30] Kunsthistorisches und konservatorisches Bewußtsein, im vorinstitutionellen Rahmen noch ungeteilt, trennten sich nun in dieser zweiten Phase. Die Kirchenarchitektur der Dominikaner und Franziskaner verschwand aus dem Blickfeld der Kunsthistoriker, blieb eine reine Angelegenheit der Denkmalpflege, und bis zum Ende des Jahrhunderts erschien zu ihr keine spezielle Arbeit mehr. Selbst Thodes Buch *»Franz von Assisi und die Anfänge der Renaissance in Italien«*, 1885 veröffentlicht, kann schwerlich als Ausnahme angesehen werden. Orientiert auf die Gründerpersönlichkeit des Franziskanerordens und die Auswirkungen seiner Ideen auf die Kunstentwicklung Italiens, gehört es in die biographische Kunstliteratur jener Zeit.[31] Neu war Thodes Betrachtungsweise insofern, als er die italienischen Franziskanerkirchen nun zu Vorläufern der Renaissancearchitektur erhob. Doch lag dies durchaus auf der Linie, die Mendikantenräume »bürgerlich-profan« aufzufassen.

Allgemein leisteten die kulturhistorischen Arbeiten der Zeit eine landschafts- und nationengebundene Aufarbeitung der Mendikantenarchitektur. So hob schon Schnaase die »lombardische« von der »venezianischen« Bettelordenskirche ab,[32] und Burckhardt unterschied in seinem »Cicerone« eine »emilianische« von einer »umbrisch-toskanischen« Bettelordenskirche.[33] Thodes Unterscheidung der »italienischen« von der »deutschen« Bettelordenskirche ist geradezu klassisch formuliert und findet wohl heute noch die Zustimmung vieler Kunsthistoriker.

»Auffallend aber bleibt es, daß wir eine Nachahmung der Zisterzienserkirchen durch die Minoriten nur in Italien finden, während im Norden der Alpen die Bettelmönche, ohne sich Vorbilder zu nehmen, frei einen neuen Stil entwickeln, der, nur den Bedürfnissen Rechnung tragend, vor dem italienischen eine größere Originalität voraus hat... Mehr als in Italien befleißigt man sich, möglichst billig und einfach zu bauen, läßt daher fast immer das Querschiff wie den Turm weg und gestaltet das nur zweischiffig angelegte Haus sehr einfach. So sind diese Kirchen in folgerichtiger Weise aus den eigentlichen Anschauungen: aus dem die Predigt in den Vordergrund setzenden Gottesdienst der Bettelmönche hervorgegangen...«[34]

Dieses Zitat faßt die Vorstellungen des 19. Jahrhunderts über die Bettelordenskirche zusammen: einfach gebaut und einfach gestaltet, dient sie allein der Predigt, der Verwendungszweck bestimmt die Form. Das ist schon ganz im Sinne des *»form follows function«* (Louis H. Sullivan) gedacht. Somit steht der ästhetisch-emotional angeeigneten »gotischen Kathedrale« die ästhetisch-rational begriffene »Bettelordenskirche« gegenüber. So kann es kaum verwundern, daß, mit der Verschiebung der ästhetischen Norm hin zu mehr Sachlichkeit und Funktionalität, die Kirchen der Dominikaner und Minoriten wieder ins Blickfeld des kunsthistorischen Interesses geraten mußten; doch dies geschieht erst vierzig Jahre später. Zunächst waren es die Architekten, die sich nach der Jahrhundertwende ihrer annahmen. Ab 1908 erscheint eine Reihe bauwissenschaftlicher Abhandlungen zur Kirchenarchitektur der Dominikaner und Franziskaner.[35] Ihr auffälligster Zug ist die detaillierte Betrachtung der

---

[30] 1860 erhält Anton Springer den kunstgeschichtlichen Lehrstuhl in Bonn. 1873 findet der erste internationale kunstwissenschaftliche Kongreß in Wien statt. Vgl. H. Dilly, 1979, S. 238 ff.

[31] Gemeint sind Hermann Grimms Werke zu Michelangelo und Raffael, sowie Carl Justis Velasquez-Biographie.

[32] C. Schnaase, ²1876, S. 125.

[33] J. Burckhardt, 1855, S. 126.

[34] H. Thode, ⁴1934, S. 376. An Thodes Vorstellung einer »Traditionslosigkeit« der deutschen Bettelordenskirche knüpft später R. Krautheimer an.

[35] K. Biebrach, 1908/09; F. Scheerer, 1910; G. Müller, 1914; W. Hunold, 1918. Diese Arbeiten sind direkt bzw. indirekt von Cornelius Gurlitt angeregt worden.

Mendikantenbauten. Schon Thode wies diese dem Architekten zu: »*Deren* (Anm.: der Kunsthistoriker) *spezieller Aufgabe mußte es natürlich entsprechen, mehr Gewicht auf den Grundriß und die allgemeinen wichtigsten Merkmale, als auf die Details zu legen, deren kritische Würdigung und intime Betrachtung nur Sache eines praktisch erfahrenen Architekten sein kann.*«[36]

Das Urteil der Architekten fiel günstig aus, waren sie doch nach 1900 auf dem Weg, die Baukunst zu revolutionieren. Dabei konnte ihnen die Mendikantenarchitektur mit ihrer sparsamen Ornamentierung kaum entgehen. Scheerer schreibt 1910: »*In der Klarheit und Übersichtlichkeit der Anlage, in der Sachlichkeit, in der richtigen Sparsamkeit am Detail und nicht zuletzt in der großartigen Raumwirkung – also Ziele, die gerade heute wieder angestrebt werden – können diese Bauwerke sehr wohl auch dem modernen Architekten vorbildlich sein. Ich möchte sogar sagen, daß sie mich in dieser Hinsicht geradezu an moderne Bauten erinnern; entstanden sie doch in einer Zeit, in der wie heute ein neuer Stil sich entwickelt.*«[37]

Noch bevor die Kunsthistoriker die Mendikantenkirchen zu Stilprodukten erheben konnten, machten die Architekten aus ihnen Vorläufer des Funktionalismus. Inwieweit die Mendikantenräume tatsächlich in die Baupraxis der Zeit eingewirkt haben, wäre eine Untersuchung wert.[38] Auf jeden Fall waren sie nun plötzlich wegen ihrer Sachlichkeit zeitgemäß und besaßen »Stil«. Doch die wissenschaftliche Erörterung des Mendikantenstils blieb uns Scheerer schuldig.

---

[36] H. Thode, [4]1934, S. 315.
[37] F. Scheerer, 1910, S. 77.
[38] Wie mir Prof. Kunst mitteilte, baute der Architekt *Wendebourg*, ein Schwiegersohn Konrad Hases, um 1906 in Bruchhausen bei Bremen eine Pfarrkirche im »umbrisch-toskanischen« Baustil der Bettelorden. Das heißt, einen holzgedeckten Saalraum mit einem gewölbten Rechteckchor im Osten. Inwieweit die »Hannoversche Bauschule« weitere Bauten dieser Art nach 1900 errichtet hat, wäre zu untersuchen. Ebenso die Frage, inwieweit die Wiederentdeckung der Bettelordensarchitektur durch die Architektenschaft die Entstehung der modernen Baukunst mitbestimmt hat.

2.
Mendikantenkirchen als Stilprodukte

> »*Gegen eine von Kultur-, Geistesströmungen oder Gesellschaftsmächten in Dienst genommene Kunst wendet sich in ihrem ursprünglichen Impuls die Stil- und Formanalyse.*«[1]

1. Voraussetzungen:
Raumkategorie, Spätgotik, Hallenideologie

In der Zeit, als die Architekten ihre Arbeiten zur Mendikantenarchitektur verfaßten, vollzog die Kunstgeschichte ihren Übergang zur Stilanalyse. Von Riegls »*Stilfragen*« *(1893)* bis hin zu Wölfflins »*Kunstgeschichtliche Grundbegriffe*« *(1915)* versuchte sie eine sich selbst entfaltende Kunst auf der Grundlage rein sinnlicher Wahrnehmung zu beschreiben. Den Ansätzen ist bei allen Differenzen gemeinsam, daß sie die künstlerische Form nicht mehr auf einen außer ihr liegenden Inhalt reflektieren, sondern sie »*entwicklungsgeschichtlich-formal*« betrachten. Die allgemeinen Kennzeichen dieser Arbeiten sind: organische Entfaltung des Materials; Irreversibilität der Entfaltungsrichtung; Entwicklung vom Niederen zum Höheren und vom Einfachen zum Komplexen; Herstellung einer lückenlosen Objektgeschichte und eine an die Naturwissenschaft angelehnte Modellbildung. Historische Prozesse spielen innerhalb dieser Anschauungen ebensowenig eine Rolle wie die kunstproduzierenden und kunstrezipierenden Subjekte.[2]

In der Architekturgeschichte spiegelt sich dieser Prozeß in der Formalisierung des *Raums* zu einer Hauptkategorie der Analyse wider. Dabei erfährt das romantische Verständnis vom gotischen Innenraum seine Verwissenschaftlichung in einem Raumbegriff auf einfühlungstheoretischer Grundlage. Hierfür auslösend war August Schmarsows Antrittsvorlesung von 1893 mit dem programmatischen Titel: »*Der Raum als Wesen der architektonischen Schöpfung*«.

Im Raumcharakter sieht Schmarsow das alle Architektur verbindende Moment. Der Mensch entäußert sein Raumgefühl, eine ihm angeborene und gewissermaßen anthropologisch-psychologische Konstante, und schafft sich Raumgebilde, ohne daß dabei bestimmte Zwecke oder Materialien eine formbildende Rolle spielen.[3] Einer Ästhetik von »außen« (Semper) antwortet Schmarsow mit einer Ästhetik von »innen«, die die architektonischen Künste resistent macht gegen historische und technische Erklärungsversuche.[4]

---

[1] M. Warnke, 1976, S. 148.
[2] Zur stilgeschichtlichen Methode ausführlich A. Hauser, 1958, S. 127 ff. Die Arbeiten von Riegl und Wölfflin beschränkten sich nicht allein auf die Vermittlung der allseits dankbar aufgenommenen neuen Methodik. Zur Verengung ihrer Ansätze in der Rezeptionsgeschichte siehe M. Lurz, 1981 und H. B. Busse, 1981.
[3] A. Schmarsow, 1893, S. 11.
[4] A. Schmarsow, 1893, S. 3 und 10.

Mit der Wendung zum Raumgefühl als Schöpfer des Bauens wird die Architektur der Einfühlung preisgegeben. Nun kann der Kunsthistoriker jedes Bauwerk, gleich welcher Zeit es angehört, kongenial erfassen: Kunstproduktion und Kunstrezeption fallen zusammen. Dem ästhetischen Historismus, der das Kunstwerk als Ausdruck seiner Zeit betrachtet hat, folgt nunmehr die Stilanalyse, die das Kunstwerk von jeglichem Bedingungszusammenhang entpflichtet und mit der »Unmittelbarkeit« des stilkritischen Auges erfaßt, ordnet und entwicklungsgeschichtlich beurteilt. Beides freilich Methodiken, die sich vom Realobjekt distanzieren.[5]

Das überkommene Stilverständnis, das Stil als den Formenapparat einer bestimmten Kunstepoche verstand, brach binnen kürzester Zeit zusammen. Zahlreiche Um- und Aufwertungen bestimmter Stile waren die Folge. Eine für uns wichtige Auseinandersetzung fand um die Einschätzung der *spätgotischen Architektur* statt.[6]

Schmarsow und Haenel erhoben die Spätgotik in den Rang eines »Raumstils«. Gemäß der Forderung: »*... daß der Eintritt einer selbständig schaffenden Architekturperiode von der Gestaltung eines neuen anders gearteten Raumgebildes an gerechnet werden dürfe.*«[7], bezeichnet Haenel nun die Spätgotik als »früh-renaissancezistisch«.[8] Dehio, der darin zurecht den Angriff auf die traditionelle Methodik erkannte, schrieb, bezogen auf die Arbeit eines Verfassers aus dem Schmarsow-Kreis: »*... was ihm jedoch gänzlich fehlt, ist der gesunde Sinn für das historisch Wirkliche; er ersetzt es durch eine willkürliche Auswahl von Abstraktionen ... wenn man aus der konkreten Erscheinung eines historischen Stils eine einzelne Eigenschaft als die angeblich allein wesentliche heraushebt und dann jedes ältere Auftreten dieser Eigenschaft für ein Lebenszeichen des betreffenden Stils erklärt, dann gibt es keinen Halt und keine Grenze mehr.*«[9]

Dehio sah also schon frühzeitig den kritischen Punkt stilgeschichtlicher Ansätze: ihre relativ beliebigen und abstrakten Kriterien.

Die Spätgotik als Raumstil der Früh-Renaissance konnte sich nicht durchsetzen, jedoch ihre wahrnehmungspsychologische Auffassung als »*Bewegungsstil*«, die Kurt Gerstenberg 1913 vortrug. In seinem Buch »*Deutsche Sondergotik*« schreibt er: »*So kann als wissenschaftlich gesichert für eine stilistische Untersuchung nur die elementare psychologische Tatsache gelten, daß im optischen Bild der Gotik Bewegungseindrücke vermittelt werden ... Bewegung ist daher der Grundbegriff aller Gotik.*«[10]

Gerstenberg verknüpfte seinen Bewegungsbegriff mit den polaren Modellen Wölfflins und

---

[5] Daß die Stilgeschichte die historische Dimension der Kunstwerke gegenüber dem Historismus aufgab, ist verständlich. Schließlich hatte dieser die Geschichte weder *in den Kunstwerken* festgemacht noch die Kunstwerke *mit der konkreten Geschichte* vermittelt. Die Kunst verlief nur *parallel* zur geschichtlichen Entwicklung, so daß man auf letztere durchaus verzichten konnte, um Eigengesetzlichkeiten der Kunst zu erforschen.

[6] Auch im Bereich der »Baukörper-Betrachtung« vollzog sich ein Ablösungsprozeß von äußeren Einflußgrößen. Ernst Gall trat 1915 der Vorstellung einer technikbedingten Entstehung der Gotik entgegen, wie sie etwa Dehio und Viollet-le-Duc vertraten. Er erklärte – orientiert an Wölfflin – die Frühgotik zum malerischen Spätstil der Romanik. Nach Gall geht ihre Wandzerlegung und -gliederung aus rein künstlerischen Erwägungen der Rippenwölbung voran. Man beachte die Parallele in dieser Denkweise zu Schmarsows »früh-renaissancistischer« Spätgotik.

[7] A. Schmarsow, 1900, S. 293.

[8] E. Haenel, 1899, passim.

[9] G. Dehio, 1899/1900, S. 310.

[10] K. Gerstenberg, 1913, S. 21.

Frankls.[11] So folgt der rhythmischen Bewegung der »klassisch-französischen Gotik« (Frankls additiv gegliederter Raum) die a-rhythmische, »allgemein-wogende« Bewegung der »deutschen Spätgotik«, in der die Raumelemente verschliffen werden (Frankls divisiver Raum). Eine optische Beruhigung des Raumbildes und die Freiheit der Blickrichtungen macht sich geltend (Frankls Vielbildigkeit). Somit ist die Spätgotik nach Gerstenberg das Endglied eines Bewegungsstils und die eigentliche Vollenderin der Gotik. Sie muß und kann auch nicht mehr als Beginn der Renaissance begriffen werden.

In Gerstenbergs Ansatz ist eine polare »Typologie« aufgehoben: die Entwicklung (Bewegung) von der *Basilika* zur *Hallenkirche*.

Im Historismus spielte der Hallenbegriff, der wohl 1853 von Wilhelm Lübke erstmals gebraucht wurde, keine große Rolle.[12] Erst mit der Erstellung polarer Modelle für entwicklungsgeschichtliche Abläufe gewann er überragende Bedeutung. Als Endpol einer Entwicklungsphase war die Hallenkirche der beste Beweis, die »sichtbare« Bestätigung für alle malerischen und bewegungstheoretischen Vorstellungen. Schon Dehio erkannte die verzerrende Vereinnahmung des Hallenproblems durch die Stilgeschichte. In seiner Replik auf die ersten stilkritischen Ansätze schrieb er: »*Die von Schmarsow und Haenel gegebene Analyse ihres ›Raumstils der deutschen Frührenaissance‹ ist nichts anderes als eine Analyse der Hallenkirche überhaupt. Aber bekanntlich ist dieser Typus weder an Deutschland, noch an den gotischen Stil überhaupt gebunden; er reicht in Frankreich und Oberitalien bis in die Anfänge der Gewölbearchitektur hinauf.*«[13]

Da aber die stilgeschichtliche Modellbildung ohne den Gegensatz von Halle und Basilika nicht arbeiten konnte, nutzte Dehios sachlicher Einwand wenig. So findet sich bei Gerstenberg gleichsam als Antwort der Satz: »*Denn in gewissem Sinne ist die Entwicklung der Sondergotik identisch mit der Entwicklung der Hallenkirche in Deutschland.*«[14]

Bis heute hat sich das ideologisierte Verständnis der Hallenkirche als Gegenpol zur Basilika und als eines Einheitsraums aufrechterhalten können.[15]

Die Loslösung von der historischen Kunstgeschichte befreite die Kunstwerke grundsätzlich von den Wechselfällen der Geschichte. Die polaren Modelle werteten nicht nur die »spätgotische Architektur« auf und ideologisierten den Hallenbegriff, sondern schufen auch die methodischen Voraussetzungen, um die Mendikantenarchitektur in diesen neuen kunstgeschichtlichen Diskurs aufzunehmen. In den Zwanziger Jahren wurden die beiden entscheidenden Arbeiten zu ihr von Richard Krautheimer und Werner Gross geschrieben.

---

[11] Frankl veröffentlichte sein Entwicklungsmodell 1914. Analog zu Wölfflin konstruierte er einen Stil*verlauf*, dessen Indifferenz gegen historische Inhalte ihn auf mittelalterliche und neuzeitliche Architektur gleichermaßen anwenden läßt. – Den Stil*beginn* oder Ausgangs*pol* bezeichnet im Bereich der *Raumform* die Addition der Raumelemente, im Bereich der *Körperform* das Kraftzentrum, im Bereich der *Bildform*(!) die Einbildigkeit und im Bereich der *Zweckform (-gesinnung)* die Freiheit. – Diese Charakteristika für die Polreihe Raum, Körper, Bild und Zweck sind für jede Anfangsphase einer neuen Architekturepoche, der Romanik oder der Renaissance zum Beispiel, kennzeichnend. – Die Stil*phase* verläuft selbsttätig und erreicht über eine Vielzahl von Objekten in kontinuitätswahrendem Wandel den *Gegenpol* oder das Stil*ende*. Als Gegensinn umfaßt das Stilende für die genannten Formen die Merkmale: Raumdivision, Kraftdurchlaß, Vielbildigkeit und Gebundenheit. Alles typische Kennzeichen für das Ende großer Architekturepochen (Gotik oder Barock).
[12] W. Lübke, 1853, S. 33.
[13] G. Dehio, 1899/1900, S. 310.
[14] K. Gerstenberg, 1913, S. 19.
[15] Zur Ideologie der Hallenkirche: H.-J. Kunst, 1971.

2. »Die Bettelordenskirchen«
aus expressionistischer und funktionalistischer Sicht

> »*Die Kunsthistoriker sind selbst geschichtlich bedingt, und keineswegs gegenüber dem jeweiligen Kunstgeschmack gefeit.*«[16]

Die Arbeit von Richard Krautheimer

Im systematischen Teil des 1925 erschienenen Buches gruppiert Krautheimer die »Bettelordenskirchen Deutschlands«, im historischen Teil verknüpft er sie entwicklungsgeschichtlich unter vagen landschaftlichen Rücksichten.

Die systematische Gliederung des Stoffs folgt ganz dem Modell Frankls.[17] Jede Kirche wird nach ihrer Raumform einer von vier Klassen zugeordnet. Die Typenfolge ergibt sich aus dem Gang der noch additiven, mit Romanismen behafteten »hochgotischen Basilika« zu der die Gotik vollendenden »spätgotischen Halle«. Typologisches und Entwicklungsgeschichtliches fallen in dieser Abfolge zusammen.

Die »Bettelordenskirche« ist aber kein bloßes Vermittlungsglied zwischen hochgotischer Basilika und spätgotischer Halle, sondern sie knüpft nach Krautheimer weder an das Vorausgegangene unmittelbar an noch erreicht sie das Nachfolgende: »... *(Die Mendikantenkirchen) greifen nach rückwärts auf Vorromanisches zurück und weisen gleichzeitig voraus auf die Spätgotik. In der Vorbereitung der spätgotischen Architektur liegt ihre entwicklungsgeschichtliche Bedeutung.*«[18]

Analog zu Gerstenbergs Arbeit hat er ihnen damit eine entwicklungsgeschichtliche Sonderstellung zugewiesen, die er im Begriff »*Unterströmung*« faßt. Diese seltsam anmutende Denkfigur leistet eine Aufwertung der Mendikantenkirchen in doppelter Hinsicht. Sie entzieht sie der hochgotischen Architektur, in deren Schatten sie bisher stand und nicht zur Geltung kommen konnte, und ordnet sie gleichzeitig hin auf die neubewertete Spätgotik. Dadurch verliert sie den Geruch, eine minderwertige Architektur zu sein. Für Krautheimer steht sie: »... *im Gegensatz zu allem, was wir unter reduzierter Gotik verstehen. Dort handelt es sich in der Tat um die Verminderung, die ›Reduktion‹ eines vorgebildeten Systems, und jede derartige Verminderung führt notwendig zu Diskrepanzen. Hier wird der Bau aus einem Guß empfunden. Es handelt sich um einen neuen Stil.*«[19] Die Charakteristika des Mendikantenstils faßt er wie folgt zusammen: »... *so ergibt sich als übergeordnetes Moment die Tendenz auf Verschmelzung und Zusammenfassung des Raumes; sie drückt sich aus im Wegfall des Querhauses und – davon abhängig – dem des Triumphbogens, in der Verwendung des queroblongen Joches, das durch seine Unselbständigkeit, durch sein Anlehnungsbedürfnis an ein nächstes, den geschlossenen Ablauf des Langhauses bis zum Chorschluß garantiert. Dazu kommt die Schließung der Wand, die den Binnenraum zusammenbindet.*«[20] Die einzelnen Formen sind zu Funktionen des Einheitsraums degradiert, den die Mendikantenkirchen nun

---

[16] E. Wind, 1980, S. 27.
[17] vgl. Anm. 11 und Krautheimer, 1925, S. 3–10.
[18] R. Krautheimer, 1925, S. 117.
[19] R. Krautheimer, 1925, S. 33.
[20] R. Krautheimer, 1925, S. 34.

angeblich anstreben. Nur auf dieses Ziel hin haben jene eine Bedeutung, nicht jedoch als Teil der Kirche, der sie gerade angehören. So liegt in Krautheimers Bestimmung der Arkadenprofile und Pfeiler als »verschliffene Formen« eine teleologische Denkweise, die die Motive allein von der Spätgotik her begreift und nicht in ihrem unmittelbaren Zusammenhang erfaßt.

Geschichtliche Deutungen an dieses auf autonomen Verlauf angelegte Modell heranzutragen fällt schwer und erweist sich als letztlich unmöglich. Alle Stilcharakteristika, die auf die Bildung des Einheitsraums hinauslaufen, werden mit dem »*Verlangen der Orden*« nach einem Versammlungsraum interpretiert. Die Predigt als angeblich neues Zentrum im Gottesdienst »*gestaltet den Raum um.*«[21]

Nur merkwürdig bleibt, daß die beiden Orden den Einheitsraum laut Modell niemals gebaut haben. Wenn sie wirklich aus der Predigtfunktion heraus ihre Kirchen konzipiert hätten, müßte er doch bereits am Anfang des Entwicklungsganges voll ausgebildet dastehen. Und tatsächlich steht am Anfang der Systematik Krautheimers der denkbar vollendetste Einheitsraum der Mendikanten: der Saalraum. Weshalb aber sind die Mendikanten nicht bei diesem Typus geblieben? Warum haben sie verschiedene Typen benutzt? Und wie verhält sich Krautheimers Ausgangspol, der Saalraum, zur baugeschichtlichen Tatsache, daß die Franziskaner mit einer Doppelkirche (Assisi) und zwei basilikalen Anlagen mit Umgangschören (Paris, Bologna) in die Architekturgeschichte eingetreten sind und die Dominikaner zunächst Basiliken und Hallenkirchen errichtet haben?

Offensichtlich hat das entwicklungsgeschichtliche Modell mit der historischen Realität nichts zu tun. Der geschichtliche Verlauf gestaltete sich nicht nur anders, sondern war auch komplexer als das Modell. Diese Feststellung kann nicht überraschen, nach all dem, was wir über die Transformation der Kunstgeschichte zur Stilgeschichte im vorhergegangenen Abschnitt ausgeführt haben. Eine kunstgeschichtliche Methodik, die bewußt die geschichtliche Dimension ausscheidet, kann sie nicht nachträglich in ihr Modell wieder hineinholen. Was Krautheimer am Ende seiner Abhandlung mit dem »*Einbau in die Kulturgeschichte*« versucht, steht im Widerspruch zu seinem kunsthistorischen Ansatz. Die Inhalte, die er da an die »Bettelordenskirchen« heranträgt, unterscheiden sich in keiner Weise von den Deutungen des 19. Jahrhunderts.[22]

Ein zweites Moment der Modellbildung Krautheimers wird deutlich, liest man seine Beschreibung des Raumwandels noch einmal genau. Da erzeugt ein archaisierender Rückgriff das »*Auseinanderfließen*« des Raums. Das Gewölbe »*ergreift*« den Chor und »*wuchert*« in das Langhaus hinein. Der Wegfall der Kapitellzone läßt »*Kraftlinien jetzt ungehemmt durchschießen*« und die Pfeiler stehen »*rings umflutet vom Raume*«. Die Wände machen den Eindruck: »*als habe man Stäbe in die Erde gestoßen... und eine Haut straff um sie herum gespannt*«. Sie schließen sich zusammen »*gegen die zerfressenden Absichten des Raumes*«.[23]

Hier wird die Mendikantenarchitektur aus *expressionistischer Sicht* beschrieben! Man ziehe zum Vergleich Architekturzeichnungen Bartnings, Luckhardts oder Tauts heran, um zu erkennen, daß diese Krautheimers Auffassung näher stehen als die »Bettelordenskirchen«![24] Insbesondere Feiningers Gemälde der Erfurter Barfüßerkirche von 1924 und Mendelsohns

---

[21] R. Krautheimer, 1925, S. 120.
[22] Es sind die Deutungen Schnaases und Thodes der »Bettelordenskirchen« als Predigtkirchen und Versammlungsräume, ihrer Architektur als profanisierte Gebilde. Vgl. R. Krautheimer, 1925, S. 117 ff.
[23] Zitate bei R. Krautheimer, 1925, S. 29/30/21/33/100.
[24] W. Pehnt, 1973, passim.

Abb. 1 Potsdam, Einsteinturm von Erich Mendelsohn (1920/21).

berühmter »Einsteinturm« visualisieren den von Krautheimer beschriebenen Wandcharakter exakt *(Abb. 1)*.

Der Blick der »*Apostel gläserner Welten*«, wie sie Mendelsohn nannte, ist der gleiche wie der des »*Analytikers der Raumelemente*«.[25] Das ist der Preis, den der Kunsthistoriker zahlen muß, wenn er allein das Auge – ohne geschichtliches Korrektiv – zur Instanz der Kunstwerkanalyse erhebt.

Der Ansatz von Werner Gross

In seiner erst 1933 teilveröffentlichten Arbeit umschreibt Werner Gross die Ergebnisse seiner langjährigen Beschäftigung mit der Mendikantenarchitektur wie folgt: »... *gewann der Verfasser die Überzeugung, daß es sich bei der Architektur der Bettelorden weniger um eine stilistisch eigen orientierten Unterströmung (wie es die These der jüngsten Darstellung von Richard Krautheimer ist) als um einen stilmäßig gleichgearteten Sonderfall der sie umgebenden städtischen Bauweise handelt.*«[26]

Wie kam er zu dieser Gegenposition, worauf basiert sie?

Gross versucht in seiner Arbeit die Kirchenarchitektur in Deutschland zwischen 1250 und 1350 als eine »hochgotische Stilphase« zu beschreiben. Ihre Charakteristika demonstriert er

[25] U. Conrads (Hg.), 1975, S. 52.
[26] W. Gross, 1933, S. 2.

an der Dominikanerkirche in Regensburg. Damit ist unsere Gattung endgültig in das Zentrum der stilgeschichtlichen Diskussion gerückt.

Zwei den Ansatz von Gross bestimmende Merkmale sind hervorzuheben:

Erstens, stellt er die gesamte Kirchenarchitektur dieser Stilphase der »klassisch-französischen Gotik« gegenüber und zweitens, fixiert er im Vergleich beider Phasen den Stilwandel im Baukörperlichen.

Nach Gross vollzieht die »klassisch-gotische Kathedrale« eine Entwicklung zur *»plastischen Durchführung des basilikalen Bauzusammenhangs«*.[27] Ihre struktiven Elemente verbinden sich an der Hochschiffswand zu einem aufstrebenden, sich differenzierenden Gliedergerüst. Dieses Gliedergerüst ist ihm sinnfälliger Ausdruck der statischen Kräfte am Bau. Anders gesagt: die statischen Kräfte haben im Gliedergerüst ihren optischen Ort.

Das Zusammenfallen von Statisch-konstruktivem mit dem Strukturell-plastischen hat zur Bedingung ein Auseinandertreten der Wand in dynamisch-aktive Teile (Gliedergerüst) und passiv-füllende Teile (»Restwand«). Der Eindruck einer die Schwerkraft überwindenden Architektur ist somit Folge einer bestimmten Disposition des Baukörpers.

Die »deutsche Hochgotik« verändert diese baukörperlichen Verhältnisse und vollzieht damit einen Stilwandel. Als Inkunabel dieser Körpermetamorphose gilt Gross die Dominikanerkirche in Regensburg. In ihr sind die konstruktiv tätigen Kräfte nicht mehr am Ort der struktiven Elemente, jene sind im optischen Eindruck nicht mehr mit diesen zur Deckung zu bringen. Frei von der Aufgabe, die Kräfte des Bauwerks zu versinnbildlichen, verlieren die struktiven Elemente an Plastizität und stufenweiser Differenzierung; sie dienen nur noch der Ausdruckssteigerung des Innenraums. Das heißt, diese nun linienhaft gewordenen Wandvorlagen bringen erst jetzt den vielzitierten gotischen Vertikalismus zur Vollendung.

Mit dem Auseinandertreten von »Kraft« und »Struktur« hebt sich der Wanddualismus der »klassischen Gotik« auf. Die Wand der deutschen Hochgotik wird zu einer Grund legenden Fläche, die als einheitliche Folie die linearen Dienste hinterfängt. Sie wirkt nun *»verdünnt«*, *»schwerelos«* und *«entlastet«*.[28]

Diese Wandlung deutet Gross als ein Stilwollen, als ein neues baukünstlerisches Ziel in der Architektur. Es vollzieht sich bei gleichbleibender Raumform: hier wie dort ist der basilikale Querschnitt konstitutiv! Der Wandlung im Räumlichen – von der Basilika zur Halle – antwortet Gross mit einer Wandlung im Baukörperlichen: von der romanischen Mauer über die klassisch-gotische Füllwand zur hochgotischen Wandfläche. An dieser Entwicklung ist die Mendikantenarchitektur führend beteiligt. Krautheimers »Raumextase« ist einer nüchternen Wandbetrachtung gewichen.

Die Differenzierung verschiedener Wandformen und die Bestimmung einer hochgotischen Wand als dünner und entlasteter Fläche ist nur aus dem funktionalistischen Bauen und der konstruktivistischen Malerei der Zeit zu verstehen. Ein Kernsatz von Gross lautet: *»Wo die Fläche in der Architektur sich als glatter, aber stofflich neutraler Grund hinter die Jochteilungen schiebt, da straffen sich, genau wie in der Malerei* (sic!), *die Linien und schießen die Formen, auch wenn sie einander noch so fremd sind, innig zusammen.«*[29]

Spätestens mit dem Durchbruch des »Neuen Bauens« in der zweiten Hälfte der Zwanziger Jahre kommt auch dem Kunsthistoriker die Wandfläche als ein charakteristisches Merkmal

---

[27] W. Gross, 1933, S. 5.
[28] W. Gross, 1933, S. 12.
[29] W. Gross, 1933, S. 16/17.

Abb. 2 Stuttgart, Weißenhofsiedlung – Appartmenthaus
von Mies van der Rohe (1927).

der neuen Architektur vor Augen.[30] W. C. Behrendt beschreibt anläßlich der Eröffnung der berühmten Weißenhofsiedlung in Stuttgart 1927 ihre Qualität: »*Ohne selbst zu tragen, spannt sie sich über das innere Traggerüst als äußere schützende Haut... ohne eigene tragende Funktion zeigt die Wand die Tendenz, immer leichter und vor allem immer dünner zu werden... Bisher bot die Mauer in ihren starken Abmessungen ihres Querschnitts ausreichende Möglichkeiten zu plastischer Gliederung und Modellierung. Solche modellierende Behandlung wird unmöglich, sobald die Wand auf die geringen Dimensionen einer Haut reduziert ist.*«[31]

Nicht nur die Terminologie von Gross erkennt man hier sofort wieder, sondern auch das neue Stilwollen, das er an der »Deutschen Hochgotik« demonstrierte. Erst die Ausmauerung der Skelettkonstruktionen hat das Traggerüst zum unsichtbaren Teil der Wand gemacht und das Ausspielen einer linear-graphischen Wandstruktur ermöglicht *(Abb. 2)*. Die Beobachtung, daß in der »Deutschen Hochgotik« die statischen Kräfte in die Fläche verbannt und die plastischen Gliederungen der Hochschiffswand aufgegeben worden sind, ist bewußt oder unbewußt an der funktionalistischen Architektur gewonnen und auf das Mittelalter übertragen worden. Auch hier erliegt wieder die a-historische Stilanalyse den Vorstellungen der zeitgenössischen Kunstpraxis.

---

[30] Werner Gross (gest. 1981) hat selbst noch in einem Diskussionsbeitrag auf dem »Hamann-Kolloquim« in Marburg, 1979, über seine Faszination von der Weißenhofsiedlung gesprochen. Er war 1927 in Stuttgart!
[31] W. C. Behrendt, 1927, S. 34/35.

3. Nachwirkungen: Die Etablierung des funktionalistischen Blicks

Noch alle seit den zwanziger Jahren in unserem Sprachraum publizierten Arbeiten zur Mendikantenarchitektur sind den Vorstellungen von Krautheimer und Gross verpflichtet. Donin, Giese und Fait stützen sich auf Krautheimers Systematik; Konow, Hertlein und Dellwing benutzen Gross'sche Beschreibungskategorien.[32] Vor allem die Sichtweise von Werner Gross wurde allgemein verbindlich für das Verständnis der Gotik um 1300; ein ob der Renaissance des Funktionalismus nach dem Zweiten Weltkrieg wohl nicht ganz unverständliches Phänomen.[33]

Die expressionistische Sicht Krautheimers hingegen ist nicht zum Allgemeingut der Gotikinterpretation geworden. Das zeigt sehr deutlich die große Ausnahme: Sedlmayrs Kathedralenbuch (1950). In einer ganz auf »Sachlichkeit« und positivistische Aufarbeitung eingestellten Kunsthistorikerschaft stießen die expressionistisch gefärbten Begriffsbildungen Sedlmayrs auf hartnäckigsten Widerstand.[34]

Neben der funktionalistischen Beschreibung hat sich auch die funktionalistische Deutung der Mendikantenkirchen verfestigt. Keine Darstellung, die bei der Forminterpretation auf das Predigtargument oder die Profanisierungstendenz verzichten würde. Beides sind Interpretationsmuster für unsere Ordenskirchen geworden.

Einen nur scheinbaren Einbruch in diese Auffassungsweise vollzog Renate Wagner-Rieger. Sie schlug für die »Bettelordenskirchen Italiens« eine Unterscheidung in »*Repräsentationstypen*« und »*Gebrauchstypen*« vor.[35] Doch schon das Wort »Gebrauchstyp« ist eine Reinkarnation von Zweckarchitektur und hebt die überwiegende Zahl der Objekte von den Wenigen ab, die das rein Utilitäre transzendieren. Mit »Repräsentationstypen« meinte Wagner-Rieger in erster Linie die beiden Grablegekirchen in Assisi und Bologna. Am Chor von San Domenico in Bologna stellte sie fest, daß das sogenannte »bernhardinische Schema« der Zisterzienserarchitektur ohne erkennbaren liturgischen Grund übernommen worden sei. Und obgleich sie eine Vielzahl von Indizien anführt, die auf einen *ideologischen* Zusammenhang zwischen Dominikanern und Zisterziensern schließen lassen, kommt sie überraschend zur Erkenntnis: »*Die engen architektonischen Verbindungen zwischen den beiden Orden, insbesondere die Übernahme der gerade geschlossenen Kapellen und der Querhäuser, müssen wohl künstlerische* (sic!) *Gründe haben, die vornehmlich in der italienischen Tradition* (sic!) *begründet sind.*«[36]

Es scheint außerordentlich schwer zu sein, bei fehlenden funktionalen Ursachen geschichtliche Zusammenhänge ernst zu nehmen. Man weicht dann lieber auf nicht näher definierte »künstlerische« Beweggründe aus.

---

[32] K. Donin, 1935; L. Giese, 1939; H. Konow (Diss. 1939), 1954; J. Fait, 1954; E. Hertlein, 1964; H. Dellwing (Diss. 1966), 1970. Eine Ausnahme bildet die Arbeit von J. Oberst, 1925, über Schweizer Bettelordenskirchen, die sich methodisch noch an Scheerer orientiert und ohne Einfluß in der Kunstgeschichte blieb.

[33] Werner Gross »europäisierte« das funktionalistisch gesehene Flächenphänomen in seinem Buch »*Die abendländische* (sic!) *Architektur um 1300*« (1948, vgl. sein Vorwort). Sein Buch ist also auch ein frühes Beispiel für die Neuorientierung des wissenschaftlichen Denkens auf das »abendländische Europa« nach dem Zweiten Weltkrieg.

[34] Die Auseinandersetzung um Sedlmayrs Buch wurden in der Kunstchronik geführt (siehe die Hefte: Januar, April, Oktober und November 1951). Besonders Ernst Gall wirft hier Sedlmayr eine »*manieristische Verzerrung*« des Gotikbildes vor (Januarheft, S. 19).

[35] R. Wagner-Rieger, 1959, S. 266 ff.

[36] R. Wagner-Rieger, 1959, S. 272.

Edgar Hertlein bemühte sich an San Francesco in Assisi erstmals um den Nachweis, daß ganz bestimmte geschichtliche Ereignisse die Formenwahl beeinflußt haben.[37] Obwohl ich seiner Interpretation der Kirche nicht folgen kann,[38] ist bei ihm doch einiges über das Bedeutungsniveau von Mendikantenkirchen und die Absichten ihrer Bauherren zu erfahren. Eine veränderte Betrachtung hat Hertleins Studie aber nicht hervorgerufen. Im Gegenteil, das Interesse der Kunstgeschichte an der Mendikantenarchitektur versiegte immer mehr. Vielleicht war eine Ursache hierfür die vehemente Kritik am Funktionalismus, die im vergangenen Jahrzehnt aufkam.

Neuere Überlegungen zur Mendikantenarchitektur machen aber deutlich, daß der funktionalistische Blick noch ungebrochen ist. So beschreibt Ernst Badstübner in seinem 1980 veröffentlichten Buch »Kirchen der Mönche« die Chöre der »Bettelordenskirchen« als reduzierte Sakralarchitektur und ihre Langhäuser als Reduktion von Baukunst überhaupt.[39] Kommt den Chören noch »Stil« und Atmosphäre zu, so kennzeichnet die Langhäuser Stilverweigerung und bürgerliche Stimmung. Niemand mehr als der Architekt der zwanziger Jahre hätte sich über diese Auffassung gefreut, da seine Architektur eine einzige Stilverweigerung sein sollte.[40]

---

[37] E. Hertlein, 1964, passim.
[38] Vgl. unten S. 185 ff. den Exkurs zu San Francesco in Assisi.
[39] E. Badstübner, 1980, S. 273–275.
[40] Die stilgeschichtliche Aufwertung der Mendikantenkirchen konnte ihrer Zerstörung keinen Einhalt gebieten. Nach dem Zweiten Weltkrieg wurden in Deutschland u. a. die Dominikanerkirchen in Frankfurt am Main (1955, Langhaus), in Koblenz (1958), in Bremen (1960, Chor) und in Leipzig (1968) abgerissen.

III. Problemstellungen

1. Formfragen: Typ und Stil

> »Wer Stilgeschichte treibt, weiß, wie zweckmäßig es ist, in morphologischen Klassen zu denken.«[1]

Mit den Abhandlungen von Krautheimer und Gross haben wir die zwei wichtigsten stilanalytischen Arbeiten zur Mendikantenarchitektur kennengelernt. In beiden wird jeweils eine bestimmte architektonische Eigenschaft – bei Krautheimer der Raum, bei Gross die Wand – als stilbildendes Merkmal von den Objekten abstrahiert und im Wandel dargestellt. Das Einzelbauwerk partizipiert an diesem Wandel nur über diese Eigenschaft, wird dadurch zwangsläufig reduziert und seinem »real-historischen Ort« entzogen. So dokumentieren als Ergebnis bei Krautheimer die expressionistisch aufgefaßten Mendikantenräume eine »*stilistische Unterströmung*«, bei Gross die funktionalistisch gesehenen Wände eine »*hochgotische Stilphase*«. Was die einzelne Mendikantenkirche in ihrem historischen Kontext darstellt, erfahren wir nicht. Die Kirchen der Dominikaner und Franziskaner bleiben als Architekturen von neu in die Geschichte eingetretenen Orden völlig anonym. Daher auch letztlich ihre penetrant gleichlautende Deutung als Kirchen aus dem Geiste der Armut und zum Zwecke der Predigt – Rudimente ihrer verlorenen Geschichtlichkeit.[2]

Der geschichtliche Inhalt der Kirchen verflüchtigt sich im Augenblick ihrer Einbindung in den architektur-immanenten Entwicklungszusammenhang. Er verlangt ihre Zerlegung bzw. Demontage, das heißt, die Zuweisung ihrer Formen in die verschiedenen »Einflußsphären«, die ihr »Verorten« in das Kontinuum der vorausgehenden und nachfolgenden Architektur erst möglich macht.

Daneben erfüllt die Typologie der Stilgeschichte eine ganz ähnliche Aufgabe. Bei Gross darf sich die Raumform der Kirchen streng genommen nicht verändern, da der basilikale Querschnitt die Voraussetzung für den Wandel der gotischen Füllwand zur gotischen

---

[1] E. Wind, 1980, S. 36.
[2] Jüngst wiederum in einem Aufsatz von Günther Binding zu lesen (1982). Hier wird im Anschluß an Krautheimers Systematik versucht, *jedem Typus* – ob Saalraum, Basilika oder Halle – eine besondere Eignung für den Predigtzweck zu unterstellen, was letztlich absurd ist. Dagegen arbeitet Dieter Blume in seiner kürzlich erschienenen Dissertation über die frühen Bildprogramme im Chorbereich italienischer Franziskanerkirchen konsequent den Anteil der Auftraggeber heraus. Sein Forschungsergebnis (1983, S. 107 ff.), daß die ordensunabhängigen Stifter dieser Bildzyklen keinen Einfluß auf die Formen und Inhalte dieser Malereien hatten, diese von Anfang an als Medium der »Ordenspropaganda« dienten, macht für den Bereich der bildenden Kunst der Mendikanten auf exemplarische Weise deutlich, was für ihre Kirchenarchitektur in der hier vorliegenden Arbeit ebenfalls nachgewiesen werden soll: daß die Kunst auch als Instrument der Selbstdarstellung gelesen werden muß!

Wandfläche bildet.³ Bei Krautheimer hingegen müssen sich die Raumformen ändern, da er den Raumwandel beschreiben will. Sein typologisches Schema, Saalraum-Basilika-Halle, fällt mit dem entwicklungsgeschichtlichen Verlauf zusammen. Es zeigt sich, daß die Differenzierung der Typen mit der Art des Stilwandels zusammenhängt, den es zu beschreiben gilt.⁴ Die Typologie ist, wie die »stilgeschichtliche Demontage«, Grundlage für das Funktionieren des entwicklungsgeschichtlichen Verlaufs. Sie ist ein reines Klassifikations- oder Ordnungsschema, *abstrakt,* da sie nur den Querschnitt des Langhauses zum Inhalt hat.

Zusammengefaßt gesagt, liegt die Leistung der stilgeschichtlichen Modelle in der Bestimmung von Baugruppen (»abstrakte Typologie«) und ihrer entwicklungsgeschichtlichen Verknüpfung (»stilgeschichtliche Demontage«). »Und«, um das Eingangszitat von Edgar Wind fortzusetzen, »*solange das Modell nicht für die Sache selbst genommen wird, ist dagegen auch nichts einzuwenden*«.⁵ Aber in den stilgeschichtlichen Abhandlungen wird so verfahren, als wäre das Modell einer geschichtlich vermittelten Betrachtung entsprungen. So versucht Krautheimer am Ende seiner Arbeit, wie bereits gezeigt, das stilgeschichtliche Ergebnis in die »Kulturgeschichte« einzubauen, obgleich sein Modell ohne geschichtliche Rücksichten erstellt ist und jedem geschichtlichen Inhalt starr und abgeschlossen gegenübersteht.

Eine Kunstgeschichte, die etwas über die Mendikantenkirchen als »Kirchen der Mendikanten« aussagen will, muß in erster Linie die Objekte aus den abstrakt-eindimensionalen Entwicklungsgängen herausnehmen, die formanalytische Seite sozusagen »vom Kopf auf die Füße stellen«. Das ist möglich, wenn man über die stilgeschichtliche Zergliederung und typologische Schematisierung hinausgeht, und die gotischen Kirchen als formale *und* inhaltliche *Synthesen* begreift. Als Synthese gesehen ist die gotische Kirche weder stil- noch typenrein, sondern von vornherein widersprüchlich, doppeldeutig, ja dialektisch angelegt. Sie wirft die Frage nach ihrer *Konzeption* auf, und damit implizit die Frage nach dem Synthese*grund,* den Absichten und Zwängen, denen die Bauherren und ihre Architekten bei der Formenwahl unterworfen waren. Diese ideologischen Implikationen – die »politische« Ebene der Architektur – werden von der Stilgeschichte zwangsläufig übersehen, da sie sich bei der Zergliederung des Bauwerks immer nur im Bereich der Kleinformen bewegt, der Kleinmeister und nicht der Bauverantwortlichen.

Schon im Vorfeld der Form zeichnet sich der Synthesecharakter gotischer Kirchenarchitektur ab, wie Martin Warnke für den Bereich der Baumittelbeschaffung aufgezeigt hat. Die hier aufeinandertreffenden Ansprüche verschiedener Interessensgruppen⁶ müssen in der Form

---

[3] So hat Werner Gross (1933, S. 33 ff.) erhebliche Schwierigkeiten, seine Prinzipien auf Hallenbauten zu übertragen. Da diesen Kirchen die Obergadenwand fehlt, kann er eigentlich keine Flächenprinzipien mehr aufzeigen. So hebt er an der Elisabethkirche in Marburg die »*Verdünnung der Dienste*« an den Langhauspfeilern hervor, ihre graphische Behandlung, die zu einer »Senkrechtenteilung« des Raumes führt. Es bleibt hier außer acht, daß die Dienststärke von der Stärke der Gewölbeglieder abhängt. Gerade das Marburger Gewölbesystem ist aus einer basilikalen Anlage übernommen (vgl. W. Schenkluhn/P. van Stipelen, 1983, S. 42). An dem fehlenden Blick für die *Gesamtstruktur einer Kirche* hätte eine grundsätzliche Kritik der Gross'schen Begriffsbildungen anzusetzen.

[4] Krautheimers Systematik ist durch die Unterscheidung von zwei-, drei- und vierschiffigen Hallenkirchen verfeinert (vgl. R. Donin, 1935, und L. Giese, 1948), sowie durch die Bestimmung einer Basilika mit Rundpfeilern und einer mit Achteckpfeilern (vgl. H. Konow, 1954) präzisiert worden. An diesen *Systemmodifikationen* wird klar, daß, wie immer man die Typen faßt, unterschiedlich Objektgruppierungen zustande kommen, die dann auch den stilistischen Verlauf beeinflussen. Vgl. hierzu die instruktive Rezension zu Donins Buch von Frankl über den Sinn solcher Konstruktionen (1937).

[5] E. Wind, 1980, S. 36.

[6] M. Warnke, 1976, passim. – Beim Bau von Kathedralkirchen gaben häufig Bischofkonkurrenzen oder Konflikte zwischen Bischof und Domkapitel den Aussschlag für bestimmte Formrezeptionen und

letztlich vermittelt werden. Auch die Mendikanten stehen *in* den gesellschaftlichen Verhältnissen ihrer Zeit und müssen ihre Kirchenarchitektur, den sakralen Ort, definieren. Sie knüpfen über *Formrezeptionen* an bestimmte Traditionen an und negieren andere durch *Forminnovationen*. Beides, Formrezeption und -innovation, läßt sich nicht aufspalten und getrennt in einer stilgeschichtlichen und einer bedeutungsgeschichtlichen Betrachtung (»Bandmanns Ikonologie«) verhandeln.[7]

Um die Synthese einer gotischen Kirchenarchitektur näher ins Auge zu fassen, gilt es zunächst ihre architektonische *Konzeption* zu analysieren, das heißt konkret, den *Strukturzusammenhang* von Gewölbe-, Wand- und Pfeilerform und die damit intendierten Raumbeziehungen zu beschreiben. Gerade durch diese »mathematisch präzis« zu nennenden Abstimmung und Zuordnung zeichnen sich gotische Architekturen aus.[8]

Für die Erkenntnis der Konzeption ist die Untersuchung des strukturellen Zusammenhangs am *Grundriß* eine noch weithin unterschätzte Möglichkeit und Notwendigkeit. Der Grundriß stellt zwar auch eine Abstraktion gegenüber dem dreidimensional erfahrbaren Bauwerk dar, er ist aber im Vergleich zur Querschnittsbetrachtung eine wesentliche, da an ihm, im Übereinander von Gewölbe- und Raumdisposition, die Konzeption einer Kirche erkennbar wird. Auch historisch gesehen spielt der Grundriß eine herausragende Rolle. So präsentiert Villard d'Honnecourt in seinem Bauhüttenbuch die Erfindung eines neuen Chors nicht im Aufriß, sondern im Grundriß! Betrachtet man gerade dieses Blatt genauer, so wird deutlich, daß seine Erfindung auf einer konstruktiven Synthese der Chöre von Chartres und Vaucelles beruht.[9] Der Grundriß erweist sich hier nicht nur als ein bloßes Hilfsmittel der Darstellung, sondern als ein *produktiver Faktor*, über den der Architekt für seinen Bauherrn das Kirchengebäude disponiert und organisiert, Vorgängerbauten aufhebt und korrigiert. Wüß-

---

-innovationen. Gegensätzliche Interessensgruppen bilden sich also auch *innerhalb eines Standes* aus und müssen bei der Formanalyse bedacht werden. So stehen auch die Mendikanten, wie im folgenden Kapitel gezeigt wird, in einem Konkurrenzverhältnis, das die Formenwahl bestimmt hat. Die Vorstellung, daß sie ihre Kirchen als Ausdruck sozialer Unterschichten bauen, greift deshalb zu kurz. In dieser Denkweise kommen die Mendikanten mit ihren Konflikten, Ansprüchen und Zwängen nicht mehr vor.

[7] Krautheimers These (oben S. 19) ist die Formel, die rezeptiven und innovativen Anteile einer jeden bedeutenden Mendikantenkirche aufzuspalten, anstatt sie zusammen zu denken. Wenn wir etwa feststellen, daß mit der Franziskanerkirche in Regensburg an die frühchristliche Basilika angeknüpft wird, dann ist dies ein geschichtsbewußter Akt – im Rahmen mittelalterlichen Denkens –, der alte Traditionen architektonisch neu bedenkt und belebt. Ein Phänomen, das dialektisch zu beschreiben wäre. Zum Problem »Antiqui und Moderni« siehe: A. Zimmermann, 1974.

[8] Weder einzeln noch in ihrer Gesamtheit sind gotische Kirchen »organische Gebilde«, die sich naturhaft beschreiben und in teleologische Entwicklungsgänge pressen lassen (vgl. W. Schenkluhn, 1982, S. 61–66). Sie nehmen vielmehr die höchstmögliche Natur- und Technikbeherrschung der damaligen Zeit zur Gestaltung des heiligen Ortes in Dienst. Verzerrt wird diese »rationalistische Seite« der Kathedrale dann, wenn man hinter ihr nur eine bloß technische Absicht vermutet. *»We are faced neither with »rationalism« in a purely functionalistic sense nor with »illusion« in the sense of modern l'art pour l'art aesthetics. We are faced with what may be termed a »visual logic«...«* (E. Panofsky, [8]1964, S. 58).

[9] Tafel 19 bei H. R. Hahnloser, [2]1972. Im Text des Blattes heißt es: »*Istud bresbiterium invenerunt* (sic!) *Ulardus de Hunecourt et Petrus de Corbeia, inter se disputando.*« Die »Erfindung« geht vom Chor der Zisterzienserkirche in Vaucelles aus (Tafel 33 bei Hahnloser). Ihrem Grundriß sind ein zweiter Umgang hinzugefügt worden, sowie rechteckige Kapellen an den noch freien Umgangsjochen. So entstand ein dem Chartreser Umgangschor sehr ähnliches Gebilde. Der innovative Anteil erscheint aus heutiger Sicht gering. »*Aber das Leitmotiv des mittelalterlichen Künstlers lautet: Nihil innovetur, nisi quod traditum.*« (H. P. Schwarz (Hg.), 1983, S. 20; das lateinische Zitat nachgewiesen bei G. Bandmann, [5]1978, S. 50).

ten wir, für wen d'Honnecourt diesen Chor entworfen hat, könnten wir den Intentionen des Bauherrn nachgehen, dem es offensichtlich darauf ankam, zwei ganz bestimmte Bauten in seiner Kirche *anwesend zu machen.*[10]

An diesem Beispiel aus dem Bauhüttenbuch wird auch deutlich, daß dem abstrakten Typus und der Einzelform, den beiden Ausgangspunkten der Stilgeschichte, eine nachgeordnete Rolle zukommt. Der Aufriß kann, muß aber nicht basilikal gedacht sein – nirgendwo finden sich bei d'Honnecourt Querschnittszeichnungen; die Einzelform kann, muß aber nicht das in die Konzeption aufgenommene Vorbild versinnbildlichen. Das heißt, die übernommene Struktur kann durch die Kleinformen ins Zeitgemäße übersetzt sein. So werde ich an einem Hauptbeispiel dieser Arbeit, der Franziskanerkirche von Bologna, zeigen, daß ihr Langhaus im Strukturzusammenhang die Kathedrale von Paris zitiert, sie im einzelnen aber erheblich modifiziert, obgleich auch Einzelformen aus Paris vorhanden sind.

Am Grundriß ist meist schon ablesbar, was in vielen gotischen Kirchen den unmittelbaren Eindruck bestimmt: nämlich nicht die Tendenz zur »Raumvereinheitlichung«, was die Stilgeschichte in Kirchen mit Hallenquerschnitt sofort hineinsieht, oder zur »Raumtrennung«, was sie von Basiliken a priori erwartet, sondern ein differenziertes »*Verhältnis zwischen raumverbindenden und raumtrennenden Elementen«.*[11]

Wie in viele Hallenkonzeptionen schiffstrennend wirkende basilikale Gewölbe- und Jochdispositionen eingegangen sind, so in basilikale Konzeptionen »hallenartig« raumverbindende Momente. Hier hat die Entdeckung des sogenannten »Scheidbogen-Gurt-Systems« in gotischen Kirchenräumen den entscheidenden Durchbruch zu einer adäquaten Beschreibung gebracht.[12] So sind frühe und bedeutende Hallenkirchen, wie die Kathedrale in Poitiers, die Elisabethkirche in Marburg, der Dom in Minden oder der Hallenumgangschor in Verden nicht *gegen* das basilikale System, sondern *aus* dem basilikalen System entwickelt worden.[13] Andere wiederum, vornehmlich Hallenkirchen der Mendikanten, wie etwa die Dominikanerkirche in Frankfurt am Main, die Jakobinerkirche in Toulouse oder die Franziskanerkirche in Todi sind aus Hospitalräumen, Refektorien und Kapitelsälen hervorgegangen.[14]

Aus der Erkenntnis des Zusammenhangs der Typen untereinander, aber auch aus der Erkenntnis, daß ein und derselbe Typ zwei verschiedene Wurzeln haben kann, mag man ersehen, wie wenig die »abstrakte Typologie« zum Verständnis mittelalterlicher Kirchenarchitektur beiträgt. Hallenkirchen, die das Scheidbogen-Gurt-Pfeilersystem der Basilika beibehalten, also den Obergaden ausschalten,[15] zeigen, daß sich das damalige Denken nicht

---

[10] Unter »anwesend machen« verstehe ich die *geschichtlich vermittelte Rezeption konkret existierender Bauwerke.* Der Terminus meint also einen *bewußten Vergegenwärtigungsprozeß* und wird synonym gebraucht zum Begriff des *Architekturzitats* (vgl. H. J. Kunst, 1981, S. 87 ff.) Zitat darf weder mit »Kopie«, die ein getreues Abbild einer vorgegebenen Architektur meint, noch mit »Einfluß« verwechselt werden, unter dem mehr spielerisch-unverbindlich die Formen eines Bauwerks abgeleitet werden. Er ist vielmehr ein Verhältnisbegriff, da die Formrezeption erst am Maß der Innovation und diese am Maß der »Gebundenheit« ablesbar wird. Die Zitatdefinition schließt immer die konkrete Geschichte ein.

[11] H.-J. Kunst, 1971, S. 42.

[12] H.-J. Kunst, 1969, S. 66 ff. Das »Scheidbogen-Gurt-System« bezeichnet das Verhältnis von Joch- und Schiffsgrenzen im Gewölbe gotischer Kirchen. Da dieses Verhältnis ein systematisches ist, konnte gezeigt werden, daß bestimmte Hallenkirchen Gewölbesysteme übernommen haben, die in basilikalen Kirchen entwickelt worden sind.

[13] H.-J. Kunst, 1969, S. 66 ff. Zu Marburg: W. Schenkluhn/P. van Stipelen, 1983, S. 19 ff.

[14] Hierzu näheres S. 73 ff.

[15] Die Vorstellung, daß Hallenkirchen durch Anhebung der Seitenschiffe entstanden sind, ist unhaltbar. Nicht nur, daß es kaum Hallenkirchen gibt, die die Höhe basilikaler Mittelschiffe erreichen, spricht

in den Grenzen der inkommensurablen Idealtypen der Stilgeschichte bewegte. Vielmehr war für die meisten Kirchenraumbildungen der Zeit die Basilika das *Leitbild*. Der obere Raumteil einer gotischen Basilika, der auch formal sich auszeichnende *pars superior,* konnte für die angesprochenen Hallenkonzeptionen (gleichsam zur Steigerung des unteren Raumteils) aufgegeben, zugleich aber auch zum Vorbild für einschiffige Saalräume, Hochchöre und Doppelkirchen werden. So bildet die Oberkirche von San Francesco in Assisi den Obergaden, und die Oberkirche der Ste. Chapelle den Binnenchor einer gotischen Basilika ab. Beide Doppelkirchen können in ihrer Konzeption, wie ich in einem Exkurs demonstrieren werde, nur verstanden werden, wenn man sie vom Chor- und Langhaushauptschiff einer Basilika her begreift (vgl. unten S. 185).

An diesen Beispielen scheint ein konzeptionelles Denken auf, das, allgemein gesprochen, von den »*Gegenden im Raum*« ausgeht, vom »Oben und Unten«, von »Vorne und Hinten«, von »Links und Rechts«, und es in neue architektonische Zusammenhänge bringt. So kann wiederum die Oberkirche von Assisi als Obergaden einer dreischiffigen Basilika erscheinen (Sta. Croce in Florenz), oder in einer einschiffigen Kirche abgebildet werden (Franziskanerkirche Prenzlau), oder gar im doppelstöckigen Chor einer Basilika auftauchen (Katharinenkirche in Lübeck)![16]

Über das Verhältnis von Chor und Langhaus, von »vorn und hinten« im gotischen Kirchenraum, hat sich die Kunstgeschichte noch sehr wenig Gedanken gemacht. So ist, um das Beispiel bei d'Honnecourt noch einmal aufzugreifen, der Chor ein durchaus eigener Konzeptionsbereich und ohne Frage auch der schwierigste in der gotischen Kirchenarchitektur. Nicht zufällig, so meine ich, finden sich bei d'Honnecourt nur Chorgrundrisse und – abgesehen von einem zisterziensischen Idealplan – keine Langhausgrundrisse. Wie der Chor selbst, so sind häufig Chor und Langhaus aus verschiedenen Vorbildern synthetisiert: die Bologneser Franziskanerkirche etwa aus dem Chor von Clairvaux und dem Langhaus von Paris, die Minoritenkirche in Köln aus einem einschiffigen Hochchor (Obergadentyp!) und dem Langhaustyp von Bologna.[17] Vor allem zeigt sich in vielen Mendikantenkirchen ein spezifisches optisches Verhältnis von Chor und Langhaus, das gegenüber der Kathedralgotik im Sakralraum neue Akzente setzt.[18]

Der Blick auf die Konzeption gotischer Kirchenarchitektur eröffnet, wie gesagt, die geschichtliche Dimension der jeweiligen Architektursynthese, indem sie die Frage nach den Gründen der sie konstituierenden Formrezeptionen und -innovationen aufwirft. Welche ideologischen Motive, Absichten und Zwänge die Formsynthese bestimmt haben, erhellt dabei nur die Erforschung der konkreten geschichtlichen Zusammenhänge. Denn das architektonische Medium transportiert in erster Linie Inhalte, die allein von ihm adäquat zum Ausdruck gebracht werden können, und die nicht identisch sein müssen mit allgemeinen gesellschaftspolitischen oder geistesgeschichtlichen »Strömungen« der Zeit. So ist, um noch einmal ein Beispiel vorweg zu nehmen, bei der Interpretation der Bologneser Franziskanerkirche, in der die Kathedrale von Paris und die Zisterzienserkirche von Clairvaux zitathaft

---

dagegen, sondern gerade die Beibehaltung basilikaler »Scheidbogen-Gurt-Systeme« im Hallenraum. Hier ist eindeutig der Obergaden ausgefallen und das Gewölbesystem zu größerer Wirkung gebracht. Vgl. H.-J. Kunst, 1969, S. 69/70.

[16] Die gesellschaftlichen Hintergründe der »Gegenden im Raum« hat jüngst Friedrich Möbius (1979, S. 5-17) für die frühmittelalterliche Basilika neu zur Diskussion gestellt. – Zu diesen Kirchen siehe unten, S. 178 ff.

[17] zu Bologna siehe unten, S. 136 ff; zu Köln siehe unten, S. 221 ff.

[18] Siehe unten, S. 163 ff.

anwesend sind, die Frage zu stellen, was konkret den Franziskanern Paris und Clairvaux bedeutet haben könnten. Hier gilt, was Martin Warnke im Anschluß an seine Revision der mittelalterlichen Schriftquellen zum Problem der Transformation von Geschichte in die »künstlerische Formverwirklichung« geschrieben hat: »*Wenn in diese Tätigkeit gesellschaftliche Momente eingehen, dann können es nicht anderswo und anderswie ebenso oder besser erfüllbare Momente sein, dann müssen ihr vielmehr Bedürfnisse zugrundeliegen, die durch kein anderes Medium gesellschaftlichen Handelns abgedeckt werden können.*«[19]

Es wird zu zeigen sein, daß es nicht die pauschalen Motive »Armut und Predigt« sind, die sich in der Mendikantenarchitektur verwirklicht haben, sondern andere Zusammenhänge, die sich der architektonischen Form als der ihnen einzig adäquaten bemächtigt haben.

2. Inhaltsfragen: Utilität und Ideologie

Die funktionalistische Vernunft oder die Vernunft des Funktionalismus hat die Mendikantenkirchen ästimiert, da sie sich in ihnen wiedererkannte. Was dem »Historisten« Dehio noch »hell«, »hart« und »kalt« erschien, war dem Funktionalismus ein ästhetisches Erlebnis. Beide rezipierten aber nicht die Mendikantenkirche des Mittelalters, sondern Kirchenräume, die durch die Säkularisation und die puristischen Restaurierungen leergefegt worden waren – mithin die durch die Väter geschaffene Realität. Daß die Mendikantenkirchen in diesem Zustand den Eindruck von Bescheidenheit erweckten, ist nicht weiter verwunderlich. Die These von aus Armut geborenen Kirchen lag auf der Hand.

Jedoch besaßen die Mendikantenkirchen im Mittelalter eine reichhaltige Ausstattung, besonders mit *Grabmälern und Epitaphien* waren sie über und über bedeckt. Daran kann man ermessen, daß Dominikanern wie Franziskanern eine entscheidende Rolle im Bestattungswesen der mittelalterlichen Stadtgesellschaft zukam. Hierzu schreibt Philippe Ariès: »*Vom 13. Jahrhundert an – und zweifellos dank der Bettelorden, die für die Einstellung zum Tode bis hin zum 18. Jahrhundert eine bedeutsame Rolle spielten – wurden Praktiken, die ursprünglich klerikal und klösterlich waren, auf die größere Welt der in den Städten lebenden Laien ausgedehnt. Unter dem Druck der Kirche und aus Angst um das Jenseits wollte der Mensch, der seinen Tod herannahen fühlte, sich geistlicher Garantien versichern.*«[20]

Dominikaner und Franziskaner eröffneten den Stadtbewohnern gegen Geld und Liegenschaften die Möglichkeit, sich in ihren Kirchen bestatten zu lassen, oder sich Gedächtnismale, Seelenmessen und Totengebete zu erwerben. Die Archive einzelner Konvente sind voll von testamentarischen Verfügungen dieser Art, und die Streitigkeiten zwischen Mendikanten und Pfarrern über das Begräbnisrecht, vor allem über die Einkünfte aus dem Bestattungswesen, sind Legion.[21]

Grabmäler, Grabplatten und -tafeln sind im Laufe der Zeit und des sich verändernden Religionsverständnisses zum großen Teil verschwunden.[22] Schon im 16. Jahrhundert sind die von Grabmonumenten überquellenden Mendikantenkirchen »gereinigt« worden. Vasari

---

[19] M. Warnke, 1976, S. 150.
[20] P. Ariès, 1981, S. 78/79.
[21] Grundlegend zu diesen Streitigkeiten immer noch: C. Paulus, 1900, passim.
[22] »*Im 13. Jahrhundert sehen wir, neben diesen großen Monumentalgräbern, kleine Grabtafeln von 20 zu 40 cm Seitenlänge an Zahl anwachsen, die in das Mauerwerk der Kirche (innen oder außen) oder in die Pfeiler eingelassen wurden. Diese Tafeln sind wenig bekannt, weil sie von den Kunsthistorikern außeracht gelassen wurden. Sie sind zum größten Teil verschwunden.*« P. Ariès, 1981, S. 41.

beispielsweise gestaltete die Seitenschiffsaltäre in Santa Croce in Florenz neu und ordnete die Grabplatten im Mittelschiff (noch heute 276 an der Zahl!). Ebenso verfuhr er mit dem Innenraum von Santa Maria Novella, wo er zwischen 1565/70 sogar das berühmte Epitaph von Masaccio, den er in seinen Viten so preist, verstellte, daß es erst 1861 wiederentdeckt werden konnte.[23]

Das Bestattungswesen war eine der vorzüglichsten Aufgaben der Mendikanten und machte ihre Kirchen zum Ort des Gedächtnisses, zugespitzt gesagt, zu einer »Sphäre des Todes«. Man denke an die sogenannten »avelli«, Grabnischen, die viele italienische Mendikantenkirchen umziehen und sie nach außen als Grablegeorte ausweisen.[24] Inwieweit diese Aufgabe die Kirchenkonzeptionen beeinflußt hat, ist noch völlig unerforscht.[25] Immerhin hat die Kunstgeschichte bereits erkannt, daß die Stellung der Mendikanten im städtischen Begräbniswesen eine der ausschlaggebenden Ursachen für die hohen Geldzuwendungen war, die ihnen den Bau großer Kirchen erst ermöglichte.[26]

Gegenüber dem Begräbniswesen kann der Predigttätigkeit der Mendikanten nicht einmal ein theoretischer Einfluß auf die architektonische Gestaltung zugebilligt werden. Denn so viel wir über die Predigten der Mendikanten wissen, über ihre Inhalte oder etwa über den Wandel von der einfachen Bußpredigt (Exhorte) zur thematischen Predigt,[27] so wenig wissen wir über den Predigtort und die Versammlung der Gläubigen in ihren Kirchen. Gerade diejenigen, die sich mit dem »mittelalterlichen Predigtort« beschäftigt haben, vermuten nur, daß die Mendikanten im 13. Jahrhundert *bewegliche Predigtstühle* benutzt, ansonsten häufig auf öffentlichen Plätzen gepredigt haben.[28] Der Anspracheort war also relativ beliebig und wohl von den Umständen abhängig, jedenfalls hatte er kein festes Zentrum, wie es die Kanzel in den späteren protestantischen Kirchen darstellt. Aber auch in diesen Kirchen war die Raumform nicht von der Predigt »an sich« abhängig, sondern von der *Anordnung des Gestühls (der Sitzordnung!) um die Kanzel,* also von gesellschaftlichen Bedingungen.[29] Somit kann man sagen, daß die Predigt der Mendikanten zu den Funktionen gehört, die sich in einer von ihr unabhängigen Form einzurichten hatte, diese aber in keiner Weise bestimmte.[30]

---

[23] E. Hertlein, 1979, S. 9.
[24] Diese Grabnischen befinden sich, um nur einige Beispiele zu nennen, an den Fassaden von SS. Giovanni e Paolo in Venedig, San Lorenzo in Vicenza, S. Agostino in Padua, Santa Maria Novella in Florenz und an den Seitenschiffen von S. Anastasia in Verona und Sta. Croce in Florenz.
[25] Man könnte sich vorstellen, daß die für Mendikantenkirchen so charakteristischen, hohen und freien Wandzonen der Umfassungswände (innen wie außen) zur Anbringung der Grabtafeln (siehe Anm. 22) gedient haben. An den Wänden in den Seitenschiffen standen auch häufig gestiftete Altäre, und manche Seitenschiffe sind auch nicht mehr als begleitende Wege zur »via sacra« gebildet, sondern als »Kapellenschiffe« (siehe unten, S. 178 f).
[26] C. Wieg, 1981, S. 337/38.
[27] S. Clasen, 1954, S. 18 f.
[28] G. Adriani, 1966, S. 49 ff. Seine eigenen Beobachtungen hätten Adriani zu denken geben müssen, jedoch schließt er sich letztlich der »Predigtraumthese« der Bauhistoriker an (S. 67).
[29] Vgl. hierzu die grundlegende Arbeit zum protestantischen Kirchenbau von Reinhold Wex (1984).
[30] Interessant ist, daß die Kunsthistoriker auch immer von der »profanen Predigt« der Bettelorden sprechen (R. Krautheimer, 1925, S. 52/53), die einer »profanen Raumbildung« Vorschub geleistet hätte. Dies evoziert eher die Vorstellung von einer bürgerlich-neuzeitlichen Sonntagspredigt als von einer mittelalterlichen Predigt, die die Grenzsituation des Menschen: Tod, Fegefeuer, Jüngstes Gericht und Hölle, drastisch zeichnete, und zwar in einer Umgebung, die von Grabmälern bzw. Symbolen des Todes überquoll. Erst im 18. Jahrhundert schloß man, wie P. Tillich schreibt, *»die Themen Tod, Schuld und Hölle aus der Predigt aus ... Drohungen mit dem Tod oder dem Jüngsten Gericht oder die Erwähnung des Todes wurden als geschmacklos betrachtet«.* (P. Tillich, 1972, S. 36).

Über die seelsorgerische Tätigkeit der Mendikanten (Messe, Beichte und Predigt) hinaus, waren ihre Kirchen und Konventsgebäude vielgenutzte Versammlungsorte. Das erfährt man aus Arbeiten, die der künstlerischen Form ziemlich gleichgültig gegenüberstehen.[31] Die Konventsräume wurden allemal für Ratssitzungen, Ausschußversammlungen, Beurkundungen, Schulzwecke, ja sogar zu Königswahlen benutzt.[32] Ihre Kirchen hingegen dienten mehr bei *feierlichen Anlässen* der Versammlung: bei wichtigen notariellen Beurkundungen, bei Ratsvereidigungen, bei universitären Festivitäten, zur Abhaltung von Gottesdiensten vor Rats-, Zunft- und Bruderschaftsitzungen, bei Empfängen, usw.[33] Im 14. und 15. Jahrhundert nahmen einige der Mendikantenkirchen den Charakter von »*Ruhmestempeln*« der Stadt, hochgestellter Geschlechter und Königshäuser an.[34]

Zusammengenommen sind dies aber alles Beziehungen und Verflechtungen, die sich *im Laufe der Zeit* zwischen Mendikanten und der jeweiligen Stadtgesellschaft bzw. einigen ihrer Stände herstellten, die sich auch an anderen Bürger- und Pfarrkirchen ausbildeten und zu ähnlichen Nutzungen führten. Doch welche dieser Funktionen hatte bestimmenden Einfluß auf ihre ersten großen Kirchenkonzeptionen? Dominikaner und Franziskaner konnten doch kaum damit rechnen, sich einmal in solcher Weise in die mittelalterlichen Städte »einzubürgern«.[35]

Ich möchte behaupten, daß zunächst keine dieser Funktionen die Kirchenkonzeptionen der Mendikanten beeinflußt hat. Vielmehr stand anfänglich die Ordensausbreitung und -konsolidierung bei Dominikanern und Franziskanern im Vordergrund. Beide zielten, wie Southern es allgemein ausdrückte, *»auf die Bekehrung der Welt«*. *»Sie wollten Ketzer bekehren, die Sarazenen überwinden, die Griechen überzeugen, Prediger und Beichtväter ausbilden und jene Völker Westeuropas unterweisen, die von den früheren religiösen Neuerern weitgehend außer acht gelassen worden sind.«*[36]

Hierzu bedurfte es der Organisation und der Organisatoren, die Niederlassungen und Ordenszentren einzurichten vermochten, eines großen Zulaufs Gebildeter und Ausbildungsfähiger, sowie der Unterstützung des Papsttums und der Bischöfe, der Duldung durch die Städte und der weltlichen Herrscher. Beide Orden wandten sich deshalb zunächst an die Zentren mittelalterlicher Bildung, nach Paris, Bologna und Oxford, und konkurrierten dort um Magister und Scholaren, um Lehrstühle und Einfluß auf die Universitäten. Hier entstanden ihre ersten und richtungsweisenden Kirchenbauten, die ihr Selbstverständnis und die Tradition aufzeigen, in der sie als neue Orden gesehen werden wollten.

Bevor ich einige dieser Kirchen analysiere, möchte ich die geschichtliche Entfaltung beider Orden im Verhältnis zum Studium und zum Kirchenbau näher skizzieren, um so die ideologischen Motive anzudeuten, die ihre Kirchenkonzeptionen bestimmt haben.

---

[31] B. J. Stüdeli, 1969, passim.
[32] B. J. Stüdeli, 1969, S. 90. Im Dominikanerkonvent zu Frankfurt am Main wurden 1292 und 1308 Königswahlen abgehalten (vgl. K. Beck, 1977, S. 22).
[33] B. J. Stüdeli, 1969, S. 87–89 (Ratsvereidigungen, etc.). Dominikus selbst erwarb Gelände für den Konvent in Bologna. Der Kaufvertrag wurde unter Anwesenheit der Konventsmitglieder in der Kirche vor dem Marienaltar feierlich besiegelt (vgl. V. Alce, 1972, S. 148). Zu universitären Festivitäten siehe unten, S. 76.
[34] B. J. Stüdeli, 1969, S. 107/08. Unter Albertis Hand wurde die Franziskanerkirche in Rimini zum »Tempio Malatesta«.
[35] Zum Verhältnis »Bürgertum und Bettelorden« vergleiche die ausführliche Darstellung von N. Hecker (1981).
[36] R. W. Southern, 1976, S. 289.

IV.
Ordensgründung
Studium und Kirchenbau

»Ohne die Städte wären die Bettelorden nie entstanden, ohne die Universitäten wären sie nie groß geworden.«[1]

Für beide Orden ist das Jahr 1217 zum entscheidenden Datum geworden. Die Franziskaner versammelten sich damals vor den Toren Assisis bei der Portiuncula-Kapelle, bestimmten ihre ersten Provinzialminister, beriefen vielleicht auch schon *Peter Catanii* zum Ordensgeneral und entsandten Mitbrüder zur Mission nach Frankreich und Deutschland.[2] Im gleichen Jahr schickte Dominikus seine Mitbrüder von Toulouse aus nach Paris, Spanien und Italien zur Gründung von Niederlassungen und zur Aufnahme des Studiums.

War es für die kleine Dominikaner-Gemeinschaft ein gewagter Schritt aus ihrer regional begrenzten Wirksamkeit heraus eine weitverbreitete Ordensorganisation anzustreben, so für die Franziskaner-Bruderschaft eher eine unvermeidliche Folge des unerwarteten Zulaufs, der sie gleichsam von selbst zur Verbreitung und zur Organisation zwang. Doch während Dominikus sein Vorhaben gezielt anging, betrachtete Franziskus die Entwicklung seiner Gemeinschaft mit gemischten Gefühlen. Ja, er widersetzte sich zunehmend der Richtung, welche die Minderbruderschaft einzuschlagen begann.

1. Konflikte unter Minderbrüdern

Franz von Assisi (1182–1226) war kein Ordensstifter im herkömmlichen Sinne, wie jüngst Adolf Holl in seiner Biographie herausgearbeitet hat. Zwar ging er bereits wenige Jahre nach seiner Bekehrung nach Rom (um 1210) und ließ sich die sogenannte *regula primitiva* von Papst Innozenz III. mündlich bestätigen, doch war dies keine Ordensregel, sondern vielmehr ein auf essentielle Sätze sich beschränkendes *Lebensprogramm*.[3]

Aus bürgerlich-patrizischem Hause stammend, lehnte Franziskus den Kern dessen ab, was diese die alten Gesellschaftsbande zerreißende Klasse von Fernhändlern stark machte: ihre Kapitalanhäufung. Der Zusammenhang zwischen Wucher, Raffgier, Kriegslust und luxuriösem Gebahren seines Standes ist ihm bewußt geworden, und er setzte seine Ablehnung in eine an Christus orientierte Lebensweise um.

---

[1] R. W. Southern, 1976, S. 263.

[2] Zum Pfingstkapitel 1217: A. Holl, 1979, S. 117 und 210 ff. Ungewiß ist, ob Peter Catanii 1217 oder 1220 zum Vikar bzw. Ordensgeneral – begrifflich in jener Zeit identisch – bestellt wurde. Da Catanii bereits 1221 verstarb, nimmt R. Brooke, 1959, S. 77, das frühere Datum an. Zur Mission siehe: Jord. Chron., nr. 3 und Anm. 8 der Übersetzer.

[3] Die »regula primitiva« ist ihrem Wortlaut nach nicht bekannt. Eine inhaltliche Rekonstruktion bei A. Holl, 1979, S. 248. Zum Vorgang der Regelbestätigung siehe: Cel. I, nr. 32 und 33, sowie die Literaturverweise des Übersetzers, S. 94 Anm. 125; H. Grundmann, 1970, S. 127–135.

An die Stelle frühbürgerlichen Erwerbssinns, der eine allseitige Bedürfnissteigerung zur Folge hatte, setzte er die Bedürfnislosigkeit *(pauperum, eigentl. wenig erwerbend)*, anstelle der Karrierementalität und Großmannssucht die Unscheinbarkeit *(humilitas)*, anstelle des übersteigerten Egoismus die Brüderlichkeit *(fraternitas)*, die sich den sozial und gesundheitlich Benachteiligten zuwendete.

Diese »anti-bürgerlichen« Tugenden seines (geläuterten) Lebenswandels ließen ihn in den Augen seiner ehemaligen Standesgenossen entweder als Ärgernis – wofür man schnell das Wort Ketzer parat hatte –, oder aber als personifiziertes schlechtes Gewissen erscheinen. So blieb sein Aufruf zur Umkehr und Buße von keiner Seite unbeachtet, und die ihm nachfolgten, waren in den Städten Umbriens und Toskana bald als die »Büßer von Assisi« bekannt.[4]

Holl beschreibt das franziskanische Anliegen im Kern als eine *Ethik ohne Eigentum*, verbunden mit absoluter *Friedfertigkeit*. In ihm war kein Platz für den Erwerb und die Anhäufung von Geld und Liegenschaften, mithin kein Raum für eine Ordensorganisation alten Stils, die der Klöster und Kirchen bedurfte.

Zu seinen Lebzeiten restaurierte Franziskus, zwischen 1207 und 1208, selber drei Kapellen: *San Damiano, San Pietro della Spina* (zerstört) und *Santa Maria degli Angeli, Portiuncula* genannt. Auf dem Monte La Verna, dem Subiaso und im Rieti-Tal benutzten er und seine Mitbrüder verlassene Einsiedeleien und besserten diese notfalls aus. Predigten fanden unter freiem Himmel statt oder mit Erlaubnis in den Bischofskirchen. Mit der Errichtung von *Steinbauten* war für Franziskus die Grenze des Zulässigen überschritten.[5] So begann er auf einem Kapitel bei der Portiuncula eine aus Stein errichtete Unterkunft für die Minderbrüder eigenhändig abzutragen.[6] Aus einem Haus bei Bologna verjagte er seine Mitbrüder, da es eigens für sie erbaut worden war.[7] Diese Handlungen bezeugen seine Ablehnung fester Niederlassungen und machen auf Kräfte in seiner Gemeinschaft aufmerksam, die einen anderen Weg als er verfolgten.

Franziskus selber begriff die Vorgänge von 1217 nicht als einen *Ordensgründungsakt*.[8] Noch im darauf folgenden Jahr lehnte er die Bitte des Kardinallegaten Hugolino ab, seiner Genossenschaft eine der bestehenden Ordensregeln zu geben: *»Ich mag nicht leiden, daß man mir eine Regel aufdrängt, weder die vom hl. Augustinus, noch die vom hl. Benedikt, noch die vom hl. Bernhard. Der Herr wollte mich als Einfaltspinsel* (simplicitatis) *haben, und darin liegt unsere gesamte Wissenschaft. Gott wird euch durch eure Gelehrsamkeit und Bildung vernichten* (sed per uestram scientiam et sapientiam Deus uos confundet), *ob ihr wollt oder nicht.«*[9]

---

[4] Zum franziskanischen Bußbegriff: Cel. I, nr. 22 und Anm. 83 auf S. 83 des Übersetzers; desweiteren: QuSchr. I, S. 199–201. Die Bevölkerung reagierte auf das Erscheinen der Minoriten häufig mit Ablehnung. Man verfolgte sie sogar, da man glaubte, Ketzer vor sich zu haben (vgl. Jord. Chron., nr. 5).

[5] Cel. II, nr. 56.

[6] Cel. II, nr. 57.

[7] Cel. II, nr. 58.

[8] Es besteht die Möglichkeit, daß Hugolino von Ostia, der Kardinallegat und spätere Papst Gregor IX., auf dem Pfingstkapitel 1217 eine Kreuzzugspredigt hielt und damit die Brüder in den Dienst der Kirche nehmen wollte (vgl. »Fioretti«, Kap. 18, bei H. Thode, [4]1934, S. 689). War dies der Fall, so kann man die Aussendung der Minderbrüder nach Frankreich, denen sich Franziskus anschließen wollte, als eine demonstrative Geste gegen das kriegerische Unternehmen werten (Hierzu A. Holl, 1979, S. 210 ff., der diese Überlegung anstellt. Siehe auch: C. Schmitt, 1982, S. 213–220).

[9] R. Brooke, 1970, nr. 114; übersetzt von A. Holl, 1979, S. 19.

In dieser Antwort wird die große Kluft deutlich zwischen seinem Anspruch auf ein unmittelbares Leben in Christus und dem Anspruch des Kurienvertreters, dem ein solches Leben nur über eine ordensverfaßte und der Kirche unterstellte Einrichtung denkbar und rechtmäßig erscheint. Franziskus lehnt jedoch eine Ordensverfassung ab, da sie mit dem Status der Gelehrsamkeit und Bildung verbunden ist, der ihm als Einfältigem nicht zukomme und der nicht Gottgefällig sei.

Der Zusammenhang, der hier zutage tritt, ist bemerkenswert und bedarf der näheren Erläuterung. Die Kirche durchdrang die mittelalterliche Gesellschaft in einer Weise, insbesondere seit dem 11. Jahrhundert, die sie zur Pflichtgemeinschaft aller machte und diejenigen erbarmungslos verfolgte, die einen Weg zum Heil außer ihr suchten. Sie »*beanspruchte als einzige Institution, übernatürliche Autorität zu vermitteln*« und verwies damit auch die weltliche Herrschaft in den Laienstand.[10]

»*Die ideale Kirche des zwölften und dreizehnten Jahrhunderts war die Gemeinschaft des geordneten und organisierten Klerus, der Denken und Handeln eines gehorsamen und empfänglichen Laienstandes leitete, Könige, Adel und Bauern in gleicher Weise*«.[11] Um dieses Ziel zu erreichen, monopolisierte sie die Bildung und all jene Disziplinen, »*die nicht nur theoretisch die Struktur der Gesellschaft bestimmten, sondern auch praktisch die Mittel zur Regierung stellten.*«[12] Das kann man ablesen an der Ausbildung eines umfassenden Verwaltungsapparates am päpstlichen Hof im 12. und 13. Jahrhundert, an der zunehmenden Rechtsprechung und Gabenverteilung (Privilegierung) durch den Papst, am Anwachsen der Konzilientätigkeit, den Exemptionsbemühungen des Klerus gegenüber weltlichen Gerichten, Steuern und Investituren, an der Formulierung und Systematisierung des Kirchenrechts und der Theologie sowie an der Tatsache, daß alle Päpste seit dem 12. Jahrhundert wissenschaftlich geschulte Männer waren, die besten unter ihnen Juristen.[13]

Für die umfänglichen Aufgaben waren die Mönchsschulen tradititioneller Art ungeeignet und so entstanden zwangläufig Stiftsschulen, zuletzt die Universitäten.[14] Gerade die neuen Orden, regulierte Chorherren und Praemonstratenser, die auf augustinischer Grundlage das benediktinische Mönchstum abzulösen suchten, traten in dieser Beziehung besonders hervor. Genannt sei nur die Stiftsschule St. Viktor bei Paris.

Die Bildungskluft zwischen Kirche und Laienstand, sowie der Bildungsdruck auf Kleriker und Mönche, war im Mittelalter wohl kaum größer als im 13. Jahrhundert. So unterscheidet das Begriffspaar »*litteratus-illiteratus*« im Hochmittelalter weniger den Bildungsgrad bestimmter Personen, als vielmehr zwei völlig verschiedene Bildungsweisen bzw. -welten. *Litterati* waren ausschließlich die Kleriker und Mönche, ganz gleich wie gut oder schlecht ihr Bildungsstand wirklich gewesen sein mochte.[15] Den Ordensstand ergreifen hieß deshalb zugleich den *Status des litterati* einzunehmen. Darum wies Franziskus den Ordensstand zurück, da er sich nicht zum Gelehrten oder Theologen berufen fühlte.

---

[10] R. W. Southern, 1976, S. 22.
[11] R. W. Southern, 1976, S. 23.
[12] R. W. Southern, 1976, S. 24.
[13] Vgl. zu den nur stichwortartig aufgeführten Vorgängen die Darstellung von R. W. Southern, 1976, S. 108 ff., und die informative Einführung bei R. Seeberg, 1960, S. 270 ff., sowie das HdK III/2, 1968, Kapitel 4, 7 und 12.
[14] Zum Unterschied von monastischer und scholastischer Bildung siehe: J. Leclercq, 1963, passim. Zu den Kathedral- und Stiftsschulen: HdK III/2, Kap. 6 und 7 mit ausführlichen Literaturverweisen. Zur Entstehung der Universitäten: unten S. 46 f.
[15] H. Grundmann, 1958, S. 13/14.

»›Einfältig‹ war er und wollte es sein, er unterschied sich und die Seinen damit bewußt von den Theologen und Gelehrten, so hoch er sie ehrte. Jakob von Vitry, der ihn 1216 sah, hat ihn als ›virum simplicem et illiteratum‹ geschildert und die ersten Franziskaner als ›simplices et pauperes homines‹, obgleich auch manche Gebildete, ja Gelehrte von Anfang an unter ihnen waren.«[16]

Als Laie wollte er seinen Lebenswandel vollziehen, zur Buße aufrufen und zur Friedfertigkeit bekehren – ein ketzerischer Standpunkt, an dem vor ihm so manch andere religiöse Gemeinschaft und ihm nicht unähnliche Persönlichkeiten zugrunde gingen.[17] Was bewahrte ihn und seine Gruppe vor einem solchen Schicksal? Franziskus kehrte sich zwar von den Werten der frühbürgerlichen Stadtgesellschaft ab, blieb aber der Kirche in absolutem Gehorsam verbunden. Seine Verehrung für Christus übertrug er zugleich auf die Institution, die das Alleinvertretungsrecht für die christliche Lehre beanspruchte. Er schätzte die Priester, welche »die Gewalt über den Leib und das Blut Christi haben« und bewunderte die Kirchengebäude, in denen der leibhaftige Christus »unter den Gestalten von Brot und Wein unter die Menschen kommt«.[18] Er achtete auch die Theologen, sofern sie sich als Bedienstete des göttlichen Wortes verstanden, und er ehrte die Worte selbst, da durch sie das Göttliche zum Ausdruck kommt.[19]

Damit war aber schon *in seiner Person* der Konflikt zwischen der neuen Ethik und den Ansprüchen der Institution Kirche angelegt.

Seine Prinzipien der Eigentumslosigkeit und Friedfertigkeit waren in ihrer Radikalität weder für die Kirche noch für seine ständig wachsende Gemeinschaft tragbar. Beide verlangten nach Organisation und Integration im einzig legitimen Sinne: Ordensstatus und materieller Besitz, also Regel, Studium und Klöster – gleich in welcher rechtlichen Form.

Die Verfechter einer ordensmäßigen Verfassung waren namentlich die seit 1217 eingesetzten *Minister*, überwiegend theologisch gebildete Männer, und das *Papsttum* in Gestalt des Kardinallegaten und Protektoren Hugolino von Ostia, der 1227 Papst Gregor IX. wurde. Ihnen gelang es noch zu Lebzeiten des Franziskus entscheidenden Einfluß auf die Entwicklung der Bruderschaft zu nehmen und danach die ordensgestaltenden Kräfte zu werden.[20]

---

[16] H. Grundmann, 1958, S. 55/56.
[17] Vgl. die Geschichte des Lyoner Kaufmanns Waldes und der Waldenser: Hdk III/2, S. 125 ff.
[18] A. Holl, 1979, S. 88. Zu Franziskus als Wegbereiter der eucharistischen Verehrung siehe: O. Nußbaum, 1979, S. 123 f.
[19] Vgl. den »Brief an die Kustoden«, QuSchr. I, S. 74 f.
[20] In der Forschung ist man sich darüber einig, daß die Franziskanerbruderschaft von der Bekehrung Franziskus (1206) bis zu seinem Tode (1226) wesentliche Veränderungen erfahren hat. Uneinig ist man sich über die Ursachen und die Qualität dieser Veränderungen. »*Should the changes that took place be regarded as progress, as retrogression, or simply as evolution? Was St Francis opposed to them to the end, or did he come to accept some or all? Were they the result of a necessity over which men had little or no control, or were they due to the concious volution of certain individuals?*« Diese Fragen (Brooke, 1959, S. 58) umschreiben vollständig das Forschungsinteresse der letzten hundert Jahre an der Frühgeschichte der Franziskaner. Sabatier (1893) und seine Schule sahen die franziskanischen Ideale durch die Bindung an die römische Kurie desavouiert. Zum Hauptverantwortlichen an diesem Prozeß erklären sie Hugolino von Ostia, den Kardinalprotektor der Minoriten, und Bruder Elias, den Generalminister des Ordens zwischen 1221–27 und 1232–39. S. Attal (1936) hingegen bestritt jeglichen Konflikt zwischen Gründerideal und Ordensentwicklung und behauptete, daß Franziskus erst durch die Person des Kardinalprotektors seine Ideen zu realisieren vermochte.
Beiden Standpunkten kann man heute nicht mehr zustimmen. Der Konflikt zwischen Ideal und Institution bedrängte schon Franziskus selbst. Er war es, der die Kontakte zur Kurie knüpfte, sich sein Lebensprogramm bestätigen ließ und den Wunsch nach einem Protektor äußerte (vgl. Cel. I, nr. 74/75

Das besagte Haus bei Bologna, aus dem Franziskus 1220 seine Mitbrüder vertrieb, war nicht zufällig auch ein Studienhaus, und der Fluch, den er dabei über einen sich widersetzenden Mitbruder aussprach, galt nicht zufällig dem Doktor der Rechte, der dieser war. Den aufgebrachten Franziskus konnte Hugolino nur mit der Versicherung besänftigen, daß das Haus sein und nicht der Franziskaner Eigentum wäre.[21]

Auf dem Pfingstkapitel 1221 trat Franziskus als Oberhaupt seiner Gemeinschaft mit den Worten zurück: *»Von jetzt an bin ich tot für euch«*.[22] Sabatier, der als Erster auf die Differenzen zwischen Franziskus und der Ordensentwicklung aufmerksam machte, schreibt hierzu: *»Die fünf letzten Jahre des heiligen Franziskus bilden eine unausgesetzte Anstrengung, durch Wort und Wandel zu protestieren.«*[23]

Er war nun gezwungen, für seine Bruderschaft eine Ordensregel zu verfassen, die erst in ihrer zweiten Form vom Papst 1223 bestätigt wurde. Die Kurie mischte sich durch Privilegierungen, die Franziskus vehement bekämpfte, immer mehr in die Belange der Minderbrüder ein.[24] Mit der Bulle vom 22. 9. 1220 wurden die Aufnahmebedingungen durch die Einführung eines Noviziats geregelt.[25] In einer weiteren vom 22. 3. 1222 heißt es: *»Wir gestatten auch in den Zeiten des Interdikts in Euren Kirchen Gottesdienst abzuhalten, wenn ihr erst in den Besitz solcher gelangt sein werdet.«*[26]

Damit wurde den Minderbrüdern der Kirchenbau nahegelegt, als sie noch keine einzige Kirche besaßen und auch nicht die Absicht hatten, jemals eine zu bauen. In der Regel von 1223 ist dann von »Ordensfreunden« *(amici spiritualis)* die Rede, die für die Brüder Gelder annehmen durften und den Ministern und Kustoden zur geflissentlichen Verwendung zukommen lassen konnten. Darüber hinaus war nun die Vollversammlung geregelt und der absolute Gehorsam gegenüber den Ordensoberen (den Ministern) festgesetzt.[27]

---

und Cel. II, nr. 23/24; sowie Jord. Chron., nr. 14). Dahinter stand sicher die Absicht, sich und seine Bruderschaft vor dem Häresieverdacht zu schützen, die Minoriten vor Übergriffen seitens der Kurie, der Bischöfe und der Städte zu bewahren (vgl. H. Grundmann, 1970, S. 153). Daß ihm dies in bezug zur Kurie nicht gelang, er mit dem Protektor den Einfluß des Papsttums in die Gemeinschaft holte, lag wohl in der Person des Hugolino von Ostia begründet, der sich als Kirchenpolitiker nicht scheute, Druck im Interesse der Institution auszuüben. Man denke nur an seine Politik als Papst. Selbst R. B. Brooke, die äußerst vorsichtig urteilt, kommt zu dem Ergebnis: »... *it cannot be denied that after St Francis death he allowed the policy of the Ministers to triumph*« (1959, S. 74). Hugolinos Drängen auf Annahme einer Ordensregel macht hinreichend deutlich, daß er, bei aller persönlichen Freundschaft und Bewunderung für Franziskus, völlig andere Vorstellungen von der Aufgabe der Minderbrüder hatte als ihr Begründer.

[21] A. Holl, 1979, S. 23/24.
[22] Cel. II, nr. 143. Das Jahr seiner Abdankung ist umstritten. R. Brooke setzt sie in das Jahr 1217, da damals Peter Catanii zum Ordensgeneral berufen worden ist (1959, S. 106). Doch ist das Amt des Ordensgenerals, wie Brooke selber schreibt, nicht mit der Stellung von Franziskus zu vergleichen. Während Franziskus das unbestrittene Haupt der Gemeinschaft war, mit voller Autorität in allen Fragen, diente das Amt in erster Linie dazu, Franziskus von organisatorischen Aufgaben zu entlasten. Seine Abdankung drückt deshalb viel eher Resignation über die Entwicklung innerhalb der Bruderschaft aus. Dieser Vorgänge aber wurde er sich erst *nach* seiner Rückkehr aus dem Orient bewußt (vgl. Jord. Chron. nr. 11–15), so daß der Ausspruch wohl auf dem Kapitel von 1221 gefallen sein muß (vgl. auch: A. Holl, 1979, S. 242 ff.).
[23] P. Sabatier, 1897, S. 202.
[24] P. Sabatier, 1897, S. 147/48 und A. Holl, 1979, S. 192.
[25] H. Holzapfel, 1909, S. 8.
[26] Zit. n. P. Sabatier, 1897, S. 199 f.
[27] Zum Gesamtvorgang vgl. A. Holl, 1979, S. 253 und S. 333.

Franziskus verlor in dieser Entwicklung an Einfluß auf seine Bruderschaft, mit der er anfänglich das Stigma der Armut auf sich genommen hatte. »*Man nimmt es ihm weg, indem man seinen Bettlerverein in einen obrigkeitlich anerkannten Orden verwandelt. Franz ahnt, daß die Doktorhüte und Kardinalsmäntel für die Minderbrüder bereitliegen werden, sobald er unter der Erde ist.*«[28]

Die göttlichen Stigmata, die er am Ende seines Lebens erhielt, sind so auch als Zeichen seiner Isolierung zu verstehen.

Ein Jahr nach seinem Tode wird der Kardinalprotektor Hugolino von Ostia als Gregor IX. zum neuen Papst gewählt. In seinem Auftrag empfängt Elias von Cortona am 29. 3. 1228 ein Stück Land vor den Toren Assisis, um dort die Grablegekirche für Franziskus errichten zu lassen.[29] Im Juli des gleichen Jahres legt Gregor IX. dort selbst den Grundstein und spricht seinen verstorbenen Freund heilig. Mit diesem symbolischen Doppelakt wird Franziskus hinweggehoben, und der Franziskanerorden tritt gleichsam mit einem Paukenschlag in die Architekturgeschichte des Mittelalters ein.

2. Dominikus und der Predigerorden

Für die Verfechter eines straff organisierten Franziskanerordens war es höchste Zeit zu handeln, denn die Predigerbrüder unter Dominikus hatten auf diesem Feld einen erheblichen Vorsprung errungen.

Tatsächlich war *Dominikus (1170–1221)* ganz zielstrebig auf eine Ordensorganisation zugegangen. Als hochgebildeter Chorherr von Osma (Spanien) kam er eher zufällig mit dem Sektenwesen in Südfrankreich in Berührung.[30] Dort versuchte er ab 1206, drei Jahre vor Beginn des bis 1229 andauernden Ausrottungsfeldzuges gegen die Albingenser, das von den Zisterziensern begonnene und mißglückte Missionswerk unter den Häretikern mit verbesserter Überzeugungsarbeit fortzusetzen. Sein Interesse an einer friedfertigen Lösung des Konflikts zwischen der Laienbewegung Südfrankreichs und der Römischen Kirche war wohl nicht zuletzt durch seine Herkunft und Stellung geweckt worden. Als Regularkanoniker stand er in einer kirchlichen Reformbewegung, die sich im 12. Jahrhundert nach Beendigung des Investiturstreites zu entfalten begann und als bedeutendste Neuerung die *Augustiner-Chorherren* und den *Praemonstratenserorden* hervorgebracht hatte. Diese innerkirchlich-klerikale Bewegung, getragen von reformfreudigen Bischöfen, versuchte die Beziehung zwischen Kirche und Laienstand in ein neues Verhältnis zu bringen.

Das alte Benediktinertum war für Reformen völlig ungeeignet, zu weltabgewandt und in zunehmendem Maße auf Exemption bedacht. »*Die Benediktiner hatten in der Tat in großem Rahmen Ordnung in ganze Landstriche gebracht, aber in erster Linie ging ihr Versuch dahin, mitten in dem Strom der Zeit eine übernatürliche Ordnung aufzubauen.*«[31]

Die neuen Gemeinschaften griffen auf Vorstellungen des hl. Augustinus zurück und legten sie einer gemäßigten, aber auch strengeren ordensähnlichen Lebensführung zugrunde, die ihnen die Arbeit in der Welt gestattete. Zu den Augustiner-Chorherren, der gemäßigteren

---

[28] A. Holl, 1979, S. 303.
[29] B. Kleinschmidt, 1915, Bd. 1, S. 7 f.
[30] Zum Leben des Hl. Dominikus ist noch immer die umfassende Biographie von M. H. Vicaire zu empfehlen (1962, 1963). Weitere biographische Literatur in HdK III/2, S. 216 ff.
[31] R. W. Southern, 1976, S. 234.

Richtung, schreibt Southern: »*Sie erblühten gleichermaßen in der unmittelbaren Nachbarschaft von Städten und Burgen. Für wohlhabende Stadtbewohner boten sie die Errichtung von Begräbnisstätten, Gedenkfeiern und Totenmessen, sowie angesehene Schulen und Beichtväter für die Lebenden. Den Burgherren stellten sie das Personal für die Kapelle und Schreiber für die anfallende Verwaltungsarbeit... Dem bescheidenen Gutsbesitzer boten sie ein religiöses Haus, in dem er als Herr und Patron empfangen wurde. Den kleineren Wohltätern boten sie Begräbnisplätze und Seelenmessen. Sie unterhielten viele kleine Schulen, viele Spitäler, Heime für Kranke und Alte, für schwangere Frauen, für Blinde und Leprakranke.*«[32]

Mit dieser Tradition vertraut, entwickelte Dominikus in Südfrankreich die Idee einer Reform der kirchlichen Praxis im Umgang mit Häretikern. *Toulouse* und die dazugehörige Diözese bildeten seinen Hauptwirkungsbereich. In der Stadt erhielt er für sich und seine Anhänger Häuser zur Unterkunft (1215) und mit Hilfe des Bischofs Fulk die Kirche *St. Romanus* für die Meßfeiern zur Verfügung gestellt.[33] Infolge der Konzilsbeschlüsse von 1215 konnte er seiner Gemeinschaft keine neue Ordensregel geben.[34] Er mußte auf bestehende Ordensregeln zurückgreifen, was er auch ohne Umschweife tat. Daß er als Kanoniker ein Konstrukt aus Augustiner- und Praemonstratenser-Regel entwarf, kann kaum überraschen.[35] 1217 ist sie ihm vom Papst Honorius III. schriftlich bestätigt worden.[36]

Noch im gleichen Jahr sandte er zur Verwunderung seiner Mitbrüder und gegen den Willen der Prälaten, insbesondere seines Gönners Bischof Fulk und des Erzbischofs zu Narbonne, den größten Teil seiner Gemeinschaft nach Paris, *zur Gründung einer Niederlassung und zum Studium an der Universität.*[37]

Die elfjährige Erfahrung im Umgang mit den südfranzösischen Ketzern hatte gezeigt, wie unfruchtbar diese Betätigung für die Existenz eines Ordens war.[38] Nur etwa ein Dutzend Leute hatten sich bis dahin Dominikus angeschlossen, und ihr Bildungsstand war wohl nicht geeignet, die ohnehin schwierige Überzeugungsarbeit erfolgreich durchzuführen. Aus diesem Grund hatte Dominikus bereits versucht, seine Gemeinschaft durch theologische Vorlesungen an der Kathedralschule von Toulouse, an der damals *Alexander Stavensby* lehrte, zu bilden.[39] Doch scheint dieses Unternehmen mißlungen zu sein. Die Entscheidung von 1217 bedeutete die Abkehr der Dominikaner von der Ketzerbekämpfung in Südfrankreich und zielte darauf ab, die Gemeinschaft an zentralen Studienorten des »Abendlandes« neu aufzubauen.[40] Insofern intendierte der Gang an die Universitäten nicht bloß die Ausbildung der wenigen Ordensmitglieder zu wissenschaftlich geschulten Predigern, sondern sollte dem kleinen Orden vor allem eine neue Existenz geben. Diese »Flucht in die Verbreitung« war erfolgreich.

---

[32] R. W. Southern, 1976, S. 237/38.
[33] MOPH XXV, nr. 62 und 73.
[34] MOPH XXV, nr. 67, cap. XIII.
[35] Zum Problemkreis der Dominikaner-Konstitutionen, die auch für die Organisation der Minoriten von Bedeutung waren, folgende Verweise: a) Edition der frühen Konstitutionen von H. C. Scheeben, in: QF XXXVIII (1939), S. 48–80; teilübersetzt bei R. Brooke, 1975, S. 189 ff; b) Studie zu den Konstitutionen: R. Galbraith, 1925, passim. c) Vergleich der Wortlaute von Dominikaner- und Franziskanerstatuten bei: R. Brooke, 1959, S. 293 ff. d) Zur Geschichte der Konstitutionen und der Entwicklung der Administration im Dominikanerorden: W. Hinnebusch, 1966, Bd. 1, Kap. VI–VIII; R. Bennett, 1937, Kapitel X, S. 157 ff.
[36] MOPH XXV, nr. 77.
[37] MOPH XVI, S. 143–45.
[38] R. Brooke, 1975, Dokumentenanhang, nr. 20.
[39] MOPH XVI, 1975, S. 400.
[40] R. Brooke, 1975, S. 94/95.

»*Paris und Bologna became the headquarters, not any longer Toulouse. More time and thought were given to recruiting, and universities were the most fruitful centers for recruits as well as for study. Interest in the Cathars ceased to be paramount.*«[41]

Innerhalb von vier Jahren, zwischen 1217 und 1221, verwandelte sich das Bild des Ordens vollständig. In Paris und Bologna besaß er nun Konvent und Kirche, Beziehungen zu den dortigen Universitäten, er studierte und zog studierte Männer in Scharen an. So traten in Paris 1219/20 u. a. folgende Gelehrte dem Orden bei:[42]

– *Pierre von Reims*, Professor der Theologie, dann Prior von St. Jacques, Provinzial von Frankreich und zuletzt Bischof von Agen.

– *Vincent von Beauvais*, mittelalterlicher Enzyklopädist und Prinzenerzieher am Hofe des Königs.

– *Heinrich von Marsberg*, anschließend Lektor des Pariser und Kölner Konvents.

– *Jordan von Sachsen*, Magister, dann Provinzial der Lombardei und 1222 erster Ordensgeneral nach Dominikus.[43]

In Bologna traten 1219 *Roland und Moneta von Cremona*, beides Magister der Artes, dem Orden bei. Roland erhielt zehn Jahre später den ersten Mendikantenlehrstuhl in Paris.[44] Daneben *Paul von Ungarn*, Magister des Kanonischen Rechts und ab 1221 Organisator der ungarischen Provinz.[45] Erwähnenswert auch noch *Simon von Schweden*, und *Nikolaus von Lund*, die beide die Niederlassungen in Schweden organisierten.[46]

Mit den neuen Mitgliedern konnte man von Paris aus 1219/20 in Orleans, Reims und Metz und von Bologna aus in Mailand, Florenz, Verona und Piacenza weitere Konvente gründen.[47]

Vor allem war man nun in der Lage, mit den Gelehrten die administrativen Belange des Ordens zu regeln. Pfingsten 1220 wurde das erste *Generalkapitel* in Bologna veranstaltet. Die Einrichtung eines obersten Entscheidungsgremiums war bei den Zisterziensern vorgeprägt.[48] Für Dominikus, der bis dahin als »Prior des Predigerordens« galt[49], bedeutete dies die Einordnung in eine Führungsschicht. Das Generalkapitel hatte die Kontrolle und Entscheidungsbefugnis über die einzelnen Niederlassungen und die Provinzen inne. Es entschied über neue Niederlassungen, nominierte Prediger (bis 1251) und Lektoren, ordnete sogar Gebete und Messen für Fremde und Wohltäter des Ordens an.[50]

Es wurde festgesetzt, das Generalkapitel jährlich im Wechsel zwischen Paris und Bologna abzuhalten.[51] Bis 1244 führte man diese Regelung auch wirklich durch. So waren Paris und

---

[41] R. Brooke, 1975, S. 94.
[42] E. Bernard, 1883, S. 4–6 und M. D. Chapotin, 1898, S. 6. Bei beiden wird Heinrich von Marsberg noch Heinrich von Marburg genannt.
[43] Jordan von Sachsen trat Anfang 1220 in Paris dem Orden bei. Er schildert selbst in seinem »Libellus de principiis ordinis Praedicatorum« (MOPH XVI, 1935) seinen Eintritt (im folgenden abgekürzt: »Libellus«, nr. 75). Im folgenden Jahr ist er bereits auf dem ersten Generalkapitel in Bologna und beschließt die Konstitutionen des Ordens mit. Anschließend geht er als Provinzial der Lombardei nach Oberitalien, und 1222 wird er zum Ordensgeneral ernannt und so zum Nachfolger des Ordensgründers. Jordan stirbt 1237.
[44] P. Glorieux, 1933, Bd. 1, nr. 1.
[45] W. A. Hinnebusch, 1966, Bd. 1, S. 82.
[46] W. A. Hinnebusch, 1966, S. 86 f.
[47] W. A. Hinnebusch, 1966, S. 62/66.
[48] W. A. Hinnebusch, 1966, S. 80 f.
[49] MOPH XV, nr. 101–103.
[50] W. A. Hinnebusch, 1966, S. 183.
[51] Libellus, nr. 86 und 87.

Bologna nicht nur die beiden Hauptstudienorte und Haupteinzugsgebiete des frühen Dominikanerordens, sondern auch seine *Organisations- und Entscheidungszentren.*

Die wichtigste Regelung des 1. Generalkapitels war die Fixierung des *Studiums* als integrativer Bestandteil des Ordensprogramms. Dadurch unterschieden sich die Dominikaner wesentlich von den älteren Ordensgemeinschaften.[52] Zwar war in der monastischen Tradition die Bildung immer schon Teil des Mönchslebens, aber niemals ein vorrangiges Mittel wie für die Dominikaner und schon gar nicht Gegenstand einer Ordensregel.[53] So heißt es schon im Prolog der Dominikaner-Konstitutionen: »... *et studium nostrum ad hoc principaliter ardenterque summo opere debeat intendere, ut proximorum animabus possimus utiles esse.*«[54]

Neben den Prior eines Konventes trat gleichrangig der theologische Lehrer, der *lector*, da jede Niederlassung ein eigenes *studium* haben sollte. So gebietet § 23 der Konstitutionen: »*Conventus citra numerum duodenarium et sine licentia generalis capituli et sine priore et doctore non mittatur.*«[55] Damit war jeder Konvent zugleich ein Ort der Wissenschaft und seine Gemeinschaft eine Art religiöses Kollegium. »*This spirit of study was so deeply implanted that when one of the early friars neglected study for the sake of long prayers and works of ascetism, ›the brethren often accused him of making himself useless to the Order by not studying‹.*«[56]

In dieser Haltung steckt bereits ein Konflikt »zwischen Ordensleben und wissenschaftlicher Arbeit«[57], dem ich hier aber nicht weiter nachgehen will. Wichtig ist, daß der Erfolg der Dominikaner in Paris und Bologna, den beiden herausragenden Zentren mittelalterlicher Wissenschaft, die Ausrichtung des Ordens, seine Ziele und seine Organisation wesentlich bestimmt hat, so daß man sagen kann: die Gelehrten auf dem Generalkapitel in Bologna konstituierten den Orden als einen »*ordo studens*«, der sowohl auf monastisch-kanonikaler Grundlage, als auch auf der Basis der Studienorganisation der Universitäten ruhte.[58]

Die Studienorganisation der Dominikaner differenzierte sich mit der Zeit. Neben die Hauptorte Paris und Bologna traten ab 1248 Oxford, Köln und Montpellier, wo »*studia generalia*« eröffnet wurden, überregionale Zentren, die allerdings keine akademisch anerkannten Grade vergeben konnten. Dazwischen etablierte man »*studia particularia*«, Provinzzentren, die das Hausstudium mit dem Universitätsstudium zu vermitteln hatten.[59]

Auf dem 2. Generalkapitel von 1221, ebenfalls in Bologna, wurden die Provinzen gegründet und Provinziale gewählt. Spätestens 1228 hatte der Orden »*a completely developed system of government*« und Niederlassungen in 12 Provinzen.[60]

---

[52] I. W. Frank, 1967, S. 165 f.
[53] J. Leclercq, 1963, S. 26.
[54] QF XXXVIII (1939), S. 49, »Incipit prologus«, nr. 2.
[55] QF XXXVIII (1939), S. 75, »Incipit secunda distinctio«, § 23,1.
[56] W. A. Hinnebusch, 1973, Bd. 2, S. 6. Für die Bedeutung der Studien im Dominikanerorden ist uns ein aufschlußreiches Zeugnis von *Humbert von Romans,* dem fünften Generalminister (1254–63), überliefert: »*For it is certain that an institute which cultivates learning is higher than one which does not, and therefore the religious Order which first joined study with the religious life is counted in certain way preeminent. Another value is the securing of good men. For many fine people, because of the love they have for learning, would never have entered, nor would they be coming into the Order now, if there was no studying among us; nor would those who enter less qualified become such able men without study.*« (zit. nach der Übersetzung von W. A. Hinnebusch, 1966, Bd. 1, S. 312 f.) Humbert von Romans trat übrigens in Paris, 1224, dem Dominikanerorden bei. Er war damals magister artes.
[57] Titel der Arbeit von I. W. Frank, 1967.
[58] I. W. Frank, 1967, S. 178 ff. und 190 ff.
[59] W. A. Hinnebusch, 1973, Bd. 2, S. 23 ff.
[60] W. A. Hinnebusch, 1966, Bd. 1, S. 171.

Dominikus bemühte sich in dieser bewegten Zeit selbst um die Überlassung bestehender Kirchen in den Städten. Durch ihn kam der Orden noch zu seinen Lebzeiten in den Besitz von *St. Jacques in Paris (1218), Santa Sabina in Rom (1218), San Nicolò in Bologna (1219)* und *San Eustorgio in Mailand (1220)*.[61] Sofern keine Unterkünfte vorhanden waren, begann man umgehend mit dem Bau von Konventsgebäuden. Die Dormitorien erhielten sogenannte *»Studierzellen«*, eine Kombination aus Schlaf- und Arbeitsgelegenheit, die als Erfindung des Dominikus gelten.[62]

3. Konkurrenz der *Ordines studentes*

Es kann kaum überraschen, daß Dominikus in Südfrankreich auf die Idee kam, einen Orden zur Ketzerbekämpfung ins Leben zu rufen. Hingegen ist bemerkenswert, daß er dieser selbstgesetzten Aufgabe durch den Gang in die Universitätsstädte eine neue Richtung gab, zumal sein Entschluß weder mit den Mitbrüdern noch mit den Bischöfen abgesprochen war. Ich komme deshalb noch einmal auf das »magische Jahr« 1217 zurück.

Von der historischen Forschung wird der Entschluß mit einem Treffen zwischen Dominikus, Franziskus und Hugolino in Zusammenhang gebracht. Bei dieser Begegnung soll Dominikus versucht haben, beide Gemeinschaften zu einem Orden zusammenzuschließen, franziskanische Ethik und dominikanische Organisation gleichsam zu einer schlagkräftigen kirchlichen Institution zu machen; doch Franziskus ging nicht darauf ein.[63] Des weiteren erzählen die »Fioretti« vom Zusammentreffen der drei auf einem Portiuncula-Kapitel. Hier soll Dominikus der Versorgung mehrerer tausend Minderbrüder durch die Bevölkerung staunend beigewohnt und erst da die Bedeutung des Armutgebots erkannt und übernommen haben.[64]

Doch braucht nicht angenommen zu werden, daß Dominikus die Eigentumslosigkeit durch die Franziskaner kennengelernt hat. Vielmehr war sie zusammen mit der Friedfertigkeit ein Hauptbestandteil seiner Überzeugungsarbeit in Südfrankreich, sozusagen das eigentlich Neue gegenüber dem prunkvollen Auftreten der benediktinischen Reform: den Zisterziensern. Auf die Hypothese, daß Dominikus erst nach einem mißlungenen Unionsversuch mit den Franziskanern seinem Orden die Ausbreitung befohlen hätte, ist ebenfalls kaum glaubhaft. Er hat vielmehr, als ihm klar wurde, daß ein Überleben seines Ordens in Südfrankreich nicht mehr gegeben war, völlig eigenständig den Weg an die Universitäten gesucht. Möglich ist aber, daß ihn die Entwicklung der franziskanischen Bewegung zur *Eile* getrieben hat.

Worauf beide Geschichten, die inhaltlich und zeitlich nicht sicher einzuschätzen sind, aber hinweisen, ist: *die Rivalität beider Orden*. Nicht von ungefähr sind diese Legenden hauptsäch-

---

[61] »*Dominican corporate poverty never excluded the ownership of churches, priories, and the properties on which they stood.*« (W. A. Hinnebusch, 1966, Bd. 1, S. 148). Zum Kirchenbau allgemein siehe: A. Schmid, 1958.
[62] G. Meersseman, 1946, S. 143 und W. A. Hinnebusch, 1966, Bd. 1, S. 355 ff.
[63] R. Brooke, 1975, S. 95. Das Zusammentreffen ist überliefert bei: Cel. II, nr. 148–50 und Franchet (MOPH I, S. 9/10). Nach B. Altaner, 1922, S. 12 kann dieses Treffen allerdings nur 1221 stattgefunden haben.
[64] Fioretti, Kap. 18, zit. n. Thode, S. 689. Das Treffen auf dem Minoritenkapitel ist auch durch P. J. Olivi überliefert (vgl. W. A. Hinnebusch, 1966, Bd. 1, S. 155). Man beachte, daß die Legende der »Speisung der Fünftausend« nachgebildet ist (Matth. 14, 13–21; Mark. 6, 30–44; Luc. 9, 10–17; Joh. 6, 1–13).

lich von franziskanischer Seite überliefert. Sie behaupten nichts anderes, als eine *ideelle Abhängigkeit* der Dominikaner von den Minoriten. Doch zeigt die historische Entwicklung, daß die Dominikaner um 1220/21 bereits fest organisiert waren und sich auf dem Weg zu einem »ordo studens« befanden, während die Minderbrüder noch als »Büßer von Assisi« umherzogen. Jene, und nicht die Minoriten, waren damals bereits in die kirchliche Hierarchie integriert. Franziskanische Führungsschicht und päpstliche Protektion machten erst sukzessive aus der Bewegung mit Ordenstendenzen einen straff organisierten Orden nach dem Vorbild der Dominikaner.[65] In Hinblick auf Armut und Predigt brauchten sie von den Dominikanern nichts zu lernen, sie folgten vielmehr den Konsequenzen, die Dominikus 1217 gezogen hatte: Ansiedlung in den Städten, Errichtung eigener Kirchen und Klöster und Studium an den Universitäten. Auch in Organisationsfragen übernahmen sie einiges von den Dominikanern. Um die Mitte des Jahrhunderts war der Minoritenorden ebenfalls ein »*ordo studens*«, der nicht mehr viel mit der Franziskus-Bruderschaft der ersten beiden Jahrzehnte gemein hatte. »*Yet by the middle of the thirteenth century – that is to say, within twenty-five years of the death of the founder – the Order of Friars Minor had become one of the most learned institutions in the world.*«[66]

---

[65] Die Zeit nach den geschilderten Entwicklungen zwischen 1221 und 1226 (siehe oben, S. 38f) ist gekennzeichnet durch die Zurückdrängung des Laienelements im Minoritenorden. Bildung und Ausbildung wird nun ausgesprochen gefördert, die ministeriale Ebene wird klerikalisiert und gestärkt, später werden eigene Statuten ausgearbeitet.
Mit *Johannes Parenti* wird 1227 ein ehemaliger bologneser Jurist Generalminister des Ordens. In seiner Amtszeit sorgt er für eine effektive Provinzialadministration, für Lektoren und gebildete Männer auf den Posten der Provinzialminister. Privilegien erhält nun der Orden seitens der Kurie mehr denn je (vgl. zu Parenti vor allem R. Brooke, 1959, S. 127–132). In seine Amtszeit fällt auch die Ungültigkeitserklärung der testamentarischen Verfügungen Franziskus durch Papst Gregor IX. (1230). Dies führte zu erbitterten Auseinandersetzungen und zu Verfolgungen innerhalb des Ordens, die auch vor bekannten Leuten wie Cäsarius von Speyer und Bernhard von Quintavalle nicht halt machten (P. Sabatier, 1897, S. 248/49).
Elias von Cortona, der 1232 ein zweites Mal das Amt des Generalministers bekleidete, kam in Konflikt mit diesen Neuerungen, da er, wie Franziskus, keinen Unterschied zwischen Klerikalen und Laien machen wollte. Diese Haltung nahmen erstere ihm übel, da sie der Auffassug waren, die Zeit der Gleichbehandlung im Orden wäre nun endgültig vorbei. Als Elias 1237 die Visitationen der Provinzen einführte, zog er sich die unversöhnliche Feindschaft der Minister zu. Auf dem Generalkapitel in Rom, 1239, wurde er auf Betreiben franziskanischer Professoren – Alexander von Hales, Johannes von Rupella und Haymo von Faversham – von Papst Gregor IX. abgesetzt. Sein Nachfolger wurde der Klerikale Albert von Pisa, ein erfahrener Provinzialminister. (Vgl. zu diesen Vorgängen die anschauliche Schilderung in Jord. Chron., nr. 61–67 und Eccleston, S. 180–184; auch Adam Salimbene läßt sich in seiner Chronik lang und breit über Bruder Elias aus: 1914, Bd. 1, S. 79–125). Nach Albert von Pisa, der bis zu seinem Tode nur wenige Monate Generalminister war, trat kein Laie mehr an die Spitze des Ordens (H. Holzapfel, 1909, S. 28).
Von dem so entscheidenden Kapitel in Rom, 1239, ist uns Schriftliches leider nicht überliefert. Dies ist um so bedauerlicher, als hier erstmals Konstitutionen aufgestellt worden sind, die sich sehr eng an die der Dominikaner angeschlossen haben sollen (vgl. R. Brooke, 1959, S. 210 ff.). So machte man damals den Versuch, *Diffinitorenkapitel* nach dem Vorbild der Dominikaner einzuführen. Noch die 225 Sektionen der Narbonner Konstitutionen von 1260 enthalten 74, die in Wort und Geist mit den dominikanischen Statuten übereinstimmen (R. Brooke, 1959, S. 226 und S. 293 ff.). Bemerkenswert ist, daß diese Partien sich vornehmlich an den zweiten Teil der dominikanischen Statuten halten, in denen bildungs- und organisationsmäßige Fragen ihre Regelung gefunden haben. Die Tagesvorschriften der Dominikaner lehnten die Minoriten ab.

[66] J. R. H. Moorman, 1968, S. 122. Seit 1236 bzw. 1238 besaß der Orden an der Universität Paris zwei theologische Lehrstühle, und 1244 bestieg der erste Franziskaner einen erzbischöflichen Stuhl,

Den Dominikanern sicherte der Schritt von 1217 nicht nur das bloße Überleben. Die Orientierung an der Universität und die Niederlassung in Paris und Bologna brachten ihnen einen so großen und qualifizierten Zulauf, daß neben der dauerhaften Existenz auch eine weite Verbreitung möglich wurde. Es eröffneten sich neue Tätigkeitsfelder und der Dominikanerorden erlangte »... *den universalen Charakter und die Bedeutung, die ständig der großen Mehrheit derer fehlte, die die Regel des Heiligen Augustin befolgten.*«[67]

Die Minderbrüder standen geradezu unter dem Zwang, diesem Beispiel zu folgen, mit den Dominikanern zu konkurrieren, wollten sie als wesentlich größere Gemeinschaft überleben und nicht in Zersplitterung und Häresie enden. So schließe ich diesen Abschnitt mit einem Zitat von Southern, der das Verhältnis beider Orden auf die Formel gebracht hat: »*Ohne ihren Rivalen wären die Dominikaner ein relativ kleiner Orden geblieben, mit der einzigen Aufgabe, Ketzerei zu bekämpfen; ohne die Dominikaner hätten die Franziskaner vielleicht gar nicht überlebt.*«[68]

---

nämlich den von Mailand. Diesem folgten umgehend weitere, so daß der Orden 1274 bereits zweiunddreißig Bischofssitze inne hatte (J. R. H. Moorman, 1968, S. 269 f.). Beide Orden, Franziskaner und Dominikaner, nannte man nun »*ordines studentes*« (H. Felder, 1904, S. 112). Mehrere franziskanische Lehrstuhlinhaber wurden zu Generalminister ihres Ordens ernannt: Bonaventura (von 1257–74), Arlotto von Prato (von 1285–86), Matthäus von Aquasparta (von 1287–89) und Johannes von Murrovalle (von 1296–1304). Vgl. hierzu P. Glorieux, 1934, Bd. 2, nr. 305/318/323/326.

[67] R. W. Southern, 1976, S. 239.
[68] R. W. Southern, 1976, S. 274.

V.
Dominikaner und Franziskaner in Paris

Die Motive für den »Drang« des Dominikaner- und Franziskanerordens zu den Hauptstudienplätzen des Mittelalters haben wir im vorausgegangenen Kapitel verfolgt. Ich werde nun zunächst den Werdegang beider Orden in Paris, vor allem ihr Verhältnis zur Universität, skizzieren, um dann schließlich ihre – leider zerstörten – Kirchenbauten zu analysieren.

1. Zum Verhältnis beider Orden zur Universität

Trotz vielfältiger Bemühungen der Mediävisten, liegen die Anfänge der mittelalterlichen Universität nach wie vor im Dunkeln. Die Interpretationen sind zahlreich und widersprüchlich.[1]

Unter »*universitas*« wird im allgemeinen der Zusammenschluß von Professoren und Studenten zu einer Korporation verstanden, die der Regelung und Wahrung von gemeinsamen Interessen am Studium zu dienen hatte. Der Begriff bezeichnete zunächst also nur den Verband, während »*studium generale*« die Universität meint, wie wir sie in etwa heute noch verstehen.[2] Als Genossenschaft war die »*universitas*« grundsätzlich weder an bestimmte Städte noch an bestimmte Gebäude gebunden. Man lernte und lehrte in gemieteten Häusern einiger Stadtviertel und konnte unter Druck den jeweiligen Ort jederzeit verlassen.[3]

Diese relative Unabhängigkeit der universitären Korporationen lag wesentlich in ihrer Entstehung und Entwicklung außerhalb der bekannten kirchlichen Lehrinstitutionen begründet.[4] So wirkte in Bologna das Studium des römischen Rechts und in Paris das Studium der im 12. Jahrhundert erstmals übersetzten naturphilosophischen Texte Aristoteles auf die gelehrte Welt sehr anziehend. Der Zulauf zu diesen Studien war unerhört groß, international und nicht an Standesgrenzen gebunden. In diesen Merkmalen glichen die Universitäten den Mendikantenorden, worauf Grundmann erstmals aufmerksam machte.[5]

---

[1] Die heute noch gültigen Standardwerke zur Geschichte der mittelalterlichen Universitäten sind zum Teil schon hundert Jahre alt: H. Denifle, 1885; G. Kaufmann, 1888/96, 2 Bde.; H. Rashdall, 1895, 3 Bde. Nur das letzte erfuhr 1936 eine Überarbeitung (im folgenden: Rashdall-Powicke-Emden, 1936). Neuere Literatur bei: H. Grundmann, ²1960, und F. Steenberghen, 1977, S. 76–83. H. Denifle gruppiert die Universitäten nach Art ihres Privilegs, da er meint, diese wären der Bildung der jeweiligen Institution vorangegangen (Zusammenfassung seines Ansatzes, 1885, S. 131/32). G. Kaufmann hingegen hebt mehr die Entstehungsbedingungen am jeweiligen Ort hervor. H. Grundmann betont die wissenschaftliche Neugier bei der Entstehung der Universitäten. Kritisch zu ihm: P. Classen, 1966, S. 155–180.

[2] H. Denifle, 1885, S. 2 ff.

[3] R. Rückbrod, 1977, S. 33 f.

[4] Von den sogenannten »Staatsuniversitäten« in Spanien und Neapel sprechen wir hier nicht.

[5] *»Vergleichbar mit den Universitäten sind ... nur die neuen religiösen Orden seit dem 13. Jahrhundert, die sogenannten Bettelorden der Franziskaner und Dominikaner vor allem, in die auch von Anfang an Adlige und Kaufmanns-, Handwerker-, Bauernsöhne unterschiedslos eintraten und zu allen Ordensämtern bis zum Ordensgeneral gewählt werden konnten.«* (H. Grundmann, 1960, S. 20). Grundmann sagt dies in bezug auf die Durchlässigkeit beider Institutionen in Standesfragen. Er meint damit nicht, daß

Die Entwicklung einer sich selbst verwaltenden universitären Gemeinschaft vollzog sich natürlich nicht außerhalb der gesellschaftlichen Kräfte der Zeit. Die sogenannte »Habita« Friedrich I. bildete die Grundlage für die um 1200 in Bologna sich konstituierende Scholarenuniversität.[6] Ähnlich befreite ein Privileg die im Entstehen begriffene Pariser Universität von der weltlichen Gerichtsbarkeit.[7] Doch geriet die Bologneser Genossenschaft durch ihre Privilegien in einen ständigen Konflikt mit den städtischen Organen und dem sich etwas später bildenden Lehrkörper, und die unter Führung der Magister stehende Pariser Universität verfiel in dauernde Auseinandersetzungen mit dem Bischof, dem bischöflichen Kanzler und später auch mit den Mendikanten.[8] Doch nun zu Paris.

Die Befreiung der Pariser Universität von der Gewalt des königlichen Prevosts bedeutete zugleich ihre Unterstellung unter das geistliche Gericht des Bischofs. Dieser ernannte seinen Archidiakon, der gleichzeitig Leiter der Kathedralschule war, zum *Kanzler der Universität* und auferlegte ihm die Residenzpflicht in Paris.[9] Die Macht des Kanzlers erstreckte sich neben der Gerichtsbarkeit auch auf die Vergabe der Lehrlizenzen. Doch maßten sich er und sein Bischof weitergehende Rechte an. So verbot der Bischof 1208 jegliche Scholarenkorporation für Paris und 1210 das Studium der »libri naturales« des Aristoteles. Gleichzeitig verurteilte er einige Magister als Irrlehrer.[10] Der Kanzler kerkerte unliebsame Studenten ein, so daß sich 1212 die Universität erstmals gezwungen sah, beim Papst Klage über die willkürlichen Zugriffe der geistlichen Herren einzureichen.[11] Ein Vertrag zwischen Kanzler und Universität im darauffolgenden Jahr brachte keine befriedigende Klärung der Zuständigkeiten. So kam es bereits 1215 zu einem neuen Statut, das der Kardinallegat *Robert von Courçon* im Auftrage des Papstes verfaßte.[12]

Damit begann die unmittelbare Einflußnahme des Papstes auf die Geschicke der Universität.[13] Mit dem neuen Statut war den Scholaren zwar die Korporation erlaubt, das Studium der »libri naturales« aber blieb verboten. 1219 zitierte der Papst den Kanzler aufgrund erneuter Eingriffe in die Rechte der Scholaren nach Rom, doch dekretierte er zugleich die Aufhebung der Lehrstühle für Zivilrecht in Paris. 1222 folgen weitere, entscheidende Anordnungen:[14] Nur noch der Bischof darf die Gerichtsbarkeit über die Universität ausüben. Es wird ihm aber

---

bei den Mendikanten die Unterschichten bevorzugt wurden. Bei den Dominikanern spielten diese, wie der Laie im allgemeinen, keine große Rolle. Zur sozialen Herkunft der Franziskaner, schreibt er: ». . . daß aber am stärksten beteiligt sind das reiche Bürgertum, der Adel und die Geistlichkeit, nicht aber die armen Schichten des Handwerks oder gar des industriellen Proletariats.« (H. Grundmann, 1970, S. 167). Aufsteiger von ganz unten bleiben selten, wenn auch möglich. Aber dies allein ist schon bemerkenswert für die damalige Gesellschaft.

[6] Die Habita (1158) war ein Schutzprivileg für die Scholaren der Rechtswissenschaft. Es sollte sie bei Studienaufenthalten und bei Reisen vor Übergriffen bewahren. Vgl. H. Denifle, 1885, S. 44.
[7] Chart. Un. Par. I, nr. 1.
[8] Insofern halte ich die Unterscheidung zwischen der Pariser Korporation als einer »*Kanzleruniversität*« und der Bologneser Genossenschaft als einer »*Stadtuniversität*«, wie sie G. Kaufmann, 1888, Bd. 1, getroffen hat, für gerechtfertigt (vgl. dagegen H. Denifle, 1885).
[9] Chart. Un. Par. I, nr. 6.
[10] Chart. Un. Par. I, nr. 7 und 11. F. Steenberghen, 1977, S. 90 ff.: *Die ersten Aristotelesverbote in Paris*, stellt sich auf den Standpunkt der Kirche und hält die Verbote und Verurteilungen für gerechtfertigte Vorsichts- und Verteidigungsmaßnahmen, da damals die Schriften des Aristoteles mißbraucht worden wären.
[11] Chart. Un. Par. I, nr. 14.
[12] Chart. Un. Par. I, nr. 16 und 20.
[13] Über die Einflußnahme des Papsttums auf die Universitäten in der ersten Hälfte des 13. Jahrhunderts, siehe: HdK III/2, 1968, S. 318 ff. und H. Felder, 1904, S. 165.
[14] Chart. Un. Par. I., nr. 30–32, 45; vgl. S. Kuttner, 1952, S. 79 ff.

nicht erlaubt, Generalexkommunikationen gegen sie auszusprechen. Dem Kanzler wird ein für allemal verboten, Universitätsangehörige einzukerkern oder sich am Eigentum verstorbener Scholaren zu bereichern. Sein Lizenzrecht wird eingeschränkt, und er darf auch keine Treueeide mehr von den Magistern verlangen. Der Universität wird das Siegel aberkannt, das sie sich eigenmächtig zugelegt hatte.

Diese Verfügungen machen deutlich, daß die Entscheidungsbefugnis des Papstes weit gediehen war. Für die Mendikantenorden, die schon 1217 nach Paris gekommen waren, war dieser Einfluß ihres »Schutzherrn« von Vorteil.[15] Die Aufnahme des ersten dominikanischen Gelehrten in die Pariser »Universitas magistrorum et scolarium«, 1229, wirft ein bezeichnendes Licht sowohl auf die Absichten der geistlichen Herren in bezug zur Universität als auch auf die Rolle, die die Mendikanten dabei spielten.

Wie die Konflikte schon andeuten, war die Korporation der Gelehrten keineswegs auf eine bedingungslose Symbiose mit irgendwelchen religiösen Orden bedacht. Man konnte sich nicht so recht vorstellen, wie ein seinem Orden zu absolutem Gehorsam verpflichteter Mönch zugleich Mitglied einer um Unabhängigkeit kämpfenden Lern- und Lehranstalt sein könne.[16] Und so kam es in den zwanziger Jahren des 13. Jahrhunderts zu keiner Aufnahme franziskanischer oder dominikanischer Gelehrter ins Professorenkollegium der Universität.[17] Beide Orden besuchten theologische Vorlesungen der Universität und besaßen in ihren Niederlassungen sogenannte »Hausstudien«. Erst als ein Konflikt mit der Stadt die Magister und Scholaren zum Auszug veranlaßte, die »universitas« Paris zwei Jahre lang den Rücken kehrte, erhielt der Dominikaner *Roland von Cremona* die Lehrlizenz vom Kanzler.[18] Noch im Jahr der Heimkehr der Universität, 1231, bekam *Jean de St. Gilles* einen weiteren theologischen Lehrstuhl für den Dominikanerorden. So erlangten die Dominikaner als erster Mendikantenorden ein Mitspracherecht in der bedeutendsten Universität des Mittelalters, als diese abwesend war!

Der äußerliche Anlaß für den Auszug war relativ belanglos.[19] Hingegen sind seine inneren Beweggründe wesentlich für ein Verständnis des Verhältnisses von Mendikanten und Universität.[20]

Seit der Bischof die Aufsicht über die Pariser Universität führte, wurde ständig in die Lehre eingegriffen. Ein Höhepunkt war wohl die Streichung der Zivilrechtsfakultät 1219. Anstoß zum Konflikt aber waren die erwähnten »libri naturales« des Aristoteles. Da sie kurz nach 1200 eine aus kirchlicher Sicht ketzerische Auslegung erfahren hatten, wurden sie als Studiengegenstand immer wieder verboten.[21] So vom Papst noch einmal 1228, ein Jahr vor dem Auszug.[22] Gegen diese Beschränkungen war der Weggang der Magister und Scholaren ein *Protest*.[23] Dies geht aus zwei Dokumenten deutlich hervor: das eine, 1229 von der

---

[15] Überdies brach der Pariser Bischof *Peter von Nemours* 1218 zum Kreuzzug ins Hl. Land auf, von dem er nicht mehr zurückkehrte (vgl. W. A. Hinnebusch, 1966, Bd. 1, S. 58).
[16] H. Grundmann, 1960, S. 24 f.
[17] W. A. Hinnebusch, (1973, Bd. 2, S. 37 f.) ist der Ansicht, daß mit der Übernahme von *Johannes von St. Alban* als Lektor des dominikanischen Hausstudiums die Inkorporation des Ordens in die Universität vollzogen worden sei. Ich teile diese Ansicht nicht.
[18] F. Steenberghen, 1977, S. 101–109.
[19] Der Konflikt wurde vielfach und breit dargestellt. Vgl. etwa G. Kaufmann, 1888, Bd. 1, S. 265 ff.
[20] H. Grundmann, 1960, S. 51 ff.
[21] siehe Anm. 10.
[22] Chart. Un. Par. I, nr. 59.
[23] Der Auszug war auf sechs Jahre (!) befristet. Vgl. F. Steenberghen, 1977, S. 103, Anm. 57.

Universität Toulouse verfaßt, wirbt um die vertriebenen Magister mit dem Hinweis, daß die »*Libros naturales, pui fuerant Parisius prohibiti, potuerunt illic audire*«;[24] das andere, 1231 vom Papst veröffentlicht, enthält als Rückkehrangebot neugeregelte Statuten mit der Aussicht auf ein freies Aristoteles-Studium, sobald die »*libri naturales*« überprüft und von Irrtümern gereinigt worden sind.[25] Und so läßt sich noch ein zweites aus diesen Quellen entnehmen: Während man in Toulouse, einer neugegründeten Universität, die völlig in der Hand der Dominikaner lag,[26] mit einem »unzensierten« Studium warb, inkorporierten sich die Dominikaner in Paris; erst danach holte der Papst die Vertriebenen nach Paris zurück.

Ob nun der Auszug nur benutzt oder provoziert war, auf jeden Fall saßen nun mit Hilfe des Bischofs Mendikanten im Universitätskollegium, »*doctores catholici*«, die im Dienste ihres Papstes die Lehre direkt beobachten und häretische Bewegungen unter den Gelehrten bekämpfen konnten. Eine Lockerung des Schriftverbots konnte in Aussicht gestellt werden.[27]

Um sich aber überhaupt mit »Irrlehren« auseinandersetzen zu können, mußte den Dominikanern das Studium der »heidnischen« Schriften erlaubt sein. Und so findet sich in dem berühmtem Verbotsparagraphen 28 ihrer Konstitutionen, der mit den Worten beginnt: »*In libris gentilium et philosophorum non studeant*«, auch die Ausnahmeregelung für einzelne Ordensmitglieder, die ein Studium der »*scientiarum secularium*« einschließlich der »*artes liberales*« gestattet.[28]

Ohne diese Regelung wären viele Gelehrte wohl nicht in den Orden eingetreten, und der Orden selbst hätte keinen Einfluß auf die philosophische Diskussion außerhalb der theologischen Fakultät nehmen können. Dieser Dispens durchbrach die alte Ordenstradition, »weltliche Studien« zu meiden, und ermöglichte, daß Theologen wie *Albertus Magnus* und *Thomas von Aquin* aus dem Dominikanerorden hervorgingen, die eigentlich Philosophen waren.[29] Auf völlig neuer Ebene setzten die Dominikaner in Paris ihre in Südfrankreich gescheiterte »Überzeugungsarbeit« fort.

Wenige Jahre später inkorporierten sich die Franziskaner in die Pariser Universität, da *Alexander von Hales (1236)* und *Johannes von Rupella (1240)* beim Eintritt in den Orden ihre Theologielizenzen behielten.[30] Erst als weitere Orden nach dem Vorbild der Dominikaner und Franziskaner in die Universität drängten, begannen die ordensunabhängigen Magister sich zu wehren. Sie setzten ein Statut auf, das jedem Orden nur einen Lehrstuhl zuerkannte.[31] Damit brach der unversöhnte Konflikt von 1229/31 von neuem auf. Während die Franziskaner umgehend ihren zweiten Lehrstuhl abtraten, blieben die Dominikaner hartnäckig und beharrten auf ihre »Rechte«.[32] In einem Rundbrief der Universität von 1254, der den Zustand

---

[24] Chart. Un. Par. I, nr. 72.
[25] Chart. Un. Par. I, nr. 79.
[26] H. Denifle, 1885, S. 325–340.
[27] 1231 darf der Abt von St. Victor und der Prior des Dominikanerkonvents die Universitätsangehörigen von der Exkommunikation befreien, die die Verbote des Aristotelesstudiums übertreten hatten (vgl. Chart. Un. Par. I, nr. 86).
[28] QF XXXVIII (1939), S. 76, »Incipit secunda distinctio«, § 28,1.
[29] F. Steenberghen, 1977, Kapitel 6 und 7, S. 254 ff.
[30] Zu beiden siehe: P. Glorieux, 1934, Bd. 2, nr. 301 und nr. 302; sowie F. Steenberghen, 1977, S. 151, und 161 ff.
[31] Chart. Un. Par. I, nr. 200 von 1252. Zu den philosophischen Auseinandersetzungen jener Jahre: F. Steenberghen, 1977, S. 389 ff.: *Die Zeit der großen Lehrstreite*.
[32] Für legal hält W. A. Hinnebusch, Dominikanerpater, die Erlangung des Lehrstuhls durch Roland von Cremona, 1229 (1973, Bd. 2, S. 37 ff.).

der Theologiefakultät als einer Ordensdomäne beklagte, wurden die Dominikaner der Intoleranz bezichtigt.[33] Nach sieben Jahren und zeitweiliger Schließung der Universität konnte der Konflikt zugunsten der Mendikanten, insbesondere der Dominikaner, beigelegt werden. Wiederum gab eine päpstliche Verordnung den Ausschlag.[34]

Beide hier nur kurz geschilderten Auseinandersetzungen machen deutlich, daß sowohl die Dominikaner als auch die Franziskaner von der Unterstützung des Papstes und seines Pariser Bischofs abhängig waren. Ein Großteil der Universitätsmitglieder war über den Zuzug der Mendikanten nicht erbaut. Diese betrieben in lebenswichtigen Fragen der Universität zu oft das Geschäft der Widersacher. So machen von heute her gesehen dominikanische wie franziskanische Gelehrte einen Teil des Ruhms der Pariser Universität im Mittelalter aus, damals waren sie aber auch ein Teil ihres Ruins.

Wie kam es nun, daß trotz der Anfeindungen beide Orden so großen Zulauf aus den Reihen der Magister und Scholaren erhielten?

Für die Studierenden eröffneten sich vorzügliche Studienbedingungen. Sie erhielten bei entsprechender Leistung eigene Studierzimmer, eigene Verköstigung, die notwendigen Studienmittel sowie weitgehenden Dispens vom Chordienst.[35] Den Graduierten standen die höheren Ordensämter offen. So schreibt Holzapfel in bezug auf die Minoritenorganisation: »... die Lektoren waren regelmäßige Mitglieder des Ordenskapitel, und die höheren Ordensämter wurden beinahe sämtlich mit Lektoren besetzt, so daß die Regierung des Ordens zum größten Teil in ihren Händen lag.«[36]

Das Gleiche gilt, wie bereits gezeigt, für den Dominikanerorden.[37] Für Wissenschaftler, die eine Universitätslaufbahn anstrebten, war der Weg über die Mendikantenorden ebenfalls von Vorteil: »*Universitätslehrer, die den Bettelorden beitraten, zogen sich aus dem Wettlauf um die Pfründe zurück und konnten sich voll der akademischen Arbeit widmen. Einige der frühesten Zöglinge waren magister regentes, die noch nicht damit begonnen hatten, Karriere zu machen; andere hatten es schon sehr weit gebracht; in beiden Fällen hielten die Bettelorden sie in den Universitäten und ermöglichten es ihnen, der Welt den Rücken zu kehren.*«[38]

So hätte *Roger Bacon*, wäre er nicht dem Franziskanerorden beigetreten, aufgrund seiner bescheidenen Einkünfte nur eine kleine wissenschaftliche Karriere zu erwarten gehabt.[39] Für den berühmten und reichen *Alexander von Hales* war ein Übertritt zu den Minoriten noch lukrativ genug, um seine letzten Lebensjahre als Universitätslehrer ungestört verbringen zu können.[40]

Die Universität profitierte also von den Mendikantenorden, wie umgekehrt die Mendikantenorden von der Universität. Durch sie schufen sich beide Orden die Ausgangsbasis für die erfolgreiche Verbreitung im »Abendland«.

---

[33] Chart. Un. Par. I, nr. 230.
[34] Chart. Un. Par. I, nr. 247 von Papst Alexander IV.
[35] W. A. Hinnebusch, 1973, Bd. 2, S. 56 ff.
[36] H. Holzapfel, 1909, S. 281.
[37] I. W. Frank, 1967, S. 201 ff.
[38] R. W. Southern, 1976, S. 285.
[39] Zu Roger Bacon: F. Steenberghen, 1977, S. 142 und Anmerkungen.
[40] R. W. Southern, 1976, S. 286 und Anmerkung 30 in diesem Kapitel.

2. Dominikanische Konventsgründung

Die von Dominikus entsandte Gruppe traf am 12. September 1217 in Paris ein und ließ sich in der Nähe der Kathedrale, im Bereich des Hôtel-Dieu St. Christophe, nieder. Bereits ein Jahr später übersiedelte die Gemeinschaft an die Porte d'Orleans in das Hospital *St. Jacques*, das in der Nähe der berühmten Stiftsschule von St. Geneviève lag *(Abb. 3)*.[41] Eigentümer jener Anlage war der Engländer *Johannes von St. Alban,* Kaplan des Königs, Dekan von St. Quentin en Vermandois und Professor der Theologie.[42] Er erwarb das Baugelände für St. Jacques 1209 von Simon de Poissy und ließ umgehend die notwendigen Gebäude für die nach Paris kommenden Pilger errichten.[43]

Die Förderung und Vermittlung der Dominikaner durch den englischen Magister ließ die kleine Gruppe noch im Laufe des Jahres 1219 auf dreißig Personen anwachsen.[44] Dabei traten vornehmlich Angehörige der Universität dem Orden bei.[45]

Als im Juni 1219 Dominikus die Pariser Niederlassung visitierte, war die Gemeinschaft noch verpflichtet, ihre Messen in der zuständigen Pfarrkirche *St. Benoît* abzuhalten *(vgl. Abb. 3)*. Erst eine päpstliche Bulle vom Dezember 1219 erlaubte ihnen, ihre Messen in der eigenen Kirche zu zelebrieren.[46] Dagegen erhob aber das Kathedralkapitel in seiner Eigenschaft als Vertreter des Pfarrklerus umgehend Einspruch.[47] So mußte ein vertraglicher Kompromiß zwischen dem Orden und dem Pfarrer von St. Benoît ausgehandelt werden, der im Dezember des folgenden Jahres unter Druck des Papstes zustande kam.[48] Der Inhalt dieses Dokuments gibt den wohl frühesten Einblick in die Bedingungen, welche Mendikanten eingehen mußten, um in einer Stadt tätig zu werden. Deshalb hier eine kurze Zusammenfassung der wesentlichen Vertragspunkte:[49]

1- Ostern, Pfingsten, Allerheiligen, Weihnachten und am Tag des hl. Benoît darf die Hl. Messe nur in der Pfarrkirche gefeiert werden. Alle Gaben an diesen Tagen sind an die Pfarrkirche abzuführen.

2- Für jede Beerdigung in *St. Jacques* haben die Dominikaner einen gewissen Betrag an die Pfarrkirche abzuführen.

3- Für die Einrichtung von Kapellen an *St. Jacques* sind jährliche Zahlungen an die Pfarrkirche zu entrichten.

---

[41] Libellus, nr. 51–53.

[42] Noch heute wird der Gründer von St. Jacques als *Johannes von Barastre* bezeichnet, etwa bei F. Steenberghen, 1977, S. 104. Doch handelt es sich hierbei offenbar um eine Namensverwechslung, die im 17. Jahrhundert in die Literatur kam (vgl. W. A. Hinnebusch, 1966, Bd. 1, S. 73, Anm. 112, der diese Verwechslung klarstellt).

[43] Quelle bei E. Bernard, 1883, S. 2, Anm. 5 abgedruckt. In ihr ist nicht die Rede davon, daß St. Jacques als Unterkunft für arme Studenten errichtet worden wäre, wie H. A. Hinnebusch behauptet (1966, Bd. 1, S. 58/59).

[44] E. Bernard, 1883, S. 4–6.

[45] siehe oben, S. 41.

[46] Chart. Un. Par. I, nr. 34. Die Kirche ist hier »*ecclesia*« genannt.

[47] Chart. Un. Par. I, nr. 35.

[48] Chart. Un. Par. I, nr. 38/39 und MOPH XXV, nr. 133.

[49] MOPH XXV, nr. 134. Auch W. A. Hinnebusch weist auf die Bedeutung dieses Abkommens für die Geschichte des Dominikanerordens hin. Er schreibt: »*The solution reached at Paris laid down the basic principles of agreement.*« (1966, Bd. 1, S. 63). Mit diesem Dokument haben die Dominikaner faktisch die Gleichstellung mit dem Weltklerus erlangt. Vgl. auch E. Bernard, 1883, S. 44 ff. und M. D. Chapotin, 1898, S. 18/19. Zu den Konflikten um die Pfarrechte: C. Paulus, 1900, S. 7 ff.

4- Ordensunabhängige Personen werden durch den Pfarrklerus in *St. Jacques* beerdigt.
5- Das Recht zur Meßfeier entbindet die Dominikaner nicht von der Autorität des Bischofs und des Archidiakons.
6- Die Glocke von *St. Jacques* darf ein Gewicht von 300 Pfund nicht überschreiten.

Während noch im Februar 1220 der überraschend verstorbene *Reginald d'Orleans*, der maßgeblich am Aufbau des Bologneser Dominikanerkonvents beteiligt war, in der Benediktinerabtei *Notre-Dame de Champs* beerdigt werden mußte,[50] konnten nun aufgrund des Vertrages Bestattungen im Konvent vorgenommen werden. Dabei regelt dieser Vertrag in erster Linie die Verteilung der Einkünfte aus dem Beerdigungs- und Meßwesen, da beide Aufgaben die ökonomische Basis des Pfarrklerus empfindlich berührten. Trotz der Auflagen, die diese Übereinkunft enthält, sicherten sich die Dominikaner damit in nicht unerheblicher Weise ihre Existenz und erreichten ein hohes Maß an Selbständigkeit.

Der letzte Punkt der Abmachung befremdet zunächst ein wenig. Doch bedenkt man die Bedeutung, welche Glocken in der mittelalterlichen Stadt hatten,[51] so wird verständlich, weshalb die Glockengröße mit derjenigen der Pfarrkirche abgestimmt werden mußte. In der Tatsache, daß sich große Glocken hier offensichtlich nicht durchsetzen ließen, möchte ich sogar ein Indiz dafür sehen, weshalb man später in den Bauvorschriften der Mendikanten von Glockentürmen Abstand nahm.[52]

Außer Johannes von St. Alban, über dessen Abtretungsurkunde noch zu handeln sein wird, besaß auch die Universität selbst Rechte am Gelände des Hospitals. Diese überließ sie 1221 dem Dominikanerorden unter folgenden Bedingungen:[53]

1- Alle Mitglieder der Universität sollen generell an den Gebeten und den guten Werken der Predigerbrüder teilhaben.
2- Jedes Jahr, am Tag des hl. Nikolaus (neben der hl. Katharina Patron der Universität[54]),

---

[50] E. Bernard, 1883, S. 33, Anm. 2.
[51] »*Glocken spielen eine herausragende Rolle im Leben der mittelalterlichen Städte: Jeder kannte ihre Bedeutungen und die Glocken läuteten zu jeder Zeit ihre Botschaften – sie zählten die Stunden, verkündeten das Feuer oder einen anrückenden Feind, riefen die Leute zu den Waffen oder zu friedlichen Versammlungen, verkündeten, wann es Zeit war zu Bett zu gehen oder aufzustehen, zur Arbeit zu gehen, zu beten und zu kämpfen, sie markierten die Öffnungs- und Schlußzeiten der Messen, zelebrierten die Papstwahlen und Krönungen der Könige und Kriegssiege. Nach verbreiteter Auffassung half der Glockenklang auch gegen Stürme und Epidemien. Es war eine Frage des Stolzes für eine Stadt, Kirche oder ein Kloster, eine schöne Glocke oder ein Glockenspiel zu haben, ...*« (Carlo Cipolla, zit. n. Edgar Zilsel, 1976, S. 35). Ein konkretes Beispiel für die Funktion dominikanischen Geläuts findet sich in den Statuten der Universität von Bologna (1317/47): »*Die außerordentlichen Professoren, die zur Nonzeit lesen, sollen erst anfangen, wenn das Nonläuten bei San Pietro* (Anm.: *des Bologneser Doms*) *zu Ende ist, und bis zum Karneval sollen sie beim Vesperläuten hinausgehen. In der Fastenzeit aber sollen sie hinausgehen, wenn bei den Dominikanern zum Essen geläutet worden ist.*« (Zit. n. Arno Borst, 1979, S. 555). Es ist anzunehmen, daß die Glocke von St. Jacques eine ähnliche Aufgabe erfüllte.
[52] So liest man in den Narbonner Konstitutionen der Franziskaner: »*Im übrigen soll der Campanile der Kirche nirgends nach Art eines Turmes errichtet werden;*« (zit. n. der Übersetzung von W. Braunfels, 1969, S. 308). Doch darf man auch solche Verfügungen – eine ähnliche kannten die Dominikaner nicht – nicht überbewerten, da beide Orden, wenn es möglich war, doch Glockentürme errichteten. Gerade die Franziskaner hatten in Bologna zwei Türme an ihrer Kirche. Einen, von 1261, im Verband mit dem Nordquerhaus, einen weiteren, um 1400 errichtet, in Art eines Campanile zwischen ersten und zweiten Kreuzgang. Man denke auch an den Glockenturm von St. Jacques in Toulouse.
[53] Chart. Un. Par. I, nr. 42.
[54] Bemerkenswert ist, daß unter dem Generalat des Haymo von Faversham (1240–1244) im Franziskanerorden eine Feier für die Hl. Katharina eingeführt worden ist, und daß einige deutsche Franziska-

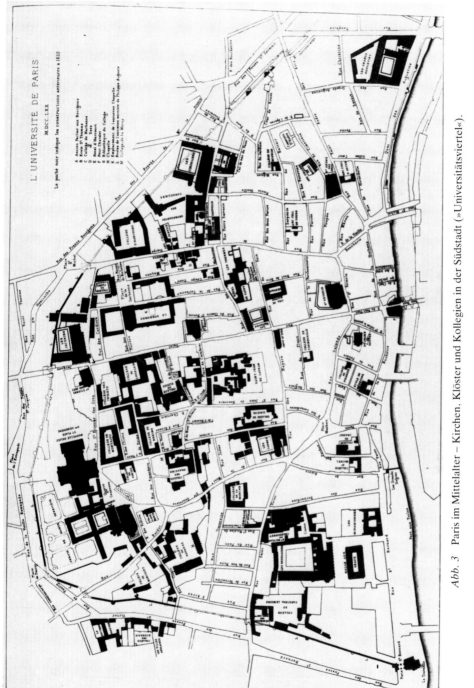

Abb. 3 Paris im Mittelalter – Kirchen, Klöster und Kollegien in der Südstadt (»Universitätsviertel«).

soll eine feierliche Messe am Hauptaltar von *St. Jacques* für die lebenden Magister und Scholaren der Universität und für die Erhaltung der Universität gehalten werden.

3- Jedem verstorbenen Pariser Magister sollen die gleichen Gebete zukommen wie einem Mitglied des Konventes bzw. wie für jeden Priester: eine Messe und drei Psalter.

4- Für Magister, die im Konvent beerdigt werden wollen, gilt folgende Regelung:

Magister der Theologie erhalten ein Grab im Kapitelsaal, alle anderen ein Grab im Kloster.

Die Forderungen der Universität laufen auf eine Inkorporation des Dominikanerkonvents auf *sozial-religiöser* Ebene hinaus. Dafür, daß die Dominikaner an der Universität studieren, Magister und Scholaren abwerben können, sind sie gehalten, für das Wohl dieser Genossenschaft zu beten und zu predigen und ihren lehrenden Mitgliedern Begräbnisplätze einzurichten. Bemerkenswert ist die *Gleichstellung* zwischen Magister und Ordensbruder, wie sie in dem Dokument zum Ausdruck kommt.

Noch bevor die Dominikaner nach den Lehrstühlen greifen konnten, war eine »Symbiose« zwischen beiden Körperschaften hergestellt. So wurde im Augenblick, als die Dominikaner in Bologna das Studium zum integrativen Bestandteil ihres Ordensprogramms erklärten, ihr Pariser Konvent Teil der Universität.

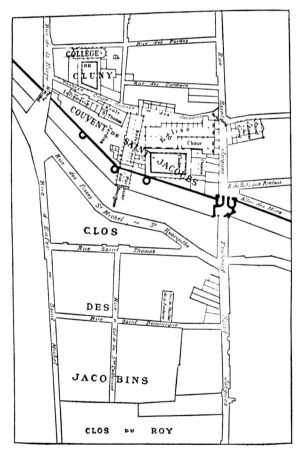

Abb. 4 Paris, der Dominikanerkonvent St. Jacques.

3. Kirche und Kloster St. Jacques

Während wir über die wesentlichen Momente des Niederlassungsvorgangs durch die Quellen gut informiert sind, läßt sich über Kirche und Kloster der Pariser Dominikaner nur schwer etwas ausmachen. Infolge der Französischen Revolution sind der Dominikaner- wie auch der Franziskanerkonvent abgerissen worden. Wir sind in dieser Frage also ganz auf Ansichten, Pläne und Quellen angewiesen. Trotzdem will ich die Analyse der Dominikanerkirche versuchen, da ich der Meinung bin, daß ohne Kenntnis dieser Kirche – wie auch der Franziskanerkirche der Stadt – die Mendikantenarchitektur des 13. Jahrhunderts nicht verstanden werden kann.[55]

Topographie

Das Hospitalgelände lag, wie bereits erwähnt, im äußersten Südzipfel der Stadt, unmittelbar an der Stadtmauer, die zwischen 1180 und 1210 von Philipp II. August errichtet wurde (auf Höhe der heutigen Rue Soufflot). Nach Osten war es durch die Rue St. Jacques begrenzt, die von Orleans kommend auf die Ile-de-Cité zuführte. Nach Westen endete das Terrain an der Rue de la Harpe und nach Norden an der Rue des Cordiers *(Abb. 4)*.

Dieses Gelände ist, genau besehen, kein randständiges. Vom Gesichtspunkt der auf die Universität orientierten Dominikaner ist es geradezu zentral zu nennen. Unweit im Osten lag die Abteikirche *St. Geneviève* mit ihrer berühmten Klosterschule; einem der drei Mittelpunkte der Pariser Universität. Der Abt dieser Kirche war neben dem Kanzler die einzige Person, die Lehrlizenzen ausstellen durfte.[56] Der Umkreis dieser Abtei war eine begehrte Wohngegend, da hier die Vorlesungen vieler Schulen abgehalten wurden. Zum Grundstückswert dieser Gegend bemerkt Classen: »*Seit den 1170er Jahren werden ... die Weinberge der Abteien Saint-Germain-des-Prés und St. Geneviève auf dem linken Seine-Ufer von geschäftstüchtigen Unternehmern Stück für Stück gerodet, um Mietshäusern Platz zu machen – sicherlich schon damals auch – freilich nicht nur – für Magister und Scholaren.*«[57]

In der Nähe des Jakobinerkonvents entstehen nach der Niederlassung der Dominikaner wichtige Kollegien, neben dem *Collège de Cluny* vor allem die *Sorbonne*, die am Ausgang des 13. Jahrhunderts zusammen mit der Dominikanerschule zum theologischen Zentrum der Universität avanciert.[58]

Daß also in diesem begehrten Gebiet den Dominikanern als einem noch unbedeutenden Orden ein weitläufiges Gelände mit Hospitalbebauung übergeben wurde, unterstreicht

---

nerkirchen die Hl. Katharina als Patronin hatten (St. Katharinen in Lübeck und Rostock; die Dominikaner hatten Katharinenkirchen in Bremen und Stralsund). Loius Réau schreibt zur »Ikonographie« der Hl. Katharina: »*Sa joute philosophique contre cinquante docteurs lui a valu l'hommage de tous le clercs: théologiens et philosophes, étudiants et écoliers – et par suite des Universités dont la plús célèbre était celle de Paris: l'image de sainte Catherine figurait sur le sceau de la Sorbonne.*« (Bd. III, 1958, S. 265).

[55] In der kunstgeschichtlichen Literatur wird St. Jacques meist nur beiläufig erwähnt: F. Scheerer, 1910, S. 18; L. Schürenberg, 1934, S. 113; K. Donin, 1934, S. 150 f.; H. Sedlmayr, 1950, S. 419; W. Gross, 1969, S. 106. Man hält sich dabei fast ausnahmslos an die Datierung von R. de Fleury, 1903 (siehe Anm. 63). Ausführlicher gewürdigt findet sich St. Jacques bei: A. Lenoir, 1856, Bd. 2, S. 205 und S. 384 ff.; ders., 1867, Bd. 1, S. 165–170.

[56] Allerdings nur für die Artistenfakultät; vgl. Rashdall-Powicke-Emden, 1936, Bd. 1, S. 401.

[57] P. Classen, 1966, S. 177.

[58] K. Rückbrod, 1977, S. 87/88.

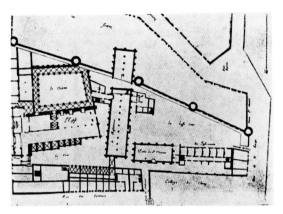

Abb. 5 Paris, Plan des Dominikanerkonvents St. Jacques aus dem 18. Jhd. (Cl. Bibl. Nat.).

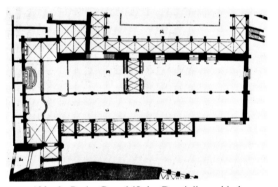

Abb. 6 Paris, Grundriß der Dominikanerkirche St. Jacques.

einerseits die Erwartungshaltung, die man seitens des Papstes, des Bischofs und der Universität ihnen gegenüber hegte, und deutet andererseits auf die Absichten der Dominikaner hin, ein »*ordo studens*« zu werden.[59]

Betrachten wir den Grundriß des Geländes der Dominikaner nach dem Plan aus der Bibliothèque Nationale *(Abb. 5)*: Das Gelände zerfällt deutlich in zwei Teile. Im Osten Kirche und Klostergeviert, im Westen Schule und Infirmerie, dazwischen wie ein Querriegel das Refektorium, dessen Verlängerung nach Süden der über die Stadtmauer hinausreichende *Parloir aux Bourgeois*«[60] bildet. Kirche und Kloster haben im Grundriß einheitliche Umfassungslinien. Zusammen sind sie nach Südwesten geneigt, so daß der Kreuzgang auf die Stadtmauer stößt und einen Befestigungsturm in die Anlage miteinbezieht.[61] Die westliche

---

[59] 1220 nennt der Papst die Pariser Dominikaner »... *in sacra pagina studentes apud Parisius*« (E. Bernhard, 1883, S. 35, Anm. 2).

[60] Der Parloir gehörte ursprünglich der Stadt und war eine Art Tribunalsort. Er wurde, da damals außer Gebrauch, den Dominikanern übergeben. Vgl. M. D. Chapotin, 1898, S. 50 f.; P. Lacroix, 1885, S. 1, Fig. 1.

[61] Der Verteidigungsaspekt spielte im 13. Jahrhundert wohl keine Rolle, da zum einen die Stadtmauer hier keinen Graben besaß, zum anderen die Dominikaner Zugänge durch die Stadtmauer brechen

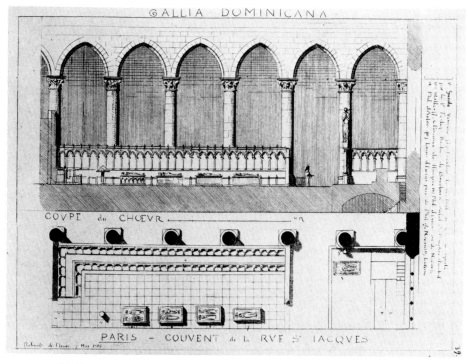

Abb. 7   Paris, Schnitt durch den Chorbereich von St. Jacques nach R. de Fleury.

Außenmauer des Kreuzgangs bildet eine schräg verlaufende Linie mit der Westfassade der Kirche. Mit diesen Kennzeichen lassen sich Kirche und Kloster als *einheitliche Konzeption* begreifen. Die anderen Baulichkeiten hingegen weisen durch ihre Disposition auf ein *Erweiterungskonzept* hin. Das läßt sich quellenmäßig wie topographisch erhärten.

Zieht man nämlich den Lageplan von Chapotin in die Betrachtung mit ein, so fällt auf, daß die beiden an der Südostecke des Collège de Cluny zusammenlaufenden Straßen unvermittelt am Dominikanergelände abbrechen *(vgl. Abb. 4)*. Die von Norden kommende Straße läuft, wenn man sie verlängert, auf den Stadtmauerknick und den dortigen Befestigungsturm zu. Die von der Rue de la Harpe nach Südosten gerichtete Passage schließt in der Verlängerung an die Rue St. Jacques an. Diesem Straßenzug wäre dann die eigentümliche Schrägstellung von Kirche und Kloster zu verdanken, während der andere die Schrägstellung des Refektoriums bewirkt hätte. Aus den Quellen wissen wir, daß das gesamte Gelände westlich der ehemals auf die Stadtmauer zuführenden Straße – zusammen mit Äckern und Weinbergen vor der Stadt – erst 1226 vom Prior des Hospitals *St. Lazare* erworben worden ist.[62]

---

durften (vgl. M. D. Chapotin, 1898, S. 51). Erst im 14. Jahrhundert mußten diese Zugänge wieder geschlossen und die Dominikanerbauten vor der Mauer abgerissen werden (M. D. Chapotin, 1898, S. 578, Anm. 1: Quellenauszug von 1358).

[62] Das Gelände war durch den Bau der Stadtmauer für das Hospital St. Lazare entwertet worden. Der Teil vor der Stadtmauer bildete den Grundstock für den sogenannten »*Clos des Jacobins*«, der durch weitere Ankäufe bis 1292 erheblich erweitert wurde (Vgl. Abb. 4 und M. D. Chapotin, 1898, S. 89–93; dort Nachweise über Kaufverträge aus den Jahren 1228, 1231, 1235, 1244, 1259, etc.).

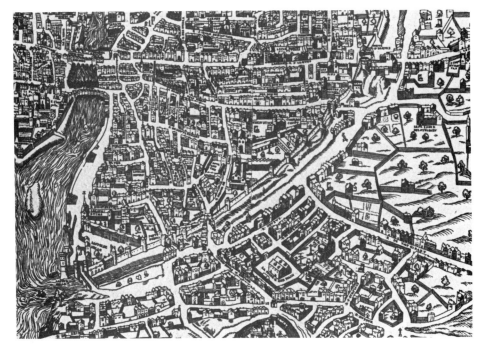

Abb. 8 Paris, Stadtansicht von 1552.

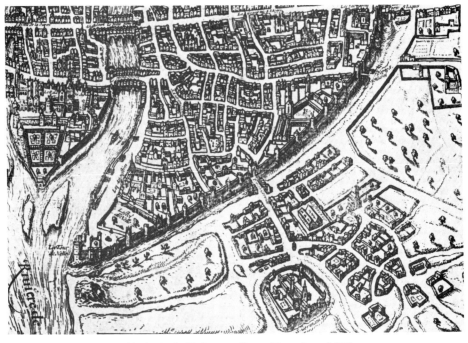

Abb. 9 Paris, Vedute von Braun/Hogenberg (1574).

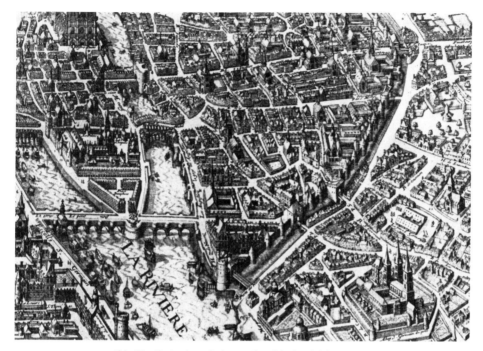

Abb. 10 Paris, Ausschnitt aus dem Merian-Stich von 1615.

Die topographische Analyse läßt somit Kirche und Kloster als »Keimzelle« des Konvents erkennen. Es fällt schwer, Kirche und Kloster auseinander zu dividieren oder gar der Kirche selbst zwei Bauzeiten zuzuweisen, wie es in der schmalen Literatur zu St. Jacques geschehen ist.[63]

Analyse der Kirche

Die Kirche bildete nach dem Grundriß von Lenoir *(Abb. 6)* einen längsrechteckigen Raum, der durch eine Arkadenreihe in zwei ungleichgroße Schiffe unterteilt war. Wenn die Aufrißzeichnung von Fleury richtig ist, so waren die Arkaden aus ungestelzten Spitzbögen geformt und ruhten auf zwölf Rundpfeilern, die mit viereckigen Sockeln, Basen und blattbesetzten Kapitellen ausgestattet waren – insgesamt deutliche Nachbildungen der Pfeiler der Pariser Kathedrale *(Abb. 7)*. Nach Osten schloß die Kirche flach und parallel zur Rue St. Jacques. Die im ganzen ungewölbte Kirche lud hier mit jeweils zwei gewölbten Jochen nach Süden und Norden querschiffartig aus. Ob sich diese Annexe nach außen als Querschiffe geltend machten, ist auf den mir bekannten Ansichten nicht festzustellen.

An der Ostwand des breiteren Südschiffs stand der Hauptaltar *(Abb. 7)*. Davor erstreckte sich vom dritten bis zum sechsten Joch der Mönchschor, der als Einbau vom westlichen Teil

---

[63] R. de Fleury, 1903, Bd. 1, o. S., Stichwort »Paris«, sieht die westlichen Joche der Kirche später hinzugefügt. E. Lambert, 1946, S. 180 meint sogar, daß das gesamte nördliche Seitenschiff erst später hinzukam. Beide Autoren setzten den Baubeginn der Kirche auf 1256 fest.

des Hauptschiffs und dem schmäleren Nordschiff sich abgrenzte. Das siebte Joch von Osten war als Durchgang zum Kloster konzipiert, hier stand der Lettner und vor ihm waren zwei Altäre aufgestellt. Die sechs westlichen Joche, vielleicht auch das Nordschiff, bildeten den Laienraum der Kirche.

Jedes Schiff war ursprünglich mit einem Satteldach gedeckt *(Abb. 8/9)*. Erst auf der Stadtansicht von Merian (1615) ist die Kirche mit einem einzigen Dach versehen, dessen First in der Mitte des breiteren Südschiffes lag *(Abb. 10)*. Damit ist dieses nach außen als Hauptschiff gekennzeichnet, dem eigentlich das südliche Seitenschiff fehlt. Interessant, daß die Stadtansicht von 1574 tatsächlich den an die Kirche anstoßenden Kreuzgangsflügel mit einem Satteldach versehen hat, so daß der Eindruck einer dreischiffigen Kirche entsteht *(vgl. Abb. 9)*.

Zugänge besaß die Kirche in der Westfassade zum Südschiff und im nordöstlichen Annex zum Nordschiff. Der Zugang, der auf dem Stich von Ransonette zu sehen ist, und in das westlichste Joch des Nordschiffs führt, stammt aus späterer Zeit *(Abb. 11)*. Dieser Stich leitet über zum Problem der Einzelformen und ihrer Datierung. Alle Fenster, die auf ihm erkennbar sind, stammen frühestens aus dem 14. Jahrhundert. 1354 erhielten die Dominikaner eine Summe von 4000 Livres vom Dauphin Humbert, dem Grafen von Vienne, zur Vollendung begonnener Arbeiten im Konvent. Mit diesem Geld hat man wohl unter anderem die Maßwerkfenster »modernisiert«, denn in der Quelle heißt es: »*...fratres proponant ecclesiam pociori confirmitate novi operis non modicum sumptuosi ad laudem divini Numinis decorare*«[64].

Das 14. Jahrhundert war die Zeit, da Adlige aus dem Hause Valois und Evreux sich in der Kirche bestatten ließen und ihre bronzenen Grabplatten in der Mitte des Mönchschors Aufstellung fanden. Die Grabplatte Humberts lag unmittelbar vor dem Hauptaltar.

Ein Fenster aus dem Kapitelsaal, das Fleury nach einer Fotografie des 19. Jahrhunderts wiedergibt, kann noch ins 13. Jahrhundert datiert werden. Aus welcher Zeit allerdings die Kapellenanbauten am Nordschiff stammen, ist schwer zu sagen. Sie waren auf jeden Fall nicht von einheitlicher Größe, wie uns der Grundriß von Lenoir Glauben machen will. Die vier östlichen Kapellen waren breiter und tiefer als die vier westlichen, wie der Grundriß der Nationalbibliothek zeigt *(vgl. Abb. 5)*. Hinter der westlichen Kapelle ist die Wand durch abweichende Strebepfeilerbildungen gekennzeichnet. Diese springen hier am Fensterkämpfer zurück und enden an der Dachtraufe mit Wasserspeichern. Unterhalb der Traufe befindet sich ein Gesimsstück, das den anderen Wandabschnitten fehlt. Befand sich hier, im vierten Joch von Westen, einmal ein Zugang zur Kirche, der durch den Anbau der vier westlichen Kapellen an das Westjoch der Kirche verlegt werden mußte?

Fleury datiert die Kapellen ins 16. Jahrhundert, in eine Zeit also, da das Klostergeviert und die *École de St. Thomas* von Nicolaus Hennequin überarbeitet worden sind.[65]

Um in der Interpretation der Kirche weiter zu kommen, sind wir somit ganz auf die Großform verwiesen, auf die Lage der Kirche im Konventszusammenhang und die Quellen. Wenn Fleury schreibt: »*La construction du cloître par Enguerrand de Coucy, date de 1256; je reporterais à cette époque l'Eglise, et la grandiose reféctoire qui s'allongeait à l'ouest*«[66], so muß dem auf Grund der topographischen Analyse und der geschichtlichen Zusammenhänge

---

[64] R. de Fleury, 1903, Bd. 1, o. S. (»Paris«).
[65] Möglicherweise befindet sich eine aufschlußreiche Ansicht vom Refektorium im Tafelband von M. Lenoir, 1867, Bd. 2, doch war mir dieser nicht zugänglich.
[66] R. de Fleury, 1903, Bd. 1, o. S., Stichwort »Paris«.

widersprochen werden. Zum einen bilden Kirche und Kloster gegenüber dem Refektorium und den Schulgebäuden einen eigenen Komplex, zum anderen ist 1256 der Zeitpunkt, da durch das Eingreifen des Papstes die Querelen der Dominikaner mit der Universität beigelegt waren und die dominikanische Schule wieder florieren konnte. Deshalb ist es sinnvoller, die Bauaktivitäten um 1256 auf die Errichtung des Refektoriums allein oder aber auf dieses und die westlich anschließenden Lehr- und Infirmeriegebäude zu beziehen. Die Bebauung des östlichen Geländes, der, wie ich sie genannt habe, »Keimzelle« des Konvents, dürfte *vor 1256* erfolgt sein, aber wann?

Erinnern wir uns, daß in den Quellen aus der Niederlassungszeit von einer »*ecclesia*« bzw. »*capella*« gesprochen wird, und daß Abmachungen über das Meß- und Beerdigungswesen, sowie über Kapelleneinrichtungen getroffen worden sind. Welche Gebäude waren also bei der Übernahme der Hospitalanlage durch die Dominikaner vorhanden? Entscheidende Passagen finden sich in der Abtretungsurkunde des Johann von St. Alban von 1221.[67] Er spricht darin von der Übertragung seiner Rechte am Terrain und an den Gebäuden (!) von St. Jacques: »*Ego Johannes Decanus S. Quintini, notum facimus . . . quicquid juris habemus in loco nostro . . . tam in terris quam aedificiis omnibus, dilectis Fratri Matheo, Priori, suisque Fratribus Praedicatorum conferimus et donamus.*«

Diese nicht näher bezeichneten Gebäude waren auch schon in Gebrauch gewesen, als er sie den Dominikanern übergab. Das geht aus einer Klausel am Ende des Dokuments eindeutig hervor. Sie besagt nämlich, daß St. Jacques, sollten die Dominikaner diese Anlage einmal aufgeben, an ihn oder die Hospitalbrüder zurückgegeben werden muß, damit dort der Hospitaldienst wieder aufgenommen werden könne (»*. . . aut ad Fratres conversos, qui locum prius inhabitarant, si pauperum hospitalitem retinuerunt.*«). Es müssen also ein Hospital sowie

---

[67] Chart. Un. Par. I, nr. 43.

Abb. 11 Paris, Nordseite von St. Jacques gegen 1790 (nach einem Stich von Ransonette).

weitere Gebäude für die Hospitalbrüder vorhanden gewesen sein! Des weiteren beansprucht Johannes in dieser Urkunde das Patronatsrecht für St. Jacques und einen Platz im Chor, im Kapitelsaal und im Refektorium sowie bei seinem Ableben ein Grab in der Kirche (»... *nobis personaliter tantum teneantur exhibire: inter quae haec amplius decleranda, locum in choro, in refectorio, in capitulo*«). Diese Bedingungen sprechen eindeutig für ein vorhandenes Kloster! Mit dem Chor kann nur der Mönchschor der Kirche gemeint sein – doch welcher Kirche? Hier bleibt nur die Annahme, daß die Dominikaner das vorhandene Hospital zur Kirche erhoben haben.

Schon 1219 zählte die dominikanische Gemeinschaft, wie wir hörten, dreißig Mitglieder. Da waren Hospital und Kloster des Magister Johannes gerade groß genug, um ein funktionierendes Ordensleben in Paris zu beginnen. Seit dem Frühjahr 1220 hielt diese große Gemeinschaft ihre Messen in der »eigenen Kirche« ab.[68] Sollte sie hierfür rasch eine Kapelle errichtet haben, wo ihnen doch ein Hospital zur Verfügung stand, das durch die Übergabe funktionslos geworden war? Verfügt nicht für gewöhnlich ein Hospital über Kapelleneinrichtungen?

Die Großform der Kirche selbst kann diese Fragen beantworten *(vgl. Abb. 6)*. Ich hebe nur zwei Punkte aus der Bauanalyse hervor:
1. den längsrechteckigen, flachgeschlossenen und flachgedeckten Hallenraum mit seinen unregelmäßig breiten Schiffen.
2. den auf den Ostteil eines Schiffes sich beschränkenden Mönchschor.

Beides sind typische Merkmale eines Hospitals!

Das Hospital als typologisches Vorbild für Mendikantenkirchen

Von »dem Hospital« zu sprechen, ist natürlich eine Abstraktion. Die Hospitalarchitektur umfaßt zeitlich wie typologisch die verschiedensten Varianten und war darüber hinaus an die unterschiedlichsten Träger gebunden. So wurden Hospitäler von den benediktinischen Orden, den Reformorden, den speziellen Hospitalorden, aber auch von Kanonikern und städtischen Organen unterhalten. Als karitative Einrichtung diente das mittelalterliche Hospital ganz allgemein den »Hilfsbedürftigen« (»hospes« gleich »Gast«) und nicht allein den Kranken im engen physischen Sinne. »*Es gab Hospitäler für Waisen (Findelhäuser), für schwangere Frauen, Schwerkranke und Aussätzige (Leprosen-, Siechen- und Pesthäuser), für Alte, Schwache und Arme (Pfründspitäler), ohne daß dabei auf eine scharfe Trennung nach verschiedenen Arten der Hilfsbedürftigkeit gesehen wurde.*«[69]

Hinzu kommen die Pilger- und Fremdenhospize, wie sie in jeder größeren Stadt anzutreffen waren, und wie St. Jacques in Paris eines war, bevor es von den Dominikanern übernommen wurde.

Vielleicht ist es diese breite Anspruchsebene, die es im Falle des Hospitals so einfach macht, einen Idealtypus zu bilden, aber gleichzeitig so schwer, sie gemäß der Trägerorganisationen zu unterscheiden. Selbst Craemer, der eine solche Einteilung für seine informative Abhandlung gewählt hat, muß bekennen: »*... daß die Typenbildung des mittelalterlichen Hospitals nicht notwendig abhängig ist von der Zugehörigkeit zu einem bestimmten Orden oder Hospitalbruderschaft.*«[70]

---
[68] Siehe Anm. 46.
[69] U. Craemer, 1963, S. 8.
[70] U. Craemer, 1963, S. 29.

Abb. 12 Brügge, ältester Teil im St. Jans-Hospital von Südosten.

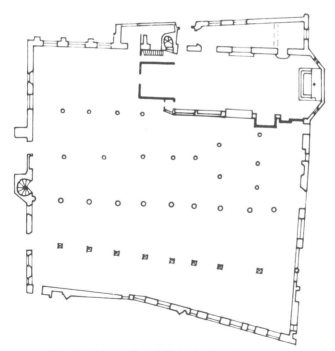

Abb. 13 Brügge, Grundriß des St. Jans-Hospitals.

Das Eigentümliche des Hospitals beruht auf einer engen Verbindung von Spitalraum und Kapelle, um dem Spitalinsassen, »... *insbesondere den Sterbenden, direkte Teilnahme am Gottesdienst zu ermöglichen*«[71]. Das darf aber nicht dahingehend mißverstanden werden, daß nun beide Funktionen in einem Raum unterschiedslos vereinigt worden wären – das ist nirgendwo der Fall! Es ist darunter vielmehr die *unmittelbare Nähe* von Kapelle, dem Ort Gottes, zum Ort des Hilfsbedürftigen zu verstehen. So wurde der Kapellenraum entweder an den Spitalsraum *angesetzt* oder in ihm *eingekapselt* oder aber als *gewölbter* Raumteil dem ungewölbten Hospitalraum entgegengesetzt.

Den zweiten Fall finden wir beispielhaft im berühmten *St. Jans-Hospital zu Brügge* verwirklicht *(Abb. 12/13)*. Hier ist der Kapellenraum auf den Ostteil des nördlichen Schiffes beschränkt und nach außen durch eine polygonale Apsis hervorgehoben. Die unregelmäßige Breite und Führung der Schiffe ist zum Teil der sukzessiven Erweiterung der Anlage geschuldet.[72]

Aber man braucht nicht nach Flandern zu gehen, um zu zeigen, daß St. Jacques ein Hospitalbau war. Das mittelalterliche Paris besaß eine Vielzahl von Hospitälern.[73] Hier stand bis ins 19. Jahrhundert eines der ältesten, größten und bedeutendsten Hospitäler des Abendlandes: *das Hôtel-Dieu St. Christophe*.[74] Der Kern dieses schon im 6. Jahrhundert gegründeten und direkt vor der Westfassade von Notre-Dame gelegenen Hospitals war ein langgestreckter, rechteckiger Hallenraum, durch eine Pfeilerreihe von wohl über zwanzig Arkaden in zwei Schiffe unterteilt *(Abb. 14)*. Unmittelbar am Seine-Ufer gelegen, vollzog dieser Bau die Flußwindung in seiner Schiffsführung nach und endete im Westen mit einem nahezu quadratischen, angesetzten Kapellenraum. Durch eingezogene Zugänge war dieser von beiden Schiffen aus zugänglich. Auf diese Anlage mag sich St. Jacques, das Hospital des Magister Johannes, grundsätzlich bezogen haben.

Die Suche der Nähe Gottes im Pflege- oder Sterbefall hebt nicht die architektonische Trennung von Altar- und Laienraum auf. Gerade der dritte Fall, die Entgegensetzung von gewölbtem und ungewölbtem Raumteil, verbindet ein hohes Maß von Nähe und Sichtbarkeit des Altars für den Spitalinsassen bei gleichzeitiger Wahrung der Distanz. An einigen mir bekannten Lösungen ist dabei eine Vorwegnahme bestimmter Kirchentypen der Mendikanten zu beobachten. So gleicht in typologischer Hinsicht das ins 12. Jahrhundert zurückreichende (leider zerstörte) Kanonikerhospital in *Chartres* den mittelgroßen, umbrisch-toskanischen Mendikantenkirchen.[75] Ein flachgedeckter, allerdings dreischiffiger Spitalraum endet im Osten mit einem über alle drei Schiffe gewölbten, platt geschlossenen Chor mit rechtwinkligen Altarnischen *(Abb. 15–17)*. Eine ähnliche Bildung zeigte das Kanonikerhospital in *Laon*[76] und das zweischiffige *St. Nicholas-Hospital in Salisbury*.[77] Letzteres wiederum, 1215 gegründet und wohl in den Zwanziger Jahren des 13. Jahrhunderts erbaut, besitzt in der erhaltenen Arkaden-Pfeilerreihe eine große Ähnlichkeit mit St. Jacques *(Abb. 18/19)*. Der Typus des *St. Mary-Hospitals in Chichester* ist ebenfalls mit Mendikantenkirchen vergleich-

---

[71] U. Craemer, 1963, S. 17.
[72] R. Mullie, 1960, Bd. 1, S. 60. 1188 wird das Hospital erwähnt. Gegen 1200 sind die ältesten Teile zu datieren.
[73] Die Pariser Hospitäler sind zusammengestellt bei: Viollet-le-Duc, 1863, Bd. VI, S. 119/20.
[74] C. Tollet, 1892, S. 65 ff. und E. Coyecque, 1889, Bd. 1, S. 155 ff.
[75] C. Tollet, 1892, S. 135 ff. Vgl. mit den umbrisch-toskanischen Bauten bei K. Biebrach, 1908/09.
[76] Zu Laon neuerdings: A. Saint-Denis, 1983.
[77] R. L. Pelly, o. J. (um 1978), S. 1 ff.

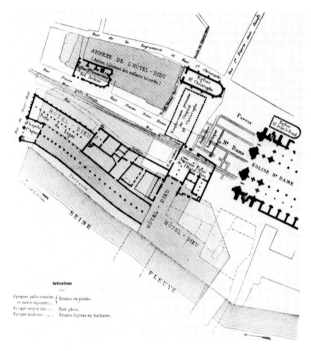

Abb. 14 Paris, schematischer Grundriß des abgerissenen
Hospitals St. Christophe nach E. Tollet.

bar[78]: an einen flachgedeckten, längsrechteckigen Saalraum mit offenem Dachstuhl schließt sich ein zwei Joche tiefer und gewölbter Flachchor.

Diese kurzen Ausführungen machen den Bezug einiger Kirchentypen der Mendikanten zur Hospitalarchitektur hinreichend deutlich als ein über den Einzelfall Paris hinausweisendes Phänomen.

Aber wie ist es möglich, daß die Dominikaner aus einem Profanraum einen Sakralraum machen konnten?

Was sind die Motive, die sie veranlaßt haben, an der Hospitalarchitektur anzuknüpfen?

Welche Bedeutungen verbinden sich mit Hospitalräumen? Und hatten die Autoren nicht doch Recht, die in der Mendikantenarchitektur »Profanisierungstendenzen« sehen wollten?[79]

Gerade zur letzten Frage sind einige grundsätzliche Bemerkungen angebracht.

Das moderne Sakralverständnis hat sich, wie in den ersten Kapiteln bereits angesprochen wurde, im wesentlichen über die Romantik gebildet und gefühlsmäßig vor allem an die Raumatmosphäre der gotischen Kathedralen geheftet. Doch historisch betrachtet, bezeichnet »das Sakrale« im Mittelalter zuerst den Status des Kirchengebäudes. Es war, wie Christof Werner hervorhebt: »*Sache objektiv traditionsgebundener Ordnungen und Gestaltungen. Das Sakrale war sakral per definitionem.*«[80] Nicht die Architekturformen waren »heilig«, sondern

---

[78] U. Craemer, 1963, S. 25; 1229 gegründet und 1290 neu aufgebaut. Vgl. mit A. R. Martin, 1937, passim.
[79] siehe oben S. 13/20/24
[80] Ch. Werner, 1968, S. 69.

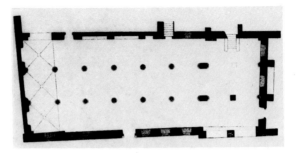

Abb. 15 Chartres, Grundriß des abgebrochenen Kanonikerhospitals St. Côme.

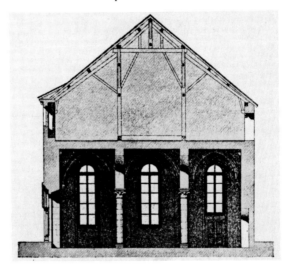

Abb. 16 Chartres, Querschnitt durch das Hospital St. Côme.

Abb. 17 Chartres, Hospital St. Côme – Innenansicht von Westen.

der Ort, den sie gestalteten. Oder anders gesagt: »*Ein heiliger Bereich wird errichtet, wo immer das Göttliche manifest ist. Alles, was in die göttliche Sphäre gebracht wird, ist geweiht.*«[81]

Wenn also, ganz allgemein gesagt, mittelalterliche Kirchen profane Formen aufnehmen – gleich ob Groß- oder Kleinformen –, so hebt das die Sakralsphäre nicht auf. Umgekehrt wird auch die Profansphäre, und das leuchtet wohl unmittelbar ein, durch sakralarchitektonische Elemente nicht zu einem sakralen Ort. Um noch einen Satz von Paul Tillich zu bemühen: »*Profan bedeutet ›außerhalb der Tore des Heiligen‹*«[82].

Hingegen ist immer wieder eine *Aufwertung* profaner Gebäude mittels Sakralarchitektur und eine *Nobilitierung* von Profanarchitektur durch ihre Hereinnahme in das Sakralgebäude zu beobachten. Aber dieser *Austausch* architektonischer Formen zwischen den beiden Sphären ist ein ideologisches Problem, das nur in dem jeweiligen sozialgeschichtlichen Kontext begreifbar bzw. auflösbar ist. So etwa wenn die Form kirchlicher Querhausgiebel von der Fassade des mittelalterlichen Bürgerhauses aufgenommen und damit die »ökonomische Zone« des Gebäudes: der Lagerraum unter dem Dach, aufgewertet wird.[83] Ein analoges Problem stellt die Mehrschiffigkeit der Hospitäler dar. Zu ihren Raumbildungen schreibt Hans-Joachim Kunst: *Somit geben sich diese Räume nicht als eine Addition von Jochen oder Schiffen, sondern als in Joche und Schiffe unterteilte Gesamträume zu erkennen. Man hätte einen riesigen Saal errichtet, wenn es die technischen Möglichkeiten erlaubt hätten und wenn man nicht an architekturikonographische Prämissen gebunden wäre.*[84]

Über die bautechnische Seite kann man sich streiten, so denke man etwa an den fast 30 m breiten Saalraum des *Palazzo della Ragione in Padua*, aber der Hinweis auf die »architekturikonographischen (ideologischen) Prämissen« solcher Unterteilungen ist wesentlich für uns. Denn die Mehrschiffigkeit von Hospitälern, ihr »sakralisierender Charakter«, ist nicht mit dem häufig gebrauchten *zweckrationalen* Argument der notwendigen Geschlechtertrennung zu erklären, da eine solche mittels Einbauten auch in Saalräumen verwirklicht werden konnte und auch verwirklicht wurde. Hingegen ist zu fragen, warum sich viele mehrschiffige Hospitäler kaum noch von Kirchenbauten unterscheiden.[85] Dieses Problem bedarf noch einer eingehenden Untersuchung.

Einen Grund für diese Aufwertung sehe ich in der Zugehörigkeit mehrschiffiger Hospitäler zu kirchlichen Institutionen. So lagen die Kanonikerhospitäler schon topographisch an der Schwelle der Dom- bzw. Kathedralkirchen. Weitere Gründe sind: die Nähe geweihter Altäre in diesen Räumen, die Erteilung der Sterbesakramente und ganz allgemein die christliche Nächstenliebe, die hier den Pflegebedürftigen entgegengebracht wurde.

In diesen Kennzeichen liegt m. E. auch die Ursache, warum die Mendikanten an die Hospitalarchitektur angeknüpft und in Paris sogar ein Hospital zur Kirche erhoben haben. Von der allgemeinen Bedeutung: »Aufnahmeort aller Hilfsbedürftigen« oder »Ort der Mildtätigkeit« *(Caritas)* bis hin zu konkreten Sinneinheiten wie: »Hospital« gleich »Ort des Sterbens« – Mendikantenkirche gleich »Ort der Bestattung und des Seelengedächtnisses«, konnten sie ihr *karitatives Anliegen* mit der Aneignung des Hospitalcharakters für den Zeitgenossen anschaulich und vieldeutig zum Ausdruck bringen.

---

[81] P. Tillich, 1958, Bd. 1, S. 251.
[82] P. Tillich, 1958, Bd. 1, S. 254.
[83] Ein frühes Beispiel sind die Querhausgiebel des Verdener Doms (H.-J. Kunst, 1969), die auf die gotischen Bürgerhäuser Norddeutschlands (Bremen, Lüneburg) eingewirkt haben.
[84] H.-J. Kunst, 1971, S. 50.
[85] Beispielsweise St. Jean in Angers oder die Klosterinfirmerie des Zisterzienserklosters Ourscamp (Abbildungen bei U. Craemer, 1963).

Eine Profanisierung fand mit der Aneignung des Hospitalcharakters nicht statt, wohl aber eine neue Sinngebung des Sakralraums.[86]

Zum Kollegienaspekt von St. Jacques

Speziell für die Dominikanerkirche St. Jacques in Paris scheint noch eine zweite Bedeutungsebene gegeben zu sein, die die Übernahme des Hospitals als Kirche verständlich machen kann: das Kollegium. Erst in jüngster Zeit haben wir mit der Arbeit von Konrad Rückbrod eine Geschichte des Bautyps »Kollegium« an die Hand bekommen.[87] Er schreibt: »*Für Unterkunft und Unterstützung der armen Scholaren wurden die Kollegien gegründet. Sie waren nach der allgemein gültigen religiösen Auffassung karitative Stiftungen ... Die ersten Kollegien entstanden in Paris. Für arme Scholaren war im Hospital von Notre-Dame ein Raum reserviert. Diesen Raum erwarb 1180 ein aus dem Heiligen Land zurückkehrender Engländer, Jocius de Londoniis, mit Zustimmung des Kanzlers. Er stattete ihn mit Betten für 18 arme Scholaren aus und verfügte, daß den Scholaren monatlich eine Rente gezahlt werde. ... Die Kollegiaten unterstanden der Botmäßigkeit der Hospitalführung. Als besondere Aufgabe hatten sie den Ministrantendienst bei den Exequien gestorbener Patienten zu leisten.*«[88]

Als die Dominikaner nach Paris kamen, gab es bereits eine Vielzahl dieser Kollegien in bzw. in Abhängigkeit bestimmter Hospitäler.[89] Hinnebusch behauptet sogar, ohne dafür Belege vorzubringen, daß St. Jacques als Stiftung des Magisters Johannes von St. Alban, vor der Übernahme durch die Dominikaner, ebenfalls der Unterstützung von armen Scholaren gedient hätte.[90] Der Gedanke ist verlockend, denn träfe er zu, so wäre eine weltliche Studiengemeinschaft durch eine ordensverfaßte abgelöst worden. Wie dem auch sei, die Kollegien erwuchsen aus dem Hospitalzusammenhang, formierten sich ordensähnlich und wurden ab der Mitte des 13. Jahrhunderts zu führenden Lehranstalten in der Universität Paris.[91] Inwieweit sich die Verfassung der Kollegien auf die Studienorganisation der Dominikaner auswirkte, weiß ich nicht zu sagen. Erinnert sei an den § 23 der Dominikaner-Konstitutionen, der 1220 den dominikanischen Konvent als ein wissenschaftliches Kollegium konstituierte.[92]

---

[86] vgl. auch unten, S. 108 f.
[87] Es fällt auf, daß sich vornehmlich Architekten mit den Profangebäuden des Mittelalters beschäftigen, und daß in ihren Arbeiten der Utilitätsgedanke im Vordergrund steht, der die Bauten (Hospital, Kollegium, etc.) völlig determiniert. Dieser utilitär geprägte Bautyp ist gleichsam der Antipode zum »abstrakten Bautyp« der Stilgeschichte (siehe oben, S. 26 f) und ebenso undurchlässig konzipiert wie dieser. Das heißt, die Wechselbeziehungen, die beispielsweise zwischen Kollegienanlagen und Klosteranlagen bestehen, werden nicht auf ihre geschichtlichen Implikationen hin untersucht, sondern es wird so verfahren, als schaffe sich jede Bauaufgabe ihre eigene Form, ihren eigenen Typus. Diese Kritik am zweckrationalistischen Standpunkt ist nicht nur Rückbrod gegenüber zu erheben, dessen Arbeit sehr verdienstvoll ist, sondern auch gegenüber Craemers Buch und anderen Überblickswerken zur Hospitalarchitektur. Vgl. D. Leistikow, 1967; J. D. Thompson-G. Goldin, 1975.
[88] K. Rückbrod, 1977, S. 39/40. Gemeint ist im Zitat der Kanzler der Kathedralschule Notre-Dame, da 1180 die Universität noch nicht bestand.
[89] Vgl. auch den Artikel zu den Pariser Kollegien v. A. L. Gabriel, in: LThK, Bd. 8 (1963), Spalte 96 f.
[90] Siehe Anm. 43.
[91] K. Rückbrod, 1977, S. 39 ff. und S. 95 f., sowie W. A. Hinnebusch, 1966, Bd. 1, S. 62.
[92] Siehe oben, S. 42. Der Pariser Dominikanerkonvent war das erste *Ordens*kollegium der Stadt und nicht »*the first religious college at the first university of Europe*«, wie W. A. Hinnebusch, 1973, Bd. 2, S. 37 schreibt. Dies waren die Kollegien selber.

Abb. 18 Salisbury, Ansicht der erhaltenen Pfeilerreihe des Hospitals St. Nicholas.

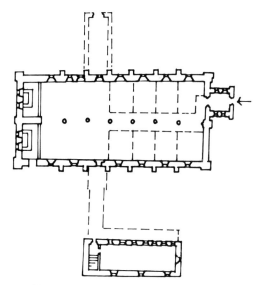

Abb. 19 Salisbury, Grundriß des Hospitals
St. Nicholas.

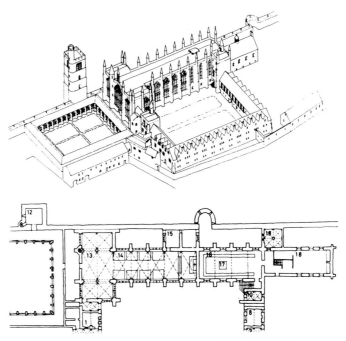

Abb. 20 Oxford, Ansicht und Grundriß des New College nach K. Rückbrod.

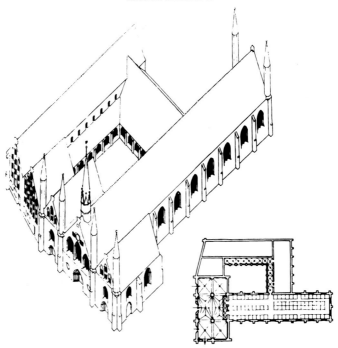

Abb. 21 Lübeck, Ansicht und Grundriß des Heiligen-Geist-Hospitals nach U. Craemer.

Die Frage ist nun, ob mit der Übernahme von St. Jacques als Kirche auch bewußt der Kollegiencharakter übernommen werden sollte. Die frühen Anlagen der Kollegien kennen wir leider nicht. Sicher ist aber, daß die Anlagen aus dem 14. und 15. Jahrhundert Kopien von Klosteranlagen darstellen.[93] Nur eines scheint mir gewiß, daß die angesprochenen Tpyen der Mendikanten und das Kollegium eine gemeinsame Wurzel in der Hospitalarchitektur gehabt haben. Betrachten wir beispielsweise die Grundrisse dreier, zeitlich und örtlich, so verschiedener Bauten wie: *St. Jacques, das New College in Oxford (1380/86) und das Heiliggeist-Hospital in Lübeck (1296 ff.),* so ergeben sich beachtenswerte Analogien *(Abb. 20/21)*. Die beiden letzteren zeigen, bis auf ihre Einschiffigkeit im Langhaus, die gleiche Struktur wie die Dominikanerkirche mit ihren querschiffartigen Annexen. Auch im Aufriß gibt es wechselseitige Analogien. Die flächenfüllenden Maßwerkfenster, die vielleicht einmal an jedem Strebepfeiler vorhanden gewesenen Wasserspeier von St. Jacques erscheinen in völlig anderer Form umgesetzt am New College wieder. Und so erinnert die Ostfront des New College mit seinen Türmchen an die Fassadenbildung in Lübeck. Damit sei zwischen diesen drei Gebäuden kein Zusammenhang konstatiert, aber daß zu dieser Zeit noch Strukturähnlichkeiten auszumachen sind, scheint mir auf den Konnex zwischen Mendikantenkirche, Hospital und Kollegium im 13. Jahrhundert hinzuweisen.

Ich fasse am Ende dieses Abschnitts noch einmal die wesentlichen Ergebnisse der Analyse zusammen: Die topographische Untersuchung des Dominikanerkonvents in Paris hat einen engen Zusammenhang zwischen Kirche und Kloster im östlichen Teil des Terrains gezeigt. Die überlieferten Dokumente legten für diesen Kern der Gesamtanlage eine Datierung vor 1256 nahe. Die nur noch über Ansichten mögliche stilistische Betrachtung der Kirche hat einen dem 13., 14. und 15. Jahrhundert zugehörigen Baubestand gezeigt. Die typologische Analyse hat die Beziehung der Kirche zur Hospitalarchitektur aufgedeckt. Mit der Interpretation der Abtretungsurkunde von 1221 führte dies zur These der Übernahme des Hospitals St. Jacques als Kirche zwischen 1281/21. Diese Annahme ließe sich übrigens auch in die frühere Niederlassungspolitik der Dominikaner widerspruchsfrei einfügen, die von der Übernahme bereits bestehender Bauten in den Städten gekennzeichnet ist.[94] Inhaltlich konnte der Bezug zur Hospitalarchitektur in doppelter Hinsicht evident gemacht werden: zum einen waren die städtischen Hospitäler Symbole und Orte der Mildtätigkeit – der Caritas –, zum anderen hatten sich in bzw. aus ihnen in Paris die Kollegien entwickelt – ordensähnliche Studiengenossenschaften. Beide Bedeutungsfacetten korrelieren mit den Absichten der Dominikaner und ihrer Unterstützer: Studium und karitative Tätigkeit, speziell in Diensten der Universität. Daß diese dienende Funktion bald in eine die Universität bedrückende Dominanz umschlug, in geradezu zerstörerische Konflikte mündete, ändert nichts am architektonischen Bild, das die Dominikaner in Paris sich gaben, und das ich hier nachzuzeichnen suchte.

---

[93] K. Rückbrod, 1977, S. 113 ff.
[94] Siehe oben S. 43.

Nachbilder: St. Jacques in Toulouse

St. Jacques in Paris ist die erste Hallenkirche der Dominikaner gewesen. Es ist auffällig, daß sie auch an anderen Orten den Hallentypus bevorzugten.[95] Soweit ich auf einige dieser Kirchen noch zu sprechen komme, wird auf ihren Zusammenhang mit der Hospitalarchitektur zu achten und nach dem geschichtlichen Kontext zu fragen sein.

Unsere Kenntnis der französischen Dominikanerkirchen kann sich, da kaum noch Bauten existieren, nur auf das leider höchst unzuverlässige Korpuswerk von Rohault de Fleury stützen.[96] Trotzdem belehrt ein Blick in diese Arbeit über die weite Verbreitung, die der zweischiffige Typus im Kerngebiet der Gotik gefunden hat.

So besaßen die Dominikaner in *Amiens* (Niederlassung 1243) eine zweischiffige Kirche, deren schmäleres und gleichhohes (?) Nordschiff die halbe Länge des Hauptschiffes erreichte. Das Hauptschiff, wahrscheinlich flach gedeckt, endete nach Osten in einem gewölbten und polygonal geschlossenen Siebenzwölftel-Chor. Eine ähnliche Anlage stand in *Beauvais* (Niederlassung 1233), nur daß hier das Hauptschiff nach Osten flach geschlossen war. In *Chartres* (Niederlassung 1230) war das Hauptschiff im Süden von einem, wiederum nur kurzen, schmalen und vielleicht niedrigeren Seitenschiff begleitet. Im Hauptschiff war eine zu Paris analoge Tribüne installiert, die den Laien- und Mönchstrakt trennte und zugleich als Durchgang zum Klostertrakt diente. Am Ansatz des Chorpolygons (7/12 ?) lag nach Süden ein querschiffartiger Annex.[97] In der Dominikanerkirche von *Chalons-sur-Marne* (Niederlassung 1229) waren beide Schiffe gleich lang. Das breitere Hauptschiff buchtete mit einem Polygonschluß nach Osten aus. Zu dieser Aufzählung sei noch die Beobachtung hinzugefügt, daß die Dominikaner in den Bischofsstädten Laon, Soissons, Noyon und Senlis keine Niederlassungen besaßen.[98]

Vom Auszug der Pariser Magister und Scholaren im Jahre 1229 profitierten in Frankreich vor allem die Universitäten Orleans, Angers und Toulouse.[99] Schon aufgrund des päpstlichen Verbots von 1219, in Paris Römisches Recht zu lehren, konnte in Orleans die Rechtswissenschaft großen Aufschwung nehmen, und bezeichnenderweise zählt Orleans zu den frühesten Niederlassungen der Dominikaner (1219).

Die Privilegien, die die Studenten und Professoren in Orleans vom Papst 1235 erhielten, unterstellte die Lehreinrichtung der Botmäßigkeit des Bischofs (»Pariser Modell«). Als aber der Papst 1306 ein Statut nach dem Vorbild der Toulousaner Universität dekretierte, kam es zu Gewalttätigkeiten zwischen Bürgern und der im Dominikanerkloster versammelten Scholaren- und Magisterschaft (1311). König Philipp IV griff daraufhin ein, bestrafte die Bürger und löste zugleich die *universitas* auf. In Zukunft sollte nur noch die Rechtswissen-

---

[95] Am Niederrhein in Köln (1224 ff. *Abb. 137*), am Mittelrhein in Frankfurt (1245 ff. *Abb. 138*) und Worms (1233 ff.), am Oberrhein in Straßburg (1307 ff., Umbau), in Brandenburg in Neuruppin (1280 ff.), an der Ostsee in Stralsund (1270 ff.), in der Lombardei in Mailand (*Abb. 39* 1252 ff., Umbau), in der Emilia in Piacenza (*Abb. 43* 1230 ff.) und in Frankreich, wo wir keinen Überblick mehr haben, in Agen (1249 ff.) und Toulouse (*Abb. 23* 1230 ff.). Überall dort etablierten die Franziskaner entweder keine oder aber erst später Hallenkirchen.

[96] An einer jüngeren Publikation zur Dominikanerarchitektur in der Provence (B. Montagnes, 1979) lassen sich im Vergleich die Ungenauigkeiten der Grundrißumzeichnungen Fleurys festmachen.

[97] Die Ansiedlung des Dominikanerordens in Chartres wurde von der Mutter Ludwigs IX. gegen den Widerstand des Chartreser Kathedralkapitels durchgesetzt (siehe: W. A. Hinnebusch, 1966, Bd. 1, S. 257). Vgl. auch den Text zur folgenden Anmerkung.

[98] R. W. Emery, 1962, Katalog der französischen Mendikantenniederlassungen.

[99] G. Kaufmann, 1888, Bd. 1, S. 240 ff. und H. Denifle, 1885, S. 259.

schaft unter Aufsicht des Prevosts fortbestehen. Das Theologiestudium war somit verboten.[100] Der Eingriff des Königs war dergestalt nicht nur gegen den Papst, sondern auch gegen die Dominikaner gerichtet, da ein *studium generale* nach Vorbild der Toulousaner Universität immer auch die Dominanz des Predigerordens bedeutete.

Die Kirche der Dominikaner in Orleans – ob noch dem 13. Jahrhundert zugehörig oder aber nach den Unruhen von 1311 wieder aufgebaut, ist unsicher – war gleichfalls zweischiffig angelegt und besaß einen Siebenzwölftel-Chorschluß wie die Dominikanerkirche in Amiens.[101]

Regelrechte zweischiffige Hallenkirchen hatten die Dominikaner in *Agen*[102] und *Toulouse*. Nur auf letztere möchte ich noch eingehen, da ihr Bezug zur Pariser Kirche aufgrund von Studienkonkurrenzen offensichtlich ist. Schon 1217, als Dominikus seine Mitbrüder nach Paris schickte, hatte der Papst vergeblich versucht ein *studium generale* in Toulouse einzurichten. Sein Werbungsschreiben an die Pariser Magister ist erhalten.[103] Ein erneuter Gründungsversuch war 1229 erfolgreich. Wiederum warb man um die Pariser Gelehrten und billigte ihnen ein freies Aristoteles-Studium zu.[104] 1234 erhielt Toulouse die Bestätigung der Statuten, aber auch Privilegien wie die Pariser Universität. Toulouse besaß nun: »... *das Promotionsrecht und die Privilegien der Universität Paris selbst.*«[105] Für diese Konzessionen entschuldigte sich gleichsam der Papst bei der Pariser Universität, indem er versicherte, daß jene nicht gegen sie gerichtet seien.[106] Das macht noch einmal deutlich, daß die Toulousaner Gründung nur im Zusammenhang mit den Vorgängen in Paris zu verstehen ist. Doch geriet die Toulousaner Universität bereits nach wenigen Jahren in Existenzschwierigkeiten. Einmal war Graf Raymund nicht bereit, die Gehälter der Magister zu zahlen, wie es der Friedensvertrag mit Ludwig IX. vorsah, und zum anderen war die Stadt nicht einverstanden mit der Inquisitionstätigkeit der Dominikaner, welche die Theologiefakultät der Universität beherrschten.[107] So vertrieb man sie 1235 aus der Stadt.[108]

Seit den Ausgrabungen von 1955 und den baukritischen Untersuchungen von Lambert wissen wir, daß die berühmte zweischiffige Jakobinerkirche in Toulouse das Ergebnis von Neubauarbeiten ist, die gegen Ende des 13. Jahrhunderts einsetzten.[109] Zwischen 1285 und 1300 fügte man dem Ursprungsbau den sternförmig zentrierten Chor an, und ab 1330 führte man ein neues Langhaus auf, wobei Teile der alten Anlage erhalten blieben. Der Ursprungsbau wurde unmittelbar nach Gründung der Universität 1230 in Angriff genommen und gegen 1242 fertiggestellt.

Der erste Bau war eine ebenfalls zweischiffige, fünf Joche tiefe Hallenanlage *(Abb. 22/23)*.[110] Die beiden Schiffe waren durch eine Reihe Rundpfeiler unterteilt und wie in

---

[100] Zum Gesamtverlauf siehe: H. Denifle, 1885, S. 251 ff., insbesondere, S. 260 ff.
[101] vgl. R. de Fleury, 1903, o. S., Stichwort »Orleans«.
[102] Zur Dominikanerkirche in Agen: E. Lambert, 1946, S. 181–184.
[103] Chart. Un. Par. I, nr. 25.
[104] siehe oben, S. 48 f.
[105] H. Felder, 1904, S. 238.
[106] Chart. Un. Par. I, nr. 101.
[107] So schreibt H. Denifle: »*Von den Weltpriestern las, soviel ich erschließen kann, überhaupt keiner Theologie.*« (1885, S. 336).
[108] H. Denifle, 1885, S. 331.
[109] E. Lambert, 1946, S. 141 ff.; M. Prin, 1955, S. 5–18; neuerdings zu Toulouse: R. A. Sundt, 1981, Kapitel 5, S. 98 ff.
[110] Angeblich war im Ursprungsbau über dem Westportal, innen, eine steinerne Kanzel vorhanden gewesen, die man vom Mönchschor aus, mittels einer Treppe in der Westwand, erreichen konnte. Dies haben die Untersuchungen von 1955 nicht bestätigen können (vgl. M. Prin, 1955).

Paris von ungleicher Breite. Durch die (teilweise erhaltene) Westfassade gelangte man in das breitere Südschiff, während das schmälere Nordschiff von außen zugänglich war. In seinen drei westlichen Jochen lag der Mönchschor, und nur von hier konnte man in den auf der Nordseite der Kirche gelegenen Klostertrakt gehen.

Mit diesen Charakteristika erweist sich die Jakobinerkirche in Toulouse als eine Übernahme der Pariser Kirche, die weit über die Analogien der in diesem Abschnitt angeführten Dominikanerkirchen hinausgeht, so daß man fast von einer Kopie sprechen möchte.

Der sukzessive Neubau der Kirche steht m. E. auch noch in einem direkten Zusammenhang mit Paris, der gerade in der Modifikation offenbar wird. Der neue Chor am Ende des 13. Jahrhunderts gemahnt in seiner sternförmigen Zentrierung an die Architektur von Kapitelsälen und wurde mit dieser in der Literatur auch immer schon in Verbindung gebracht.[111] Das neue Langhaus gleicht in seiner regelmäßigen Zweischiffigkeit, seinen quadratischen Jochen, den hohen und dienstlosen Rundpfeilern sowie seinem Gewölbe, dessen Gurte und Scheidbögen den Rippen angeglichen sind, klösterlichen Refektorien *(Abb. 24)*.

Refektorium und Kapitelsaal aber sind *die* Versammlungsräume innerhalb einer Klosteranlage, die hier zur Gestaltung einer Ordenskirche verknüpft werden. Dadurch wird analog zu Paris ein untergeordneter Bautyp zur Kirche erhoben. In Paris verbanden sich aus dem sozialgeschichtlichen Kontext heraus mit der Übernahme des Hospitaltyps die Bedeutungsfacetten: Caritas (»Ort der Mildtätigkeit«) und Studiengemeinschaften (»Kollegium«). Welche Bedeutung bestimmt nun die Nobilitierung von »Klosterarchitektur« in Toulouse? Woher leitet sich die Architektur von Toulouse ab?

Gerade im südfranzösisch-burgundischen Raum haben die Zisterzienser die überkommene benediktinische Klosteranlage in entscheidender Weise weiterentwickelt.[112] Sie errichteten in der zweiten Hälfte des 12. Jahrhunderts den rektangulären Eßraum nicht mehr parallel zum Kreuzgang, sondern stellten ihn mit seiner Schmalseite an den Südflügel der Klausur und ließen ihn aus dem Geviert als ein eigenständiges Gebäude hervorspringen. Seine Ausgestaltung nahm in kurzer Zeit monumentale Züge an.[113] Da er als ein ebenerdiger Raum durch kein über ihm liegendes Stockwerk begrenzt war, erreichte er fast die Höhe der Kirche.[114] So entfalteten sich im Refektorium, sofern es unterteilt wurde, enorme Pfeiler- und Fensterhöhen. Im Gegensatz zum »hochgotischen« Kirchenpfeiler der Zeit war der Refektoriumspfeiler schlank und dienstlos, da man an der Wand, ob des Gestühls, das Gewölbe auf Konsolen abfing. Ein gutes Beispiel ist das Refektorium der Zisterzienserabtei *Royaumont*, das eine enorme Ausdehnung aufweist (13 × 40 m).[115]

Dieser Refektoriumstyp der Zisterzienser bestimmt auch die Gestalt der Toulousaner Kirche, während ihr Chor sich eher von Kapitelsälen englischer Kathedralabteien herleitet.[116] Das Anlehnen an Zisterzienserarchitektur kann kaum verwundern, da die Dominikaner sich gerade im Bistum Toulouse als die Nachfolger der Zisterzienser in der Ketzerbekämpfung betätigt hatten.[117] Schwieriger ist es, die Frage zu beantworten, weshalb die Dominikaner an

---

[111] H. Sedlmayr, 1977, Bd. 1, S. 199–201; S. Stoddard, 1966, S. 307.
[112] M. Aubert, 1943, Bd. 2, S. 101 ff.; W. Braunfels, 1969, S. 126 f. und 132;.
[113] W. Braunfels, 1969, S. 148 f.
[114] Vgl. hingegen die Situation des Kapitelsaals und des Dormitoriums im Ostflügel der Klausur.
[115] M. Aubert, 1943, Bd. 2, S. 101 f.
[116] Kathedrale von Salisbury; siehe Anm. 111.
[117] siehe oben, S. 39.

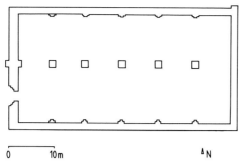

Abb. 22 Toulouse, Dominikanerkirche
St. Jacques. Grundriß der ersten Kirche
(ca. 1230–42) nach M. Prin.

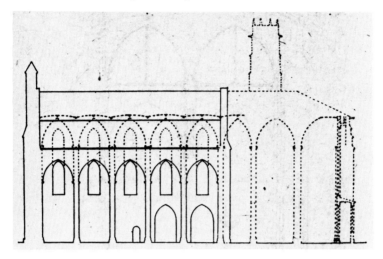

Abb. 23 Toulouse, Dominikanerkirche St. Jacques. Schnitt mit
Eintragung der ersten Kirche.

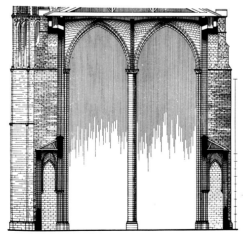

Abb. 24 Toulouse, Querschnitt durch das zweite
Langhaus von St. Jacques.

die *Klosterarchitektur* der Zisterzienser anknüpften und nicht eine bedeutende Kirche des Ordens kopierten. Hier müssen wir auf den *Versammlungsraumcharakter* der Toulousaner Kirche zurückkommen. Dieser ist zweifelsohne in der Übernahme intendiert, aber in welcher Hinsicht zu verstehen? Repräsentiert die Kirche etwa den vielgeschmähten »Predigtraum«, den »reinen Zweckbau«?

Die Dominikaner spielten im Universitätsleben der Städte eine zunehmend gewichtigere Rolle, weshalb ihre Kirchen im 14. Jahrhundert zu Versammlungsstätten der Fakultäten avancierten. So nutzten die Juristen in Bologna: »*... vom Beginn des 14. Jahrhunderts bis ins 16. Jahrhundert die Klosterkirche San Domenico für Generalversammlungen, Studieneröffnungsfeiern, Wahlen der Rektoren, der Räte und der Lektoren sowie für Beratungen.*«[118]

Ähnliches gilt für ihre Pariser Kirche nach 1300. Die Universität nutzte hier neben St. Jacques den Kapitelsaal (!) des Klosters *Les Bernardins* und das Refektorium (!) des Mathurinerklosters zur Versammlung *(vgl. Abb. 3).*[119] In Toulouse standen die Dominikaner von Anfang an im Zentrum des universitären Geschehens. Indem sie den Hospitaltypus für einen zisterziensisch geprägten Refektoriumstypus aufgaben, machten sie ihre Kirche zur *Stätte der Gelehrtenversammlung,* oder wie Sedlmayr einmal treffend sagte, zum »*Haus der Weisheit*«.[120] Damit überflügelten sie architektonisch das Pariser Vorbild, das »nur« Kollegiencharakter besaß und dem sie sich in ihrem ersten Bau angeschlossen hatten.

Gerade die Tatsache, daß man sich in Toulouse während des Langhausneubaus um die Überführung der Gebeine des *Thomas von Aquin* (gest. 1274 in Fossanova) bemühte, verdeutlicht die Konkurrenz. Der 1323 heiliggesprochene »*doctor communis*« der katholischen Welt galt als größter Wissenschaftler und Theologe des Dominikanerordens, als erfolgreicher Kämpfer im Streit zwischen Mendikanten und Pariser Universität. Er wurde 1369 nicht in Paris, sondern in Toulouse in der neuen Kirche beigesetzt. Dadurch partizipierte die durch die geschichtliche Entwicklung so früh entthronisierte »Heimatstadt« der Dominikaner wieder an der Ordensgeschichte, die zwischenzeitlich in Paris und Bologna gemacht wurde.

Die Wissenschaft war integrativer Bestandteil des dominikanischen Ordensprogramms, doch keine Kirche brachte das je so zum Ausdruck wie St. Jacques in Toulouse. Hier findet keine Gleichstellung zwischen »Volk« und Ordensbrüdern statt, wie Sedlmayr interpretierte,[121] sondern höchstens eine zwischen Magistri und studierenden Predigern. Die Universität ist in Toulouse in der Kirche, die Kirche ist Teil der Universität. Beides ist dialektisch in einer exzeptionellen Sakralbauform aufgehoben.

4. Franziskanische Niederlassungsprobleme

Die Ansiedlung der Franziskaner in Paris war mit all den Konflikten behaftet, die im vierten Kapitel angeschnitten wurden. Das zwiespältige Verhältnis des Ordens zu einer festen Niederlassung und zum wissenschaftlichen Studium überhaupt macht sich hier besonders manifest, so daß von einer Konventsgründung in der Stadt erst um 1230 gesprochen werden kann.[122]

---

[118] K. Rückbrod, 1977, S. 75.
[119] K. Rückbrod, 1977, S. 93.
[120] H. Sedlmayr, 1950, S. 422.
[121] H. Sedlmayr, 1950, S. 420.
[122] Ein Haus hatten die Franziskaner in Paris wohl schon vor 1230 gemietet, doch darf dies nicht mit einer

Zunächst fand die Franziskanergruppe, die unter Leitung des Bruders Pacificus 1217 nach Frankreich gekommen war, Unterkunft bei der Abtei *St. Denis*.[123] Das Mißtrauen des Pariser Klerus gegenüber den Neuankömmlingen war jedoch so groß, daß erst eine Anfrage des Bischofs an den Papst eine Klärung über den Status der Franziskaner erbrachte.[124] In der Antwort vom 29. 5. 1220 heißt es: »*Unde universitati vestre volumus esse notum, quod nos ordinem talium de approbatis habemus, et fratres ordinis ipsius recognoscimus catholicos et devotos.*«[125]

So waren die Minoriten vom Verdacht der Häresie erst befreit als ihr Ordenskonkurrent bereits eine eigene Niederlassung in der Stadt besaß.

Ein Hausstudium konnten die Franziskaner frühestens 1224 einrichten, als vier Magister, darunter der spätere Ordensgeneral *Haymo von Faversham*, in den Orden eintraten.[126] In ihrer Unterkunft bei St. Denis war es ihnen auch nicht erlaubt, die hl. Messe zu zelebrieren. Hierzu mußten sie sich an die zuständige Pfarrkirche wenden.[127] Erst als Franziskus gestorben war, errichteten sie ein Haus in unmittelbarer Nähe zur Stadt auf dem Terrain des heutigen Jardin du Luxembourg. Einige Brüder waren über diesen Schritt so erregt, daß das neue Haus noch vor dem Einzug auf wunderbare Weise zusammenstürzte. Thomas Eccleston hat uns dieses um 1228/29 zu datierende Ereignis überliefert: »*Sie bauten damals eine Niederlassung, die man Valvert nannte. In ihr hatten sie ein langes und hohes Haus errichtet, das vielen Brüdern gegen den Stand der Armut zu sein schien. Darum beteten einige, vor allem Bruder Angeler, zum Heiligen Franziskus, er möge es zerstören. Und sieh! Als die Brüder es hätten beziehen sollen, konnte nach göttlichem Ratschluß keiner hinein. Denn das Dach mitsamt den Wänden war bis auf den Boden eingestürzt. An der Stelle fand man die folgenden Verse geschrieben: ›Göttliche Güte erteilt dir durch diese Trümmer die Lehre: Sei zufrieden, o Mensch, mit einem kleineren Heim!‹ Und so verließen sie den Platz.*«[128]

Die Parallele dieses Ereignisses zu den Hausabrissen in Bologna und Assisi ist offensichtlich.[129] Erst um 1230 erhielten die Franziskaner mit Hilfe des Bischofs von der Abtei *St. Germain-des-Prés* ein bebautes Gelände im Südosten der Stadt überlassen.[130] Der Vertrag räumte ihnen jedoch nur geringe Rechte ein, machte sie zu »hospites« und nahm ihnen so fast jegliche Entfaltungsmöglichkeit.

Sie durften weder eine geweihte Kapelle noch einen Altar errichten und auch keinen Friedhof anlegen, um die zuständige Pfarrkirche *St. Cosmas e Damian* nicht zu schädigen. Die entscheidenden Passagen des Vertrages lauten: »*. . . ut ibi meneant tamquam hospites, ita quod nec ibi poterunt habere campanas, nec cimiterium, nec altare sacratum nisi portabile, nec*

Niederlassung im Sinne einer Konventsgründung verwechselt werden (vgl. J. C. Murphy, 1967, S. 161–166 und L. Beaumont-Maillet, 1975, S. 11–19).

[123] J. C. Murphy, 1967, S. 163 und L. Beaumont-Maillet, 1975, S. 6–9.
[124] Jord. Chron. nr. 4.
[125] Chart. Un. Par. I, nr. 37.
[126] Eccleston, S. 143.
[127] H. Felder, 1904, S. 160.
[128] Eccleston, S. 164. »*Aedificabant tunc temporis locum, qui appelatur Valvert, in quo domum longam et altam construxerant quae multis fratribus videbatur esse contra statum paupertatis ordinis. Unde et beato Francisco supplicabant aliqui, et praecipue frater Angeler, ut eam destrueret. Et ecce, cum fratres eam ingredi debuissent, dispositione divina nulla extitit, cum usque ad tabulatum totem tectum cum parietibus corruit; inventae sunt isti versus scripti in loco: Gratia divina docuit praesente ruina/ Quod contentus homo sit breviore domo/ et sic dimiserunt aream.*« (nach A. G. Little, 1909, S. 59).
[129] siehe oben S. 35.
[130] J. C. Murphy, 1967, S. 169.

capellam sacratam; sed salvo in omnibus iure parrochiali ecclesie Sanctorum Cosme et Damiani, cujus patronatus ad monasterium Sanct Germani de Pratis pertinet...«[131]

Eine Verbindung zur Universität und zur Stadt, wie sie die Dominikaner zum Zeitpunkt des Vertrages bereits erreicht hatten, konnte unter diesen Bedingungen schwerlich entstehen.

Erst zehn Jahre später gab die Abtei den Franziskanern endlich die Erlaubnis, eine Kirche zu errichten und einen Friedhof anzulegen.[132] Dieser Umschwung ist einmal dem Druck des Papstes zu verdanken, der direkt und über den Bischof von Paris zum Abt von St. Germain-des-Prés intervenierte und ihn aufforderte, Grundstücke für den Konventsbau abzutreten.[133] Zum anderen unterstützte König Ludwig IX. die Franziskaner ebenfalls durch Grundstückskäufe.[134] Diese plötzliche Expansion veranlaßte die Benediktiner von St. Germain die genannten Zugeständnisse zu machen. Damit handelten sie sich das Versprechen der Franziskaner ein, keine weiteren Gebietserwerbungen zu tätigen.[135]

Doch so wenig die Franziskaner ihr Versprechen einlösten, so wenig haben sie bis 1240 gewartet, bis sie offiziell eine Kirche bauen durften. Denn nicht zufällig stammen die beiden Bullen des Papstes, in denen er um Grundstücke für die Franziskaner bittet, aus dem Jahre 1236. Gerade eben war *Alexander von Hales* in den Orden eingetreten und somit der erste Universitätslehrstuhl in die Hände der Franziskaner gelangt. 1240 folgte der zweite Lehrstuhl, den *Johannes von Rupella* einnahm. Der Bau eines geräumigen Konvents war von daher dringend geboten. Die Arbeiten schritten auch zügig voran, und schon 1245 hören wir davon, daß der verstorbene Hales in der neuen Kirche beigesetzt worden ist.[136] Ich nehme deshalb an, daß die Kirche zusammen mit den Konventsgebäuden bereits um 1236 begonnen worden ist und nicht erst nachdem die Erlaubnis dafür vorlag. Schon 1262 wird die Kirche auf den Namen der Büßerin Maria Magdalena geweiht, ein im Franziskanerorden recht ungewöhnliches Patrozinium. Man nimmt an, daß es sich auf *Sainte Madeleine in Vezelay* bezieht, dem Hauptverehrungsort der Heiligen, wo die Franziskaner auf dem Wege nach Paris ihre erste feste Bleibe fanden.[137]

5. Zur Kirche Sainte Madeleine

Der Konvent der Franziskaner umfaßte am Ende des 13. Jahrhunderts ein erheblich größeres Terrain als der der Dominikaner. Von der Port St. Michel die Rue de la Harpe hinauf und die Rue des Cordeliers zur Port St. Germain hinunter bildete das Gelände ein ungleichseitiges Dreieck unmittelbar an der Stadtmauer *(vgl. Abb. 3).* Jenseits der Mauer erstreckte sich der »*Pratum scolarium*«, der Erholungsplatz der Pariser Studenten, das heutige Quártier Latin. Unweit im Osten lag *St. Mathurin,* das »Verwaltungszentrum« der Universität. Das einzige Gebäude, das von der Konventsanlage übrig geblieben ist, ist das spätgotische Refektorium. Den gesamten Bereich nimmt heute die »*Ecole Pratique de Medécine*« ein. Die Franziskanerkirche richtete ihre Fassade zur Port St. Germain auf, ihr Chor lag unmittelbar vor der Pfarrkirche St. Cosmas und Damian.

---

[131] Chart. Un. Par. I, nr. 76.
[132] J. C. Murphy, 1967, S. 172.
[133] Chart. Un. Par. I, nr. 109 und 110.
[134] J. C. Murphy, 1967, S. 170 f.
[135] Chart. Un. Par. I, nr. 126.
[136] Chart. Un. Par. I, nr. 150.
[137] Beaumont-Maillet, 1975, S. 7 und 225.

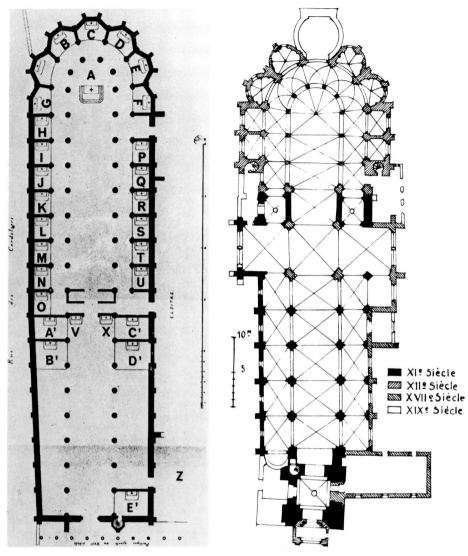

Abb. 25 Paris, Grundriß der Franziskanerkirche Sainte Madeleine nach Th. Vacquer.

Abb. 26 Paris, Grundriß der Benediktinerkirche St. Germain-des-Prés.

Über das ursprüngliche Aussehen der 1804 abgerissenen Kirche, die während der Französischen Revolution den Dantonisten zur Versammlung diente, geben einige Stadtansichten, Zeichnungen und eine Beschreibung des Ordensgenerals Gonzaga von 1603 Auskunft.[138] Erschwerend ist allerdings, daß die Kirche am 15. November 1580 einer Feuersbrunst zum Opfer fiel. Dabei ist sie aber nicht völlig zerstört worden, denn in der Folgezeit

---

[138] Eine Zusammenstellung der überlieferten Veduten und Zeichnungen zu Ste. Madeleine bei L. Beaumont-Maillet 1975, S. XXXI ff.

wurde sie restauriert und nicht von Grund auf neu gebaut. Diese Arbeiten waren 1602 abgeschlossen.[139] Vergleicht man die Stadtansichten vor und nach 1580, so erscheint ihr Bild tatsächlich unverändert *(Abb. 8–10)*.

Ste. Madeleine war eine dreischiffige, langgestreckte Basilika ohne Querhaus mit einer Gesamtausdehnung von 320 × 90 Fuß.[140] Von einer »hochgotischen« Struktur, wie viele Interpreten behaupten, ist auf den überlieferten Ansichten nichts zu entdecken. Jedes Schiff besaß ein eigenes durchgehendes Satteldach und an den Außenwänden waren Strebepfeiler, aber kein Strebewerk vorhanden. Vor der Westfassade lag eine repräsentative Vorhalle, die erst auf den Ansichten des 18. Jahrhunderts fehlt.[141] Der Chor ist auf den Veduten nirgendwo einsehbar, mit Ausnahme des Stadtplans von Caille von 1714. Hier hat es den Anschein, als seien die Seitenschiffe nicht um den runden Schluß des Hauptschiffes herumgeführt.[142] Trotzdem hatte Ste. Madeleine einen basilikalen Umgangschor, wie die Grundrisse von Verniquet und Vacquer beweisen. Nach einem Grundriß des letzteren wollen wir die Kirche analysieren *(Abb. 25)*.

Was sofort ins Auge springt, ist die enorme Ausdehnung des Mönchschores. Ein Lettner schließt nach acht »Jochen« das dem Laien durch das Westportal zugängliche Langhaus ab.

---

[139] Y. Christ, 1947, S. 33.
[140] Liegt man dem Fußmaß 0,30 m zu Grunde, dann hat die Pariser Franziskanerkirche ähnliche Dimensionen erreicht wie San Francesco in Bologna: 96 m lang und 27 m breit. Bis zum Bau von Sta. Croce in Florenz wären dann beide Kirchen die größten des Ordens gewesen.
[141] Nach L. Beaumont-Maillet, 1975, S. 263 wurde dieser »Portikus« 1672 zerstört.
[142] A. Berty-L. M. Tisserand, 1887, Bd. V, Tafel o. Nr.

Abb. 28 Paris, Ste. Madeleine von Osten während des Abbruchs (nach einer Gouache von Demachy).

Abb. 27 Paris, Ansicht von Ste. Madeleine während des Abbruchs (nach einer Sepiazeichnung von Demachy, um 1795).

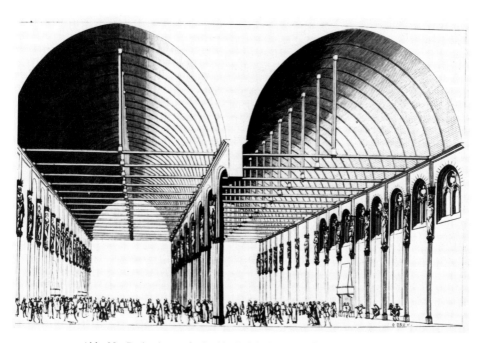

Abb. 29 Paris, der große Saal im Palais de la Citè (nach Du Cerceau).

An dieser Stelle beginnt die nördliche Außenwand nach Westen zu einzuknicken und verengt ähnlich wie in der *Franziskanerkirche in Lübeck* das Seitenschiff *(vgl. Abb. 121)*.[143] Dennoch muß von einer im Verhältnis zum Mittelschiff ungewöhnlichen Breite der Seitenschiffe im Laienraum gesprochen werden. Eine Erklärung für dieses Merkmal findet sich in der Bildung des Mönchschores. Dieser führt nämlich die Langhausbreite und Jochtiefe nach Osten fort und besitzt an jedem der neun »Joche« eine eingezogene Kapelle, so daß sich hier die Seitenschiffsbreite um die Hälfte reduziert. Das Mittelschiff endet in einem aus fünf Seiten des Zehnecks gebildeten Binnenchor. Die Pfeilerabstände im Polygon sind regelmäßig, aber von geringerer Breite als in den Jochen zuvor. Hier wird deutlich, daß der Binnenchor von den regelmäßigen Abständen der Umgangsseite bestimmt ist, d. h. die Kapellen öffnen sich mit gleicher Breite dem Polygon und den Chorjochen. Ihre Trennwände sind mit den vorgelegten Pfeilern radial auf das Polygon bezogen. Verlängert man ihre Linien über den Umgang in den Binnenchor hinein, so liegt ihr Schnittpunkt westlich des Polygongurtes. Wenn man davon ausgeht, daß diese Chorkonstruktion ursprünglich auf eine Wölbung angelegt war, kann man aber annehmen, daß der Schlußstein der Polygonrippen auf dem Gurt saß und die zugehörigen Umgangsgurte hier nach Osten abknickten. Das Joch vor dem Polygon kann man sich dann als tiefes Halbjoch vorstellen. Damit hätten wir eine Chorbildung rekonstruiert, die dem Chor der nahen Abteikirche St. Germain-des-Prés sehr ähnlich ist *(Abb. 26)*.[144] Darüber hinaus ist bemerkenswert, daß die beiden Kapellen am »Halbjoch« eine polygonartige Außenwand haben. Eine solche Bildung kommt in der nordfranzösischen Kathedralgotik mit Ausnahme von *Le Mans* eigentlich nicht vor. Die Polygonkapellen bleiben immer auf die Polygonseiten beschränkt und schließen an den Längsseiten flach. Dieses Phänomen erinnert vielmehr an südfranzösische Umgangschöre, besonders an den Chor der *Kathedrale in Narbonne,* der auch einen Fünfzehntelschluß mit tiefem Halbjoch

---

[143] In Lübeck erklärt sich die Verengung aus der Grundstücksituation. Die Franziskaner durften den Straßenzug nicht verändern.
[144] E. Gall, 1925, S. 368, *Abb. 190* Grundriß.

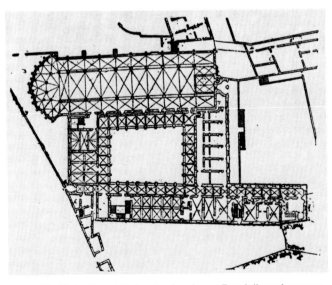

Abb. 30 Metz, Grundriß des abgebrochenen Dominikanerkonvents.

besitzt und an diesem – wie auch an den anderen Vorchorjochen – Polygonkapellen hat. Überhaupt ist Südfrankreich das Gebiet, welches in der zweiten Hälfte des 13. Jahrhunderts einige Kirchen aufweist, die am Langchor oder am gesamten Langhaus eingezogene Kapellen haben.[145]

Die Zeichnungen, die Demachy während des Abrisses der Pariser Franziskanerkirche angefertigt hat, lassen uns noch einiges vom Innenraum erkennen *(Abb. 27/28)*. Auf der Sepiazeichnung blicken wir in das breite Mittelschiff von Sainte Madeleine nach Osten. Die leicht spitzbogigen Arkaden werden von Rundstützen getragen, die auf hohen kantigen Sockeln stehen. Ein breit hervortretendes Gesims lagert unmittelbar über den Arkadenscheiteln, horizontalisiert den Raum und dient wohl als Sohlbank der mäßig hohen Fenster. Eine Holztonne mit Hängewerk überwölbt noch teilweise das Mittelschiff und sitzt auf einem zweiten Gesims, das sich direkt über den Fensterscheiteln befindet. Im Osten läuft dieses Gesims hinter einem renaissancistischen Lettner halbkreisförmig zusammen. Dem Mittelschiff fehlen, wie dem Äußeren, alle Kennzeichen einer kathedralgotischen Kirche.

Die Holztonne mit dem Hängewerk gleicht der im *Hôtel-Dieu in Tonnere*, dessen Saalraum einen ganz ähnlichen Eindruck vermittelt wie die Obergadenzone von Ste. Madeleine.[146] Ein weiteres Beispiel dieser Holztonnen findet sich im *Hospital zu Beaune* und im *Palais des Contes in Poitiers*.[147] Vielleicht besaß auch das *Palais de la Cité in Paris* eine solche Tonne von Anfang an *(Abb. 29)*.[148] Die Rundpfeiler mit den blattlosen Kapitellen und den vorspringenden vierkantigen Deckplatten haben ihre Parallele in den Pfeilern der *Franziskanerkirche in Würzburg*.[149] Die Fensterformen von Ste. Madeleine bestimmen zu wollen ist zwecklos, da sie auf allen Ansichten unterschiedlich wiedergegeben werden.

Die Struktur der Franziskanerkirche in Paris läßt sich also einigermaßen wiedergewinnen, eine genauere Bestimmung der Einzelformen bleibt aber problematisch, da von den überkommenen Abbildungen her eine Scheidung von Restaurierungsgut und Ursprünglichem kaum mehr möglich ist. Dennoch ist es wichtig zu sehen, daß die Franziskaner im zweiten Viertel des 13. Jahrhunderts den Dominikanern mit dem Bau einer großen basilikalen Anlage antworten. Sie entfalten zwar keinen hochgotischen Formenapparat an und in ihrer Kirche, kein Gewölbe-Dienstsystem – obgleich offen bleiben muß, ob nicht der Chorbereich vor dem Brand gewölbt war –, doch bauen sie einen Umgangschor in Anlehnung an den Kirchenchor der Abtei, die ihnen das Baugelände übergab, und modifizieren die basilikale Form auf hospitalartige Strukturen (Holztonne, Einzelschiffsbedachung). Damit übertreffen sie die Konventskirche der Dominikaner bei weitem, heben ihre Merkmale auf.[150] Kirche und

---

[145] Kathedrale von Rodez, Toulouse, Albi, etc. (vgl. L. Schürenberg, 1934). Das muß nun nicht heißen, daß der Pariser Chor von Südfrankreich abhängig ist und in die 2. Hälfte des 13. Jahrhunderts gehört. Die Franziskanerkirche in Paris ist immerhin so bedeutend, daß sie vielleicht Vorbildwirkung hatte.

[146] Das Hospital in Tonnere wurde 1293 von der Schwägerin Ludwig IX. gegründet (vgl. U. Craemer, 193, S. 62).

[147] S. Stoddard, 1966, S. 330–333.

[148] E. Fournier, 1885, S. 7 Fig. 5 und S. 42 Fig. 31.

[149] H. Konow, 1954, S. 9 f. und *Abb. 16*. Die Zeichnung von Demachy *(Abb. 28)* zeigt an den Pfeilern der Kapellenwände Blattkapitelle! Ob die Mittelschiffskapelle doch Restaurierungsgut sind? Oder liegt der Unterscheidung eine Absicht zu Grunde?

[150] Interessant ist, daß die *Dominikanerkirche in Metz (Abb. 30*; das Vorchorjoch war wohl ein Halbjoch und ist im Grundriß falsch eingezeichnet) gleichfalls einen Umgangschor mit Kapellenkranz besaß und das Patrozinium Ste. Madeleine hatte (siehe R. de Fleury, 1903, Bd. 1, o. S.). Bischof Konrad Scharfeneck holte die Prediger 1221 in die Stadt, um dort u. a. in ihrer Schule den Klerus auszubilden (MOPH XXV, nr. 157). Der Bau der 91 m langen Kirche war 1286 noch im Gange, 1870 wurde die Kirche abgerissen (vgl. M. D. Chapotin, 1898, S. 669 ff.).

Niederlassung verdanken die Franziskaner nicht zuletzt der Förderung durch den französischen König. Ludwig IX. war ihnen zeitlebens besonders zugetan, und viele Mitglieder aus seinem Hause ließen sich in Ste. Madeleine bestatten.[151] So wurde es möglich, daß der auf allen Gebieten gegenüber dem Dominikanerorden in Verzug geratene Franziskanerorden im Augenblick seiner wissenschaftlichen Entfaltung am Hauptort mittelalterlicher Bildung mit einem repräsentativen und aufwendigen Kirchenbau den Konkurrenten übertrumpfen konnte. Die Dominikaner, die um den Kirchenbau und das Studium nie gravierende Konflikte auszustehen hatten, behielten ihre bescheidenere Kirche. Architekturgeschichtlich war sie aber der bedeutsamere Bau: mit St. Jacques wurde das Hospital zum Sakralraum erhoben.

---

[151] J. C. Murphy, 1967, S. 181 ff. Die Dominikaner erfreuten sich erst relativ spät der Förderung Ludwig IX. (hierzu M. D. Chapotin, 1898, S. 494–505). 1283 fand das erste königliche Begräbnis in St. Jacques statt. Beigesetzt wurde der Comte d'Alençon, ein Sohn Ludwigs (M. D. Chapotin, 1898, S. 708 ff.).

VI.
Dominikaner und Franziskaner in Bologna

1. Die Ankunft der Dominikaner und der Erwerb von San Nicolò delle vigne

Gegen Ende des Jahres 1217, als sich die Predigerbrüder erst seit wenigen Monaten in Paris aufhielten, war Dominikus unterwegs nach Rom. Dort blieb er bis Mai 1218 und schickte vier Mitbrüder zur Gründung einer Niederlassung nach Bologna.[1] Diese machten Quartier im Hospiz *Santa Maria della Mascarella,* in dem sie unter bedrückenden Verhältnissen leben mußten. Mit der Ankunft von *Reginald d'Orleans* im Dezember des gleichen Jahres änderte sich dieser Zustand bald.[2]

Fra Reginald, Dekan von *St. Aignan in Orleans* und Magister des kanonischen Rechts, war mit seinem Bischof auf dem Weg ins hl. Land, als ihn Dominikus in Rom für die Prediger

---

[1] Libellus, nr. 55.
[2] Libellus, nr. 56.

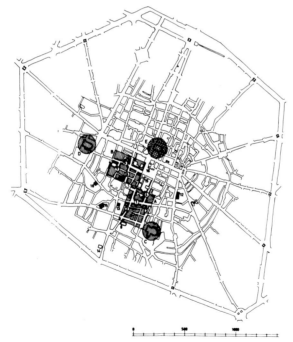

Abb. 31 Bologna, Stadtkarte 1300–1450 nach K. Rückbrod mit den Zentren der Universitates.
C = San Domenico; D = San Francesco; E = Dom San Pietro; 8 = San Procolo; 15 = San Petronio, ab 1390 im Bau.

gewinnen konnte.³ Er nahm in Bologna die Organisationsprobleme in die Hand und erreichte am 14. März 1219 die Übertragung der Kirche *San Nicolò delle vigne* von Pietro Lovello.⁴ Zur Kirche gehörte ein südlich angrenzendes Terrain von ca. 2000 m² *(Abb. 32, 1 u. 2)*. Den Quellen nach vermittelte hierbei auch Kardinal Hugolino von Ostia beim Bologneser Bischof.⁵ Der amtierende Rektor der Kirche, Rudolf von Faenza, trat umgehend dem Orden bei.

San Nicolò lag im Süden Bolognas, unweit der damaligen Stadtmauer und gegenüber dem Benediktinerkloster *San Procolo (Abb. 31)*. Diese Abtei war weithin als ein Zentrum der Bologneser Universität bekannt. Irnerius soll hier gelehrt haben, und in der Kirche befanden sich die Grabstätten jener vier Juristen, die einst Friedrich I. zur Rechtsauskunft auf die »Ronkalischen Felder« beordert hatte.⁶ Zur Zeit der Niederlassung der Dominikaner war San Procolo der Versammlungsort der Juristen. Zur Nutzung der Kirche schreibt Rückbrod: *»... hier wurden die Rektoren, die Räte (consiliarii) und die Lektoren gewählt, die Statuten diskutiert und Beratungen gehalten. Auch nach 1300, als die großen Bettelordenskirchen Zentren der Universität waren, wurden die kirchlichen Feste noch in San Procolo gefeiert, und die Mönche zelebrierten weiterhin die Exequien für verstorbene Scholaren.«*⁷ San Nicolò war also, wie die Pariser Niederlassung, keine zufällige noch periphäre Wahl, vielmehr lag die Kirche in der Nähe des Organisationszentrums der Universität, und wie das Zitat andeutet, kann das topographische Gegenüber als unmittelbares Konkurrenzverhältnis begriffen werden.

2. Die Kirche San Domenico

Der Bauverlauf nach den Quellen

Die kunstgeschichtliche Forschung geht bis heute davon aus, daß San Nicolò in den Neubau der Dominikanerkirche inkorporiert worden sei und den westlichen Teil der im 18. Jahrhundert barockisierten Kirche ausmache. Die baugeschichtliche Leistung der Dominikaner läge somit, neben dem Bau der Konventsanlage, in einer *Erweiterung von San Nicolò nach Osten*. Diese Arbeiten sollen gleich nach dem Tode des Ordensstifters, 1221, spätestens 1223, begonnen worden sein und sich bis 1233 respektive 1251 hingezogen haben.⁸ Als direktes

---

³ W. A. Hinnebusch, 1966, Bd. 1, S. 59.
⁴ MOPH XXV, nr. 97. Die Nichte Pietro Lovellos und Gründerin des St. Agnes-Klosters in Bologna, *Diana d'Andalò*, soll bei der Abtretung des Patronatsrechts ihres Onkels über San Nicolò vermittelt haben. Vgl. W. A. Hinnebusch, 1973, Bd. 2, S. 101 ff.
⁵ MOPH XVI, nr. 30, S. 147.
⁶ Die vier Juristen Bulgarus, Martinus, Jacobus und Hugo gelten als Schüler und Nachfolger des Irnerius (H. Grundmann, 1960, S. 42).
⁷ K. Rückbrod, 1977, S. 74.
⁸ I. B. Supino datiert den *flachgedeckten* Erweiterungsbau zwischen 1221 und 1233. Gewölbt wurde der Ostteil erst nach 1298, als man den Hauptchor zum polygonalen Langchor erweiterte (1932, S. 153 f. und 186 f.). G. Meersseman bietet eine noch verwickeltere Baugeschichte an (1946, S. 153–156): Verlängerung der alten Kirche nach Osten zwischen 1223 und 1228. Erneuerung der alten Kirche zwischen 1228 und 1230. Erst 1251 wird das Querhaus und der Chor errichtet. R. Wagner-Rieger schließt sich der Datierung von Supino an, glaubt aber, aus guten Gründen, an eine ursprüngliche Wölbung des Ostteils (1956, Bd. 1, S. 93 f. und 1959, S. 272–274). H. Dellwing sieht den Erweiterungsbau zwischen 1221 und 1251, dem Jahr einer Kirchweihe, errichtet (1970, S. 21 f.).

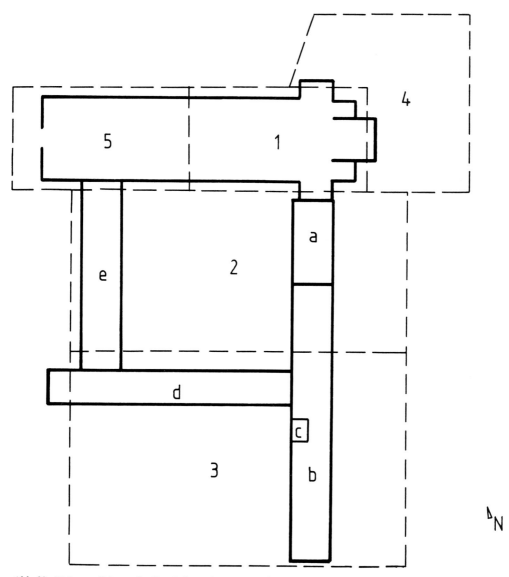

Abb. 32 Bologna, Schema des Dominikanerkonvents und Lage der zwischen 1219 und 1231 erworbenen Gebiete (nach V. Alce).

1+2: 1219 von Reginald d'Orleans erworben
3: 1221 von Dominikus erworben
4: 1229/30 erworben
5: 1231 erworben

a: Kapitelsaal
b: Dormitorium
c: Sterbezelle des Dominikus
d: südliche Klausur
e: westliche Klausur

Vorbild für den Erweiterungsbau wird von Wagner-Rieger und Dellwing die lombardische Zisterzienserkirche *Morimondo* angenommen – doch davon später.[9]

---

[9] R. Wagner-Rieger, 1956, Bd. 1, S. 93 und H. Dellwing, 1970, S. 27f. Zu Morimondo siehe: L. F. de Longhi, 1958, S. 97 ff.

Mit einem Aufsatz von 1972 hat Venturino Alce die Erweiterungsthese überzeugend widerlegen können. Gestützt auf eine breite Quellenlage, die er selbst erstmals publizierte[10], konnte er den Erwerb der Liegenschaften durch die Dominikaner genauestens lokalisieren und somit entscheidende Daten für die Baugeschichte von San Domenico liefern.

Nach dem zweiten Generalkapitel kaufte Dominikus am 7. Juni 1221 ein weiteres, 6000 m² großes Grundstück von Pietro Lovello, das südlich des ersten lag, für den stolzen Preis von 1000 Lire *(Abb. 32, 3)*.[11] Beide Gebiete hat Alce in das Gesamtterrain des Dominikanerkonvents eingetragen *(Abb. 32, 2 u. 3)*. Seine Größe spricht für ein bedeutendes und ausgedehntes Klosterbauvorhaben.

Schon 1220 hatte man auf der östlichen Seite des von Reginald erworbenen Geländes mit dem Bau des Dormitoriums und des Kapitelsaals begonnen *(Abb. 32, a u. b)*. Dafür sprechen einmal der Erwerb zweier Häuser auf diesem Terrain und die wiederaufgefundene Sterbezelle des Dominikus, die am Ende des Dormitoriumtraktes lag *(Abb. 32, c)*.[12]

Der gesamte Trakt ist im heutigen Ostflügel des Klosters noch teilweise enthalten. Wie Untersuchungen ergeben haben, hatte er die erstaunlichen Ausmaße von 95 × 12 m.[13] Seine Lage am südlichen Querarm der späteren Kirche und die west-östliche Ausdehnung des 1221 vorhandenen Geländes, sind m. E. Indizien dafür, daß man schon damals mit dem Bau einer großen langgestreckten Kirche rechnete.[14] Doch wurde nach dem Tode des Ordensgründers noch nicht mit einem Kirchenbau begonnen, wie der Erwerb eines Gebäudes »*retro ecclesiam*« am 10. Oktober 1221 beweist.[15] Bis zum ersten uns bekannten Ablaß vom 12. September 1228 »*ad edificationem fabrice ecclesie et claustri Beati Nicolai ordinis fratrum Predicatorum Bononiensis*« sind weitere Hauskäufe belegt.[16] Man hat also zunächst an der Errichtung der Konventsgebäude gearbeitet, die Alce gegen 1224 in ihren Hauptzügen beendet sieht.[17] Unter den Kontrakten dieser Zeit ist der Vertrag vom 17. Februar 1223 bemerkenswert, da er im Studienhaus der Dominikaner geschlossen wurde, somit die früheste Mitteilung über ein Hausstudium in Bologna darstellt.[18]

Aus dem bisher Gesagten kann gefolgert werden, daß gegen 1228 ein Kirchenbau in Angriff genommen wurde, der vielleicht schon mit der Errichtung des östlichen Klosterflügels, 1220 ff., geplant war. Wurde aber nun der Erweiterungsbau begonnen (Supino, Wagner-Rieger, Dellwing), oder aber die alte Kirche nur restauriert (Meersseman), oder gar eine völlig neue Kirche errichtet (Alce)? Die Quellen sprechen eindeutig für den letzten Fall!

Gegen 1228 setzte man mit den Arbeiten am Chor an und kaufte in den beiden folgenden Jahren das noch fehlende Gelände nördlich und östlich von San Nicolò auf *(Abb. 32, 4)*.[19] Erst 1231 erwirbt der Orden das Terrain westlich von San Nicolò, auf dem heute das Langhaus der Kirche steht *(Abb. 32, 5)*.[20] Bis dahin hatte man am gewölbten Teil der Kirche, der sogenannten »*chiesa interiore*«, gearbeitet und ging nun dazu über, die alte Kirche sukzessive

---

[10] V. Alce hat die Quellen veröffentlicht in: AFP XLII (1972), S. 5–45.
[11] MOPH XXV, nr. 174.
[12] Zu den Häuserkäufen: MOPH XXV, nr. 126 und 127. Zur Sterbezelle: V. Alce, 1978, passim.
[13] V. Alce, 1972, S. 130 ff. und ders., 1978, Abb. auf S. 5.
[14] V. Alce, 1972, S. 170 f.
[15] AFP XLII, nr. 1.
[16] AFP XLII, nr. 2, 3 und 4.
[17] V. Alce, 1972, S. 150.
[18] AFP XLII, nr. 2.
[19] AFP XLII, nr. 6, 7, 8 und 9.
[20] AFP XLII, nr. 11.

abzureißen. Das Grab des Dominikus lag dadurch eine Zeit im Freien, wie uns der Augenzeuge der Bauvorgänge, Jordan von Sachsen, überliefert.[21]

Bereits 1232 wird am Westportal der neuen Kirche geurkundet, und 1233 werden die Gebeine des Ordensstifters in das südliche Seitenschiff der flachgedeckten Vorderkirche, der sogenannten »*chiesa anteriore*«, überführt.[22]

Aus den Quellen ergibt sich also ein kurzer und zügiger Bauverlauf von Ost nach West. 1233, nach rund sechs Jahren, war die Kirche so weit fertig, daß Dominikus transloziert und heilig gesprochen werden konnte. Damals weihte man sicherlich schon die Kirche auf seinen Namen, was allerdings erst aus einem Ablaß des Patriarchen von Aquilea, zwei Jahre später, hervorgeht.[23] Die Arbeiten an der Kirche zogen sich wohl bis 1238 hin, als der Patriarch noch einmal einen Ablaß zugunsten der »Fabbrica« von San Domenico ausstellte.[24]

Der Grund für die plötzliche und schnelle Realisation der neuen Kirche ist in der Förderung des Kultes um den Ordensstifter zu suchen. Nach seinem Tode, am 6. August 1221, war er im Presbyterium der alten Kirche beigesetzt worden.[25] Von Menschenaufläufen, Wallfahrten und Kanonisationsabsichten hören wir nichts. Erst in den Kanonisationsakten von 1233 wird von einem öffentlichen Kult gesprochen, der den liturgischen Dienst der Mönche empfindlich gestört hätte und den die Prediger abzuwehren suchten.[26] Als 1226 Franziskus starb, und man diesem populären Mann umgehend eine Grablegekirche konzipierte und ihn heilig sprach (1228), blieb den Dominikanern nichts anderes übrig, als den Kult um Dominikus zu entfachen und gleichfalls eine repräsentative Kirche zu bauen.[27] So begann man den vielleicht schon länger vorliegenden Plan einer neuen Kirche etwa gleichzeitig mit dem Bau von San Francesco in Assisi zu realisieren. Nur drei Jahre nach der turbulenten Überführung der Gebeine von Franziskus in die Unterkirche, konnten die Dominikaner in Bologna ihren Ordensgründer in die neue Kirche übertragen. Daß hierbei die Reliquien in den Laientrakt kamen, kann als ein weiteres Indiz für die Hebung des Kultus um Dominikus gelten.[28]

Aus Konkurrenzgründen ist es zu verstehen, daß man an den beiden Grablegekirchen etwa gleichzeitig und gleich»lang« baute, nämlich von 1228–38.[29] Dabei haben beide Orden sehr unterschiedliche Konzeptionen verwirklicht, die aber durchaus bemerkenswerte Parallelen aufzuweisen haben.[30]

---

[21] Libellus, nr. 124.
[22] V. Alce, 1972, S. 154: die Überführung fand während des Generalkapitels des Ordens und unter Anwesenheit von 300 Dominikanern statt.
[23] AFP XLII, nr. 25 von 1235: der Text lautet zugunsten der »*fabrice ecclesie et claustri beati Dominici*«.
[24] AFP XLII, nr. 26.
[25] V. Alce, 1972, S. 149.
[26] MOPH XVI, S. 130 f.: eine Aussage des Priors von San Domenico, Ventura di Verona. Zu ihm: W. A. Hinnebusch, 1966, Bd. 1, S. 107.
[27] G. Meersseman schreibt: »*Quant aux Prêcheurs, la curie leur manifesta son mécontentement de ce qu'ils montraient si peu de zèle à promouvoir le culte de leur fondateur.*« (1946, S. 155) Dazu merkt er aus Salimbenes Chronik an: »Jetzt, wo die Minoriten einen Heiligen haben, schafft euch auch einen und wenn ihr ihn aus Pfählen zimmern müßt.« (hier zitiert nach der deutschen Übersetzung, Salimbene, 1914, Bd. 1, S. 58).
[28] Die Gebeine des hl. Franziskus wurden beim Überführungsakt in die Unterkirche versteckt, aus Angst vor Reliquienraub, und man konnte sie erst im 19. Jahrhundert wiederentdecken. Vgl. B. Kleinschmidt, 1915, Bd. 1, S. 62 ff. Zum Zusammenhang zwischen Heiligenkult und Ketzerbekämpfung siehe: U. Geese, 1979.
[29] Kurze Bauzeiten sind, angefangen bei der Kathedrale von Chartres, nichts Ungewöhnliches, insofern das Interesse der Bauherren und die materiellen Mittel vorhanden waren, was in Bologna und Assisi nicht bezweifelt werden kann. Vgl. W. Krönig, 1938, S. 36.
[30] Siehe unten, S. 200 f und Anm. 245.

Analyse der Kirche nach Dotti's Umbauplänen

Alce hat nicht nur neue Quellen ans Licht gebracht, sondern auch Untersuchungen an der Kirche selbst durchgeführt.[31] Diesen zur Folge hat der Umbau der Kirche durch *Carlo F. Dotti* (1727–33)[32] die alten Proportionen – Länge, Breite, Höhe – nicht angetastet. Erhalten blieben im großen und ganzen: die Fassade, Teile der Mauern der *chiesa interiore*, des Querhauses und des Chors, sowie die Wölbung der Transepte (über den barocken Tonnen). Alle diese Teile sind aus ein und demselben Material ausgeführt worden. Wie aber sah nun die Kirche ursprünglich aus? Gibt es Anhaltspunkte für die Einheitlichkeit der Konzeption in der Gestalt? Wenn ja, was bedeutet das für die Ableitung der Kirche?

Für eine Analyse sind wir ganz auf die Grundriß- und Aufrißpläne Carlo Dottis angewiesen, der in seinen Zeichnungen zur Barockisierung der Kirche auch die Struktur der alten Kirche wiedergegeben hat.[33] Diese Informationen sind von den Vertretern der »Erweiterungsthese« m. E. in wesentlichen Punkten falsch interpretiert oder nicht gesehen worden. Deshalb habe ich den Grund- und Aufriß der alten Kirche noch einmal umgezeichnet, um folgende Beschreibung zu verdeutlichen *(Abb. 33)*: Das Hauptkennzeichen von San Domenico war die Gegenüberstellung zweier unterschiedlich aufgefaßter Kirchenräume: im Westteil flachgedeckt, im Ostteil gewölbt.

Die Vorderkirche oder »chiesa anteriore« war dreischiffig und fünf Arkaden tief. Die »Joche« im Mittelschiff queroblong, in den Seiten leicht längsoblong. Das nördliche Seitenschiff war etwas schmäler als das südliche. Die Arkadenbreite differierte zwischen fünf und sieben Metern. Das vierte »Joch« von Westen war das breiteste und zeichnete sich im Aufriß durch einen höheren Arkadenbogen aus. Alle Arkaden waren rundbogig, die sie tragenden Rundpfeiler, im Grundriß als Kreise eingetragen, äußerst schlank. Das erste Pfeilerpaar im Westen stand etwas enger zusammen als die übrigen, so daß hier die nördliche Arkadenwand leicht geknickt gewesen sein muß. Die Rundpfeiler besaßen anstelle von

---

[31] V. Alce, 1972, S. 134–139.
[32] Zu C. F. Dotti und dem Umbau von San Domenico grundsätzlich: A. M. Matteucci, ²1969, S. 102–109 und Taf. 85–88.
[33] Carlo Dottis erster Grundrißplan (abgebildet bei: I. B. Supino, 1932, S. 172) zeigt im Ostteil des Langhauses als Pfeilerquerschnitte sechs quadratische Kerne. Wie schon H. Dellwing beobachtet hat (1970, S. 25), ist die Jochtiefe hier gleich der Querhaustiefe, mithin proportional verzerrt. Wie es scheint, kam es bei dieser Bauaufnahme nicht auf die genaue Erfassung der Langhausunterteilung an, sondern vielmehr auf die Umzeichnung der Kirche mit ihren Kapellenanbauten. Jede Kapelle ist akribisch beschriftet, und im Westteil findet sich überhaupt keine Pfeilerform angegeben. Für eine Grund- und Aufrißbestimmung scheidet dieser Plan also aus. Ebenso ist der Aufriß von Ferreri (bei: I. B. Supino, 1932, S. 171) für die kunstgeschichtliche Analyse des alten Baus wertlos, da er nur eine stilisierte Titelvignette ist. Die Pläne von Torregiani (bei A. M. Matteucci, ²1969, S. 106, Fig. 50) geben in der Mitte des Aufrisses die »alte Struktur« wieder, jedoch in einer denkwürdigen Weise modifiziert: Gestreckte Proportionen, spitzbogige Arkaden, darunter eingestellte Biforien, darüber große und rechteckige Fenster, stark angespitzte Gewölbeglieder und profilierte Gurte mit Rücklagen. Vergleicht man diese Struktur mit der barocken im Osten und Westen dieses Längsschnitts, so stellt man dort gleichfalls gotische Elemente fest. – Mir scheint, daß Torreggianis Aufriß zwei Varianten einer möglichen Restaurierung der Kirche enthält: einen gotisierten Barock und eine barockisierte Gotik! Beides typische Vorschläge der Zeit, denkt man an die Fassadenentwürfe für den Dom in Mailand, San Petronio in Bologna und San Lorenzo in Florenz (vgl. R. Wittkower, 1974 und E. Panofsky, 1975, S. 192 ff.). Auch Torreggianis Pläne sind also für eine rekonstruierende Betrachtung unbrauchbar. Es bleibt der zweite Plan von Carlo Dotti (reproduziert bei A. M. Matteucci, ²1969, S. 103, Fig. 46), der der folgenden Betrachtung zugrunde liegt. Zu ihm siehe auch Anm. 46.

Kapitellen nur schmale Manschetten.³⁴ Der ungegliederte, bei Dotti ohne Fenster gegebene Obergaden hatte die Stärke der Pfeilerdurchmesser.³⁵ Nach Osten schloß die Vorderkirche mit einem stärkeren Pfeilerpaar, das der Dominikanerprior Leandro Alberti, 1541, als »*due colonne grosse de matoni*« beschrieb.³⁶ Dieses Paar hatte den Durchmesser der Pfeiler der »*chiesa interiore*«, aber nur die Höhe der Pfeiler der »*chiesa anteriore*«, wodurch es stämmig und untersetzt wirkte.³⁷

Der gewölbte Raumteil führte die dreischiffige Disposition der Vorderkirche nach Osten weiter und ist im Plan Dottis drei Joche tief. Daran anschließend folgte ein über die Langhausseiten ausladendes, aber schmales Querschiff mit drei flachgeschlossenen Kapellen.³⁸

Die im Grundriß Dottis als Vierkantpfeiler gegebenen Stützen der Mönchskirche standen in unterschiedlichem Abstand zueinander, so daß die Joche von abnehmender Tiefe waren: das westlichste rund 13 m, die beiden folgenden rund 8 m und das Vierungsjoch unter 8 m tief. Die Pfeilerhöhe überstieg die der Vorderkirche. Die rundbogigen Arkaden führten weit hinauf, so daß nur ein kurzer Obergaden vorhanden war. Die Wandvorlagen blieben unterhalb des Arkadenscheitels, und allein die mittlere Vorlage setzte sich zur Aufnahme des

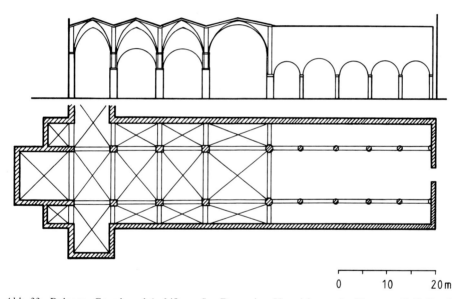

Abb. 33 Bologna, Grund- und Aufriß von San Domenico. Umzeichnung des Plans von C. F. Dotti.

---

³⁴ An den Pfeilern des vierten Jochs mit der höheren Arkade, könnten Kapitelle vorhanden gewesen sein. Die Zeichnung Dottis suggeriert welche, doch bin ich nicht sicher.
³⁵ Die in der Zeichnung Dottis eingestellten, architravtragenden Barocksäulen nehmen den Durchmesser der alten Pfeiler auf, so daß ihr Architrav die alte Wandstärke der Vorderkirche wiedergibt.
³⁶ L. Alberti ist zitiert bei: I. B. Supino, 1932, S. 166.
³⁷ Das Vermittlungsmoment dieses Pfeilerpaares wird immer als Beweis für die »Erweiterungsthese« herangezogen. Der *innersystematische Aspekt* ist dabei aber übersehen worden. Bei einer zweiteiligen Kirche, die einen gewölbten und einen ungewölbten Raumteil besitzt, ist eine Vermittlung an der Grenze beider Räume immer gegeben. Vgl. auch die Ausführungen zur zweiteiligen Dominikanerhalle in Piacenza, unten S. 100 f.
³⁸ V. Alce vermutet sogar vier Nebenkapellen (1972, S. 139).

Gewölbegurtes nach oben fort. Gurt und Scheidbogen sind im Plan unprofiliert eingetragen, hatten also keine Rücklagen. Die Gewölbe selbst waren leicht kupplig, da der Schild- und Gurtbogenscheitel unterhalb des Kreuzungspunktes der Rippen lag. Die Kreuzgewölbe waren wohl alle mit rücklagelosen Wulstrippen unterlegt, wie die noch vorhandenen – über den barocken Tonnen der Querschiffarme – annehmen lassen. Überträgt man die Gewölbeinformationen auf den Grundriß, und geht dabei von gurtbreiten Scheidbögen aus, so zeigt sich die Stimmigkeit des Gewölbesystems mit den leicht rechteckigen Pfeilerquerschnitten.

Fassen wir zusammen, so verdeutlicht die Analyse beider Räume ihre Gegensätzlichkeit. Das heißt, Kontraste in der Höhe, in der Decken-, Wand-, Pfeiler- und Jochform sind unübersehbar. Hingegen haben beide Räume eine gemeinsame Außenwand, sind dreischiffig und zeigen kapitellose Pfeiler und rundbogige Arkaden. Der Pfeiler an der Grenze der Räume erweist sich als Vermittlungsglied zwischen dem Pfeiler-Wandsystem im Westen und dem Gewölbe-Wandsystem im Osten. Auch das Gewölbesystem im Osten ergab einen sinnvollen Bezug zu den Vierkantpfeilern.

Merkmale

Die wenigen Indizien für die ursprüngliche Kirchengestalt von San Domenico lassen ein System erkennen, das keinesfalls rechtfertigt, die Kirche als ein »*Zufallsprodukt*« zu bezeichnen.[39]

Daß der eine Teil der Kirche flachgedeckt und der andere gewölbt war, entspricht auch den »Bauvorschriften« der Dominikaner, die hier in Bologna mit der Ausarbeitung der Statuten Gestalt angenommen haben. Der ordnungs- und ordenssinnige Dominikus hat das Thema »Kirchenbau« auf den konstituierenden Sitzungen 1220 und 1221 sicher nicht ausgespart. Überliefert ist uns sein Einwand gegen den während seiner Abwesenheit zu prächtig geratenen Klostertrakt in Bologna.[40] Er forderte für seine Mitbrüder »*viles domus et parvas*«[41], was sich in der endgültigen Regel von 1228 in der Formulierung niederschlug: »*Mediocres domos et humiles habeant fratres nostri*«. Daran knüpfte sich als Ausführungsbestimmung: »*...ita quod murus domorum sine solario non exedat in altitudine mensuram duodecim pedum et cum solario viginti, ecclesia triginta; et non fiat lapidibus testudinata nisi forte super chorum et sacristiam.*«[42] Zweifelsohne entspricht die Bologneser Kirche diesen Vorschriften. Darin ist sie beispielhaft für eine »dominikanische Kirche«, die in der Höhe begrenzt und in ihrem Innenraum zweigeteilt zu sein hat. Diese Zweiteilung reflektiert den Hospitaltyp, die oben besprochene dritte Variante, und erhebt ihn durch die Regel zu einer Bauausführungsbestimmung.[43]

Der gewölbte Teil, nach der Regel der »chorus«, ist in Bologna wesentlich tiefer als das Laienhaus. Dadurch ist bereits eine Form von »Langchor« entstanden, die auch später immer wieder aufgegriffen wird.[44]

Zwar erkennt man in der Kirche die Regel wieder, jedoch bestimmt die Festlegung der Wölbungsart und die Begrenzung der Kirchenhöhe allein nicht die konkrete Gestalt. Fragen

---

[39] R. Wagner-Rieger, 1959, S. 273.
[40] R. Brooke, 1959, S. 273.
[41] MOPH XVI, S. 157.
[42] QF XXXVIII (1939), S. 79 »Incipit secunda distinctio«, § 35,1.
[43] siehe oben, S. 64.
[44] Dominikanerkirchen in Piacenza, Koblenz und Köln zum Beispiel.

Abb. 34 Morimondo, Zisterzienserkirche. Mittelschiff von Westen.

nach der außerordentlichen Länge der Bologneser Kirche, ihrer Chor- und Querhausform, etc., sind mit der Regel nicht zu beantworten. Damit kommen wir zum Ableitungsproblem und der Frage, ob die Zisterzienserkirche Morimondo *(Abb. 34)* das Vorbild für San Domenico gewesen sein könnte oder nicht.

Vorbilder

Dottis Zeichnung enthält keine Eintragung gotischer Fenster, was für die Darstellung der Lagebeziehung von barocker zu mittelalterlicher Wand auch nicht notwendig ist. Die Verfechter einer Ableitung der »chiesa interiore« von Morimondo haben jedoch die dort vorhandenen kurzen spitzbogigen Fenster in den Aufriß von San Domenico übertragen.[45]

Darüber hinaus hat Dellwing die eckigen Pfeilerformen in Dottis Grundriß kurzerhand zu Sockelformen erklärt, wie sie in Morimondo vorkommen und im Aufriß Rundpfeiler angenommen. Und das, obwohl im Aufriß Dottis kein Pfeilersockel eingezeichnet ist und Fra Leandro Alberti eindeutig von »*colonne quadre*« spricht.[46]

---

[45] Aufrißzeichnung von R. Wagner-Rieger, 1956, Bd. I, S. 93. Auch bei H. Dellwing, 1970, S. 27, abgebildet.

[46] H. Dellwing, 1970, S. 26f. Dellwing hat sich über den Sinn der Zeichnungen Dottis leider keine Gedanken gemacht. Ihr Hauptanliegen ist m. E. die Wiedergabe der barocken Struktur, die bis ins Detail geht, *in bezug zur alten Wand*. Deshalb ist die alte Wand, gleichsam als Folie, *in ihren Proportionen und bestimmenden Strukturen exakt eingetragen!* Wäre dem nicht so, hätte man die neue Struktur gar nicht realisieren können. Daß Dotti im Grundriß keine Sockel wiedergibt, läßt sich unschwer an den barocken Eintragungen ablesen. Während im Aufriß alle Sockel und Basen der Säulen und Pilaster genauestens eingetragen sind, erscheinen im Grundriß nur ihre Schaftquerschnitte, was bei Bauzeichnungen auch üblich ist. Daraus folgt, daß man bei den Vierkantpfeilern der alten Kirche mit Sockeln nicht einmal zu rechnen braucht. Die Pfeilerbildung muß man sich vorstellen wie im südlichen Querschiff von San Eustorgio in Mailand, das die Dominikaner nach der Übernahme der Kirche als erstes angebaut haben (siehe *Abb. 40* und Anm. 51).

Abb. 35 Morimondo, Zisterzienserkirche.
Scheidbogenansatz am zweiten Mittelschiffspfeiler von Westen.

Die Eintragung von Gurtrücklagen durch Wagner-Rieger in den Aufriß von San Domenico kann sich gleichfalls nicht auf Dotti berufen, sondern ist eine stillschweigende Angleichung an das vermeintliche Vorbild.

In Morimondo ist das System insofern korrekt, als die Gurtrücklage mit der Abtreppung des Scheidbogens an der Mittelschiffseite übereinstimmt. Zur Seitenschiffsseite ist diese Abtreppung weggelassen, da dort die Gurte keine Rücklage haben *(Abb. 35)*. In der Zisterzienserkirche *Chiaravalle milanese* beginnt diese, in Morimondo durchgängige Gestaltung, erst im dritten Joch von Osten *(Abb. 37)*. Sie bezeichnet hier den Punkt, wo die ursprüngliche Absicht einer Tonnenwölbung zugunsten von Kreuzrippen-Gewölben aufgegeben wurde und die neue Wölbform eine Modifizierung des Scheidbogens erforderlich machte. Tonnenwölbungen im Sinne der burgundischen Zisterzienserarchitektur (Fontenay-Typ) zeigen nämlich unprofilierte, rechtkantige Gurte und Scheidbögen.

Das von Dotti wiedergegebene Gewölbe-Wand-Pfeilersystem von San Domenico ist stimmig, wenn zu den kantigen Pfeilerformen auch die Gurte und Scheidbögen kantig und unhinterlegt interpretiert werden, der Einzeichnung also nichts hinzugefügt wird. Deshalb waren die Wandvorlagen in San Domenico auch höchstwahrscheinlich kantig und nicht rund gebildet.

Die Jocheinheit in San Domenico unterscheidet sich also erheblich von der in Morimondo. Während hier die Wandvorlagen rund sind und wegen des queroblongen Jochs über den Scheitel der spitzbogigen Arkaden hinausgehen, bleiben dort die eckigen Wandvorlagen im fast quadratischen Joch unterhalb der rundbogigen Arkadenscheitel. Weder das Fenster, noch der Achteckpfeiler, der in Morimondo den Mönchschor vom Laientrakt optisch scheidet

Abb. 36 Morimondo, Zisterzienserkirche. Südliche Mittelschiffswand von Nordwesten (Fünftes und sechstes Joch). Links der Achteckpfeiler an der Mönchschorgrenze.

Abb. 37 Mailand, Zisterzienserkirche Chiaravalle. Mittelschiff von Westen.

(Abb. 36), tauchen in San Domenico auf. So müssen wir feststellen, daß die »*chiesa interiore*« nicht in einer entwicklungsgeschichtlichen Reihe steht, die das von Kunsthistorikern als »modernste« Zisterziensersystem Oberitaliens begriffene Morimondo aufnimmt und weiterführt, sondern an diesem vorbei viel »altertümlicher« gestaltet.[47] Der architektonische Bezug muß deshalb aber nicht außerhalb der Zisterzienserarchitektur liegen. Mit Chiaravalle milanese ist bereits eine ältere Zisterzienserkirche angesprochen worden, die in vielem San Domenico näher steht als Morimondo. In ihr finden sich das überquadratische Joch und die untersetzten Rundpfeiler wieder. Damit ist die Frage nach der ursprünglichen Gestaltung des Eingangsjoches der »chiesa interiore« angeschnitten.

Supino war wohl der Erste, der darauf aufmerksam machte, daß in diesem Joch bei der Errichtung der beiden großen Langhauskapellen ein Stützenpaar herausgebrochen worden ist.[48] Seine Rekonstruktion eines vierten Joches erweist sich im Aufriß allerdings als undurchführbar, da er das fehlende Pfeilerpaar im Abstand der beiden östlichen »aufstellte«, und somit der verbleibende Raum zu den »colonne grosse« zu eng für eine Jochbildung wird *(Abb. 38, 1)*. Dellwing hat deshalb zu Recht diese Rekonstruktion zurückgewiesen und das fehlende Pfeilerpaar in der Mitte des überquadratischen Jochs angesiedelt.[49] Diesem

---

[47] Diese altertümliche Gestaltung wird von H. Dellwing als Rückgriff auf italienische Gepflogenheiten interpretiert (1970, S. 28). Doch verschleiert dieser künstliche Widerspruch, »italienisch-französisch«, die konkreten Gehalte der Form.

[48] I. B. Supino, 1932, S. 172 f.

[49] H. Dellwing, 1970, S. 25.

Vorschlag ist aufrißmäßig nicht zu widersprechen, vor allem erhält man dadurch zwei queroblonge Joche, die der Jochbildung von Morimondo sehr entgegen kommen *(Abb. 38, 2)*. Doch muß gesagt werden, daß dieser Vorschlag nicht die einzig mögliche Rekonstruktion ist. Die Ausmaße des überquadratischen Jochs sind nicht so groß, daß es nicht auch von Anfang an mit einem einzigen Kreuzrippengewölbe gedeckt gewesen sein könnte. Die tiefe Wand hätte dann auf einer Zwischenstütze sitzen müssen, womit wiederum ein Aufgreifen älterer Wandbildungen gegeben wäre *(Abb. 38, 3)*.[50]

Neben Chiaravalle milanese, dem Prototyp oberitalienischer Zisterzienserarchitektur, käme dann auch die Wandbildung von *San Eustorgio in Mailand* in Betracht *(Abb. 39/40)*. Die Kirche, die die Dominikaner zu Lebzeiten des hl. Dominikus übernommen hatten und um die Mitte des 13. Jahrhunderts zu einer Halle umbauten, besitzt überquadratische Ostjoche (17 × 12 m) und runde Zwischenpfeiler, die denen der »colonne grosse« gleichfalls sehr ähnlich sind.[51] Chiaravalle milanese und San Eustorgio sind beide abhängig von der bedeutenden Kirche *Sant'Ambrogio in Mailand*, die die Reliquien des großen Kirchenlehrers beherbergt. Die Wirkung dieser Kirche in Oberitalien war groß. Noch in Bologna reflektiert sich ihr Typus in der Bischofskirche *San Pietro*. Allerdings ist diese Kirche heute barockisiert, und wir wissen von ihrer mittelalterlichen Gestalt nur noch aus Plänen des 16. Jahrhunderts.[52]

Sie hatte ein dreischiffiges Langhaus ohne Querschiff und einen Dreiapsidenchor. Die Mittelschiffsjoche waren quadratisch, die Zwischenstützen wie die Hauptstützen gebildet.

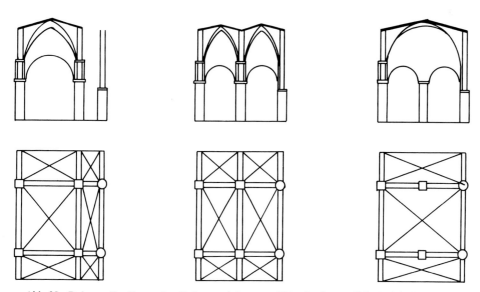

Abb. 38 Bologna, San Domenico. Rekonstruktionsvorschläge für das westliche Joch in der »chiesa interiore«. 1 = nach Supino; 2 = nach Dellwing; 3 = weitere Möglichkeit.

---

[50] Man könnte sich vorstellen, daß diese Zwischenpfeiler unterschiedlich gebildet waren. Dadurch bekäme die Aussage L. Albertis, der Ostteil der Kirche hätte sieben (!) quadratische Pfeiler gehabt, einen Sinn. Unterscheidungen von Epistel- und Evangelienseite sind nicht ungewöhnlich. Vgl. etwa die Wandpfeiler im Chor von San Francesco in Bologna, oder das Langhaus der Zisterzienserkirche in Ripalta Scriva (Piemont).
[51] Zu San Eustorgio: A. M. Romanini, 1964, Bd. 1, S. 85 ff. und W. A. Hinnebusch, 1966, Bd. 1, S. 89.
[52] Zum Bologneser Dom: I. B. Supino, 1932, S. 131 ff. und R. Wagner-Rieger, 1956, Bd. 1, S. 52 f.

Ihre Form: ein quadratischer Kern mit vier Halbrundvorlagen, sogenannte »Kleeblattbogen- oder Vierpaßpfeiler«. Über dieser Stützenform saß eine breite rechtkantige Vorlage. Die Fenster waren schmal und spitzbogig *(Abb. 41/42).*

Bestimmte etwa das Wand-Pfeiler-System des alten Doms unter Weglassung der halbrunden Pfeilervorlagen das System der »chiesa interiore« von San Domenico? In der Krypta von *SS. Vitale e Agricola in Arena,* die mit der Domkirche den Grundriß gemeinsam hat, stehen jedenfalls vierkantige Pfeiler ohne Vorlagen als Gewölbestützen im Raum. San Pietro war neben San Procolo, über deren ursprüngliches Aussehen nichts mehr in Erfahrung zu bringen ist, das zweite Zentrum der Bologneser Universität.[53]

Fassen wir zusammen, so kann weder die »chiesa interiore« noch die Gesamtkonzeption von San Domenico von Morimondo her verstanden werden. Die zweigeteilte Struktur der Kirche hat überhaupt kein Vorbild in der Zisterzienserarchitektur, sondern kennt in der Stadt nur einen Vorläufer: die Hospitalarchitektur.[54] Sieht man davon ab, so ist der Grundrißtyp als Ganzes – nicht nur der Chorteil wie Wagner-Rieger und andere meinten – sehr wohl von der Zisterzienserarchitektur abhängig. Er schließt an den sogenannten »bernhardinischen Typus« an und gewinnt für den Außeneindruck von San Domenico entscheidende Bedeutung! Die langgestreckte Form, die Fassadenbildung, die niedrigen Querhausarme und die flachgeschlossenen Chorkapellen müssen dem Betrachter und Herannahenden auf den ersten Blick die Assoziation »Ordenskirche« aufgedrängt haben. Innen hingegen dürfte sich ihm in dieser Art »Doppelkirche« wiederum die Bedeutungsfacette »Ort der Mildtätigkeit« – oder gar wie in Paris auch »Studiengemeinschaft« – eröffnet haben.

Die Innenstruktur war, wie gesagt, durch die Regel vorgeschrieben, nicht aber der zisterziensische Außeneindruck der Kirche. Dafür sind weder zweckrationale noch künstlerische Beweggründe[55], als vielmehr *ideologische Motive* geltend zu machen, wie sie in der Kanonisationsbulle vom 3. Juli 1234 zum Ausdruck kommen.

Mit Dominikus, so der Papst in diesem Dokument, steht man am Beginn der vierten Erneuerungsepoche der Christenheit. Waren es die Märtyrer, die zunächst dem Glauben das Überleben sicherten, so später der Hl. Benedikt und seine Ordensidee. Im 12. Jahrhundert kämpfte der Hl. Bernhard mit seinen Zisterziensern um Verbreitung und Festigung des Glaubens, und nun sind es Dominikus und seine Predigerbrüder, die eine neue Epoche des Christentums eingeleitet haben.

Mit dieser Argumentation wird Dominikus offiziell in die Kirchengeschichte integriert. Seinen Platz als Kirchenheiliger erhält er in der unmittelbaren Nachfolge des hl. Bernhard. Somit ist die »Hülle« seiner Gebeine, San Domenico in Bologna, als der architektonische Ausdruck zu begreifen, der diesen Nachfolgeanspruch in den Formen sichtbar aufhebt. Nach außen signalisiert diese Kirche die Bindung an die älteste Bautradition der Zisterzienser, den von Clairvaux I ausgehenden »asketischen« Kirchentyp Bernhards, nach innen formuliert sie eine neue Auffassung von monastischer Kirchenarchitektur.[56]

---

[53] Zu San Procolo: I. B. Supino, 1932, S. 307/08. Die Kirche erhielt 1535 ihr heutiges Aussehen.
[54] In Bologna sind leider keine Vergleichsbeispiele erhalten.
[55] siehe oben, S. 24, das Zitat von R. Wagner-Rieger zu San Domenico in Bologna.
[56] MOPH XVI, S. 190–194. Wie real der Anspruch der Dominikaner gegenüber den Zisterziensern zu verstehen ist, macht die folgende Aussage des Abtes von Clairvaux, Stephan Lexington, deutlich: *»Es steht zu befürchten, daß die entsetzliche Voraussage eines der führenden Dominikaner Wahrheit wird, daß sie nämlich binnen eines Jahrzehnts gezwungen sein werden, die Führung und Reform unseres Ordens zu übernehmen, da ihm während der letzten dreizehn Jahre kein berühmter Gelehrter, insbesondere kein Theologe, mehr beigetreten ist.«* Auch Matthäus von Paris äußert sich zur Wirkung

Abb. 39 Mailand, Sant'Eustorgio – Mittelschiff von Westen.

Abb. 40 Mailand, Sant'Eustorgio – Wandbildung im südlichen Querschiffarm.

Abb. 41 Bologna, Dom San Pietro – Wandaufriß der mittelalterlichen Kirche (Plan 16. Jhd).

Rezeptionen

Renate Wagner-Rieger und Angiola Romanini verdanken wir die Kenntnis der Dominikanerkirche *San Giovanni in Canale in Piacenza (Abb. 43/44)*.[57] In ihr ist die zweigeteilte Konzeption von Bologna in eine Hallenkirche übertragen worden. Dies machte sie, zusammen mit ihrem frühen Baubeginn, der um 1230 angesetzt werden muß, für unseren Zusammenhang außerordentlich wichtig.[58]

Dreischiffig angelegt, besitzt San Giovanni in Canale allerdings kein Querhaus und die mittlere der drei flachgeschlossenen Kapellen im Osten hatte möglicherweise einen apsidialen Schluß.[59] Den Innenraum der Piacentiner Kirche bestimmen vier hohe und gleichförmige Rundpfeilerpaare und ein Achteckpfeiler an der Grenze zwischen Mönchs- und Laienraum.

---

der beiden Mendikantenorden auf die Zisterzienser: *Die Zisterzienser kauften, um der Verachtung der Dominikaner und Franziskaner sowie der gelehrten Weltgeistlichkeit zu entgehen, Häuser in Paris und anderswo, wo sich Schulen befanden, und etablierten dort ihre eigenen Schulen... weil sie von den anderen nicht geringer geschätzt werden wollten.«* (Beide Aussagen zitiert nach: L. J. Lekai, 1980, S. 165/66) Hervorzuheben ist, daß sich beide Mendikantenorden durch ihre *wissenschaftliche Tätigkeit* gegen den Zisterzienserorden durchgesetzt haben!

[57] R. Wagner-Rieger, 1959, S. 272–274. A. M. Romanini, 1964, Bd. 1, S. 99 und Anm. 96 auf S. 137, dort weitere Literaturverweise.

[58] Zur Niederlassung und Baugeschichte: C. B. Heller, 1968, S. 5–7; vgl. auch die Anm. 65 zu Hellers Datierung.

[59] C. B. Heller, 1968, S. 6.

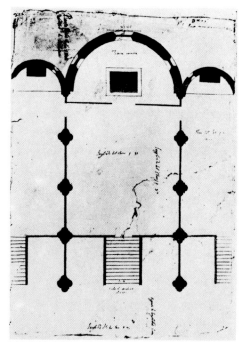

Abb. 42 Bologna, Dom San Pietro – Grundriß der mittelalterlichen Kirche (Plan 16. Jhd).

Der gewölbte Teil im Osten ist nur zwei Joche tief. Die spitzbogigen Gurte der leicht kuppligen Gewölbe sind den rundbogigen Scheidbögen angeglichen. Die Kreuzrippen sind von wulstiger Gestalt. Über den Scheidbögen, die wie die Gurte Unterzüge aufweisen, ist ein sichelförmiges Wandstück stehen gelassen *(Abb. 45)*. An den Seitenschiffswänden korrespondieren mit dem Rundpfeilerpaar halbrunde, dem Achteckpfeiler rechtkantige Vorlagen.

Im Laientrakt, der mit einem offenen Dachstuhl gedeckt ist (im Nordschiff durch eine barocke Tonne ersetzt), tragen drei Rundpfeilerpaare eine kurze, ungegliederte Arkadenwand mit leicht angespitzten Scheidbögen. Wandvorlagen fehlen hier, woraus man schließen kann, daß die Vorderkirche tatsächlich nie auf Wölbung angelegt worden ist. Auch der engere Interkolumnienabstand gegenüber dem Mönchsraum, weist auf die bewußte Absicht hin, dem »chorus« einen ungewölbten, durch Arkaden-Pfeiler-Wände unterteilten Raum vorzulegen. Die Wand im Laientrakt nimmt nur einen Teil des Pfeilerquerschnitts ein, wodurch sie leicht und unterdimensioniert erscheint *(Abb. 46),* was aber die Folge der Beibehaltung der Wand- und Pfeilerstärke aus dem Mönchsraum ist. Dieses Charakteristikum ist das entscheidende Kriterium, um von einer Weiterentwicklung der Bologneser Konzeption in Piacenza sprechen zu können! In Bologna waren beide Räume durch unterschiedliche Wand- und Pfeilerstärken gekennzeichnet und mußten durch die »colonne grosse« vermittelt werden. Diese architektonisch »kritische Stelle« ist in der Konzeption von Piacenza korrigiert worden. Die Achteckpfeiler besitzen keinen Vermittlungscharakter mehr, sondern markieren lediglich die Grenze zwischen Vorder- und Hinterkirche, zeichnen diese Grenze aus.

Die Hallenform von San Giovanni, die sich nicht aus Bologna ableiten läßt, findet sich

Abb. 43 Piacenza, Dominikanerkirche San Giovanni in Canale. Mittelschiff von Westen.

Abb. 44   Piacenza, Dominikanerkirche San Giovanni in Canale. Mittelschiff von Osten.

Abb. 45 Piacenza, Dominikanerkirche San Giovanni in Canale. Westliches Joch im gewölbten Chorteil von Südosten.

zusammen mit den hohen Rundpfeilern in der Bischofskirche von Piacenza wieder.[60] Dort sind die beiden Querarme des dreischiffigen, basilikalen Doms als eigenständige Kirchen ausgebildet. Als Vorläufer dieser eigentümlichen Querhausbildung kann der Pisaner Dom und, als Nachfolger, der Dom in Cremona gelten.[61] Jedoch haben die dreischiffigen Querhäuser dieser beiden Kirchen basilikalen Querschnitt, während die in Piacenza aus einer zwei Joche tiefen Halle und einem ein Joch tiefen, basilikalen Chor mit Apsiden gebildet sind *(Abb. 47)*. Diese komplizierte Bildung ist dadurch erreicht, daß die Gewölbe der Joche mit den Nebenapsiden gegenüber dem Gewölbejoch mit der Hauptapside herabgesetzt sind. Nach außen ist nur die Hauptapside sichtbar, die Nebenapsiden sind flach geschlossen. Die drei Chorjoche sind mit Kreuzrippengewölben ausgezeichnet, wohingegen die sechs Joche der »Vorhalle« wohl ursprünglich alle nur gratgewölbt waren. Bezeichnend für die Querhaushalle sind die hohen, dienstlosen Rundpfeiler und die scheidbogengleichen Gurte.

Der Mönchschor von San Giovanni ist zweifellos eine Kopie der »Vorhalle« der Querhauskirchen des Doms.[62] Von dort her versteht sich nicht nur die Querschnittsform der Dominikanerkirche, sondern auch ihre Zweijochigkeit, das Fehlen des Querschiffs, die (vermutlich) apsidiale Schließung der Hauptkapelle: Momente, die Bologna nicht aufzuwei-

---

[60] Zum Dom in Piacenza: A. M. Romanini, 1954, S. 129–154; R. Wagner-Rieger, 1956, Bd. 1, S. 53. A. M. Romanini, 1975, S. 21 ff.
[61] Die Querhäuser in Cremona sind um 1280 und um 1340 angefügt worden.
[62] R. Wagner-Rieger, 1960, S. 129.

Abb. 46 Piacenza, Dominikanerkirche San Giovanni in Canale. Südliches Seitenschiff von Westen.

sen hat. Möglicherweise waren die Gewölbe in San Giovanni zunächst auch nur Gratgewölbe, wie die Bildung der Chorecken nahelegt. Hier, zwischen den beiden rechtkantigen Vorlagen für Scheid- und Chorbogen, ist für eine Rippe eigentlich kein Platz mehr, und sie setzt auch völlig unstimmig auf.

Der Mönchschor von San Giovanni liefert den eindeutigen Beweis für die Ausrichtung einer Mendikantenkirche auf die Bischofskirche der Stadt, ein Faktum, das für den Mönchschor in Bologna nur zu vermuten war (s. o. S. 98). Die im Dom untergeordnete Querhaushalle wird zur Hauptform, zum Mönchschor, der Dominikanerkirche erhoben – ein uns bereits geläufiger Vorgang. San Giovanni rezipiert, vermittelt über die Architektur des Doms, die Mutterkirche in Bologna! Somit erweist sich die zweigeteilte Halle als eine Synthese aus ordenseigener und ordensfremder, aus überregionaler und regionaler Architektur. Darin macht sie ihre Zugehörigkeit zum Orden und zum Bischof zugleich deutlich.[63]

Der Bezug zur »Mutterkirche« muß noch in einem weiteren Zusammenhang gesehen werden, da nicht alle Dominikanerkirchen in der Folgezeit die zweigeteilte Konzeption übernommen haben. Im Falle von Piacenza scheint mir der Studienaspekt wiederum von nicht unerheblicher Bedeutung gewesen zu sein. In der Stadt bildete sich, infolge eines

---

[63] Mendikantenchöre, die sich an die Chorbildung von Bischofskirchen anlehnen, sind nicht gerade selten: Franziskanerkirche Erfurt–Magdeburger Dom; Dominikanerkirche Worms–Wormser Westchor; Dominikanerkirche Basel–Basler Münster; Dominikanerkirche Konstanz–Konstanzer Münster; Franziskanerkirche Bremen–Verdener Dom; siehe auch unten, S. 227f.

Abb. 47 Piacenza, Dom – Blick in die Gewölbe des nördlichen Querschiffs.

Auszugs von Magistern und Scholaren aus Bologna, eine Universitas.[64] Vielleicht haben sich deshalb die Dominikaner hier so rasch niedergelassen und eine Kirche gebaut, die der am Studien- und Organisationszentrum in Bologna folgt.[65] Auch persönliche Verbindungen bestanden zwischen beiden Konventen. In Bologna lebten und arbeiteten Fra Bonviso da Piacenza, ein enger Freund des hl. Dominikus, und Fra Giovanni da Piacenza, Prokurator im Bologneser Kloster.[66]

San Giovanni in Canale hat einen Langhaustypus hervorgebracht, der in der Kirchenarchitektur der Mendikanten zu großer Bedeutung gelangte. Besonders am Oberrhein findet er sich seit der Mitte des 13. Jahrhunderts in mehreren Varianten wieder. Unter ihnen kann als wichtigster Bau die *Dominikanerkirche in Colmar* gelten *(Abb. 48)*.[67]

Ihr Langhaus besitzt ebenfalls die kurze, ungegliederte und fensterlose Arkadenwand, die von kapitellosen Rundstützen getragen wird und in einen flachgedeckten »Raumkasten«, ein Ausdruck von Helma Konow, eingestellt ist. Gegenüber Piacenza sind hier Wand und Pfeiler von gleicher Stärke und durch »Verschleifung« des Arkadenprofils in den Pfeilerschaft eng

---

[64] H. Denifle, 1885, S. 556 ff.
[65] C. B. Heller kann in San Domenico in Bologna nicht das Vorbild für Piacenza sehen, da er von einer veralteten Vorstellung über die Grabeskirche des hl. Dominikus ausgeht (1968, S. 26). Darüber hinaus hat er kein Datierungskriterium für Piacenza anzubieten, geht aber davon aus, daß San Giovanni in Canale bereits 1220 in Bau ist (ebd., S. 5). Bei diesem Datum stützt er sich auf ein kirchenhistorisches Werk aus dem 17. Jahrhundert.
[66] Zu Fra Bonviso: W. A. Hinnebusch, 1966, Bd. 1, S. 88/90. Fra Giovanni wird in den Urkunden des Jahres 1233 als Prokurator genannt; AFP XLII, nr. 13–21.
[67] H. Konow, 1954, S. 24 ff.

Abb. 48 Colmar, Dominikanerkirche. Mittelschiff und Chor von Westen.

Abb. 49 Piacenza, Dominikanerkirche San Giovanni in Canale. Nördliche Arkadenreihe im ungewölbten Teil von Südosten.

miteinander verbunden. Der offene Dachstuhl fällt, wie in Piacenza, zur Außenwand der Seitenschiffe hin ab.

Helma Konow, die die oberrheinischen Bauten der Mendikanten entwicklungsgeschichtlich aufgearbeitet hat, sah in diesem Typus die Inkarnation einer »*neuen radikalen Haltung*« der Bettelorden dem Gotteshaus gegenüber. Sie vermutete auch schon, daß dieser am Oberrhein »*fremde Typus*« wohl aus Oberitalien abzuleiten wäre, doch kannte sie die Dominikanerkirche in Piacenza noch nicht.[68]

Ein Bautypus, der der Piacentiner und Colmarer Lösung vergleichbar ist, findet sich auf der untersten Ebene der zisterziensischen Klosterarchitektur: *den Wirtschaftsgebäuden!* Leider ein von der Kunstgeschichte kaum erschlossenes und wahrscheinlich auch nur noch wenige Denkmäler umfassendes Gebiet.[69]

Um und nach 1200 entstanden auf den Ländereien der Zisterzienser große Scheunenbauten, aus Stein errichtete, langgestreckte Hallenräume, die mit durchlaufenden und weit heruntergezogenen Satteldächern gedeckt waren. Unterteilt sind diese für gewöhnlich dreischiffigen Räume durch Holzständer, die den Dachstuhl unmittelbar tragen. Eine der wenigen Ausnahmen ist die Zisterzienserscheune von *Maubuisson*, die anstelle der Holzstützen steinerne Rundpfeiler besitzt *(Abb. 49–51)*.[70] Diese Pfeiler, versehen mit hohen Sockeln und grobschlächtigen Blattkapitellen, tragen angespitzte Arkaden und darüber ein Obergadenstück, nämlich die uns bekannte »Überzugswand«, auf der die Balkendecke ruht.

---

[68] H. Konow, 1954, S. 13 und Anm. 6 auf S. 47.
[69] M. Aubert, 1943, Bd. 2; Viollet-le-Duc, 1863, Bd. VI; W. Horn–E. Born, 1965 und 1980.
[70] M. Aubert, 1943, Bd. 2, S. 165–167.

Abb. 50 Vaulerent (Seine-et-Oise), Zisterzienserscheune.

Abb. 51 Maubuisson (Seine-et-Oise), Zisterzienserscheune.

Durch diese steinernen Unterteilungsformen wird die Nutzarchitektur aufgewertet und ihre Zugehörigkeit zu einem Kloster deutlich gemacht. Nach außen wird dies durch die Vorlage von Strebepfeilern signalisiert, die funktional nicht notwendig sind, da sie keinen Gewölbeschub abzufangen haben. In der Kirchenarchitektur der Mendikanten, den Piacenza nachfolgenden Bauten, ist dieser Typus wiedererkennbar anwesend. Das heißt, er ist hier seiner profanen Nutzung enthoben und sakralen Zwecken angeeignet.

An diesem Prozeß wird deutlich, wie einerseits eine auf der Wirtschaftsebene schon aufgewertete Form weiter nobilitiert wird, und wie andererseits neue, im Sakralbau noch »unbelastete« Formen aus untergeordneten Bereichen herangezogen werden. Nur ist der zu Recht beobachtete »Scheunencharakter« dieser Mendikantenkirchen aus funktionalistischer Sicht als ein Beweis für »Profanisierungstendenzen« gesehen und gewertet und damit die Dialektik des Prozesses unterschlagen worden.

Auf eine andere Kirche in der Nachfolge von San Domenico hat Herbert Dellwing aufmerksam gemacht: auf *San Corona in Vicenza (Abb. 52)*.[71]

Diese Kirche wurde in den sechziger Jahren des 13. Jahrhunderts begonnen, nachdem der Vicentiner Konvent vom französischen König ein Stück aus der Dornenkrone Christi geschenkt bekommen hatte. Für Dellwing ist San Corona, das nach seiner Auffassung eine Kopie von San Domenico darstellt, der Beweis, daß die Bologneser Mönchskirche Rundpfeiler besessen haben muß. Doch ist ihm hinsichtlich der Bestimmung der Pfeilerform von San Corona ein schwerwiegender Irrtum unterlaufen.

Die dreischiffige, fünf Joche tiefe Basilika mit Querschiff und drei, ursprünglich flachschließenden Kapellen ruht nämlich im Westen nicht auf Rund*pfeilern,* sondern auf drei *Säulen*paaren mit romanisierenden Würfelkapitellen! Damit fällt sie aus der gesamten Entwicklungsreihe heraus, die Dellwing von San Domenico in Bologna bis zur Frarikirche in Venedig aufzuzeigen sucht.

Die dünne Stützenform in San Corona verändert das Gewölbe-Wandsystem dahingehend, daß Rippen und Schildbögen bereits am oberen Ende der kantigen (!) Wandvorlagen auf Konsolen enden müssen. Trotzdem ist, ohne Frage, das System und der Grundriß in Vicenza der »chiesa interiore« von Bologna geschuldet. Aber woher kommen die altertümlichen Stützen und die Biforienfenster der Obergadenwand? Ich vermute, daß diese sich, wie das System als Ganzes, auf die Vorderkirche von San Domenico in Bologna beziehen! In diesem Raumteil standen ja dünne, säulenartige Rundstützen (von den Fensterformen ist allerdings nichts bekannt). Wenn dem so ist, so spiegeln die vier Joche in San Corona den Aufriß der »Mutterkirche« gleichsam ineinandergeschoben wider – wird die Konzeption zweier Kirchenräume in Form einer Kompilation aufgehoben. Neben San Giovanni in Piacenza wäre mit San Corona eine weitere Variante der Bologneser Kirche gegeben.

Der kompilative Charakter von San Corona macht sich auch daran bemerkbar, daß neben San Domenico auch Zitate aus San Francesco in Bologna auftauchen. Zwar erwähnt Dellwing, daß im Joch vor der Vierung die Achteckpfeiler und die Wandvorlage auf San Francesco verweisen, doch mißt er diesem Faktum keine Bedeutung zu. Es ist aber wichtig zu erkennen, daß sich um 1260 kaum eine »oberitalienische Bettelordenskirche« finden läßt, die allein auf den Typus von San Domenico rückführbar wäre. Viele sind, unter anderen Bezügen, auch auf die inzwischen fertiggestellte Franziskanerkirche orientiert. Diesen Aspekt hat Dellwing aus seinem Entwicklungsstrang völlig ausgeblendet.[72]

---

[71] H. Dellwing, 1970, S. 32–44.
[72] H. Dellwing, 1970, S. 44.

Abb. 52 Vicenza, Dominikanerkirche San Corona – Mittelschiff von Westen.

Abb. 53 Basel, Dominikanerkirche – Wandbildung im Chor.

Die Dominikanerkirche in Vicenza gehört bereits einer Zeit an, da man im Orden übergegangen war, die Kirchenräume auch als Ganzes einzuwölben: so in Florenz, in Agen, in Straßburg, Regensburg, etc., Kirchen, die zwischen 1245 und 1255 begonnen wurden. Eine Rezeption, die die zweigeteilte Basilika von Bologna in einem Kirchenraum verwirklicht, ist von daher verstehbar.

Aber gibt es auch Dominikanerkirchen, die in der Nachfolge von San Domenico stehen und den Vierkantpfeiler zeigen?

Da ist zunächst auf die Dominikanerkirche in *Basel* zu verweisen. 1233 wurden die Prediger von Bischof Heinrich in die Stadt berufen. Gegen 1255 war ihre erste Kirche vollendet. Bis vor kurzem wußte man wenig über deren ursprüngliche Gestalt.[73] Neuere Grabungen haben jedoch ergeben, daß diese Kirche schon dreischiffig war – in der Breite der heutigen Kirche – nur im Westen um zwei Joche kürzer. Im Osten endete sie in einem flachgeschlossenen und gegenüber der Mittelschiffsbreite eingezogenen Chorhaupt *(Abb. 54)*. Zumindest die beiden östlichen Pfeilerpaare dürften noch aus diesem ersten Bau stammen *(Abb. 53;* man vgl. auch den Aufriß mit der Langhausrekonstruktion *Abb. 55)*. Sie sind eckig und tragen angespitzte, unprofilierte Arkaden. Anstelle von Kapitellen sind einfache Kämpferplatten gegeben. Im Obergaden befinden sich Rundfenster! Diese Wand-Pfeiler-Bildung geht mit der in Bologna analysierten überein.

Das zweite Beispiel ist *Friesach*. Diese älteste Dominikanerniederlassung in »Österreich« war auf Initiative des Erzbischofs Eberhard von Salzburg 1221 zustandegekommen.[74]

---

[73] F. Maurer-Kuhn, 1979, S. 6.
[74] W. A. Hinnebusch, 1966, Bd. 1, S. 94. K. Donin, 1935, S. 97–111.

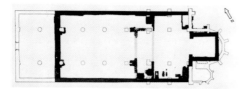

Abb. 54 Basel, Dominikanerkirche. Grabungsgrundriß des ersten Baus.

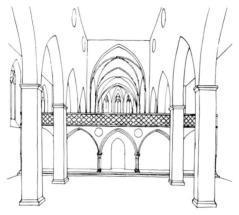

Abb. 55 Basel, Dominikanerkirche. Rekonstruktion des Langhauses (nach Inventar).

Eberhard, Erzbischof von 1200–1246, urkundete als Legat um 1228 für den Bologneser Konvent.[75]

Das um die Mitte des 13. Jahrhunderts entstandene Langhaus der Friesacher Kirche ist dreischiffig und fünf Joche tief. Im Osten endete es, querhauslos, in einem dreiapsidalen Chor. Die Langhauspfeiler sind längsrecteckig und ohne Kapitell ausgeführt; in der Wand sitzen unter den Schildbögen kreisrunde Fenster *(Abb. 56)*.

Zum Abschluß sei auf weitere, bedeutende Dominikanerkirchen hingewiesen, die ohne die Bologneser Kirche m. E. nicht zu denken sind: *Santa Maria Novella in Florenz* (1245 ff.) und die Dominikanerkirche in *Konstanz* (1233 ff.).

Die Florentiner Kirche folgt im Grundriß der Bologneser Kirche *(Abb. 57)*. Die Vierung wird hier allerdings durch eine größere Tiefe hervorgehoben. Auch die Kapellenreihe beider Kirchen könnte übereinstimmen, wenn sich die Vermutung von ehemals vier Nebenkapellen in Bologna einmal bestätigen sollte.[76] Im Aufriß zeigt Santa Maria Novella den kantigen Scheidbogen und die kurze Obergadenwand mit Rundfenstern. Ihre Gewölbe sind kupplig, der Gurtunterzug ist dem Scheidbogen angeglichen. Abweichend von Bologna sind Pfeiler und Wandvorlagen gebildet. Hierfür ist an einen konzeptionellen Bezug zu San Eustorgio in Mailand zu denken. Mailand und Bologna waren die bedeutendsten Zentren der Dominikaner in Oberitalien. Ihre Kirchen scheinen in Sta. Maria Novella, die sich als dreischiffig

---

[75] AFP XLII, nr. 5.
[76] siehe Anm. 38.

gewölbte Basilika völlig von den toskanischen Dominikanerkirchen abhebt, architektonisch aufgehoben zu sein.[77]

Die Konstanzer Kirche ist insofern erwähnenswert, da sie in ihrem zehn »Joche« tiefen und flachgedeckten Langhaus als Stützenform Säulen mit romanisierenden Kapitellen hatte. Formal sind diese den Stützen des Konstanzer Münsters nachgebildet, doch bedeutungsmäßig sind sie wahrscheinlich, wie in Vicenza, auf die Vorderkirche in Bologna bezogen. Darüber hinaus besaß Konstanz ein dreischiffiges, langgestrecktes, flachgedecktes und plattschließendes Chorhaus.[78] Auf eine mögliche Beziehung von San Domenico zur Dominikanerkirche in Köln komme ich später zu sprechen.

3. Die verspätete Ansiedlung der Franziskaner

Die Legende möchte, daß den Minoriten durch die Fürsprache des ersten »Franziskaners«, *Bernardo da Quintavalle*, bereits 1213 ein Haus bei Bologna zur Verfügung gestellt wurde. Es soll einige Kilometer vor der Porta Stieri gelegen haben und Eigentum eines *dottore in legge* gewesen sein.

Ein sicherer Hinweis auf eine Niederlassung ist aber erst in dem Vorfall von 1220 gegeben, als Franziskus aus dem Orient kommend das Haus seiner Brüder bei Bologna räumte.[79] Ob dieses Haus identisch ist mit dem Hause der Legende oder gar mit der in den Quellen genannten Niederlassung *Santa Maria delle Pugliole*, liegt völlig im Dunkeln.[80]

Die Brüder bewohnten also ein Haus ohne Zustimmung ihres Stifters, betrieben Krankenpflege und wissenschaftliche Studien.[81] Die Legende dagegen korrigiert das illegale Handeln der Brüder. So erklärt sie zum einen die Bologneser Niederlassung neben Assisi zur ältesten und läßt sie durch den ersten Gefolgsmann des Franziskus gegründet sein; zum anderen bringt sie das Haus mit einem Doktor der Rechte in Verbindung, womit sie die Beziehungen der Franziskaner zur Gelehrtenwelt als eine von Anfang an selbstverständliche Sache suggeriert.[82]

Abb. 56 Friesach, Dominikanerkirche – Längsschnitt.

---

[77] Vgl. die toskanischen Mendikantenkirchen bei K. Biebrach, 1908/09, passim.
[78] H. Konow, 1954, S. 5 f. und Taf. 1, Abb. 10–12.
[79] Cel. II, nr. 58.
[80] L. Garini, 1948, S. 1 ff.
[81] H. Felder, 1904, S. 124 ff.
[82] L. Garini, 1948, S. 12–14, widerlegt die Legende.

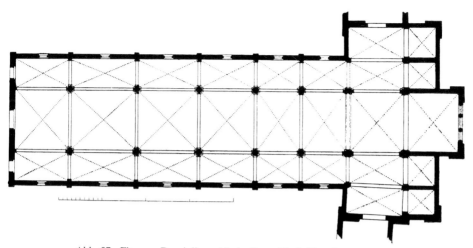

Abb. 57 Florenz, Dominikanerkirche Santa Maria Novella – Grundriß.

An den Platz ihrer heutigen Niederlassung *(vgl. Abb. 31)* kamen die Minderbrüder wiederum relativ spät. Drei Quellen schildern die Übersiedlung von Santa Maria delle Pugliole unmittelbar an die Porta Nuova und den sofortigen Baubeginn der Konventsanlage. Bei der ersten handelt es sich um einen Brief des ravennatischen Erzbischofs Theoderich (1228–1249), in dem die Gründe des Ortswechsels veranschaulicht sind. Aus ihm ist zu erfahren, daß Papst Gregor IX. sich beim Bischof von Bologna für die Übersiedlung der Franziskaner eingesetzt hat. Die wichtigsten Passagen dieses Schreibens vom 22. 2. 1236 lauten: »*Cum... domus Sanctae Marie de Puliole fratrum Minorum Bononie a civitate ita remotus esset quod clerici et seculares ad scolas* (sic!) *et sermones, et generaliter omnes civitatis eiusdem tam ad confessiones faciendas, quam ad verbum Domini audiendum et cetera que ad salutem pertinent animarum temporibus oppertunis comede ad predictum locum non valebant, placuit Summo Portifici... domino Episcopo Bononiensi dare suis litteris in mandatis, ut predictam in loco honeste et apto ad omnia supradicta salubriter permutare.*«[83]

Am 28. 5. 1236 bedankt sich der Papst bei der Kommune und dem Podestà Bolognas für die Abtretung von geeignetem Baugelände an die Minoriten.[84] Nur wenige Tage später, am 2. 6. 1236, erfährt man aus einer weiteren Bulle des Papstes, daß Kirche und Kloster der Franziskaner sich bereits im Bau befinden.[85]

Aus diesen Nachrichten ist zu schließen, daß um die Mitte des Jahres 1236 die Konventsbauarbeiten einschließlich der Kirche begonnen wurden, und daß folglich die Planungen für dieses Großprojekt schon einige Jahre früher zu datieren sind.

Über den Bauverlauf sind nur wenige Daten überliefert: so Papstweihen vom 8. 10. 1250, dem 18. 12. 1251 und dem 26. 10. 1252; eine Nachricht von einem Gewölbeeinsturz im August 1254; die inschriftliche Datierung der Westfassade auf 1250. Den Chronisten nach war die Kirche 1263 entgültig fertiggestellt.[86]

---

[83] Zit. n. L. Garini, 1948, S. 11, Anm. 1. Bologneser Bischof war damals *Henricus de Fratte* (1213–1240), Garms, 1957, S. 676.
[84] L. Garini, 1948, S. 11, Anm. 2.
[85] L. Garini, 1948, S. 11, Anm. 3.
[86] Vgl. im einzelnen L. Garini, 1948, S. 23–47.

Abb. 58 Bologna, San Francesco. Umgangschor von Osten.

Abb. 59 Bologna, San Francesco. Lang- und Querhaus von Norden.

Abb. 60   Bologna, San Francesco. Westfassade.

Zur Lage von Kirche und Konvent ist vorab folgendes zu sagen: Die Kirche steht am Ausgang der West-Ostachse Bolognas und präsentiert ihren Chor stadteinwärts *(Abb. 58)*. Auf der Südseite schließen sich die noch heute vorhandenen, weitläufigen Klausurgebäude an, während die Ost- und Nordseite der Kirche ursprünglich vom Klosterfriedhof umgeben war *(Abb. 59)*. Vor der stadtabgewandten Westfassade *(Abb. 60)* erstreckt sich, wie schon im Mittelalter, ein ausgedehnter Freiplatz.

San Francesco ist, wie es sich heute darstellt, ein Produkt der puristischen Restaurierung von 1886 bis 1902, sowie der nach den Kriegszerstörungen von 1944 notwendig gewordenen Maßnahmen zur Wiederherstellung.[87] Den Umfang dieser vielfältigen Arbeiten und der dabei erfolgten Veränderungen entnehme man der nachfolgenden Übersicht:

1845–1848 San Francesco wird im Renaissancestil ausgemalt. Die mittelalterlichen und neuzeitlichen Veränderungen bleiben erhalten (vgl. *Abb. 61*).

1865 nach der Gründung des Königreiches Italien wird San Francesco als Militärmagazin benutzt.

1866 Ausweisung der Franziskaner aus dem Kloster.

1886 San Francesco wird dem Erzbischof von Bologna offiziell übergeben. Bildung einer Kommission zur Restaurierung der Kirche, und Übertragung der Arbeiten an Alfonso Rubbiani. Die Wiederherstellung beginnt noch im selben Jahr mit dem Abriß der Kapellen am nördlichen Seitenschiff. Allein die Kapelle San Bernardino (15. Jhd.) bleibt erhalten (vgl. *Abb. 61*). Die Seitenschiffsfenster werden nach Gewänderesten rekonstruiert und die Obergadenfenster mit Lochmasken geschlossen, wie sie an den Querhausseiten erhalten waren.

1887 Abriß der nördlichen Querhauskapelle. Die Querhausfassade wird nach dem Vorbild der Westfassade gestaltet, da man auf entsprechende Quellen stieß. Diese Ausführung steht im Gegensatz zu den ursprünglichen Restaurierungsabsichten Rubbianis (vgl. *Abb. 62/63* mit *Abb. 59*). In der nördlich an die Stirnkapelle anschließenden Capella Albergati (vgl. *Abb. 61*) findet man Gewände- und Maßwerkreste, nach denen alle Kapellenfenster am Umgang restauriert werden *(Abb. 64)*. Auch diese Ausführung hält sich nicht an die Vorgaben Rubbianis *(Abb. 62/63)*.

1889–1890 Beginn der zweiten Wiederherstellungskampagne. Im Innern der Kirche sucht man nach alten Farbfassungen. Dabei stellt sich heraus, daß die Wand- und Gewölbeglieder nie farblich angelegt, sondern entsprechend ihrem Material, rötlich getönt waren. Restaurierung der inneren Westfassade; Instandsetzung des nordwestlichen Portals, der südlichen Pfeilerreihe, der Obergaden- und Seitenschiffsfenster der Südseite. Bis 1895 erfolgt die Abnahme der renaissancistischen Chorfassung und die Neubemalung nach Entwürfen von Rubbiani (eine deutlich jugendstilige Form- und Farbgebung).

1890 Beginn der Abrisse am Chor (Stirnkapelle) und Wiederherstellung der Umgangskapellen.

1893 Ausgrabung der ursprünglichen Querhausfundamente im Süden und Abriß der dortigen Querhauskapelle.

1894 Demolierung der Vermauerung des Chorpolygons. Eine neue Chorschranke wird gesetzt, die sich an den Fundamenten orientiert und formal den Schranken von Modena (Dom), Venedig (San Marco) und Motiven aus Assisi (San Francesco) folgt.

---

[87] Die wechselvolle nachmittelalterliche Geschichte der Chiesa San Francesco ist gut dokumentiert bei: L. Garini, 1948, S. 103 ff. Für die Restaurierungsarbeiten Ende des 19. Jahrhunderts haben wir einen einzigartigen Bericht vom Restaurator Alfonso Rubbiani (1848–1913).

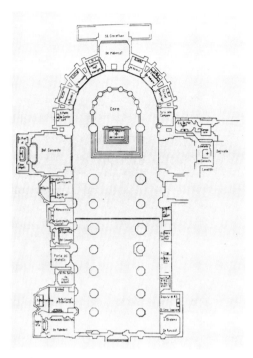

Abb. 61 Bologna, San Francesco. Grundriß vor
der Restaurierung.

1896 Beginn der dritten und letzten Wiederherstellungskampagne. Neugestaltung aller Umgangskapellen, wiederum deutlich in jugendstilen Formen gehalten.
1897 Das sogenannte »romanische Atrium« am südlichen Querhaus wird von Grund auf neu
1898 errichtet.
1899 Veröffentlichung des Restaurierungsberichtes von Rubbiani »*La chiesa di San Francesco e le Tombe dei Glossatori in Bologna*«. Diese Gelehrtengrabmäler am Chor sind zu jener Zeit von den Arkadengängen befreit und restauriert (vgl. *Abb. 96*).
1902 sind die größten Arbeiten abgeschlossen. Kleinere ziehen sich bis in die zwanziger Jahre hin, in denen auch die Kirche den Franziskanern zurückgegeben wird.
1943 Durch einen anglo-amerikanischen Bombenangriff auf Bologna wird San Francesco erheblich beschädigt.
– oberer Teil der Westfassade
– westliche Gewölbe
– nördliche Mittelschiffswand
1946 Sicherung der Fundamente im Bereich der Zerstörungen und zügiger Wiederaufbau.
1948 zur Einweihung erscheint Luigi Garinis umfassende Dokumentation.

Abb. 62a, b Bologna, San Francesco. Projekt für die Restaurierung der Kirche (Variante A).

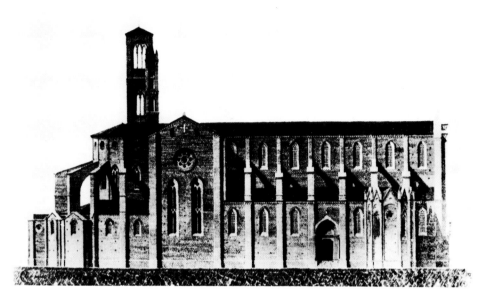

Abb. 63a, b Bologna, San Francesco. Projekt für die Restaurierung der Kirche (Variante B).

4. Die Kirche San Francesco

Urteile der Kunstgeschichte

Der deutschen Kunstgeschichtsschreibung ist die Kirche San Francesco seit Kugler und Schnaase bekannt.[88] Insbesondere seit der Arbeit von Henry Thode gilt sie als eine beispielhafte, franziskanische Adaption von »Zisterziensergotik«. Als direkte Vorbilder nannte Thode Clairvaux und Pontigny. Er schreibt: »*Hier findet sich die seltene, sonst mir nicht bekannte Eigentümlichkeit, daß der halbkreisförmige Chor neun Radialkapellen hat, welche die Gestalt von sphärischen Vierecken haben und zusammen außen eine fortlaufende halbkreisförmige Außenmauer bilden.*«[89]

Diese Sätze wurden ein Jahr vor dem Beginn der durchgreifenden Restaurierungsarbeiten Rubbianis geschrieben. Rubbiani, der selbst eine Monographie über San Francesco verfaßt hat[90], ließ die umlaufende Kapellenmauer aufbrechen und den ursprünglichen Zustand radial ausstrahlender Einzelkapellen wiederherstellen.[91] Diese Maßnahme änderte jedoch nichts an der kunstgeschichtlichen Auffassung des Chors von San Francesco. So heißt es im »Dehio-Bezold«, 1901[92]: »*Die Anlage des Chors nach dem Schema von Clairvaux und Pontigny, nur dass der Zwischenraum zwischen den viereckigen Kapellen nicht mit Pfeilermassen ausgefüllt ist.*« Die Ableitung von San Francesco fand in der Folgezeit ihre stereotype Wiederholung.[93]

Abb. 64a, b Bologna, San Francesco. Restaurierung der Albergati-Kapelle am Umgang. A = Befund, B = Ausführung.

---

[88] F. Kugler, 1859, Bd. 3, S. 569. C. Schnaase, ²1876, Bd. 5, S. 126.
[89] H. Thode, ⁴1934, S. 351.
[90] A. Rubbiani, 1886.
[91] siehe Anm. 87.
[92] Dehio-Bezold, 1901, Bd. 2, S. 512.
[93] K. H. Clasen, 1930, S. 138.

Noch 1948 urteilt Werner Gross bei seiner Suche nach dem »gotischsten System« in Italien: *»Der Bau, der ihm am nächsten kommt, die Franziskanerkirche in Bologna, kann höchstens mit Anlagen wie dem burgundisch-zisterziensischen Pontigny, in nichts mit Reims oder Amiens in Verbindung gebracht werden.«*[94]

Und Jantzen schreibt in seiner »Gotik des Abendlandes«, 1962: *»Der Chor ist als Umgang mit Kapellenkranz angelegt, aber nicht im Sinne der Kathedralgotik, sondern in der vereinfachenden Gestaltung der Zisterzienser in Burgund. Er steht auf der Stilstufe von Pontigny um 1220. Auch das Langhaus mit seinen niedrigen Arkaden über Achteckstützen und mit dem sechsteiligen Rippengewölbe weicht von der... Weiträumigkeit der lateinischen Gotik ab.«*[95]

Es fällt auf, daß die Autoren, wenn sie von der Kirche sprechen, nur den Chor und dessen äußere Erscheinung beachtet haben. Es ist fast anzunehmen, daß keiner von ihnen den Chor jemals betreten hat, da ihnen sonst der Unterschied zu Pontigny hätte auffallen müssen.[96] So ist auch die Innenraumbeschreibung Jantzens falsch und kann eigentlich nur von Abbildungen her gewonnen sein.[97]

Dieser Umgang mit San Francesco macht vielleicht verständlich, weshalb die Kirche in den vergangenen Jahren in spezielleren Abhandlungen zur Ordensarchitektur nicht mehr erwähnt wird.[98] San Francesco ist im großen und ganzen ein lokales Ereignis geblieben. Hier war es vor allem I. B. Supino, der die Kirche nicht mehr nur vom Chor her begriff, sondern auch vom Langhaus, genauer: vom sechsteilig gewölbten Mittelschiffsjoch. Er sprach die Vermutung aus: *»... bisogna concludere che i construttori francescani concretasero lo schema della loro chiesa ispirandosi alle più antiche cattedrali francesi.«*[99]

Tatsächlich spielte das quadratische, sechsteilig gewölbte Joch in der Kirchenarchitektur der Zisterzienser eine unbedeutende Rolle,[100] während es in der frühgotischen Kathedralarchitektur seit Sens häufig zur Ausführung kam. Doch ist gerade in diesen Kirchen der basilikale Umgangschor von San Francesco nicht vorgegeben. Dieser, insbesondere der 7/14-Schluß des Binnenchors[101], ist zuvor ausschließlich von den Zisterziensern verwendet worden.[102]

Ist San Francesco also nur eine unbedeutende, kompilative Architektur? Haben die Kunsthistoriker Recht gehabt, diese Kirche bis heute zu mißachten?

Die systematische Analyse wird zeigen, was es mit der rezeptiven Seite, den »zisterziensischen« und »kathedralgotischen« Anteilen, auf sich hat, und worin die innovativen Momente des Bauwerks bestehen. Dabei wird sich erweisen, daß San Francesco eine der bedeutendsten architektonischen Synthesen der Franziskanerarchitektur des 13. Jahrhunderts ist, aufschluß-

---

[94] W. Gross, 1948, S. 173.
[95] H. Jantzen, 1962, S. 148.
[96] Auch in der Propyläen-Kunstgeschichte wird San Francesco mit Pontigny in Verbindung gebracht, obwohl man hier eine ausführliche Beschreibung und gutes Bildmaterial beigefügt hat (Propyläen, 1972, Bd. 6, S. 332 f.). Vgl. daneben John White in: Pelican History of Art, 1966, S. 5 f.
[97] Zur Abbildungsproblematik siehe Anm. 166.
[98] Gemeint sind vor allem: E. Hertlein, 1964; W. Braunfels, 1969; H. Dellwing, 1970; E. Badstübner, 1980, der allerdings die Westfassade abbildet. Eine Ausnahme ist L. Grodecki (1976, S. 323). Er bildet aber einen völlig falschen Grundriß ab.
[99] I. B. Supino, 1932, S. 221.
[100] M. Aubert, 1943, Bd. 1, S. 254.
[101] Der Siebenvierzehntel mit Halbjoch findet sich Anfang und Mitte des 14. Jhds. in Barcelona: Kathedrale und S. Maria del Mar. Letzteres ein Bau, dessen Vergleich mit San Francesco lohnen würde.
[102] M. Aubert, 1943, Bd. 1, S. 212 ff. Cherlieux, Savigny, Vaucelles.

reich sowohl für das Kirchenbauverständnis des Ordens zur damaligen Zeit als auch für seine kirchen- und gesellschaftspolitischen Ansprüche und Zwänge.

Baubeschreibung

Das dreischiffige Langhaus von San Francesco setzt sich – am Grundriß betrachtet *(Abb. 65)* – aus drei quadratischen, sechsteilig gewölbten Mittelschiffsjochen zusammen, denen jeweils zwei halb so breite, quadratische und vierteilig gewölbte Seitenschiffsjoche zugeordnet sind. Hinzu kommt im Westen ein queroblonges Eingangsjoch, von nur halber Tiefe der übrigen Mittelschiffsjoche. Trotzdem ist es kein Halbjoch, da es kreuzrippengewölbt und somit völlig eigenständig formuliert ist. Folglich zähle ich im Mittelschiff vier, in den Seitenschiffen jeweils sieben Joche.

Nach Osten setzt ein mit der Langhausbreite fluchtendes Querhaus ein. Die quadratische Vierung hat dieselben Ausmaße wie die Mittelschiffsjoche, und die seitenschiffsbreiten Querarme bilden oblonge Jochformen gleich dem westlichen Eingangsjoch.

Der Umgangschor schließt ebenfalls in Breite des Langhauses an. D. h., sein Umgang führt die Seitenschiffsbreite unvermindert um den Binnenchor herum. Nur der Kapellenkranz springt charakteristisch über die Kirchenbreite hervor. Die neun flachgeschlossenen Radialkapellen sind einzeln an den Umgang gesetzt und kreuzrippengewölbt.[103] Die Stirnkapelle ist durch einen vorgelegten dreiseitigen Schluß ausgezeichnet.[104]

Der Binnenchor ist mit einem Halbjoch unmittelbar mit der Vierung verbunden. Dieses entspricht den Halbjochen des Mittelschiffs und ist nur um weniges schmäler, wodurch die beiden zugehörigen Umgangsjoche leicht unterquadratisch gebildet sind.[105] Der Binnenchor schließt in einem regelmäßigen 7/14 Polygon.

Das Langhaus ist auch im *Aufriß* durch Proportionen im Verhältnis 2:1 gekennzeichnet *(Abb. 66/67)*. So ist das Mittelschiff zweimal so hoch und so breit wie die Seitenschiffe. Ohne Querhaus erreicht das Langhaus allerdings nicht die zweifache Tiefe seiner Breitenausdehnung. Die Mittelschiffshöhe verhält sich zur Langhausbreite gar nur 1:1.[106] Diese mäßige Proportionierung bestimmt den *Eindruck des Betrachters* im Mittelschiff entscheidend mit. Doch komme ich auf die Wirkung des Innenraums in einem späteren Abschnitt zu sprechen. Hier soll zunächst das architektonische System erläutert werden.

Dienstlose Achteckpfeiler bilden die beiden Stützenreihen der eingeschossigen Hochschiffswände *(Abb. 68/69)*. Einziges Gliederungselement dieser Wände sind flache, alternie-

---

[103] A. Rubbiani glaubte zunächst, daß nur fünf Kapellen errichtet worden seien, die restlichen nach Fertigstellung der Kirche folgten. Später plädierte er sogar nur für drei Kapellen. L. Garini weist aber mit Quellenbelegen nach, daß alle neun Kapellen zur Bauzeit der Kirche entstanden sein müssen (1948, S. 28–30). Ich schließe mich dieser Auffassung an, da ich mir einen Siebenvierzehntel-Umgangschor ohne Kapellen nicht vorstellen kann.

[104] Der dreiseitige Schluß ist Restaurationsgut, beruht aber auf ergrabenen Fundamenten (A. Rubbiani, 1899, S. 27).

[105] Der Grundriß *(Abb. 65)* zeigt zwar die geringere Tiefe des Halbjochs, ist aber insofern falsch gezeichnet, als hier ein zu breiter Halbjoch- und Umgangsgurt eingetragen ist (vgl. *Abb. 74* mit *Abb. 65*). Auch die Zwischengurte im Mittelschiff und die Seitenschiffsgurte sind falsch gezeichnet (vgl. *Abb. 70–72* mit *Abb. 65*). Einen exakten Grundriß habe ich nicht finden können.

[106] Das Langhaus, einschließlich Querhaus, ist 61,94 m lang und 26,75 m breit. Das Mittelschiff ist 13,58 m breit und 26,14 m hoch. Die Seitenschiffe sind 6,73 m breit und 12,16 m hoch (Maße aus L. Garini, 1948, S. 32, Anm. 1).

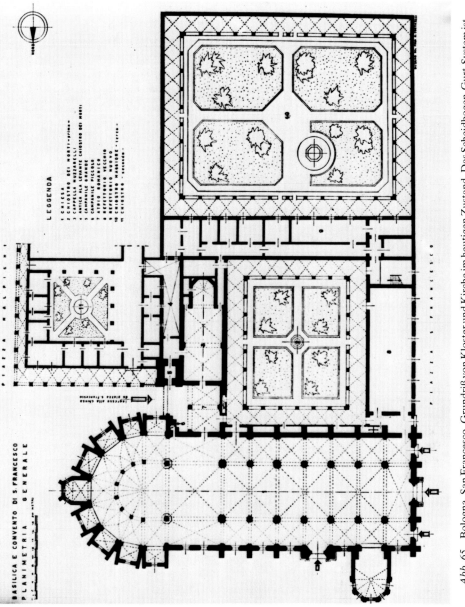

Abb. 65 Bologna, San Francesco. Grundriß von Kloster und Kirche im heutigen Zustand. Das Scheidbogen-Gurt-System ist ungenau eingetragen.

rende Vorlagen, die vom Gewölbesystem her bestimmt werden. Schmale, mit Lochmasken geschlossene Fenster sind weit oben in die Schildbogenfläche der Wand eingesetzt. Dadurch wird der kahle, ungegliederte Wandbereich über den gleichseitigen, spitzbogigen Arkaden zusätzlich unterstrichen und optisch gedehnt.

Die Hauptgurte der sechsteiligen Gewölbe sind, gleich den Arkaden, spitzbogig geführt, die Zwischengurte und Diagonalrippen hingegen rundbogig gestaltet. Alle Gewölbeglieder sind aus einem quadratischen, an den Ecken abgefasten Profil gebildet *(Abb. 70)*. Nur die

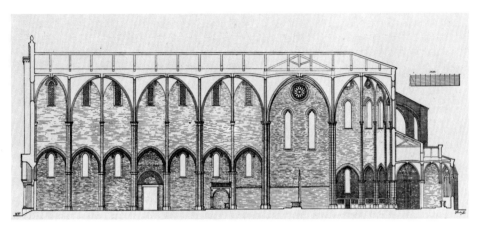

Abb. 66 Bologna, San Francesco – Längsschnitt.

Hauptgurte sind gleich den Scheidbögen mit einer schmalen Rücklage versehen, die optisch aber nicht ins Gewicht fällt. Gleichermaßen sind die Schildbögen leicht zu übersehende kantige Profile. An den Auflagerungspunkten der Hauptgurte und Diagonalrippen fallen Kämpfer- und Kapitellzone zusammen. Hingegen ist die Kämpferzone der Zwischengurte auf die Höhe der Fenstersohlbänke gerückt. Dies hängt mit der Stelzung der Zwischengurte zusammen, die aus ihrer Angleichung an die rundbogigen Diagonalrippen resultiert. Dieser charakteristisch *springenden* Kämpferzone der Gewölbeglieder – die Kapitellzone liegt auf einer Höhe – wird außen am Langhaus mit einem in der Höhe alternierenden Strebewerk Rechnung getragen *(vgl. Abb. 59)*. Den Hauptgurten und Diagonalrippen entsprechen an der Wand Dreiachtelvorlagen, den Zwischengurten einfache Rechtkantvorlagen. Alle enden sie auf der Deckplatte der Oktogonpfeiler.

An diesem gleichförmigen Gewölbe-Wand-Pfeilersystem ist eine Modifikation hervorzuheben: ein aus acht Pilastern zusammengesetztes stärkeres Stützenpaar am Eingang zum östlichsten Mittelschiffsjoch. Die Wandvorlagen sind hier aus drei flachen Einzelpilastern gebildet. An dieser Stelle befand sich ursprünglich der Lettner und im Joch selbst der Mönchschor.[107] Zusammen mit der Vierung und dem Binnenchor war dieses Joch mittels Schranken aus dem übrigen Kirchenraum ausgegrenzt.[108] Von daher erklären sich zwei weitere Modifikationen. Einmal, daß die Pfeilerkapitelle dieses Jochs mit Blattwerk ausge-

---

[107] Die Fundamente des Lettners wurden bei den Restaurierungsarbeiten aufgedeckt (A. Rubbiani, 1899, S. 35 f.).
[108] Vgl. die Rekonstruktionszeichnung von Rubbiani, bei: L. Garini, 1948, fig. 5.

Abb. 67 Bologna, San Francesco – Schnitt durch das Querhaus.

zeichnet sind, während die übrigen Pfeilerkapitelle keine Ornamentierung aufweisen, und zum anderen, daß hier den Seitenschiffswänden halbierte Achteckpfeiler vorgelegt sind, ansonsten mit den Oktogonpfeilern einfach abgetreppte Rechtkantvorlagen korrespondieren *(Abb. 71/72)*.[109]

Das Pfeilerpaar und die Wandvorlagen am ehemaligen Lettner imitieren sozusagen die westlichen Vierungspfeiler. Diese sind aus fünf ins Oktogon gestellten Pilastern gebildet, die vom Boden bis zum Gewölbekämpfer durchlaufend aufsteigen. Man kann also nicht – wie Wagner-Rieger[110] – von einem Stützenwechsel in San Francesco sprechen, sondern lediglich von einer die einheitliche Stützenreihe unterbrechenden Wiederholung des westlichen Vierungspfeilers an der Grenze zwischen Mönchs- und Laienraum. Ein alternierendes System ist nur bei den Wandvorlagen vorhanden, und dies ist durch die Gewölbedisposition bedingt.

Der *basilikale Umgangschor* bietet gegenüber dem Langhaus ein völlig anderes Bild, bereits in der Vierung macht sich der Umschwung bemerkbar. Hier kontrastieren den oktogonalen Pilasterpfeilern an der Westseite zwei aus *Runddiensten* gebildete Pfeiler über achteckiger Ummantelung an der Ostseite *(Abb. 73)*. Der Gegensatz der Formen ist zugleich ein Gegensatz des Materials. Während das Langhaus aus gelblichem Ziegelstein *(laterizio giallastro)* ausgeführt ist, hat man im Chor – beginnend mit den östlichen Querhauswänden –

---

[109] Auch der Gurt, zwischen dem fünften und sechsten Seitenschiffsjoch (von Westen), ist stärker als die übrigen und kennzeichnet somit die Grenze im Gewölbe. Leider konnte ich diesen Sachverhalt fotografisch nicht einfangen (vgl. aber *Abb. 71/72*).

[110] R. Wagner-Rieger, 1959, S. 273.

Abb. 68 Bologna, San Francesco – Nördliche Mittelschiffswand.

Abb. 69 Bologna, San Francesco – Südliche Mittelschiffswand.

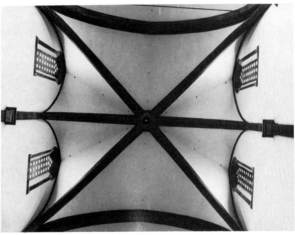

Abb. 70a, b Bologna, San Francesco. A = Vierungsgewölbe,
B = Gewölbe im Mittelschiff.

auch Haustein verwendet.[111] Auch die Proportionen verändern sich: der Binnenchor ist auf Mittelschiffshöhe gebracht, der Umgang hingegen ist wesentlich niedriger als die Seitenschiffe. Dadurch ist die Binnenchorwand tiefer herabgezogen als die Hochschiffswand, und die Kämpfer ihrer Arkaden liegen unterhalb der Seitenschiffsfenster *(vgl. Abb. 66)*.

Die Binnenchorwand ist wie die Hochschiffswand eingeschossig, da sich kein horizontal gliederndes Gesims zwischen Arkaden und Fenster schiebt. Sie erscheint viel stärker vertikalisiert, da die Wandabschnitte durch die siebenseitige Brechung des Polygons schmäler sind als im Langhaus, und da nur schmale, zweifarbige Runddienste in den Polygonecken sitzen, die bis auf die Sockel der Chorpfeiler herabgeführt sind *(Abb. 74)*. Die Chorfenster

---

[111] A. Rubbiani, 1899, S. 20; L. Garini, 1948, S. 30 f.; Auf Grund des Materialwechsels vermutet Garini eine Bauunterbrechung. Doch das einzige, was man meiner Meinung nach aus dem Materialwechsel für den Bauverlauf schließen kann, ist eine Verkürzung der Bauzeit. Die Ziegelbauweise hat dazu beigetragen, daß man bereits zu Beginn der fünfziger Jahre San Francesco einwölben konnte.

sitzen niedriger als im Mittelschiff *(vgl. Abb. 66)*. Dadurch machen sie die Schildbogenfläche frei für Rundfenster, sogenannte Monoforen oder Okuli. Beide Fensterformen sind maßwerklos, die Gewände der Okuli sind profiliert.[112]

Die Polygonpfeiler sind in der Abfolge differenziert und wesentlich komplizierter gebildet als die Pfeiler im Langhaus *(Abb. 75)*. Nach den stämmigen Achteck-Ummantelungen der östlichen Vierungspfeiler folgt an der Halbjochgrenze ein Pfeilerpaar, das als *Kombinationsform* aus kantoniertem Rundpfeiler und Vierpaßpfeiler zu begreifen ist *(Abb. 76/77)*. Ihr runder Kern ist nur noch seitlich der Rippendienste zu erkennen. In den Hauptachsen – unter dem Scheidbogen und dem Umgangsgurt – sind jeweils drei Dienste kleeblattartig zusammengefaßt und auf die Gesamtbreite der Bögen abgestimmt. Das Verhältnis der Gewölbeglieder zueinander bedingt eine etwas geringere Stärke des Gurt-Hauptdienstes gegenüber den beiden Scheidbögen-Hauptdiensten.[113] Demzufolge ist auch die Vorlage auf der Binnenchorseite modifiziert. Der Hauptdienst ist, da er nur mit Rippenstärke zu rechnen hat, seinen beiden Begleitern angeglichen und nur halb so stark wie die Hauptdienste der drei anderen Seiten. Darüber hinaus ist dieser Rippendienst ob seiner rechtkantigen Rücklage dem Pfeilerkern mit einem gemauerten Steg verbunden. Das folgende Pfeilerpaar nach Osten gleicht dem beschriebenen, die vier Stirnpfeiler hingegen haben einen vereinfachten Grund- und Aufriß *(Abb. 77/78)*. Ihr Kern ist ein Trapez, mit der breiteren Seite zum Umgang hin. Dieser Kern ist als ein stehengebliebenes Mauerstück in den Polygonecken zu interpretieren. Eine vierseitige Dienstdifferenzierung ist auch hier durchgeführt. Die Dienste für den Scheidbogenunterzug sind etwas stärker als für den Gurtunterzug und doppelt so stark wie der Dienst für die Binnenchorrippe. Alle Begleitstäbe sind weggelassen, auch die Dienste für die Umgangsrippen, die hier auf die Pfeilerkante gesetzt sind.[114] Die Wandvorlagen an der äußeren Umgangsseite korrespondieren mit der differenzierten Pfeilerabfolge des Polygons. Den vollplastischen »Bündel«pfeilerpaaren entsprechen im Norden Rund- und im Süden Achteckpfeiler. Den kantigen Stirnpfeilern entsprechen Mauerecken, über denen die Gewölbeglieder auf Konsolen angefangen sind *(Abb. 81–83)*.

Charakteristisch für die Polygonpfeiler sind ihre rechtwinkligen Sockel und Kapitelldeckplatten. Dadurch bleibt die Diagonalstellung der Umgangsrippen unberücksichtigt, und es wird ein *Eigenwert* der Pfeiler gegen die Einbindung in das Gewölbesystem behauptet. Dieser Eigenwert drückt sich auch in der Zweifarbigkeit des Materials aus. Pfeiler und Gewölbeglieder stehen mithin in einem Spannungsverhältnis, das tektonisches und a-tektonisches beinhaltet, wobei letzteres als *Präsentationsform* sichtbar gemacht ist.

Der Umgangschor setzt sich in den beschriebenen Momenten völlig vom Langhaus ab: Material, Proportion, Wandaufriß und Pfeilerform sind gänzlich verschieden. Und doch sind Bezüge vorhanden, die die einheitliche Konzeption von Chor und Langhaus erkennen lassen.

---

[112] Die Fenster im Binnenchor hatten bis 1688 eine farbige Verglasung, während die Quer- und Langhausfenster mit Lochmasken und Muranoglas versehen waren (vgl. A. Rubbiani, 1899, S. 55 ff.).

[113] Das Scheidbogen-Gurt-Verhältnis im Chor ist systematisch gesehen: Breite des Scheidbogens = Breite des Umgangsgurtes, sowie Breite des Gurtunterzuges = Breite der Diagonalrippe (vgl. *Abb. 75*). Zur Herleitung der Polygonpfeiler siehe Anm. 138.

[114] Auf *Abb. 79* ist der Sockel des nordöstlichen Stirnpfeilers im Polygon zu sehen. Deutlich ist hier, neben der Rippendienstbasis, eine Abarbeitung zu erkennen: Basis und Sockel für einen weiteren Dienst! Es hat den Anschein, als wären für die vier trapezförmigen Pfeiler im Chor gleichfalls *drei* schiffsseitige Dienste vorgesehen gewesen (vgl. *Abb. 80*).

Abb. 71 Bologna, San Francesco – Nördliches Seitenschiff von Westen.

Abb. 72 Bologna, San Francesco – Südliches Seitenschiff von Westen.

Zunächst zu einigen Einzelformen: Die Achteckpfeiler im Chorumgang sind dieselben wie im Langhaus; ebenso ihre Basen und Kapitelle. Das Kapitellblattwerk des vierten und sechsten Polygonpfeilers *(Abb. 84/85)*[115] stimmt mit dem arg beschädigten Kapitellblattwerk im östlichsten Mittelschiffsjoch überein. Die Chorfenster haben dieselbe Form wie die Seitenschiffsfenster. Das Chorgewölbe hat das gleiche Profil wie das Gewölbe im Langhaus *(vgl. Abb. 74* mit *69/70)*.

Entscheidender sind die konzeptionellen Bezüge! Die Kämpfer der Chorarkaden sind auf die Höhe der Portalstürze abgestimmt bzw. umgekehrt *(vgl. Abb. 66)*. Die Bogenanfänger der Chorfenster liegen auf der Sohlbankhöhe der Mittelschiffsfenster. Die Dienstkapitelle des Chores liegen mit den Dienstkapitellen des Mittelschiffs auf gleicher Höhe. Das stark gestelzte Binnenchorgewölbe hat seine Kämpferzone in Höhe der Kämpferzone der Zwi-

---

[115] Die Kapitelle der Polygonpfeiler sind sehr unterschiedlich gestaltet, auch was ihre Deckplattenform angeht. So sind die Kapitelle des besagten vierten und sechsten Polygonpfeilers (immer im Uhrzeigersinn, beginnend im Nordwesten) mit antikisierendem Blattwerk versehen. Die Kapitelle am ersten Polygonpfeiler tragen stilisierte Lilien am oberen Rand ihres Kelches, die des zweiten zeigen breitlappige Blätter, die aus dem Halsring aufsteigen und den Rand des Kelches umgreifen (vgl. *Abb. 76*). Am dritten Polygonpfeiler sind regelrecht »frühgotische« Knollenkapitelle zu sehen, am fünften typische Knospenkapitelle *(Abb. 84)*. Merkwürdig sind die Kapitelle am siebten Polygonpfeiler gebildet. Auf der Umgangsseite sind Tierwesen dargestellt, eine ausgesprochen romanisierende Plastik, gleich den dämonischen Harpyien am Kapitellband des nordöstlichen Vierungspfeilers *(Abb. 83 und 130)*. Zur Binnenchorseite sind diese Fabelwesen abgeschlagen worden *(Abb. 85)*. Der achte Polygonpfeiler zeigt niedrige und blattlose Kelchkapitelle. Antikisierendes, Romanisierendes, Früh- und Hochgotisches machen deutlich, daß das Stilproblem in San Francesco wohl ein *Modusproblem* darstellt, und ein bewußter Umgang und Einsatz verschiedener Formen unterstellt werden muß. Siehe dazu im Text S. 135.

Abb. 73 Bologna, San Francesco – Blick in den Binnenchor.

Abb. 74 Bologna, San Francesco – Binnenchorgewölbe.

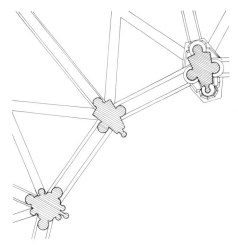

Abb. 75 Bologna, San Francesco. Querschnitte der Binnenchorpfeiler 2–4 (gezählt im Uhrzeigersinn) mit ungefährer Angabe des Scheidbogen-Gurt-Systems.

schengurte im Mittelschiff. Letzteres vor allem macht deutlich, daß mit der Errichtung des Chors, den die Forschung zuerst erbaut wissen will, die Disposition des Langhauses, das quadratische Joch mit seiner spezifischen Zwischengurtbildung, bereits festgelegen haben muß!

Da dieser Zusammenhang so wichtig ist, sei er noch einmal anders formuliert: Wäre das Binnenchorgewölbe mit hängenden Kappen gemauert, fielen also Kämpfer- und Kapitellzone zusammen, könnte man an ihm kein Argument für die konzeptionelle Einheit der Kirche gewinnen. Durch seine Stelzung aber reflektiert es das Mittelschiffsjoch mit seinen springenden Kämpferzonen, genauer: die Bildung des Zwischengurtes. Die Jochbildung im Mittelschiff hat die Disposition des Binnenchorgewölbes zur Voraussetzung, nicht umgekehrt.

Als Ergebnis der beschreibenden Analyse des Grund- und Aufrisses von San Francesco muß festgehalten werden, daß die Kirche einer *einheitlichen Konzeption* unterliegt, Chor und Langhaus aber völlig *gegensätzlich gestaltet* worden sind.

Der Umgangschor mit seiner differenzierten Pfeilerabfolge erscheint auf den ersten Blick »moderner« als das Langhaus mit seinen Achteckpfeilern[116] und den »altertümlichen«, sechsteiligen Gewölben. Und so spricht man auch in der Literatur von einer zunehmenden »Romanisierung« der Kirche von Ost nach West.[117] Man weist hierfür vor allem auf die Westfassade hin, die auch tatsächlich in der Tradition lombardischer Fassaden vom Typ *San Michele in Pavia* steht. Jedoch besitzt sie ein »hochgotisches« Stufenportal *(Abb. 86)*, im Verband stehend, sowie maßwerkbesetzte Okuli und ist inschriftlich auf 1250 datiert. Hingegen findet man, gleichsam umgekehrt, an den »hochgotischen« Pfeilern im Chor Kapitelle aller Stilstufen angebracht, auch romanisierende *(Abb. 87)*.

Dies mag genügen, um zu erkennen, daß der Gegensatz von Chor und Langhaus sich nicht *stilistisch* beschreiben und begründen läßt. Zwar werden stilistisch bestimmbare Formen benutzt, doch findet sich »modern und alt« in allen Teilen der Kirche wieder. Von daher

---

[116] zu den Achteckpfeilern unten, S. 148.
[117] A. Rubbiani, 1899, S. 3.

erscheint es sogar fast unmöglich, etwas Genaueres über den Bauverlauf auszusagen.[118] Der Gegensatz von Chor und Langhaus in San Francesco ist ein *Modusproblem*, das die Frage nach der Bedeutung des Unterschieds aufwirft, also nach den Absichten, die hinter dieser Konzeption stehen. Doch kann dem erst nachgegangen werden, wenn die Vorbilder für das architektonische System erkannt sind, wenn wir mehr wissen über die rezeptiven Anteile von San Francesco.

Vorbilder: Notre-Dame in Paris und Clairvaux II

Daß San Francesco auf ein »französisch-gotisches« Kirchensystem rekuriert, liegt nach der Beschreibung auf der Hand. Ein basilikales Langhaus mit sechsteiligen Gewölben auf einheitlicher Stützenreihe und ein nicht ausladendes Querhaus mit anschließendem basilikalen Umgangschor gab es in Italien zuvor nicht. Weder die italienische Zisterzienserarchitektur – von Chiaravalle milanese bis Morimondo, Fossanova und San Galgano – noch die Bischofskirchen von Piacenza und Siena, oder gar die Stiftskirche S. Andrea in Vercelli, kommen hier als typologische Vorbilder in Betracht. Sechsteilige Gewölbe spielten, wie ich eingangs sagte, auch in der französischen Zisterzienserarchitektur keine große Rolle, hingegen sind sie in der Nachfolge der erzbischöflichen Kathedrale von Sens häufig anzutreffen. Hier ist es dann auch die Kathedrale *Notre-Dame in Paris,* die die entscheidenden typologischen Voraussetzungen für San Francesco aufweist!

Notre-Dame in Paris *(Abb. 88)* ist in seinen wesentlichen Teilen zwischen 1163 und 1200 zur Ausführung gekommen. Im 13. Jahrhundert wurde die Fassade errichtet, kamen Kapellen- und Querhausbauten hinzu, schließlich wurden einige Aufrißmodifikationen vorgenommen.[119]

In der Gestalt des 12. Jahrhunderts und noch vor dem Baubeginn von San Francesco war die Kirche eine fünfschiffige, basilikale Anlage mit einem dreischiffigen nicht ausladenden Querhaus und einem kapellenlosen, zweifachen Umgangschor *(Abb. 89)*. Dieser Grundriß ist bis auf das zweite Seitenschiff und den zweiten Umgang mit dem Bologneser Grundriß identisch. Entscheidend modifiziert ist allerdings der Chorbereich in Bologna. So besitzt er weder die Vorchorjoche von Paris, noch den fünfseitigen Polygonschluß und zeigt darüber hinaus Radialkapellen am Umgang, die in Paris erst später hinzukamen.[120] Diese Abweichungen sollen uns zunächst nicht weiter interessieren.

Der Aufriß von Notre-Dame *(Abb. 90)* ist viergeschossig und – ohne dies hier näher zu explizieren – durch die Binnenchorgestaltung festgelegt. Die Arkaden sitzen auf vorlagelosen Rundstützen. Darüber die Emporenzone mit Biforienöffnungen im Polygon und Triforienöffnungen in den geraden Wandabschnitten. Unterhalb der Gewölbekämpferlinie lag das »Triforium« aus Monoforen mit Maßwerkfüllung. In der Schildwand saßen maßwerklose, spitzbogige Fenster. Wenn die Wiederherstellung des alten Aufrisses von Viollet-le-Duc in diesen letzten Details richtig ist, so machte sich zwischen Empore, »Triforium« und Fensterzone keinerlei Horizontalgliederung geltend. Nur die Arkadenwand schließt zur

---

[118] Es ist auch außerordentlich schwierig nach der großen Restaurierung Rubbianis und den Kriegszerstörungen – also Sachverhalte, die über die stilistischen Gegensätzlichkeiten hinausgehen – den Bauverlauf heute noch zu eruieren.
[119] siehe: M. Aubert, ²1929, S. 26 ff. und 137 ff.
[120] Zu den Kapellenanbauten in Paris vgl.: D. Kimpel, 1971, S. 39–43 und S. 92.

Abb. 76 Bologna, San Francesco. Binnenchorpfeiler 1 und 2 von Nordwesten (Umgangsseite).

Abb. 77 Bologna, San Francesco. Binnenchorpfeiler 3 und 2 von Osten (Umgangsseite).

Abb. 78 Bologna, San Francesco. Binnenchorpfeiler 4 und 3 von Norden (Umgangsseite).

Empore mit einem wulstigen, die Wandvorlagen nicht überkröpfenden Gesims ab. Schließt man gedanklich Empore und »Triforium«, so erkennt man in der Pariser Wandstruktur das Vorbild für die Bologneser Kirche wieder *(Abb. 91)*: eine einheitliche und vorlagenlose Stützenreihe, eine hohe und ungegliederte Hochschiffwand über den spitzbogigen Arkaden und weit nach oben in die Schildwand der sechsteiligen Gewölbe gerückte Fenster.

Die Verbindung eines sechsteiligen Gewölbes mit einer einheitlichen Stützenreihe ist ein wesentliches Merkmal der Pariser Kathedrale. Dieser *systematische Widerspruch* ist nur von der Kathedrale von Sens her zu verstehen, die als erzbischöfliche Metropole für die Pariser Kirche vorbildlich war. Man übernimmt von dort das sechsteilige Gewölbe, verzichtet aber auf den dazugehörigen Stützenwechsel zugunsten einer einheitlichen Pfeilerreihe. Es wird in Paris sozusagen eine der beiden Zwischenstützen von Sens zur Hauptstütze erhoben. Dieses Merkmal hat Paris aber mit der etwa gleichzeitig begonnenen Kathedrale in Laon gemeinsam. Vergleichen wir die Gewölbe-Wand-Systeme der drei angesprochenen Kirchen, so wird deutlich, welches für Bologna vorbildlich ist.

Im Senser Mittelschiff ist der Jochgurt in Profil und Breite den Scheidbögen angeglichen, der wesentlich schmälere Scheitel- oder Zwischengurt hingegen den Rippen.[121] Beide, Joch-

---

[121] Eine Eigentümlichkeit ist im Senser Gewölbesystem zu vermerken: Den Hauptgurten im Mittelschiff fehlen auf der Ostseite die Begleitstäbe. Das heißt, dort setzen die Gewölbekappen unverdeckt an die Gurtbögen an (vgl. F. Cali, 1963, Abb. 12). Der unsymmetrische Hauptgurt reflektiert damit ganz konsequent die Scheidbogenbildung, die, beginnend im Umgangschor, nur zur Mittelschiffsseite hin Begleitstäbe zeigt. Grund hierfür ist, daß das Scheidbogen-Gurt-Pfeilersystem der Kathedrale erst nach einem Planwechsel installiert worden ist und mit dem bereits errichteten Umgangssystem – kantige Gurte, Schildbögen und Gratgewölbe – vermittelt werden mußte (zur Kathedrale in Sens ist ein Aufsatz von H. J. Kunst und mir in Vorbereitung).

Abb. 79 Bologna, San Francesco. Sockel und Basen des 4. Binnenchorpfeilers (Chorseite).

und Zwischengurt, sind spitzbogig geführt und ungestelzt. In den Wandvorlagen kommt die unterschiedliche Vorlagenstärke der Gewölbeglieder zum Ausdruck. Der Zwischengurt ist sogar mit einem unterproportional dünnen Dienst versehen, der auf den Deckplatten der gekoppelten Rundsäulen endet. Die Jochgurte sind über ihre Vorlagen bis auf den Boden geführt.

In Laon ist das Gewölbe genauso ausgeführt, mit einem Unterschied, daß die Jochgurte – wohl aufgrund der einheitlichen Stützenreihe – schmäler geworden sind und sich der Breite der Zwischengurte annähern. Das die Hierarchie der Gewölbeglieder reflektierende Wandsystem ist deshalb auch schon gleichförmiger gefaßt.

In Paris ist das Gewölbe dahingehend verändert, daß die Zwischengurte in Breite und Profil den Jochgurten nun gleichgestellt sind, beide dem Unterzug des Scheidbogens entsprechen. Während aber die Jochgurte spitzbogig geführt sind, verlaufen die Zwischengurte *rundbogig* wie die Rippen und sind an der Wand *gestelzt*. In Höhe des Schildbogenkapitells setzen sie an die Wand an, so daß der Schildbogenstab mit seiner Länge genau die Höhendifferenz zwischen den Kämpfern der Zwischen- und Jochgurte markiert. Die unterschiedliche Stärke und Anzahl der Gewölbeglieder findet keine Berücksichtigung mehr in den Wandvorlagen. Drei gleich dünne unterproportionale Dienste, gleich den dünnen Zwischendiensten von Sens, führen auf die Deckplatte des Rundpfeilers herab. Die Gewölbesystematik von Paris mit den springenden Kämpferzonen ist also das *eindeutige* Vorbild für Bologna. Somit sind alle, die *Gesamtstruktur* der Bologneser Kirche bestimmenden Momente – ausschließlich der Chorgestalt – in Paris wiederzufinden:
– der Langhausgrundriß mit dem nichtausladenden Querhaus,
– der Wandaufriß mit der einheitlichen Stützenreihe und den hochgerückten Fenstern,
– die Gewölbesystematik mit den springenden Kämpferzonen.

Abb. 80 Bologna, San Francesco. Sockel und Basen des 1. Binnenchorpfeilers (Chorseite).

Abb. 81 Bologna, San Francesco. Nördliche Chorumgangsseite.

Abb. 82 Bologna, San Francesco. Südliche Chorumgangsseite.

Abb. 83 Bologna, San Francesco. Stirnseite des Chorumgangs.

Abb. 84 Bologna, San Francesco. Binnenchorpfeiler 1–5 (Chorseite).

Abb. 85 Bologna, San Francesco. Binnenchorpfeiler 5–8 (Chorseite).

Abb. 86 Bologna, San Francesco – Westportal.

Abb. 87 Bologna, San Francesco. Kapitelle der Binnenchorpfeiler 7 und 8 (Umgangsseite).

Aber ist mit dieser *Strukturanalogie* wirklich Paris gemeint? Warum fehlen die Rundstützen und das gleichförmige, nicht alternierende Wandvorlagensystem in Bologna? Woher also die Achteckpfeiler, die flachen Dreiachtelvorlagen der Hauptgurte und die Rechtkantvorlagen der Zwischengurte?

Die Beschreibung hat bereits gezeigt, daß die Bildung des Wand-Stützen-System in Bologna unmittelbar mit der Gestalt der westlichen Vierungspfeiler zusammenhängt.[122] Diese Pfeiler werden, wie gesagt, an der Lettnergrenze nachgeahmt und bestimmen dort auch die Gestalt der Wandvorlagen. Genauer: die drei Pilaster, die den Vierungsgurt, die westliche Vierungsrippe und die östliche Mittelschiffsrippe aufnehmen, sind an der Lettnergrenze als jochtrennende Wandvorlage wiederholt. Über den beiden anderen jochbegrenzenden Oktogonpfeilern sind sie als ungeteilte Dreiachtelvorlagen ausgeführt. Nur die rechtkantigen Vorlagen der Zwischengurte lassen sich nicht – systemimmanent – von den westlichen Vierungspfeilern ableiten.

Woher kommen also die beiden Grundelemente des Wandsystems, der markante Vierungspfeiler und die rechtkantige Vorlage der Zwischengurte?

Auch hierfür kommt wiederum nur *ein bestimmtes Vorbild* in Betracht: die Kathedrale in Paris! Dort sind die beiden westlichen Vierungspfeiler von Bologna an gleicher Stelle »wörtlich« vorgegeben *(Abb. 92).* Aus der Gesamtstruktur der Rund- und Stabformen der Pariser Kirche fallen diese völlig heraus. Weder in der Stützenform des Langhauses noch in den Wandvorlagen der Hochwand sind sie wieder aufgenommen. Sie stellen das auffallendste Motiv in der Pariser Kirche dar, und sind nicht von Sens her ableitbar, sondern wahrscheinlich eine Innovation.[123] An den Westwänden der beiden Querhausarme findet sich auch das zweite Element für Bologna wieder: die rechtkantige Wandvorlage. Sie führt hier den Zwischengurt des sechsteiligen Gewölbes bis auf den Boden herab.

In Bologna ist somit das Pariser System unter Zuhilfenahme des *hervorstechendsten Motivs* der Kathedrale in ein neues Kirchenkonzept transformiert worden!

Damit ist über den typologischen Bezug hinaus der sichtbare Beweis erbracht, daß San Francesco die Pariser Kathedrale auch »wörtlich« meint. Und zwar nicht das *rezeptive* Paris, die Bischofskirche, die aus bestimmten Gründen das Senser System, den erzbischöflichen Bezug aufgenommen hat, sondern das *innovative* Paris, die Kirche also, die über Sens hinausgeht und als Besonderheit das sechsteilige Gewölbesystem auf einheitlicher Stützenreihe und den Pilasterpfeiler eingeführt hat. Aus diesem Grunde wird verständlich, weshalb in Bologna die Sens-bestimmten Momente der Pariser Kathedrale, der Rundpfeiler und die dünnen Dienste beispielsweise, fehlen.

Mit der Pariser Kathedrale haben wir das Vorbild für San Francesco aufgedeckt, das *notwendig*, allein aber nicht *hinreichend* ist, um die Bologneser Gesamtkonzeption zu verstehen. Insbesondere der basilikale Umgangschor, auf den ich gleich zu sprechen komme, kann nicht von Paris abgeleitet werden, obwohl er Momente aus Paris übernommen hat. Was ich zunächst meine, sind die Modifikationen im Bologneser Langhaus, die der Erklärung

---

[122] siehe oben, S. 127.
[123] Pilastervorlagen sind in der cluniazensischen Architektur zu Hause (Cluny III). Ob sich Paris gegen die erzbischöfliche Kirche in Sens behauptet, indem es auf Momente aus Cluny zurückgreift (Viergeschossigkeit, Fünfschiffigkeit, Wiedereinführung eines Querhauses und Pilastervorlagen)? Immerhin ist Sens gegen die cluniazensische Architektur, gegen die monastische Hybris Cluny III, erbaut worden! Zum Zusammenhang zwischen Sens und der Zisterzienserarchitektur, vgl. O. v. Simson, 1972, S. 206 ff.

Abb. 88 Paris, Notre-Dame. Ansicht von Süden.

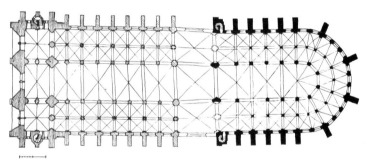

Abb. 89 Paris, Notre-Dame. Grundriß nach M. Aubert.

bedürfen. Zu sagen, daß in Bologna die Empore und das »Triforium« sowie das zweite Seitenschiff von Paris weggelassen worden sind, wäre nur eine Feststellung »ex negativo«. Da es die erkennbare Absicht der Franziskaner war, Paris nicht zu kopieren, sondern zu zitieren, also in neuer Form sichtbar anwesend zu machen, sind die Modifikationen von Bedeutung und nicht von »reduktionsgotischer« Art.

So versteht sich wohl die geschlossene, emporen- und triforienlose Wand im dreischiffigen Langhaus als eine Anlehnung an die *monastische Architektur* der Zisterzienser.[124] Besonders

---

[124] Cluny III bildet ja, als größte Ordenskirche der damaligen Zeit, eine gewisse Ausnahme.

Abb. 90 Paris, Notre-Dame. Nördliche Mittelschiffswand.

Abb. 91 Bologna, San Francesco. Südliche Mittelschiffswand von Nordosten.

deutlich wird das auch an der Verwendung der Achteckpfeiler, die vor San Francesco hauptsächlich in Klostergebäuden der Zisterzienser vorkommen. So in den Kapitelsälen von *La Prée* und *Noirlac*, in den Refektorien von *Fontenay* und *Reigny*, sowie in den Dormitorien von *Clairvaux* und *Heiligenkreuz* – um nur einige zu nennen. Gelegentlich tauchen sie auch schon in den Kirchen der Zisterzienser auf: so in den Seitenschiffen von *Lilienfeld*, als Zwischenstützen in *Casanova*, am Mönchschor in *Morimondo* und als Einzelstütze auf der Epistelseite von *Ripalta Scriva*. Immer bleiben sie im Kirchenraum vereinzelt oder in untergeordneter Stellung. So auch beispielsweise in *Chartres*, das einen vorlagelosen Achteckpfeiler im Umgang besitzt. Aufschlußreich ist die Kathedrale von *Canterbury*. Dort stehen zwei Achteckpfeilerpaare als Hauptstützen sechsteiliger Gewölbe im Mönchschor![125]

Die »Ikonographie« des Achteckpfeilers ist somit ziemlich sicher auf Kloster- und Klosterkirchenarchitektur festlegbar. Seine durchgängige Verwendung als Mittelschiffsstütze in einer gotischen Kirche geschieht in San Francesco zum erstenmal. Das innovative Moment besteht auch hier wiederum darin, daß eine bislang untergeordnete Form zur Hauptform erhoben wird. Der Achteckpfeiler in San Francesco ist mithin eine »hochmoderne« Lösung, die, eingebunden in ein »traditionelles System« (Paris), den monastischen Charakter der Kirche unterstreicht.

Zwei weitere Motive seien noch angefügt:

---

[125] Eine Zusammenstellung zur Verbreitung des Achteckpfeilers, bei: W. Clasen, 1947, S. 60–67.

Abb. 92 Paris, Notre-Dame. Westwand des nördlichen Querarms.

Die Gewölbesystematik in San Francesco folgt zwar, wie gezeigt, dem Pariser Vorbild, die Gewölbe*profile* sind jedoch denen der Oberkirche von Assisi nachgebildet. Die östlichen Vierungspfeiler stehen, wie in Paris, in Kontrast zu den gegenüberliegenden Pilasterpfeilern, ihr spezifischer Aufbau verweist aber wiederum auf die Grablegekirche in Assisi – doch davon später.

Der basilikale Umgangschor von San Francesco kann, wie angedeutet, nicht von Paris abgeleitet werden. Er hat keine Vorchorjoche, besitzt ein 7/14-Polygon und Radialkapellen am Umgang. Die Forschung hat für diese Merkmale immer schon auf die Zisterzienserkirchen in Pontigny und Clairvaux hingewiesen, wobei ihr der Chor von Pontigny die größeren Gemeinsamkeiten mit San Francesco zu haben schien.[126]

Doch auf welchen der beiden Chöre bezieht sich nun die Bologneser Kirche? Gibt es Kriterien für eine Entscheidung auf der formalen Ebene?

Der Chor von Pontigny ist ein *Erweiterungsbau*, für den um 1185 das flachgeschlossene Presbyterium und zwei Nebenkapellen am Querhaus der alten Kirche beseitigt werden mußten.[127] Der neue Chor *(Abb. 94)* ist vom Binnengewölbe her regelmäßig entwickelt und auf die Linie der Ostwand des alten Presbyteriums berechnet. D. h., das westliche der beiden Vorchorjoche hat die Tiefe des alten Presbyteriums und die ihm zugehörenden Umgangskapellen sind winzige, alt und neu vermittelnde »Pufferzonen«. Der neue, langgestreckte Chor

[126] siehe oben, S. 122 f.
[127] M. Aubert, 1943, Bd. 1, Anm. 5 auf S. 188, sowie fig. 68 und 70.

besitzt insgesamt dreizehn Kapellen am Umgang, die nach außen in eine einheitliche Umfassungswand integriert sind. Nur die Polygonkapellen haben innen einen dreiseitigen Schluß.

Die polygonale Binnenchorwand *(Abb. 93)* ist innen zweigeschossig angelegt. Die untere Zone wird bestimmt von engen, gestelzten Arkaden auf schlanken Rundpfeilern, die obere Zone von schmalen, in die Schildwand gerückten, spitzbogigen Fenstern. Getrennt sind beide durch ein an der Kämpferzone der Gewölbe verlaufendes Horizontalgesims. Die Chorrippen sind rundbogig und ungestelzt, die Kappen hängend gemauert.

Nach außen macht der Chor einen sehr breit gelagerten Eindruck, die Binnenchorwand über dem Umgang ist sehr niedrig. Unterstrichen wird diese Außenansicht von den niedrigen und tiefgreifenden Strebebögen *(Abb. 95)*.

Ohne auf weitere Einzelheiten des Pontigneser Chors eingehen zu müssen, kann hier schon gesagt werden, daß seine Großform sich wesentlich von Bologna unterscheidet *(Abb. 96)*, und daß keine einzige Kleinform den beiden Chören gemeinsam ist.[128]

Der Chor von Pontigny ist ein *Rezeptionsbau*. Er reagiert, wie auch andere Zisterzienserkirchen der Zeit[129], auf die bedeutendste Kirche seines Ordens: Clairvaux.

Die 1812/19 bis auf die Grundmauern zerstörte Abteikirche von Clairvaux wurde unmittelbar nach dem Tode des hl. Bernhard, mit großer Wahrscheinlichkeit, völlig neu aufgeführt.[130] Nach den überlieferten Ansichten und dem Plan von Gilbert (1808) besaß sie ein dreischiffiges, basilikales Langhaus von elf Jochen, ein dreischiffiges und weit ausladendes Querhaus, sowie einen basilikalen Umgangschor mit Kapellenkranz *(Abb. 97/98)*.[131]

Der Chor, mit dem die Kirche 1153/54 begonnen wurde, hat die Chorbildung von Cluny III zum Vorbild.[132] Auf ein kreuzrippengewölbtes, queroblonges Vorjoch, das in das Querhaus integriert war, folgte ein halbrunder Binnenchorschluß, in dem acht Rundstützen eine Apsiskalotte trugen.[133] Um den Schluß führte in der Breite der Seitenschiffsjoche ein tonnengewölbter Umgang herum.[134] Am Umgang befanden sich entsprechend den Polygonabschnitten neun flachgeschlossene Radialkapellen, die außen wiederum eine einheitliche Umfassungsmauer bildeten. Der Umgang, mit einem eigenen Dach auf Höhe der Querschiffskapellen, ragte als kurzes Wandstück über den Kapellenkranz hinaus und war durchfenstert. In der sehr hohen Apsiswand waren die Fenster auf den Umgang gedrückt, da sich innen eine Kalottenwölbung befand. Über den Apsisfenstern sind auf dem Stich von Silvestre *(Abb. 97)* Okuli eingezeichnet. Das Binnenchordach war gegenüber dem Satteldach des Vorchorjoches herabgesetzt. Strebebögen waren am Chor offensichtlich nicht vorhanden.

---

[128] Ein typisches Zisterziensermotiv, das in Bologna nicht vorkommt, ist das Abfangen der Gewölbedienste im Chorrund auf Konsolen, ebenso die bis auf das Horizontalgesims hin abgeschrägten Sohlbänke der Chorfenster.

[129] Quincy, Cherlieu; vgl. M. Aubert, 1943, Bd. 1, S. 212 ff.; W. Schlink, 1970, S. 95.

[130] Die These eines völligen Neubaus von Clairvaux vertritt bzw. stellt auf: W. Schlink, 1970, S. 138–141.

[131] Zum Aussagewert des Gilbert-Plans im Vergleich zu dem in der Kunstgeschichte bekannten Plan von Milley, vgl. W. Schlink, 1970, S. 109/110.

[132] Diesen überraschenden Zusammenhang weist W. Schlink, 1970, S. 112/13 nach.

[133] W. Schlink, 1970, S. 114, spricht von einem *polygonal* gebrochenen Schluß in Clairvaux. Der ist aber nur auf dem Plan von Milley zu sehen, den Schlink zu Recht als unzuverlässig eingestuft hat, nicht jedoch auf dem Plan von Gilbert. Der hier eingetragene halbkreisförmige Schluß kommt dem cluniazensischen Vorbild von Clairvaux auch viel näher.

Die Schlußführung hat m.E. etwas mit der Einwölbungs*art* im Umgang zu tun. In Clairvaux ist der Schluß rund, da sich im Umgang eine Tonnenwölbung befindet, in Langres ist er polygonal, weil der Umgang kreuzrippengewölbt ist.

[134] W. Schlink, 1970, S. 110/11.

Abb. 93 Pontigny, Zisterzienserkirche – Blick in den Binnenchor.

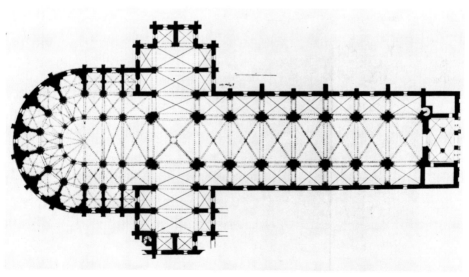

Abb. 94 Pontigny, Zisterzienserkirche. Grundriß nach Congr. archéol. 1907.

Der Umgangschor von Clairvaux II, der erste in der Zisterzienserarchitektur, zeigt in seiner Großform wesentliche Gemeinsamkeiten mit San Francesco:

Er ist kurz und unmittelbar an das Querhaus angesetzt. So ergibt sich gerade nach außen eine unübersehbare Ähnlichkeit mit der Bologneser Kirche. In der hohen Apsiswand von Clairvaux »springen« die Fenster gegenüber den Quer- und Langhausfenstern herab, sind ob der Kugelkalotte im Innern auf den Umgang gedrückt. Darin imitiert San Francesco eindeutig Clairvaux, denn im rippengewölbten Franziskanerchor hätte man, wie das Beispiel Pontigny beweist, die Polygonfenster ohne weiteres auf die Höhe der Langhausfenster bringen können. Jedoch setzt man sie herab und präsentiert in der freibleibenden Zone Okuli wie in Clairvaux.

Pontigny ist im Hinblick auf Bologna nur eine *Analogie!* Beide beziehen sich unmittelbar auf Clairvaux und setzen den Chortypus dieser Kirche in eine rippengewölbte Variante um. Das erforderte notwendig die Reduzierung der Polygonseiten, da eine Kappenwölbung über so enge Wandabschnitte, wie sie Clairvaux hatte, unmöglich war. Aus dem 9/18 von Clairvaux wird in beiden ein 7/14, das Vorchorjoch wird als Halbjoch in den Schluß integriert. Selbst eine Variante wie die Bischofskirche in Langres, die sich um 1164 wohl als erste an Clairvaux orientierte und die Kugelkalotte im Binnenchor übernahm, mußte den Chorschluß zu einem 9/16 modifizieren, da der Umgang mit Kreuzrippengewölben gedeckt wurde.[135] Langres steht nicht nur zeitlich, sondern auch formal dem Chor von Clairvaux am nächsten. Doch die rund siebzig Jahre später begonnene Franziskanerkirche in Bologna hat immerhin noch größere Ähnlichkeiten mit Clairvaux als das 1185 begonnene Pontigny. Ein Blick über den Chor hinaus mag das Gesagte noch erhärten.

Die Querhäuser in Clairvaux und Bologna sind zwar unterschiedlich breit, da in Bologna der Grundrißtyp von Paris und in Clairvaux der von Cluny vorbildlich war, doch sind beide auf die Höhe der Mittelschiffe gebracht und nicht wie in Pontigny als niedrige Annexe formuliert. Auch die Querhausfassaden stehen sich in ihrer Gestaltung näher, als Pontigny in diesem Punkt seinem »Schwesterbau« *(vgl. Abb. 99 mit Abb. 59)*. Möglicherweise ist auch von Clairvaux her die Verringerung der Fünfschiffigkeit von Paris auf drei Langhausschiffe in San Francesco zu verstehen. Über den monastischen Aspekt der Bologneser Kirche haben wir ja bereits gesprochen.[136]

Eine weitere Modifikation des Bologneser Chors gegenüber Clairvaux stellt das hoch hinaufgreifende, offene Strebewerk dar. Als der Chor von Clairvaux erbaut wurde, gab es ein solches noch nicht. Erst Notre-Dame in Paris hat es, um 1180, am Chor eingeführt.[137] Pontigny nahm es um 1185 in der beschriebenen Variante auf. San Francesco aber greift auch hierin nicht auf Pontigny, sondern, wie die Gestaltung deutlich macht, unmittelbar auf Paris zurück. So erweist sich auch in diesem Aspekt Pontigny nur als eine *Analogie* zu Bologna.

Nicht die »frühe« französische Kathedralgotik und/oder »die« Zisterzienserarchitektur waren maßgeblich für die Kirchenkonzeption von San Francesco, sondern die Kathedrale

---

[135] W. Schlink, 1970, S. 114, der die Abhängigkeit Langres von Clairvaux aufzeigt, unterstellt beiden Chören ein 9/16 Schluß. Auf Gilberts Plan ist eindeutig ein halbkreisförmiger 9/18 für Clairvaux abzulesen. Der Binnenchor von Langres hingegen ist, ob der Kreuzrippenwölbung im Umgang, nach Osten gestelzt und deshalb aus dem Sechzehneck konstruiert (Grundriß bei: W. Schlink, 1970, S. 27). Diese Modifikation hebt die Ableitung Langres von Clairvaux nicht auf, im Gegenteil. Sie macht deutlich, daß Langres den Chor von Clairvaux modernisiert.

[136] siehe oben, S. 147f.

[137] S. Stoddard, 1966, S. 140. Eine neue Rekonstruktion des Strebewerks haben jüngst W. Clark/R. Mark (1984) vorgelegt.

Abb. 95 Pontigny, Zisterzienserkirche. Umgangschor von Nordosten.

Abb. 96 Bologna, San Francesco. Umgangschor von Nordosten.

Abb. 97 Clairvaux, Zisterzienserkirche. Ansicht des zweiten Baus von Nordosten (Stich von I. Silvestre).

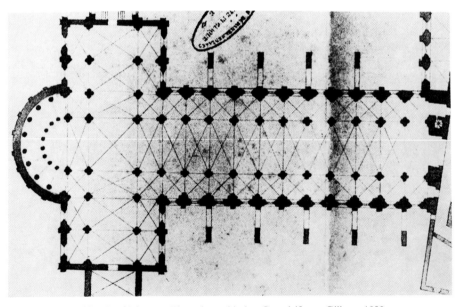

Abb. 98 Clairvaux, Zisterzienserkirche. Grundriß von Gilbert, 1808.

Abb. 99 Der hl. Bernhard mit dem Kirchenmodell von Clairvaux.
Gemälde aus dem 17. Jhd.

Notre-Dame in Paris und die Zisterzienserkirche Clairvaux II. Verliefe die mittelalterliche Kirchenarchitektur nach rein entwicklungsgeschichtlichen Gesetzmäßigkeiten, so hätte man sich in Bologna weder der »veralteten« Kathedralgotik noch dem ältesten Umgangsschema der Zisterzienserarchitektur anschließen dürfen. Vielmehr hätte man sich an den jüngsten Bauäußerungen der französischen Bischöfe und des Zisterzienserordens orientieren müssen, also etwa an *Amiens* oder *Royaumont*. Die Synthese aus Paris und Clairvaux in Bologna, der Rückgriff auf diese beiden Kirchen, und ihre wiedererkennbare Aufhebung in einer *zeitgemäßen Konzeption*[138], kann nur aus *ideologischen Gründen* erfolgt sein, die aus der

---

[138] Wie »modern« bzw. zeitgemäß der Bologneser Chor ist, wird deutlich, wenn man sich um eine Ableitung der Polygonpfeiler bemüht; ein Problem, das ich nicht eindeutig lösen konnte, das aber hier in der Anmerkung behandelt werden soll. Erinnern wir uns an die Merkmale der Chorpfeiler (oben, S. 131): 1. Die *Veränderung* der Pfeilerform resp. des Pfeilerkerns nach Osten. 2. Die *Unterscheidung* einer Binnenchorseite von einer Umgangsseite, gemäß der Gewölbedisposition. 3. Die *Durchdringung* bzw. *Kombination* eines kantonierten mit einem Kleeblattbogentyps zu einer spezifischen Bündelform bei den ersten beiden Stützpaaren. 4. Die *Eigenwertigkeit* der Pfeiler (Polychromie, Negierung der Dienstfunktion). Für diese Merkmale lassen sich in der französischen Gotik keine unmittelbaren Vorbilder aufzeigen. Während in der Frühgotik einförmige und dienstlose Rundpfeiler das Chorpolygon der Kathedralen bestimmen, so in der Hochgotik kantonierte Pfeiler, die zuvor nur im Langhaus bzw. Sanktuarium standen. Hier tauchen die ersten Analogien zu Bologna auf.
So ist im Binnenchor der Reimser Kathedrale (1211–41) eine Verringerung der Pfeilerstärke nach

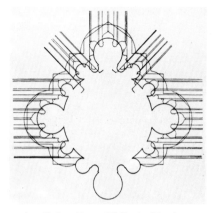

1 = Kölner Dom, Pfeiler im Vorchor

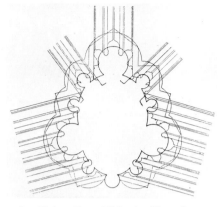

2 = Kölner Dom, Pfeiler im Chorpolygon

3 = St. Denis, Pfeiler im Langhaus

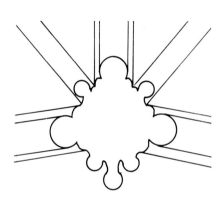

4 = Bologna, San Francesco.
Pfeiler im Chorpolygon

5 = Braunschweig, St. Ägidien,
Pfeiler im Vorchor

6 = Braunschweig, St. Ägidien,
Pfeiler im Chorpolygon

Abb. 100 Pfeilerquerschnitte im Vergleich

historisch-konkreten Situation der Franziskaner in Bologna erwachsen sind. Allein das Bedingungsfeld – die Verhältnisse im Minoritenorden und die Verhältnisse des Ordens zum dominikanischen Bologna – vermögen darüber Auskunft zu geben.

Osten und eine Differenzierung von Umgangs- und Binnenchorseite festzustellen. Den Polygonpfeilern ist nach innen ein Dienst vorgelegt (vgl. die analytischen Beschreibungen des Chors bei: H.-J. Kunst, 1969, S. 49 f.; E. Panofsky, 1927, S. 55 f.). Die Polygonpfeiler der Kathedrale von Amiens haben auf allen vier Seiten Dienstvorlagen, jedoch zur Binnenchorseite, entsprechend der Gewölbedisposition, einen dünneren Dienst (vgl. H.-J. Kunst, 1969, S. 81 und fig. 75). Somit lassen sich an den beiden bedeutendsten Vertretern der französischen Kathedralgotik die ersten beiden Merkmale der Bologneser Chorpfeiler festmachen.

Aus der deutschen Hochgotik sind nur *drei* Umgangschöre mit Bündelpfeilern im Polygon zu nennen: der Kölner Domchor (1248–1304), der Chor der Marienkirche in Lübeck (1260 ff.) und der Umgangschor der Ägidienkirche in Braunschweig (1278 ff.). Die beiden letzteren sind von Köln abhängig! Ein Umgangschor mit kantonierten Rundstützen taucht erst spät auf: am Verdener Dom (1274–1310).

Der Chor in Lübeck hat eine gewisse Parallele zu Bologna, da dort der Kern der Polygonpfeiler als stehengebliebenes Wandstück behandelt wird. Darüber hinaus haben beide Anlagen nichts gemein. Anders verhält es sich mit Köln. Dort stehen im Polygon, das in seinen unteren Teilen 1280 vollendet war, ovale Pfeiler, deren Dienstvorlagen wie folgt differenziert sind: anstelle der starken Hauptdienste der Umgangsseiten ist der mittlere Dienst an der Binnenchorseite seinen beiden Begleitstäben angeglichen und bildet mit ihnen ein unverkehltes Dreierdienstbündel. Darüber hinaus kann der Sanktuariumspfeiler als eine *Kombination* aus den Chorpfeilern von Amiens und den Langhauspfeilern von St. Denis verstanden werden, oder anders gesagt: der klassisch-kantonierte Pfeiler mit rundem Kern wird auf die Dienstgestaltung des Kreuzpfeilers von St. Denis hin modifiziert (= verkehltes Dreierdienstbündel zur Schiffsseite und unverkehltes Dreierdienstbündel auf rundem Kern unter den Scheidbögen; vgl. *Abb. 100, 3*). Doch selbst diese Kölner Querschnitte können nicht als direkte Vorbilder für San Francesco begriffen werden, sondern nur als Analogien, die etwas über die »Stilstufe« der Bologneser Chorpfeiler aussagen.

In der Nachfolge des Kölner Doms stehen die Chorpfeiler der Braunschweiger Ägidienkirche (P. Giesau, 1970). Unter den Scheidbögen und Gurten sind die Dienste kleeblattbogenartig zusammengestellt, zur Binnenchorseite sind sie wiederum zu dünneren Vorlagen modifiziert *(Abb. 100, 5 u. 6)*. Dieser Querschnitt zeigt, wie aus dem Kölner Vorbild, eine zu Bologna noch näherstehende Analogie werden konnte.

Mit den deutschen und französischen Bauten, insbesondere mit dem Domchor in Köln, hätten wir für die Bologneser Polygonpfeiler einen Zeitraum zwischen 1240 und 1250 als Entstehungszeit anzunehmen. Dem kommt auch die Bildung der Chorsockel und -basen entgegen (vgl. *Abb. 80*). Dieser Anhaltspunkt ist aber mit Vorsicht zu genießen, da all die herangezogenen Einzelformen in einem architektursystematischen Zusammenhang stehen, von dem keiner für Bologna vorbildlich war. Daneben ist die Spezifik des dritten und vierten Merkmals mit den Beispielen nicht belegt. Woher kommt die konkrete Kombinationsform und die Eigenwertigkeit der Bologneser Chorpfeiler?.

In Italien existiert vor San Francesco kein gotischer Umgangschor, den man zum Vergleich heranziehen könnte. Vermutet wurde ein solcher von V. Lusini für den Dom in Siena (sein Grundriß bei W. Gross, 1948, S. 226), jedoch gibt es inzwischen gute Gegengründe, die dem heute flachgeschlossenen Chor (ab 1316 ff.) einen gleichartigen, nur kürzeren Vorgänger attestieren (R. Wagner-Rieger, 1957, Bd. 2, S. 197 ff.). Was aber an dieser kurz nach 1200 begonnenen Bischofskirche auffällt, sind die polychromen Vierpaßpfeiler im Langhaus. Waren diese etwa das Vorbild für die Chorpfeiler in San Francesco?

Vierpaßpfeiler finden sich in Oberitalien allenthalben. Schon Sant'Ambrogio besitzt ihn im Vierungsraum auf der Nordseite. Doch das wichtigste und naheliegendste Beispiel ist die Bischofskirche in Bologna selbst: der mittelalterliche Dom San Pietro. Dort war er, wie wir bereits sahen, die Stützenform des gesamten Innenraums (siehe oben, S. 97 f und *Abb. 41*). Ist etwa dieser Pfeiler in San Francesco in die hochgotische Form des kantonierten Rundpfeilers assimiliert worden, gleichsam als Hinweis auf die Bischofskirche der Stadt?

Deutungen: Ordensleben und Wissenschaft

Bologna zählt, auch wenn die Legende die Anfänge nachträglich stilisiert hat, zu den ältesten Niederlassungsorten der Franziskaner. Schon im zweiten Dezennium des 13. Jahrhunderts waren Franziskaner in und um Bologna ständig anwesend.[139] Vor allem war Bologna der Ort, an dem die Minderbrüder Kontakte mit der Wissenschaft knüpfen konnten. Von Konflikten zwischen beiden hören wir auch hier zum erstenmal.[140] Noch 1222 richtete Franziskus an die Bologneser Mitbrüder einen Brief, der, wie Sabatier schreibt, ». . . *von den traurigsten Ahnungen erfüllt ist«,* denn, so Sabatier über die Ängste des Heiligen: »*Mehr als die Versuchung des Reichtums fürchtete er wohl den Dämon der Wissenschaft für sie.«*[141]

Und doch gelang es den studierfreudigen Minoriten im Orden nicht, nachdem ihr Stifter gestorben war, umgehend einen funktionsfähigen Konvent *in* Bologna aufzubauen. Dies verwundert um so mehr, wenn man bedenkt, daß der zweite Ordensgeneral, *Elias von Cortona,* einst Scriptor in Bologna war, und der dritte Ordensgeneral, der um die Ordensstudien so sehr bemühte *Johannes Parenti,* hier studiert und promoviert hatte.[142] So blieb es zunächst bei der Niederlassung *Santa Maria delle Pugliole,* irgendwo außerhalb der Stadt, von der heute niemand mehr etwas zu sagen weiß, außer, daß dort berühmte Lektoren wie *Antonius von Padua* und *Haymo von Faversham* tätig waren.[143]

Dagegen zeigten die Dominikaner den Minoriten, wie man in kurzer Zeit eine Stadt für sich einnehmen kann: 1219 erwarben sie ihre Kirche in Bologna, 1224 waren Konvent und Hausstudium eingerichtet. Die alle zwei Jahre in Bologna stattfindenden Generalkapitel taten ein übriges für ihr Ansehen und den Zulauf zu ihrem Orden. Mit der Heiligsprechung ihres Ordensstifters und der Überführung seiner Gebeine in die neu entstandene Kirche,

---

Postscriptum: Zwei für den hier erörterten Zusammenhang wichtige Umgangschöre habe ich nach Abschluß des Manuskripts in Burgund »vor Ort« studieren können. Der eine, der Chor der ehem. Augustinerkirche *St. Jean in Sens,* der sehr stark von der Kathedrale in Auxerre abhängig ist, zeigt in seinem Binnenchor, einem 5/10 mit Halbjoch, eine *differenzierte* Pfeilerabfolge: Achteckpfeiler an der Binnenchorgrenze, Rundpfeiler an der Halbjochgrenze und Bündelpfeiler im Polygon. Nur letztere gehören mit Sicherheit zur urspünglichen Konzeption, die nach R. Branner (1960, S. 182 f.) schon ab 1230 (!) realisiert worden ist. Es handelt sich um im Kern achteckige Pfeiler mit vier starken Diensten in den Hauptachsen und vier jüngeren eingestellten Diensten an den Seiten. Am Stirnpfeilerpaar sind die Hauptdienste auf der Binnenchorseite den Begleitdiensten in der Stärke angeglichen (da Branners Abbildung auf Taf. 23 den Sachverhalt nicht erkennbar macht, folgende Abbildungshinweise: Foto Marburg Nr. 409789/-798/-800). Der zweite Chor gehört zur Pfarrkirche *Notre-Dame in Villeneuve sur Yonne* und wurde gegen 1245 begonnen. Hier stehen im Polygon gleichförmige Bündelpfeiler, die einen verblüffend ähnlichen Querschnitt zu denen in San Francesco in Bologna aufweisen (R. Branner, 1960, S. 182, Fig. 92 und Taf. 26b/27b).
Beide Umgangschöre sind ausgesprochen rezeptiv, und ihre Pfeiler kommen als unmittelbare Vorbilder für San Francesco in Bologna nicht in Betracht. Doch ihre frühe Datierung bestätigt, daß der Bündelpfeiler bereits in den dreißiger und vierziger Jahren des 13. Jh.s Eingang in die Umgangschorkonzeption fand, in Italien zuerst in der Bologneser Franziskanerkirche. Hier sind sie ein *Novum* und machen die innovative Seite des rezeptiven Chorsystems deutlich (vgl. auch Anm. 146).

[139] J. R. H. Moorman, 1968, S. 63.
[140] siehe oben, S. 114.
[141] P. Sabatier, 1897, S. 202/203.
[142] zu J. Parenti siehe Anm. 65 (IV. Kapitel).
[143] H. Felder, 1904, S. 131 ff.

1233, waren die Dominikaner auf dem Höhepunkt der Macht. Bologna hatte einen neuen Heiligen, die Dominikaner hatten Bologna.[144]

Die Situation, in der sich die Franziskaner in Bologna Anfang der dreißiger Jahre befanden, erinnert sehr an die Verhältnisse in Paris. Während sich die Dominikaner fast reibungslos in die Stadtgesellschaft einzurichten wußten, blieb den Minoriten, selbst als ihnen die Niederlassungsmöglichkeit innerhalb der Stadt gegeben war, das gesellschaftliche Handeln beschränkt.[145] Die Antwort der Franziskaner auf die widrigen Umstände in Paris war schließlich der Bau von Ste. Madeleine, der großen Basilika mit Umgangschor.

Noch im selben Jahr, 1236, unternahmen die Minoriten in Bologna mit dem Bau ihrer Konventskirche erste Schritte, um auch hier Handlungsspielraum gegenüber dem Ordenskonkurrenten zu gewinnen. Dabei überhöht der auf die Stadt gerichtete Chor ihrer Kirche den dominikanischen Anspruch, Nachfolger des hl. Bernhard und seiner Zisterzienser zu sein. Denn wie San Domenico sich durch einen Rückgriff auf den »asketischen« Kirchentyp der zisterziensischen Aufstiegszeit auszeichnet, so San Francesco durch die Abbildung des Chors von Clairvaux II, der Kirche also, in der der hl. Bernhard wirkte und in der er auch begraben wurde. Die Stoßrichtung der Franziskaner auf die Sinneinheit »Dominikus-Bernhard« wird dadurch überaus deutlich. Der erfolgreichen wissenschaftlichen Tätigkeit der Dominikaner begegneten die Minoriten mit der Übernahme der Pariser Kathedrale, die Zentrum und Sinnbild der bedeutendsten Universität des Abendlandes war[146], in ihre Kirchenkonzeption. *(Abb. 101)*

So ist infolge der Definitionszwänge der Franziskaner eine Synthese zustande gekommen, die sich auf der Ebene des »sinnlichen Scheins« wie eine gelungene Verbindung von *Ordensleben und Wissenschaft* darbietet, der aber die Realität noch weitgehend widersprach. Dabei stand der architektonischen Behauptung nicht nur die durch die Dominikaner geschaffene Wirklichkeit in Paris und Bologna entgegen, sondern auch die Verhältnisse im Minoritenorden selbst.

Der Streit um die Ordensform und die wissenschaftlichen Studien war keinesfalls schon ausgestanden – im Gegenteil. Die Annulierung der testamentarischen Verfügungen Franziskus durch Papst Gregor IX., 1230, die Querelen um die Wiederwahl Frater Elias und seine Amtsführung bis zu seiner Absetzung 1239, gaben immer wieder Anstoß zu – sogar blutigen – Streitigkeiten zwischen Laien und Gebildeten, zwischen Minister und Generalität im Orden.[147] Von daher gesehen, stellt San Francesco in Bologna auch einen Teilsieg der ordens- und wissenschaftsbeflissenen Kräfte unter den Minoriten dar. Diese schufen sich mit der Bologneser wie auch mit der Pariser Kirche ein Stück sichtbare Realität ihrer Vorstellungen

---

[144] Die Dominikaner stellten mit *Jacobo Buoncambio* zwischen 1244 und 1260 sogar den Bologneser Bischof (Garms, 1957, S. 676).

[145] siehe oben, S. 76 f.

[146] Die Pariser Kathedrale – nicht nur ihr Bischof und der Archidiakon als Kanzler – stand in enger Beziehung zur Universität. In ihr wurden mit großer Wahrscheinlichkeit die Doktorenprüfungen abgehalten und auch die Verleihungen der Doktorgrade vorgenommen (K. Rückbrod, 1977, S. 91 f.). Diese Versammlungen könnten in den Seitenschiffen von Notre-Dame stattgefunden haben, da diese sich durch Pfeilerformen auszeichnen, die an Kapitelsäle erinnern (M. Aubert, 1929, S. 76 f.). So spricht Hans Sedlmayr in einem gelungenen Aperçu von den Pariser Seitenschiffen als »... *gleichsam angeschobenen zweischiffigen Räumen, Kapitelsälen ähnlich*« (1950, S. 247). Ob diese frühen Bündelpfeiler eine Rolle für die Chorpfeilerbildung in San Francesco gespielt haben, sei der weiteren Reflexion überlassen (siehe Anm. 138).

[147] Vgl. Anm. 65 (IV. Kapitel).

und Ansprüche in bezug zur Ordensentwicklung. Insofern macht San Francesco auch die Vertreibung aus dem Studienhaus, 1220, vergessen.[148]

Warum die Stadt Bologna nun plötzlich den Minoriten Raum zur Entfaltung gab, ist schwer zu sagen, da über ihre Beziehungen zum Orden zu wenig bekannt ist.[149] Der Dank des Papstes an die Kommune für die Überlassung eines geeigneten Konventsgeländes läßt jedoch vermuten, daß ihr die Aufnahme der Minoriten nicht ungelegen kam. Sei es, daß sie sich davon ein Gegengewicht zu den Dominikanern versprach, sei es, daß sie von dem franziskanischen Großbauprojekt Arbeit und Verdienst erwartete, nachdem der Neubau der Dominikanerkirche beendet war.[150] *Ein opus francigenum,* oder genauer: ein Abbild der Pariser Kathedrale in der Stadt, die hinter Paris und Oxford die angesehendste Universität der christlichen Welt beherbergte – und eifersüchtig hütete *(Abb. 102)*–[151], kann ihren Bürgern kaum unwillkommen gewesen sein, bedenkt man, daß im dialektischen Sinne ein architektonisches Zitat auch immer den Vorgang der »Aufhebung des Vorbildes« bedeutet.

Doch welchen Anspruch erhob das Paris-Zitat in San Francesco gegenüber der Bologneser Universität? War es etwa ein »Alleinvertretungsanspruch« auf die theologischen Wissen-

Abb. 101 Bologna, Panorama von Francesco Francia, 1505. Links San Francesco, in der Mitte San Petronio, daneben San Domenico.

---

[148] In etwa so, wie San Francesco in Assisi die kleine Portiuncula-Kapelle überstrahlt und für einen gewandelten Orden steht.
[149] Vgl. zur Bologneser Stadtgeschichte A. Hessel, 1910.
[150] Daß an den Ordensbauten verdient wurde, macht ein Schreiben des Salzburger Erzbischofs an die Bologneser Dominikaner deutlich, in dem er diesen das Recht erteilt, jene Bologneser und Sieneser Bankiers *(creditores)* loszusprechen, die den Konvent übervorteilt hatten. Das Geld mußte aber zuvor zurückgezahlt werden (AFP XLII, nr. 5).
[151] Die Stadt versuchte immer wieder die Scholarenvereinigungen per Dekret an Bologna zu binden, um ihre willkürliche Auszugspolitik zu verhindern (H. Denifle, 1885, S. 161–169).

Abb. 102 Bologna, Stadtplan von 1663.

schaften? Und wenn ja, gegen wen, außer den Dominikanern, mochte er gerichtet gewesen sein?[152]

Zur Beantwortung dieser Fragen muß man zunächst wissen, daß Bologna im 13. Jahrhundert »nur« eine Rechtsuniversität beherbergte. Das heißt, Anziehungspunkt für die Scholaren war das Studium des *ius civile,* das seit dem 11. Jahrhundert, als Irnerius über den Justinianischen Kodex zu lehren begann, in Bologna existierte.[153] Daneben konnten sich andere Disziplinen kaum behaupten, obwohl es für die Theologie, die Medizin und die Artes vereinzelt Lehrende und »Schulen« gab.[154] Nur das Kirchenrecht hatte in Bologna eine ebenbürtige Heimat, da es der Camaldulensermönch Gratian war, der hier, wohl als Reaktion auf das Zivilrecht, die Dekretalen verfaßte und das Studium der kanonischen Rechte ins Leben rief.[155] Diese Entwicklung trug wesentlich zum Niedergang der Theologie in Bologna bei, die im 12. Jahrhundert an der Kathedralschule ein immerhin beachtetes Dasein geführt hatte.[156] Zu den Folgen Gratians schreibt Rashdall: »*The cathedral chair of theology no doubt*

---

[152] Wie sehr die Dominikaner in den universitären Alltag Bolognas eingebunden waren, macht folgende Regelung für den Beginn des Studienjahres deutlich: »*Wir wollen, daß nach der Rede des Dekretisten die Rektoren und Räte aufgrund ihres Eides und alle anderen Studenten aufgrund des Anstands sogleich bei der Dominikanerkirche zusammenkommen und dort die Messe zum Heiligen Geist mit Erwähnung der glorreichen Jungfrau hören...*« (aus den ältesten Statuten der Bologneser Universität, zit. n. A. Borst, 1979, S. 555).

[153] H. Grundmann, 1960, S. 39 ff.

[154] H. Denifle, 1885, S. 205 f.

[155] Rashdall-Powicke-Emden, 1936, Bd. 1, S. 126 ff., besonders S. 132 ff. zum Verhältnis von kanonischem und zivilem Recht.

[156] So lehrte hier *Rolando Bandinello,* der 1159 Papst Alexander III. wurde (A. Sorbelli, 1944, Bd. 1, S. 129).

remained, but from this period the study of theology proper ceased to have any special importance at Bologna.«[157] Mit dem Paris abbildenden San Francesco kehren die theologischen Wissenschaften auch anschaulich nach Bologna zurück! Ordensunabhängigen Scholaren war es erlaubt, an der minoritischen Schule zu studieren. Ein päpstliches Privileg von 1249 stellte sogar diese Studierenden den Theologiestudenten in Paris gleich.[158]

Mehr als dieser universitätsähnliche Status war für die franziskanische Lehranstalt zunächst nicht zu erreichen. Beide Mendikantenorden konnten sich in die bestehende Universitas nicht inkorporieren, da diese nur aus Genossenschaften auswärtiger Scholaren der Rechtswissenschaft bestanden.[159]

Die Rechtsstudien standen, neben der Medizin, bei den älteren Orden in besonderem Verruf und wurden als »*scientiae lucrativae*« bezeichnet.[160] Sie zogen nämlich nicht nur weltliche Studenten an, sondern veranlaßten auch viele Mönche zum Verlassen ihrer Klöster. Grund hierfür waren wohl die hohen Stellungen und Einkünfte, die den promovierten Juristen winkten. Insbesondere die kommunale Bewegung, die seit dem 12. Jahrhundert im Aufstieg begriffen war, bedurfte zunehmend der Rechtsgelehrten, die die städtischen Rechte wahrzunehmen wußten.[161] So gab es schon im 12. Jahrhundert zahlreiche Dekrete, die Ordensangehörigen das Studium der weltlichen Wissenschaften verbat.[162]

Abb. 103 Bologna, San Francesco. Grabmal des Accursio am Chor.

---

[157] Rashdall-Powicke-Emden, 1936, Bd. 1, S. 134.
[158] D. Berg, 1977, S. 113. Diese Arbeit ist mir leider erst nach Abschluß des Manuskriptes bekannt geworden. Sie bietet eine Fülle von Material und weiterführender Literatur zu Bologna, Paris und Köln.
[159] H. Denifle, 1885, S. 132–158; Rashdall-Powicke-Emden, 1936, Bd. 1, S. 142 ff.
[160] D. Berg, 1977, S. 30.
[161] P. Classen, 1966, S. 168 ff.
[162] H. Felder, 1904, S. 386 ff.; S. Kuttner, 1952, S. 79–101.

Ist deshalb San Francesco auch als ein »Zeichen« gegen die florierenden Rechtswissenschaften in Bologna zu lesen?

Immerhin schrieb ein so berühmter und »aufgeklärter« Wissenschaftler wie der Franziskaner Roger Bacon gegen die »Unsitte« der Zeit, den Rechtsstudien den Vorrang gegenüber der Theologie zu geben.[163] Trotzdem kann San Francesco nicht einfach gegen die »weltlichen Studien« gerichtet verstanden werden, denn mit der Zeit, befaßten sich auch die Franziskaner mit ihnen. So vermag ein letzter Blick auf die Kirche das Verhältnis von Orden und Rechtswissenschaft erhellen. Im Schatten des auf die Stadt gerichteten Umgangschores stehen, auf dem ehemaligen Friedhof der Minoriten, die Grabmäler der drei bedeutendsten Zivilrechtsgelehrten des 13. Jahrhunderts: *Accursio (gest. 1263), Odofredo (gest. 1265) und Romanzini (gest. 1284).*[164] Trophäen gleich, demonstrieren diese Grabdenkmäler die Aneignung der Rechtswissenschaft durch die Theologie lehrenden Franziskaner *(Abb. 103)*. Diese Integrationsgeste offenbart einmal mehr die Absichten, Ziele und Zusammenhänge, die zu den architektonischen Rezeptionen der Franziskaner in Bologna geführt haben. Erst 1360 ging der in San Francesco sich ausdrückende Integrationswille in gewissem Sinne in Erfüllung: der Bologneser Universität wurde durch päpstlichen Erlaß eine von franziskanischen und dominikanischen Gelehrten getragene Theologiefakultät angegliedert.[165]

Optische Phänomene – ästhetische Prinzipien

Kommen wir noch einmal auf den Gegensatz von Chor und Langhaus in San Francesco zurück, und fragen wir uns, inwieweit diesem über den geschichtlich vermittelten Rezeptionszusammenhang hinaus bestimmte *gestalterische Absichten* zu Grunde liegen.

Es fällt nämlich auf, daß durch die Verwendung von runden, polychromen Formen im Chor und eckigen, monochromen Formen im Langhaus, durch die unterschiedliche Proportionierung, Wandbehandlung und Beleuchtung beider Räume ein spezifisches *optisches Verhältnis* zwischen Binnenchor und Mittelschiff erzeugt wird, von dem ich meine, daß es für die Mendikantenarchitektur von allgemeinerer Bedeutung ist. Das zu beobachtende Phänomen ist kurz gesagt folgendes: Auf den Betrachter im Mittelschiff wirkt der Binnenchor wie ein *gerahmtes architektonisches Bild*, und das Mittelschiff selbst wird wie ein in sich ruhender breiter Raum erfahren, dem sich das Chorbild lichthell aufdrängt *(Abb. 104)*. Dieser Eindruck, der von der Photographie leicht verfälscht wird[166], soll nun näher beschrieben und gedeutet werden.

Der Binnenchor von San Francesco besitzt kaum Tiefe, da er keine Vorchorjoche hat und unmittelbar an die Vierung anschließt. Die östlichen Vierungspfeiler, demgemäß auch als Choreckpfeiler lesbar, verdecken den Polygonansatz und treten voll ansichtig in das Blickfeld des Betrachters. Sie *rahmen* den Binnenchor und nehmen die flachen, vertikalen Polygonab-

---

[163] H. Felder, 1904, S. 389; R. Haussherr, 1975, S. 390–404.
[164] D. Berg, 1977, S. 140, nennt weitere Säkularprofessoren, die auf dem Friedhof der Minoriten beigesetzt worden sind.
[165] H. Denifle, 1885, S. 206 f.
[166] So ist beispielsweise *Abb. 104* nur ein schwaches Abbild des Choreindrucks, den der Betrachter vor Ort empfängt. Hier war eine überlange Belichtung nötig, um die architektonische Struktur hervorzuheben. Die »schlauchartige« Wirkung des Mittelschiffs ist realiter so nicht vorhanden und läßt sich wohl fotografisch nicht vermeiden. Solche Abbildungen verleiten natürlich zu fehlerhaften Beschreibungen, wenn man nicht häufiger den Eindruck am Objekt korrigieren kann. Vgl. oben, S. 123.

Abb. 104 Bologna, San Francesco. Mittelschiff und Chor von Westen.

schnitte, in denen sich die Fenster in Kapitellhöhe zu einer Lichtzone zusammenschließen, wie ein flaches, planes *Bild* zwischen sich. Der *Rahmenwert* der Choreckpfeiler ergibt sich aus der auffälligen Zweifarbigkeit des Materials und ihrer eckbetonenden Ansichtigkeit. Das läßt sich besonders gut an der Deckplattenbildung verdeutlichen *(vgl. Abb. 130)*. Plastisch profiliert springen die Deckplatten hervor und negieren durch ihre eckparallele Stellung die Diagonalität der aufzunehmenden Rippen. Die unverkehlt weit auseinanderstehenden Dienste betonen ihrerseits die Chorecke. Darüber hinaus kann man bei den östlichen Vierungspfeilern, ähnlich wie bei den Polygonpfeilern, von einem *Ausstellungswert* sprechen, der durch ihre achteckige Ummantelung sogar noch eine Steigerung erfährt: die Eckdienste erscheinen auf einen hohen Sockel gestellt.

Das Mittelschiff unterstreicht den beschriebenen Charakter des Binnenchors schon durch seine Proportionierung *(vgl. Abb. 66/67)*. Es ist im Verhältnis zur Breite nur mäßig hoch (2:1) und nur wenig tief (4:1). Sein Vorbild Notre-Dame in Paris etwa besitzt Mittelschiffsproportionen von 2,6:1 und ist vom Westeingang bis zum Polygonansatz rund 100m tief. Diese Länge entspricht zur Mittelschiffsbreite einem Quotienten von 8:1. Doch sind es nicht allein die Grundproportionen des Mittelschiffs, die in San Francesco den breiten, mäßig hohen und wenig tiefen Raumeindruck vermitteln.

Die Mittelschiffswand *(vgl. Abb. 68/69)* wirkt einerseits durch die hochgeschobenen Fenster und die dem Auge sich aufdrängende, sparsam gegliederte Wandfläche höher als sie tatsächlich ist, andererseits eröffnete sie, da sie real nur die Hälfte der Raumhöhe einnimmt, den Blick auf die Seitenschiffe, die dadurch optisch in den Hauptraum hineinwirken können und den Eindruck der Breite verstärken. Diese Ambivalenz wirkt gewissermaßen paralysierend und erzeugt den Eindruck eines wesentlich in sich verharrenden Raums entscheidend mit. Ähnlich Doppeldeutiges ist von der Tiefenerstreckung des Mittelschiffs zu sagen. Gewölbe, Wandvorlagen und Pfeilerkapitelle bilden, wie in jedem wandbegrenzten und wandgegliederten Raum, optische Tiefenlinien aus. Jedoch entwickelt sich aufgrund der real geringen Tiefe des Mittelschiffs, der flach lagernden, quadratischen sechsteiligen Gewölbe und des Eindrucks der Breite kein über den Raum hinausweisender Tiefen*zug*. Auch hierin bleibt das Mittelschiff wesentlich in seinen Real-Proportionen ruhend.

Das Mittelschiff von San Francesco ist demnach keine »via sacra«, keine schmale und steile »Gasse«, die den Kirchenbesucher auf einen ferngelegenen Chor hinzieht, sondern ein breit wirkender Raum, dessen verhaltene Wandlinien sich an den östlichen Vierungspfeilern brechen, und sich dort gleichsam dem hellen Chorbild öffnen, um dieses in den Raum einstrahlen zu lassen.

Dieses Verhältnis von Chor und Mittelschiff ist die *Umkehrung kathedralgotischer Bezüge!* Ob in Paris, Reims oder Amiens, der dort ins Mittelschiff tretende Betrachter wird von der Architektur in die Tiefe gezogen, hin auf einen in der Ferne aufleuchtenden Chor. Auch hier werden die Wandlinien an der Vierung gebrochen, jedoch hinter dem verdeckten Choransatz wieder aufgenommen und weitergeführt. Die Vierungspfeiler dieser Kirchen besitzen keinen Rahmen-, sondern lediglich einen *Brechungswert*. Ihre gebündelten, an dieser Stelle den Raum verengenden Dienste sammeln sozusagen den rhythmischen Tiefenzug des Mittelschiffs und unterbrechen ihn nur kurz. Sie verunklären damit aber die reale Tiefenerstreckung des Chores, die für den zum Chor schreitenden Betrachter optisch unmeßbar wird. In San Francesco kommt der Chor dem am Eingang stehenden Betrachter als ein mächtig aufragendes, vom dunkleren Mittelschiff deutlich geschiedenes Bild gleichsam entgegen: Je näher er ihm tritt, umso stärker schlägt es ihn in seinen Bann. Es wird geradezu »über«mächtig, beachtet man das Phänomen der nach Osten zu ansteigenden Pfeilersockel, die in den

Achteckummantelungen der östlichen Vierungspfeiler kulminieren.[167] Man steigt gewissermaßen hinauf, wenn man dem Chorbild entgegengeht, so wie man in der Kathedrale von Canterbury, um ein in dieser Hinsicht markantes Beispiel zu nennen, tatsächlich emporsteigen muß, um in den Chor der Kirche zu gelangen.

Das Phänomen, den Raumeindruck vom Chor her dominieren zu lassen, ist in der Oberkirche von *San Francesco in Assisi (vgl. Abb. 127)* durch die Rahmung des Chorpolygons schon angelegt, kommt aber erst in Bologna zum Tragen und erfährt in *Sta. Croce in Florenz* seine bekannteste Formulierung *(vgl. Abb. 117)*. Schon Theodor Hetzer hat erkannt, daß hier Architektur bildhaft organisiert ist[168], und Werner Gross sprach zu Recht von der Chorwand in Sta. Croce von einer »*Architektur als Inbegriff der Schaubarkeit.*«[169] Aber ohne die Bologneser Franziskanerkirche ist die Gestaltung von Sta. Croce nicht zu verstehen.[170]

In Anwendung zweier Begriffe, die Heinrich Drerup an der römischen Architektur entwickelt hat[171], kann man in San Francesco vom Gegenüber eines »*Bildraums*« und eines »*Realraums*« sprechen. Das Mittelschiff ist dem Laien zugänglich und somit ein *real* erfahrbarer Raum. Der Chor hingegen, beginnend hinter dem ehemaligen Lettner, bleibt ihm verschlossen und hat nur eine *optisch* erfahrbare Qualität, die in San Francesco eine *gestalterische,* in den Realraum hineinwirkende Überhöhung erfahren hat. Darin manifestiert sich eine neue Qualität der Mendikantenkirchen gegenüber den kathedralgotischen Bischofskirchen. Zwar haben diese auch den verschlossenen und unzugänglichen Chorbereich, doch ist dieser zum einen optisch fern und zum anderen architektonisch dem Laienraum gleichgestellt. Die Mendikanten hingegen machen dem Gläubigen den Chor schaubar und bringen ihn der Gemeinde wieder nahe. Daraus erwächst dem Gläubigen eine neue Partizipationsmöglichkeit, aber zugleich auch ein Partizipationszwang. Er vermag sich dem aufdrängenden Chorbild durch nichts zu entziehen. Besonders wirksam wird dieses optische Verhältnis in den einfachsten Typen der Mendikantenarchitektur. Um ein Beispiel zu nennen: In der Franziskanerkirche in *Lucca* nimmt der als Bildarchitektur gestaltete Chor die gesamte Breite des Saalraums ein, so daß der eintretende Gläubige mit ihm ständig konfrontiert bleibt.

Diese neue Beziehung von Chor und Langhaus, von Mönchs- und Laienraum, die letztlich gesellschaftspolitisch begründet ist, liefert auch ein gewichtiges Argument gegen die immer

---

[167] Zu den achteckigen Ummantelungen der östlichen Vierungspfeiler bleibt nachzutragen, daß sie während der Bauzeit entstanden sind und keineswegs aus späterer Zeit stammen (Nachweis hierzu bei A. Rubbiani, 1899, S. 51 f., der sie noch während der Restaurierungskampagne abzutragen gedachte). Diskutiert wurde allerdings, ob sie mit dem überlieferten Gewölbeeinsturz von 1254 zusammen zu bringen sind, also ob ihrer Ausführung statisch-konstruktive Ursachen zugrunde liegen könnten (vgl. L. Garini, 1948, S. 44). Doch nimmt man einmal an, daß damals das Vierungsgewölbe eingestürzt wäre – über den Ort des Einsturzes wird nämlich nicht berichtet –, so hätte man den Querschnitt aller vier Vierungspfeiler verstärken müssen und zwar bis hinauf zum Gewölbekämpfer. Sinnvoll wären wohl auch diagonal gestellte Strebepfeiler zwischen Chor und Querhausarmen gewesen, da die Gewölbelast ja auch ein Schubproblem darstellt. Doch geschah weder das eine noch das andere. Ich meine, daß die Achteckummantelungen keine statische Angelegenheit sind, sondern daß sie bedeutungstragend verstanden werden müssen.

[168] »*Die gesamte Chorwand von Santa Croce in Florenz z. B. ist ein Bild; Wandteile, Choröffnung, Fenster treten als Bilder zueinander in Beziehung.*« (Th. Hetzer, 1957, Bd. 2, S. 177).

[169] W. Gross, 1969, S. 133.

[170] So schaut Werner Gross leider nicht über Sta. Croce hinaus, wenn er schreibt: »*Das Prinzip der Rahmungen aber haben wir als die eigenste (!) Errungenschaft der Sa.-Croce-Architektur kennengelernt, zunächst bei der Gestaltung der Chorwand.*« (1948, S. 204 f.).

[171] H. Drerup, 1959, passim.

wieder behauptete »Profanisierungstendenz« in der Mendikantenarchitektur.[172] Denn mit der Umwandlung des Chores oder der Chorwand in ein architektonisches Bild wird das »Allerheiligste« aufgewertet. Und mit der optischen Dominanz des Chorbildes wird die Partizipation am allerheiligsten Bezirk ermöglicht und erzwungen. Das auf den Bildraum sich konzentrierende »jenseitige Licht« wirkt in einem Maße in den Realraum hinein wie nie zuvor. Die Mendikanten, die für eine Erneuerung des katholischen Glaubens angetreten waren und gegen seine »Verweltlichung« kämpften, sakralisieren damit sozusagen die Kirchenarchitektur und stellen den Gegensatz zwischen Diesseits und Jenseits wieder stärker heraus. Diese Symbolik war den kathedralgotischen Kirchen durch die Verwischung der Grenzen – der architektonischen Egalisierung von Chor und Langhaus, der einheitlichen Lichtführung – weitgehend verlorengegangen.[173]

Das beobachtete Gestaltungsprinzip in San Francesco hat eine deutliche Parallele in der theologisch-philosophischen Lehre Bonaventuras (1221–1274), dem herausragenden franziskanischen Gelehrten des 13. Jahrhunderts. Durch sein gesamtes Werk zieht sich eine schroffe Trennung »*zwischen allem geschaffenen und göttlichen Sein*«[174], eine radikale Auffassung, in der Endliches und Unendliches keinerlei substantielle Beziehung haben. Gott als das vollkommene Sein ist das einzig wirklich Unendliche, das die Welt und mit ihr alle Dinge *ex nihilo* und *ex tempore* zum Dasein gebracht hat. Die von Gott geschaffenen Dinge sind für Bonaventura, wie es Etienne Gilson einmal fast existentialistisch umschrieben hat, »*auf den dunklen Grund des Nichts geworfene Widerspiegelungen*«.[175] Das Verhältnis zwischen erstem Sein und erzeugtem Sein ist von analogischer Natur. Das Gefüge der menschlichen Seele etwa entspricht dem Gefüge der Dreieinigkeit Gottes. Die drei Seelenvermögen Gedächtnis, Verstand und Wille verhalten sich zur Seele als Ganzes wie die drei göttlichen Personen Vater, Sohn und hl. Geist zu Gott. Insofern ist die Seele ein nahes und deutliches Spiegelbild Gottes und steht über der Körperwelt, die nur Schatten und Spuren von Gott enthält. Dieser Symbolismus Bonaventuras, der ihn zu einem, wie der Franziskanerpater Boving es nannte, »*trinitarisch geformten Weltbild*« führte, durchwaltet auch sein »*Pilgerbuch der Seele zu Gott*«, das er nach eigener Aussage auf dem Berg Alverna verfaßte, dem Ort, an dem Franziskus

---

[172] siehe oben, S. 65 f.
[173] Neben der den Gesamtraum gleichmäßig be- und durchleuchtenden Kathedalgotik und der die Lichtführung vom Chor her inszenierenden Mendikantenarchitektur (gilt natürlich nicht für alle ihrer Kirchen), sei noch auf eine dritte Variante hingewiesen. In *Sant'Ambrogio in Mailand*, einer Kirche, die gemeinhin als »Initialbau« für die oberitalienische Architekturlandschaft des 12. Jahrhunderts gilt, wird das Licht durch die Westfassade geführt. Im Inneren ist *deshalb* auf einen Obergaden mit Fenstern verzichtet worden. Erwin Kluckhohn ist, soweit ich sehe, bisher der einzige, der auf diesen Zusammenhang in seiner Beschreibung der Kirche Bezug genommen hat: »*Im Mittelschiff... herrscht große Helligkeit, denn das Licht strömt ungehindert durch drei für romanische Verhältnisse ganz außerordentlich große Fenster im Westen ein. Diese Fenster hat der Eintretende im Rücken, er sieht also nicht das Licht* (sic!), *sieht aber die hellbeleuchteten Baldachinräume, die durch dunklere Seitenräume begleitet werden... Der Eingetretene befindet sich also in einem Raum, dessen Lichtquellen er nicht sieht* (sic!) ... *zwischen ihm aber und der Außenwelt liegt eine dunkle Zone, die ihn ganz von der Außenwelt fernrückt.*« (1940, S. 81). Diese Lichtführung in Sant'Ambrogio ist so bewußt und präzise inszeniert, daß ich nicht verstehe, warum man bis heute glaubt, der Architekt hätte aus statisch-konstruktiven Überlegungen heraus auf einen beleuchteten Obergaden verzichtet.
[174] R. Boving, 1930, S. 90. Bovings Buch ist der einzige, mir bekannte Versuch, die Philosophie Bonaventuras mit der französisch-gotischen Architektur zu verknüpfen. Seine Grenzen liegen darin, daß Boving in Anlehnung an die kunstgeschichtliche Methode Dvořáks ein Kausalverhältnis herstellt und meint, die gesamte Hochgotik von Bonaventura her »erklären« zu können.
[175] E. Gilson, 1960, S. 226.

seine Stigmata empfing.[176] Dieses Itinerarium liest sich in einigen Passagen wie eine Einführung in die Gestaltungsprinzipien von San Francesco in Bologna.

Drei Wege muß die menschliche Seele nach Bonaventura beschreiten, will sie zu Gott gelangen. Ähnlich also, um es gleich auf die Architektur zu übertragen, wie der auserwählte Kirchenbenutzer den Laien- und Mönchsraum durchqueren muß, um in das Sanktuarium zu gelangen. Auf diesen drei Wegen oder Stufen kommt die Seele vom Äußeren zum Inneren, vom Tiefsten zum Höchsten, vom Zeitlichen zum Ewigen. Man erinnere sich der aufsteigenden Sockelzone in San Francesco, die den Benutzer dem Chorbild entgegenführt, ihn »nach oben« in das Innerste trägt. »*Das ist der dreitägige Weg in der Wüste; das ist die dreifache Beleuchtung eines einzelnen Tages: die erste ist wie der Abend, die zweite wie der Morgen, die dritte wie der Mittag;*«[177]

»*Der Tag*«, so Bonaventura in seinen Sentenzen[178], »*besagt eine Erleuchtung, die vom Lichte ausgeht, das sich über diese Finsternis ausbreitet. Morgen und Abend... besagen ein Anwachsen und Zurücktreten der Helligkeit... Die Erkenntnis Gottes in sich selbst aber wird Tag genannt, weil er reines Licht, Erkenntnis und Erkenntnisgrund ist.*«

Gott ist Licht und von Gott geht Licht aus, wie in unserer Kirche von der Fensterzone des gerahmten Chorbildes. Es strahlt in das durch die hochgeschobenen Transennenfenster abgedunkelte Mittelschiff. Hier umfängt den Gläubigen »zurücktretende Helligkeit«, die anwächst, wenn er dem »strahlenden Mittag« des Binnenchores entgegengeht. In ihm befindet er sich im »Lichte der Wahrheit«, im Zentrum des Sakralraums, das die übrige Kirche als Vorhof erscheinen läßt: »*So treten wir denn an dritter Stelle bei uns selbst ein, verlassen gleichsam den äußeren Vorhof und müssen versuchen, im Heiligtum, und zwar im vorderen Teil des Zeltes, Gott durch einen Spiegel zu schauen. Denn hier erglänzt wie auf einem hohen Leuchter das Licht der Wahrheit auf dem Antlitz unserer Seele...*«[179].

Die franziskanische Auffassung vom Licht unterscheidet sich erheblich von der über Pseudo-Dionysius vermittelten Lichtmetaphysik, die, wie Otto von Simson aufgezeigt hat[180], für die frühgotische Architektur Frankreichs so bedeutsam war. Das körperliche Licht, wie Gott es am ersten Tag erschaffen hat, ist für Bonaventura eine aller Materie gemeinsame *substantielle Form*. Je nach dem Grad der Teilnahme an dieser Form besitzen die Körper eine höhere oder niedere Seinsstufe. »*Denn was immer durch die Wirksamkeit natürlicher Kräfte erzeugt und hervorgebracht wird, das muß aus den Elementen gebildet werden durch den Einfluß des Lichtes, das die Gegensätzlichkeit der Elemente in den gemischten Körpern ausgleicht.*«[181]

Auch für Robert Grosseteste und Roger Bacon ist die Lichtform wesenhafte *Tätigkeit*, die sich selbst fortpflanzt und ausstrahlt; eine Vorstellung, die die franziskanischen Gelehrten

---

[176] Bonaventura, 1961, S. 45f.
[177] Bonaventura, 1961, S. 56: »*Haec est igitur via trium dierum in solitudine (Ex 3, 18); haec est triplex illuminatio unius diei, et prima est sicut vespera, secunda sicut mane, tertia sicut meridies;*« (Übersetzung nach S. 57).
[178] Zitiert nach: Bonaventura, 1961, S. 168.
[179] Bonaventura, 1961, S. 92: »*hinc est, quod iam tertio loco, ad nosmetipsos intrantes et quasi atrium forinsecus relinquentes, in sanctis (cf. Ex 26, 34–35), scilicet anteriori parte tabernaculi, conari debemus per speculum videre Deum: ubi ad modum candelabri relucet lux veritatis in facie nostrae mentis (Ps. 4. 7)*«. (Übersetzung nach S. 93).
[180] O. v. Simson, 1972, S. 36ff. Kritisch zu ihm M. Büchsel, 1983, S. 74f.
[181] Bonaventura, 1961, S. 74: »*Nam ex elementis per virtutem lucis conciliantis contrarietatem elementorum in mixtis habent generari et produci quaecumque generantur et producuntur per operationem virtutis naturalis.*« (Übersetzung nach S. 73 u. 74).

völlig von der Auffassung eines Thomas von Aquin unterscheidet.[182] Grosseteste schreibt: »*Die Natur des Lichts ist von der Art, daß es nicht auf der Zahl beruht, nicht auf dem Maß und nicht auf dem Gewicht oder auf einem anderen Wert, sondern sein ganzer Zauber beruht auf dem Schauen.*«[183]

Aus diesem Grunde ist das Licht für Bonaventura auch zugleich das Schönste unter den körperlichen Dingen. Es kommt durch seine Einfachheit, Gleichheit und Harmonie Gott am nächsten, in dem alle Dinge eins sind, und der, wie Rosario Assunto sagt, »*eine Gleichheit frei von Ungleichheiten*« ist.[184]

Die Schönheitsvorstellung Bonaventuras – »*Ein Ding wird schön genannt, wenn in ihm Harmonie der Teile und Gleichheit vorhanden ist. Denn die Schönheit ist eine numerische Gleichheit*«[185] – vermag auch den in sich verharrenden Charakter des Langhauses, seine angenehmen Proportionen (die immer wieder beim Betreten einer Mendikantenkirche begegnen), verständlich zu machen. Man nimmt die Aufteilung und scharfe Rhythmisierung kathedralgotischer Kirchen zugunsten einfacherer Proportionen zurück, die auf die Harmonie- und Gleichheitsauffassung vom vollkommenen Sein hinzielen. Hierin treffen sich allerdings wieder franziskanische und dominikanische »Ästhetik«. Auch für Thomas von Aquin ist die »*multiplicatio et variatio universorum*« eines Hugo von St. Victor nicht mehr entscheidend für die Bestimmung des Schönen, sondern das Klare, das Vollendete und das im gebührenden Maßverhältnis stehende *(claritas, perfectio, debita proportio)*.

So schreibt Assunto zur Ästhetik des Aquinaten: »*Begegnet man in einem angeschauten Gegenstand diesen drei Bestimmungen, dann kann man sagen, daß der Gegenstand schön ist, das heißt, er ist so beschaffen, daß sich beim bloßen Ansehen alles Verlangen beruhigt. Die Schau, in der wir die Schönheit genießen, ist für Thomas wahrnehmende Erkenntnis.*«[186]

Das strahlende gerahmte Chorbild von San Francesco muß demnach dem Gläubigen über optische Teilhabe am verschlossenen Bezirk eine gefühlsberuhigende Erkenntnis des Jenseitigen vermittelt haben. Seine Gegenwart diente der Erkenntnis Gottes. Das Langhaus selbst, mit seinen auf Ausgleich der drei Dimensionen angelegten Proportionen, seiner klaren und durchschaubaren Gliederung mittels pilasterartiger Formen, kommt ganz dem aquinatischen »Klassizismus« nahe, wie ihn Assunto beschrieben hat: »*Wir können den Begriff, den Thomas vom Schönen formuliert, klassizistisch nennen, wenn wir unter Klassizismus nicht nur und nicht in erster Linie die Verherrlichung der griechisch-römischen Antike verstehen, sondern ein ästhetisches Ideal, das auf Klarheit, Ausgeglichenheit und Ordnung beruht. In der Auffassung des Thomas ist der Intellektualismus der gotischen Ästhetik nicht Beziehungsreichtum, sondern Klarheit, nicht vielfältige Abwandlung, sondern Einfachheit, kein Streben nach dem Unendlichen, sondern Form, die eine Materie vervollkommnet.*«[187]

Eine Vervollkommnung, zu der es im Sinne Bonaventuras des Lichtes bedarf, das dem Franziskanermeister »*das schönste und erfreulichste und das beste unter den körperlichen Dingen*« war.[188] So kann es uns nun eigentlich nicht mehr verwundern, weshalb es gerade in der franziskanischen Kirchenarchitektur zur Ausformung einer »Bildarchitektur« kam und

---

[182] E. Gilson, 1960, S. 310 f.
[183] Zitiert nach W. Tatarkiewicz, 1980, Bd. 2, S. 260.
[184] R. Assunto, 1982, S. 109.
[185] »*Dicitur enim res pulcra, quando est in ea convenientia partium et aequalitas; pulcritudo enim est aequalitas numerosa...*« Zitiert nach R. Assunto, 1982, S. 232 f.
[186] R. Assunto, 1982, S. 105.
[187] R. Assunto, 1982, S. 106.
[188] Zitiert nach W. Tatarkiewicz, 1980, Bd. 2, S. 268.

Abb. 105 Piacenza, San Francesco – Westfassade.

warum man in San Francesco gerade den Pilasterpfeiler aus dem Pariser Vorbild zum Grundelement des Langhaussystems gemacht hat. Beides trug zum »gotischen Klassizismus« der Bologneser Kirche bei und fand Eingang in die Gestaltung der Franziskanerkirche in Florenz. Mit Sta. Croce übertrafen die Florentiner Minoriten zu Beginn des 14. Jahrhunderts eine der bedeutendsten und schönsten Kirchenbauten aus der Frühzeit ihres Ordens. Vom »Klassizismus« von Sta. Croce war es tatsächlich nur noch ein Schritt zu den »Renaissancekirchen« eines Brunelleschi.[189]

Rezeptionen

In diesem Abschnitt sind nur diejenigen Nachfolgebauten dargestellt, die zu einem tieferen Verständnis der Bologneser Kirche beitragen; ein vollständiges Bild ist also nicht angestrebt.

Der wohl »lehrreichste« Rezeptionsbau ist die in der Kunstgeschichte weithin unbeachtete Franziskanerkirche in *Piacenza*.[190] Gegen 1280 begonnen, übernimmt sie den Bologneser Typus: das dreischiffige basilikale Langhaus, das fluchtende Querhaus und den basilikalen Umgangschor mit Kapellen. Besonders nach außen bietet sie sich geradezu als Kopie der Bologneser Kirche dar *(Abb. 105/106)*. Aufschlußreich sind die Systemmodifikationen im Innern.

---

[189] Die mittelalterliche Tradition in den Frühwerken Brunelleschis hat H. Klotz in seiner Habilitationsschrift (1970) im einzelnen nachgewiesen und überzeugend dargestellt.
[190] E. F. Fiorentini, 1976, S. 45–49.

Abb. 106 Piacenza, San Francesco. Umgangschor von Südosten.

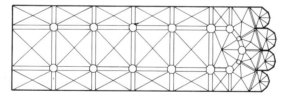

Abb. 107 Piacenza, San Francesco. Grundriß nach der Schemazeichnung von H. Thode.

Das Langhaus besteht aus vier quadratischen Mittelschiffsjochen, denen jeweils längsoblonge Seitenschiffsjoche zugeordnet sind; alle Joche sind kreuzrippengewölbt. Dadurch ist eine Angleichung der Langhausjoche an die Vierung und die Querarme vollzogen, die eine Unterscheidung zwischen Quer- und Langhaus im Grundriß unmöglich macht *(Abb. 107)*. Das heißt, auf die Disposition von San Francesco in Bologna reflektiert, daß in Piacenza das Paris-Zitat (das quadratische, sechsteilig gewölbte Mittelschiffsjoch und das quadratische

Abb. 108 Piacenza, San Francesco. Mittelschiff und Chor von Westen.

Abb. 109 Piacenza, San Francesco.
Nordwestlicher Vierungspfeiler.

Seitenschiffsjoch) aufgegeben worden ist, der Piacentiner Grundriß sich gewissermaßen vom Bologneser Vierungsquadrat mit seinen Querarmen her entwickelt.

Im Aufriß wird der Grund für diese Modifikation sichtbar *(Abb. 108)*: Rundpfeiler tragen anstelle der Bologneser Achteckpfeiler die Hochschiffswände. Diese Rundpfeiler sind denen des *Domes in Piacenza* nachgebildet, dessen Mittelschiffsjoche ebenfalls quadratisch und kreuzrippengewölbt sind. Vom Dom her versteht sich auch die Einführung von triforiumsartigen Öffnungen oberhalb der spitzbogigen Arkaden sowie die Einsetzung zweier Fenster pro Mittelschiffsjoch. Die Okuli unterhalb des Schildbogenscheitels bringen das Bologneser Chormotiv nun auch ins Langhaus. Die Bologneser Achteckpfeiler sind in die Vierung der Piacentiner Franziskanerkirche »verbannt«, sie stehen dort gleichsam als ein besonderer Hinweis auf das Vorbild. Das Gegenüber zweier sich kontrastierender Vierungspfeiler ist damit aber aufgehoben. Über den Achteckpfeilern setzen flache, rechtkantige Vorlagen für die Vierungsgurte an, die Vierungsrippen werden von dünnen Diensten herabgeführt *(Abb. 109)*. Einen konsistenten Vierungspfeiler bilden diese Vorlagen nicht. Noch deutlicher als in Bologna wird hier die Langhaus- bzw. Chorecke betont.

Die Aufhebung des Kontrasts in der Vierung ist symptomatisch für die gesamte Kirchenkonzeption in Piacenza. Nicht nur im Grundriß ist der Gegensatz zwischen Langhaus und Querhaus geschwunden, auch im Aufriß ist der Gegensatz zwischen Chor und Langhaus aufgegeben. So setzt der Umgang die Höhe der Seitenschiffe unvermindert fort, und im Binnenchor stehen Rundpfeiler wie im Langhaus. Nur der rhythmische Wechsel ihres Durchmessers gemahnt noch an die Differenzierungen im Chor von Bologna *(Abb. 111)*.

Abb. 110 Piacenza, San Francesco – Binnenchorgewölbe.

Abb. 111 Piacenza, San Francesco – Binnenchorpfeiler.

Der 7/14 Schluß mit Halbjoch, das Clairvaux-Zitat, ist verändert zu einem 4/10 Schluß mit Halbjoch *(Abb. 110)*. Das ist eine eigenwillige, exzeptionelle Schlußform, durch die der Pfeiler in die Stirn des Polygons rückt und sich als Blickfang präsentiert. Anstelle des Stirnfensters sieht man nun einen Polygondienst im Zentrum des Chors. Die »Lichtzone« von Bologna ist aufgegeben, die Fenster befinden sich wieder auf der Höhe der Mittelschiffsfenster. An Bologna erinnern nurmehr die Okuli unterhalb der Schildrippen.

Außergewöhnlich gestaltet ist auch der Chorumgang mit den Kapellen *(Abb. 112)*. Die Kapellen sind nicht radial auf den Binnenchor bezogen, sondern auf die Schiffsachsen ausgerichtet. Die beiden äußeren fluchten mit den Seitenschiffen, die beiden inneren sind auf das Mittelschiff abgestimmt. Alle vier bilden jeweils den Binnenchorschluß nach, haben also kein Fenster, sondern eine Polygonecke in der Stirn. Diese Disposition scheint unter dem Eindruck des Domgrundrisses und des Grundrisses der Dominikanerkirche San Giovanni getroffen zu sein. So wie im Dom die Chorapsiden auf die Schiffsachsen bezogen sind, so auch die Chorkapellen in San Giovanni. Um das in einer Umgangschorkonzeption aufzuheben, war ein Binnenchorschluß mit einem Pfeiler in der Stirn eine geradezu geniale Lösung.[191]

Für San Francesco in Piacenza war also der Bologneser Kirchentyp maßgebend, aber nur das eigenständige »innovative« Bologna ist in Piacenza anwesend gemacht. Die für Bologna so wesentlichen Zitate aus Paris und Clairvaux sind in Piacenza als irrelevante Bezüge aus der Architektur ausgeschieden. An ihre Stelle treten die innerstädtischen Bezüge, vor allem die

Abb. 112 Piacenza, San Francesco. Chorumgang von Südwesten.

---

[191] Ein weiterer Umgangschor, der einen Polygonpfeiler im Scheitel besitzt, ist mir in der Mendikantenarchitektur des 13. Jahrhunderts nicht bekannt.

Abb. 113 Padua, Sant'Antonio – Blick in den Binnenchor.

zum Dom und zur Dominikanerkirche San Giovanni. An Homogenität und Größe des architektonischen Systems aber übertrifft der in der Mitte der Stadt gegenüber dem Palazzo comunale gelegene Franziskanerbau die Kirche des Ordenskonkurrenten bei weitem.

Schon vor dem Bau der Franziskanerkirche in Piacenza findet sich ein aufschlußreiches Zitat unserer Kirche in *San Antonio zu Padua*. Für den wohl populärsten Franziskanerheiligen neben Franziskus begann man schon 1232 eine große Kirche zu bauen.[192] Den ersten Chor riß man gegen 1265 wieder ab und ersetzte ihn durch einen Umgangschor nach Bologneser Muster. Im Grundriß wird die Übernahme deutlich *(Abb. 114):* An das alte Querhaus wurde ein neues angefügt, das wie in Bologna mit den Seitenschiffen fluchtet. Die Vierung ist in Angleichung an das Langhaus überkuppelt, die queroblongen Seiten sind wie in Bologna kreuzrippengewölbt. Nach Osten folgt ein Umgangschor, der das 7/14 – Polygon und neun flachgeschlossene Radialkapellen aufweist.[193] Das Halbjoch ist gegenüber Bologna modifi-

---

[192] C. Bellinati–L. Puppi, 1975, S. 169 ff. und G. Lorenzoni, 1981.
[193] Die Stirnkapelle wurde gegen Ende des 17. Jhds. umgebaut. Ursprünglich war sie wohl wie in Bologna polygonal geschlossen.

ziert, da man die Polygonrippen ins Halbjoch hinein radial verlängert hat. In der Ansicht ergibt sich dadurch eine Art »Schirmkuppel«, die dem Binnenchor einen zentralisierten Charakter verleiht *(Abb. 113)*. Die Polygonpfeiler sind einheitlich ausgeführt und lehnen sich an die Bildung der Stirnpfeiler in Bologna an. Vierkantig, wie aus der Wand geschnitten, tragen sie extrem hoch gestelzte Arkaden, die fast an die Höhe der Choreckpfeiler reichen. Über den Arkaden befindet sich – hinter emporenartigen Öffnungen – ein Laufgang (Assisi-Zitat?). Oberhalb des Laufgangs sind die Bologneser Okuli zu sehen.[194]

Daß für den Paduaner Umgangschor Bologna Pate stand, macht rückblickend noch einmal die Bedeutung von San Francesco deutlich. Der hl. Antonius war der Ordensgeschichtsschreibung zur Folge ein entschiedener Förderer der theologischen Wissenschaft.[195] Er hat ihr im Franziskanerorden zum Durchbruch verholfen. Seine Predigten – Antonius war auch kurze Zeit Lektor in Bologna – verwandelten die franziskanische Exhorte in eine themengebundene Vortragsweise. Für diese Predigtform war ein theologisches Studium eine unabdingbare

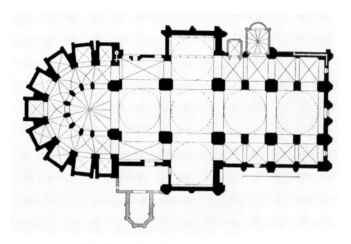

Abb. 114 Padua, Sant'Antonio – Grundriß.

Voraussetzung. In dieser Hinsicht ist die Übernahme des Bologneser Umgangschores als Zitat des Wissenschaftszentrums Bologna zu werten und stellt, da im Bologneser Chor architektonisch Clairvaux aufgehoben ist, den hl. Antonius in die Tradition des wortgewaltigen Bernhard.[196]

Neben Piacenza und Padua sei hier noch auf einen dritten Umgangschor aufmerksam gemacht: den Chor der Franziskanerkirche *San Lorenzo Maggiore in Neapel*. Nach Wagner-Rieger[197] stand er 1284 kurz vor der Vollendung. Das Baugelände mit Haus, Hof und Garten bekamen die Franziskaner schon 1224 (!), dem Jahr der Gründung der neapolitanischen Universität, vom Bischof der Stadt übereignet.

---

[194] Auf die Verwandtschaft der Okuli, aber auch der Binnenchorrippen und der Dienstkapitelle in Padua mit denen in Bologna hat schon H. Klotz hingewiesen (1970, S. 126, Anm. 160 und Abb. 213/214).
[195] S. Clasen, 1954, S. 18 f.
[196] Natürlich ist auch das Langhauszitat in Padua zu berücksichtigen: *San Marco in Venedig*. Es wäre nach dem Verhältnis zw. Antonius und dem Evangelisten zu fragen, und die Bedeutung beider für die Zeitgenossen.
[197] R. Wagner-Rieger, 1961, S. 132.

Die Universitätsgeschichte von Neapel war sehr wechselvoll: durch Übergriffe päpstlicher Truppen mußte sie 1229 schon wieder geschlossen werden. Ab 1234 lehrten hier Dominikaner Theologie und 1252 verlegte der Sohn Friedrich II. das Studium nach Salerno. Erst 1266, unter Karl I. von Anjou, wurde die Universität in reformierter Form in Neapel wiederbelebt.[198]

In der Folgezeit, um 1270, begannen die Franziskaner den Chor ihrer Kirche nach dem Vorbild des Umgangschores von Royaumont zu errichten *(Abb. 115/116)*. Ihr Financier war der Prinz von Salerno, der spätere Karl II. von Anjou. Ob neben dem zweifellos »königlichen Zitat« auch die franziskanischen Umgangschöre in Paris und Bologna eine wahlentscheidende Rolle gespielt haben?

In Mittelitalien fand San Francesco in der Franziskanerkirche *Sta. Croce in Florenz* eine bedeutende, bis heute völlig übersehene Rezeption. Als größte Franziskanerkirche überhaupt ist Santa Croce der Kunstgeschichte ein Paradebeispiel für die Kirchenarchitektur »um 1300«.[199] Auf das optische Verhältnis von Chor und Langhaus in dieser Kirche bin ich schon kurz eingegangen.[200] An dieser Stelle sind nun die architektonischen Beziehungen zu San Francesco aufzuzeigen.

Auf einem Grundriß, der den der früher begonnenen Dominikanerkirche Santa Maria Novella aufgreift, erhebt sich ein dreischiffiges, basilikales Langhaus mit breit ausladenden Querarmen, polygonalem Hauptchor und zehn (!) flachgeschlossenen Kapellen *(Abb. 118)*.

In dem außerordentlich breiten Mittelschiff, das mit einem offenen Dachstuhl gedeckt ist, tragen wie in Bologna sieben Achteckpfeilerpaare die Hochschiffswände *(Abb. 117)*. Die Pfeiler sind durchweg kompakt gebildet, besitzen Sockel, Basen und Blattkapitelle und wirken, da sie proportional höher sind als in Bologna, etwas schlanker. Der Pfeilerabstand ist so groß, daß die spitzbogigen, ungestelzten Arkaden weit und hoch hinauf greifen, wodurch der Blick in die schmalen Seitenschiffe ungehindert eröffnet wird. Die Arkaden setzen, wie in Bologna, hinter den Wandvorlagen auf, daß heißt, ihre profilierte Stirnseite wird von diesen überschnitten. Als Wandvorlage dient durchgehend das einfache rechtkantige Profil, das wir in Bologna als Dienst für die Zwischengurte kennengelernt haben. In Santa Croce ist es allerdings viel flacher geworden und unterstreicht damit die Flächigkeit der Wand. Oberhalb der Arkadenscheitel überschneidet ein Laufgang die Wandvorlagen und trennt somit rigoros die Arkaden-Pfeilerzone vom Obergaden. Dessen einziges Gliederungselement sind die flachen Wandvorlagen. In jedem Wandabschnitt sitzt ein schmales, langgestrecktes Doppellanzettfenster mit Rundpaß. Nur in den beiden Wandabschnitten vor den hohen Querhausbögen sitzen jeweils zwei Fenster. Sie zeichnen hier den Bereich des Mönchchors aus, der sich bis zum dritten Pfeilerpaar von Osten erstreckte.[201]

Der kurze Obergaden mit den schmalen, das Wandkontinuum nicht störenden Fenstern und dem Laufgang davor verweist auf die Wandbildung in der Oberkirche von Assisi. So kann man sagen, daß der Mittelschiffaufriß von Santa Croce Bologna und Assisi synthetisiert, die Charakteristika der beiden wichtigsten Franziskanerkirchen aus der Frühzeit des Ordens »um 1300« in einer neuen Raumkonzeption aufhebt.

Die in größere Dimensionen gesteigerte Arkaden-Pfeilerzone von Bologna und die kurze, Assisi zitierende Obergadenwand lassen das Mittelschiff mehr als *Platz* denn als Weg erfahren. Die schmalen Seitenschiffe, die nicht einmal die halbe Breite des Mittelschiffs

---

[198] Vgl. H. Denifle, 1885, S. 452–461.
[199] W. Gross, 1948, S. 184–215.
[200] siehe oben S. 166.
[201] E. und W. Paatz, 1940, Bd. 1, S. 511.

Abb. 115 Neapel, San Lorenzo Maggiore – Blick in den Umgangschor.

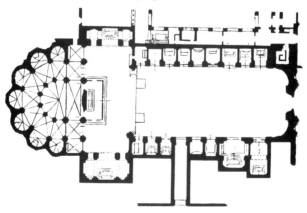

Abb. 116 Neapel, San Lorenzo Maggiore – Grundriß.

Abb. 117 Florenz, Sta. Croce. Mittelschiff und Chor von Westen.

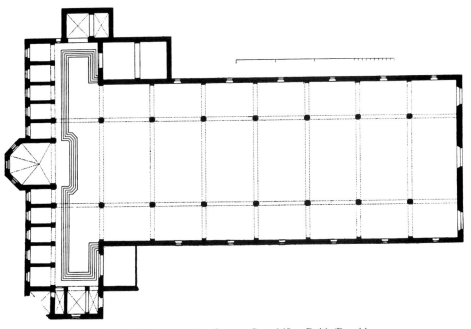

Abb. 118 Florenz, Sta. Croce – Grundriß n. Dehio/Bezold.

Abb. 119 Lübeck, St. Katharinen – Ansicht von Nordwesten.

aufweisen, sind in dieses völlig einbezogen als Anräume. Dieser Eindruck läßt sich an der Architektur noch präziser fassen.

Einmal sind die Seitenschiffe weder durchgängig gewölbt noch mit einem durchlaufenden Pultdach gedeckt, sondern in ihnen spannt sich von jedem Pfeiler zur Seitenschiffswand ein die Längsachse durchschneidender *Schwibbogen*.[202] Dadurch entstehen Raumkompartimente, die jeweils mit einem zum Mittelschiff quer gestellten Satteldach überdeckt sind. Jenseits der gängigen Terminologie läßt sich somit die dreischiffige, basilikale Anlage als »einschiffi-

---

[202] Vgl. den zeitgleichen Chor der *Kathedrale in Bristol,* der eine analoge Struktur aufweist.

181

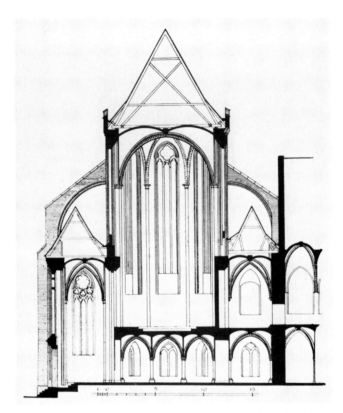

Abb. 120 Lübeck, St. Katharinen. Schnitt durch den doppelstöckigen Chor (n. Inventar, 1926)

Abb. 121 Lübeck, St. Katharinen – Grundriß n. Inventar, 1926.

ger Raum mit Kapellenanbauten« lesen. Nach außen wird das deutlich dadurch, daß keine Seitenschiffe in Erscheinung treten, sondern zwei giebelständige Kapellenreihen, die der einschiffige Raum überragt.[203] Diese Deutung belegt innen die Gestaltung der Chorwand. Nie zuvor öffneten sich einem Mittelschiff *drei Kapellen,* immer ist es *eine* Kapelle, *eine* Apsis oder *ein* Chorpolygon gewesen. Nur in den toskanisch-umbrischen Mendikantenkirchen, die als Langhaus einen *Saalraum* haben, öffnen sich häufig drei Kapellen auf der Ostseite.[204] Diese Innovation in Santa Croce ist nur zu begreifen, wenn man das »Mittelschiff« als Saalraum (Platz) liest, und die »Seitenschiffe« als Kapellenreihen auffaßt. Der kurze Obergaden, der sich an Assisi anlehnt, *ist* von daher auch als der aufgesetzte Saalraum, der *Pars superior* von Assisi, zu verstehen. Von dieser Auffassung des Kirchenraums her wird auch klar, weshalb in Santa Croce der Laufgang um alle vier Raumseiten herumgeführt ist. Santa Croce hebt neben Assisi und Bologna in seiner Raumgestaltung also auch die Saalraumkonzeption vieler umbrisch-toskanischer Mendikantenkirchen auf.[205]

Als letztes Beispiel aus der Reihe der Bologna-Rezeptionen möchte ich noch ein außeritalienisches nennen: die Franziskanerkirche *St. Katharinen in Lübeck.*[206] Mit ihrem dreischiffigen, basilikalen Langhaus, in dem kompakte, kapitellose Achteckpfeiler die hohe Mittelschiffswand tragen, und ihrem seitenschiffsfluchtenden Querhaus, lehnt sie sich typologisch eng an San Francesco an *(Abb. 119/121).* In Unkenntnis der frühen Ordensbaukunst der Franziskaner wurde St. Katharinen immer wieder zum Außenseiter in der Mendikantenarchitektur gestempelt.[207]

Ihre Besonderheit liegt aber darin, daß sie die hier nicht weiter zu erörternden regionalen Bezüge in einem überregionalen Typus verwirklicht, der gerade *innerhalb* der franziskanischen Architektur zu Hause ist. Aus derselben Unkenntnis heraus erfuhr die Minoritenkirche *in Köln* eine falsche Rekonstruktion, doch davon mehr im folgenden Kapitel. Die Beziehung nach Italien, für eine Hansestadt wie Lübeck nichts ungewöhnliches, macht sich auch an der Chorbildung von St. Katharinen fest. Ihr doppelstöckiger Chor bildet die Situation von Assisi nach *(Abb. 120).* Unten, auf Bodenhöhe des Langhauses, die Unterkirche, darüber die Oberkirche, der Sitz der Mönche. Hier oben, zwischen dem Chorgestühl, werden auch die tiefgenischten Fenster als Assisi-Zitat verständlich. Über einer hohen Sockelwand geben sie Raum für einen laufgangähnlichen Rücksprung.

Wie in Santa Croce, so ist auch in St. Katharinen »Bologna und Assisi« typologisch eingegangen und im architektonischen Bezugsrahmen wiedererkennbar umgesetzt. Für diesen Zusammenhang sei hier noch auf die Franziskanerkirche *in Lincoln* hingewiesen, eine der wenigen erhaltenen Mendikantenkirchen in England *(Abb. 122/123).* Ab circa 1237 wurde sie nach geändertem Plan doppelgeschossig aufgebaut. Die Oberkirche als einschiffiger Saalraum mit einer durchgehenden Holzdecke nach Art von Tonnengewölben, die Unterkirche als zweischiffiger Raum mit Achteckpfeilern und Kreuzrippengewölben. Gemahnt schon die Doppelgeschossigkeit an Assisi, so sind in der Gestaltung der Unterkirche Bologna-Zitate zu erkennen: Die Form der Achteckpfeiler, der Kapitelle, der kantige Schnitt der Gewölbeglieder und die halbierten, achteckigen Wandvorlagen. A. R. Martin[208] verglich

---

[203] Vgl. *San Petronio in Bologna.*
[204] Vgl. die Mendikantenkirchen in Siena, Pisa, Arezzo und Cortona.
[205] Auf den Bezug zur frühchristlichen Basilika, ein Aspekt, der auch bei San Francesco in Assisi eine Rolle spielt, möchte ich im Rahmen dieser Arbeit nicht eingehen. Für Sta. Croce wäre vor allem Sta. Maria Maggiore in Rom zum Vergleich heran zu ziehen.
[206] Zur Katharinenkirche: G. H. Jaacks, 1968, passim.
[207] R. Krautheimer, 1925, S. 29.
[208] A. R. Martin, 1937, S. 89 ff.

Abb. 122 Lincoln, Franziskanerkirche. Oberkirche – Blick auf die Chorwand von Westen.

Abb. 123 Lincoln, Franziskanerkirche. Unterkirche – südliches Schiff von Osten.

Lincoln mit dem Chor der Katharinenkirche in Lübeck, der allerdings später errichtet worden ist. Der Zusammenhang ist insofern richtig, als diese beiden Kirchen auf etwas Gemeinsames zurückgreifen, nämlich Bologna und Assisi. Das »englische Assisi« wurde erbaut als Robert Grosseteste Bischof von Lincoln war (1235–1253). Zuvor lehrte er an der franziskanischen Schule in Oxford. Als Bischof führte er die Aufsicht über die Oxforder Universität und hatte deren Kanzler zu bestimmen. Leider ist über die Oxforder Kirchen beider Mendikantenorden kaum mehr etwas zu erfahren.[209] Der uns ständig begegnende Bezug zur Grablegekirche des Ordensstifters läßt es ratsam erscheinen, nun den Exkurs über die Doppelkirche in Assisi folgen zu lassen.

5. Exkurs: San Francesco in Assisi

Die Hinweise auf Assisi in der Bologneser Kirche und der ihr nachfolgenden Kirchenarchitektur sind für die nachstehenden Überlegungen allein nicht ausschlaggebend gewesen. Vielmehr war und ist es der Umstand, daß für die *spezifische Doppelkirchengestalt (Abb. 124)* von San Francesco bis heute noch keine befriedigende und überzeugende Erklärung gefunden werden konnte.

Liest man die verschiedenen Beschreibungen und Interpretationen[210], so fällt auf, daß immer wieder die *stilistischen* Unterschiede zwischen Ober- und Unterkirche den Blick auf

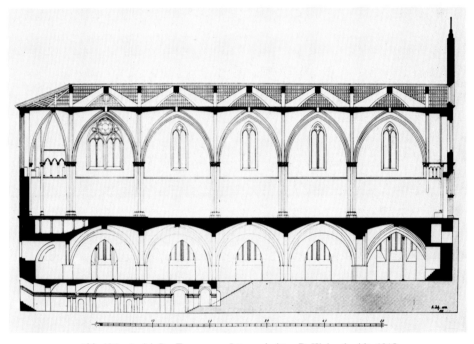

Abb. 124 Assisi, San Francesco – Längsschnitt n. B. Kleinschmidt, 1915.

---

[209] Zur dominikanischen Niederlassung in Oxford: W. A. Hinnebusch, 1938, S. 57–82. Zur Oxforder Franziskanerschule: A. G. Little, 1926, S. 803–874.

[210] Die neueste Arbeit, die nach Abschluß des Manuskriptes erschienen ist, stammt von Guiseppe Rocchi (1982). Weitere Literatur findet sich bei Alessandro Curuni, 1982, S. 85–87.

den konzeptionellen Zusammenhang des Baus verstellt haben. Man benutzte jene in erster Linie dazu, sich in »Händescheidungen« zu verbreiten, kürzere oder längere Bauzeiten anzunehmen, Konzeptionswechsel zu konstatieren oder gar die Doppelkirchenkonzeption zu bestreiten. Dadurch gelangte die Doppelkirchengestalt als Ganzes nie in das Zentrum der kunstgeschichtlichen Analyse, ja selbst dort nicht, wo typologische Überlegungen angestellt wurden. Die Geschichte der Suche nach der architektonischen Genesis von San Francesco kann das Gesagte verdeutlichen.

Lange Zeit galt die von Wolfgang Krönig vorgeschlagene Ableitung der Oberkirche von *St. Maurice in Angers* als hinreichend für die Herkunft der Gesamtkonzeption in Assisi.[211] Erst später verwies Renate Wagner-Rieger für die Unterkirche auf typologische Parallelen in den Grundrissen frühchristlicher Basiliken und einschiffiger Kreuzbauten Italiens aus dem 11. und 12. Jahrhundert.[212] Kurz zuvor betonte bereits Wolfgang Schöne die »hochgotischen« Motive der Oberkirche und stellte damit Krönigs Ableitung gänzlich in Frage.[213] Diese Ansätze faßte Edgar Hertlein in seiner Dissertation zusammen und behauptete die Zugehörigkeit der Unterkirche zu einem »dalmatinischen«, die der Oberkirche zu einem »hochgotischen« Doppelkirchenplan.[214] Die Frage nach dem konzeptionellen Zusammenhang der beiden Kirchenräume war dadurch anscheinend überflüssig geworden. Da aber auch Hertlein die »Einheitlichkeit« der Kirche nicht übersehen konnte, bedachte er diese mit den Sätzen: *»Der Bau ist zwar eine Einheit, die immer berücksichtigt werden muß, wir müssen stets die Teile in unserer Erklärung auf das Ganze beziehen. Aber diese Einheitlichkeit ist nur in der Wirkung des Bauwerks vorhanden, nicht hinsichtlich seines Gestaltungsvorganges.«*[215]

Von Hertlein wird also die Wirkung des Bauwerks, die als Gestaltungsabsicht oder -ziel dem Gestaltungsvorgang inhärent ist, kurzerhand ausgeklammert, und der Gestaltungsvorgang selbst wird auf den reinen Bauvorgang reduziert. Die Wirkung stellt sich für ihn *nachträglich* und somit mehr oder minder *zufällig* ein. Doch den Beweis, daß wir es in Assisi mit zwei *relativ beliebig* übereinanderliegenden Kirchenräumen zu tun haben, ist uns Hertlein schuldig geblieben; vor allem auch, weil seine Ableitung der Oberkirche von der *Ste. Chapelle in Paris (1243–48)* in mehrfacher Hinsicht nicht überzeugen kann.

Hertlein geht von der Vorstellung aus, daß in Assisi mit der gewesteten Apsis der Unterkirche begonnen und danach ihr Quer- und Langhaus bis zum dritten Joch errichtet wurde. Erst als man die Oberkirche in Angriff nahm, wurde der Unterkirche ein stilistisch abweichendes viertes Joch hinzugefügt. Hertlein schreibt: *»Man versuchte jetzt den ganzen Baukörper zu strecken, den Raum der Oberkirche im Sinne eines Saalraums ohne Betonung der Querachse zu gestalten und das Verhältnis von dunkler Unterkirche zu lichter, hoher Oberkirche nach dem Verhältnis des Pariser Kapellenbaus zu lösen.«*[216]

Dagegen ist sogleich einzuwenden, daß die Unterkirche in Assisi auch ohne das vierte Joch bereits ein langgestreckter Bau war. Hierfür bedarf es nicht des Hinweises auf die Ste. Chapelle, zumal diese sich durch eine enorme Höhenentfaltung und nicht durch eine bemerkenswerte Tiefenerstreckung auszeichnet. In Assisi war darüber hinaus, auch ohne die Ste. Chapelle, ein hellerer und höherer Oberbau zu erwarten. Entscheidend bleibt, daß die Ste. Chapelle die Oberkirche von Assisi weder typologisch noch stilistisch in irgendeiner Weise

---

[211] W. Krönig, 1983, S. 42–46.
[212] R. Wagner-Rieger, 1959, S. 276–284.
[213] W. Schöne, 1957, S. 59.
[214] E. Hertlein, 1964, S. 116–136 und S. 140–157.
[215] E. Hertlein, 1964, S. 100.
[216] E. Hertlein, 1964, S. 156.

bestimmt hat: Assisi besitzt nicht das queroblonge Joch oder den Siebenzwölftelschluß der Pariser Kirche, zeigt dafür aber ein Querschiff und einen völlig anders gearteten Wandaufriß. Daneben ist auch kein Motiv nachweisbar, das eindeutig und nur aus der Ste. Chapelle abzuleiten wäre.[217] Somit erweist sich bei näherem Hinsehen der »Einfluß« der Ste. Chapelle als eine reine Fiktion.[218]

Das stilistisch abweichende vierte Joch der Unterkirche *(Abb. 124)* indiziert nicht sofort einen Konzeptionswechsel, da Konzeption und Bauverlauf einer Kirchenarchitektur zwei verschiedene Problemkreise sind, ein feststellbarer stilistischer Wandel mit dem Bauvorgang nicht identisch sein muß. Im Falle von Assisi bedenke man, daß die Unterkirche – der *»pars inferior«* – als Bestattungsort des hl. Franziskus in erster Linie den wallfahrenden Gläubigen zugedacht war, während die Oberkirche – der *»pars superior«* – doch wohl den Franziskanermönchen dienen sollte. Von daher ist es sehr wahrscheinlich anzunehmen, daß zunächst die Unterkirche bis zum dritten Langhausjoch vorangetrieben wurde, um alsbald den Heiligen hierher überführen zu können, was auch bereits zwei Jahre nach dem Baubeginn geschah. Der ehemalige Eingang am dritten Langhausjoch wäre folglich als ein *Provisorium* der teilerrichteten Kirche zu werten, mit der Aufgabe, sie zugänglich und verschließbar zu machen, aber auch die folgenden Arbeiten an der Oberkirche ungestört von statten gehen zu

Abb. 125 Assisi, San Francesco – Querschnitt
n. Dehio/Bezold.

---

[217] E. Hertlein, 1964, S. 173–75. Hier vergleicht er die Wanddienste der Unterkirche (!) der Ste. Chapelle mit den Wanddiensten der Oberkirche in Assisi, und findet sie ähnlich gestaltet.
[218] Vgl. die Rezension von Hertleins Buch von R. Wagner-Rieger (1965, S. 159–161), die schon völlig zu Recht seine Ableitung der Oberkirche von der Ste. Chapelle in Frage stellt. Interessant ist auch, daß Hertlein selbst bei seiner Interpretation der Oberkirche letztlich ganz andere Beziehungen aufzeigt; doch davon mehr im Text.

lassen. Die Verbindung der Unterkirche mit der Fassade kann durchaus erst gegen Ende der Gesamtbauzeit erfolgt sein.[219]

Sollte diese Annahme richtig sein, so heißt das aber auch, von der Vorstellung Abschied zu nehmen, daß die Unterkirche vollständig errichtet sein mußte, bevor man mit dem Bau der Oberkirche beginnen konnte. Mittelalterliche Bauvorgänge, die Kirchenkonzeptionen an verschiedenen Stellen zugleich realisierten, sind uns zur Genüge bekannt.[220] Für Assisi ist es darüber hinaus auch historisch gesehen kaum vertretbar, den Baubeginn der Oberkirche nach 1247 anzusetzen.[221]

Nach diesen Vorbemerkungen möchte ich nun die Doppelkirche auf ihren konzeptionellen Zusammenhang hin untersuchen und zeigen, daß die Unterschiede zwischen Ober- und Unterkirche gerade für eine einheitliche Vorstellung sprechen, vor allem möchte ich deutlich machen, wie m. E. diese Konzeption zu verstehen ist.

Bei San Francesco in Assisi handelt es sich um zwei übereinanderliegende Kirchenräume, die sich gegenseitig bedingen, da der *horizontalen* Schichtung beider Räume eine *vertikale*

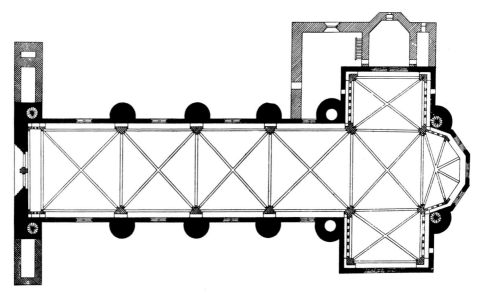

Abb. 126 Assisi, San Francesco – Grundriß der Oberkirche.

---

[219] Vgl. die Rekonstruktion des ursprünglichen Eingangs bei E. Hertlein (1964, S. 25), zum anderen die Einschätzung W. Krönigs zur Anfügung des vierten Unterkirchenjochs (1938, S. 37). Auch er plädiert für eine späte Entstehung dieses Jochs, allerdings im Zusammenhang mit der Anlage des Südportals, was durchaus möglich sein kann.

[220] Vgl. etwa den Kölner Dom bei der Einstellung des Baubetriebs, 1560.

[221] Da die Oberkirche die *Kirche der Mönche* war, stellt sich doch die Frage, wie und wo sie ihren Chordienst bis 1247 durchgeführt haben, etwa in der Unterkirche? Wenn dies möglich war, weshalb dann überhaupt eine Doppelkirchenkonzeption und vor allem, warum erst 1247, zu einem Zeitpunkt, als man das Generalat von Assisi nach Rom verlegte. Man vgl. hierzu auch die bestechenden Ausführungen von Hans Belting, 1977, S. 17–29, der die Oberkirche nicht nur als eine Konventkirche begreift, sondern zugleich als »päpstliche Kapelle«, da als eigentlicher Bauherr dieser Kirche der Papst angesprochen werden muß. In vielem steht Beltings Auffassung von der historischen Bedeutung der assisianischen Kirche der meinen nahe, insbesondere in seiner Kritik an Hertlein (vgl. auch unten Anm. 245).

Abb. 127 Assisi, San Francesco – Oberkirche von Osten.

Bezugnahme inhärent ist, die sich darin äußert, daß der untere Baukörper sich als ein tragender, der obere als ein getragener ausweist *(Abb. 125)*. Diese Doppeldeutigkeit ist an der Unterkirche schon immer erkannt worden, indem man an ihr den *Substruktionscharakter* beschrieb, das »Kryptenhafte«, und daraus auf ihre Zugehörigkeit zu einem Doppelkirchenplan geschlossen hat. Vergegenwärtigen wir uns der Situation in der Unterkirche.

Drei quadratische und kupplige Gewölbe überspannen den Unterbau und nehmen Zweidrittel seiner Raumhöhe ein. Durch unterlegte Bandrippen wirken sie auf den untersetzten, zylinderartigen Wandpfeilern besonders schwer. Diese Wandpfeiler haben nichts selbständiges und »... heben auch nicht das Gewölbe empor«.[222] Deshalb haben aber auch die Gewölbe nichts Emporgehobenes, sondern sind selbst Träger von etwas auf ihnen Lastendem. Deutlich wird das an der flachbogigen Führung der Gewölbeglieder, die fast unmerklich in die Wandpfeiler übergehen, worin sich ihre gemeinsame Substruktionsfunktion ausdrückt. Nur so ist zu verstehen, weshalb die Pfeiler nicht wirklich rund sind, sondern kleeblattbogenartig, entsprechend der Gewölbegliederzahl, und kein Kapitell haben.

Der Unterkirche kann man eine Tiefenräumlichkeit nicht absprechen.[223] Ihre Längsachse beträgt immerhin – bis zum ehemaligen Eingang – das Fünffache ihrer Breite. Durch Angleichung der Vierung in Pfeiler- und Gewölbeform an die Langhausjoche wird jene für den Betrachter optisch ausgespielt. Zwar kann in der Unterkirche von einem Tiefen*zug* im Sinne hochgotischer Kathedralräume nicht gesprochen werden, wohl aber von einer Tiefen*er*streckung des substruktionsartigen Longitudinalbaus, der Joch an Joch aneinanderreiht und optisch »weit hinten« auf die Apsis trifft.

Die Oberkirche besitzt einen modifizierten Grundriß *(Abb. 126)*. Die Joche im Langschiff sind ca. 1,5m breiter als in der Unterkirche, da ihre Umfassungsmauern dünner sind als im Substruktionsbereich. Die Joche selbst sind annähernd quadratisch gestaltet, das heißt, sie variieren etwas in der Tiefe. Als Ganzes ist das obere Schiff länger als das untere, weil hinter der dünnen Fassadenwand noch ein kurzes, tonnengewölbtes Eingangsjoch formuliert ist, das dem Unterbau fehlt *(Abb. 124)*. Das Querschiff ist im Oberbau beibehalten, und die Apsis schließt polygonal.

In ihrem Aufriß übertrifft die Oberkirche den unteren Raum um ca. 8m. Dadurch ergeben sich, zusammen mit der Grundrißdisposition, großzügigere Proportionen und Dimensionen als im unteren Raum. Auffallend ist die Einziehung der Choreckpfeiler, die wie in Bologna das Chorpolygon rahmen und zum Blickfang machen *(Abb. 127)*. Es wirkt aber noch nicht wie ein Chorbild, sondern verstärkt hier mehr die enorme Tiefenerstreckung des Raumes.[224]

Entscheidend für das Verständnis der Oberkirche ist die richtige Erfassung ihrer Gewölbe-Wandstruktur.

Zweibahnige Fenster mit stehendem Vierpaß im Couronnement sitzen schmal und langgestreckt in der breiten Schildwand der Langhausjoche und enden knapp unterhalb der Wanddienstkämpfer *(vgl. Abb. 124)*. Die Fensterwand ist zurückgenommen und macht einem Laufgang Platz, der innen die Oberkirche vollständig umzieht. Überall dort, wo keine Durchfensterung möglich war, wie im tonnengewölbten Eingangsjoch und in Teilen des Querhauses und der Apside, ist dieser Laufgang wie ein Triforium vergittert. Unterhalb des Laufgangs ist die Wandfläche ungegliedert belassen und wurde später mit den Fresken

---

[222] E. Hertlein, 1964, S. 45.
[223] E. Hertlein, 1964, S. 47.
[224] Die Behauptung Hertleins, die Querarme der Oberkirche wären »ausgeschaltet« (1964, S. 194), kann ich nicht nachvollziehen. Durch das Einziehen der Choreckpfeiler wird das Querhaus für den Betrachter gerade optisch erfahrbar gemacht.

Abb. 128 Reims, Kathedrale. Südliche Seitenschiffswand.

Abb. 129   Reims, Kathedrale. Nördliche Mittelschiffswand.

Giottos bedeckt. Die Wanddienstbündel, im Langhaus aus fünf gleichstarken Diensten gebildet, sitzen auf hohen Sockeln an der Wand, was durch die wandparallel gestellten Sockel und Kapitelle der Rippendienste zum Ausdruck gebracht wird. Das Gewölbe-Wandvorlagen-System ist insoweit stimmig, als den rippendienststarken Gurtdiensten auch rippengleiche Gurte aufgesetzt sind. Durch dieses Gewölbesystem sind die Jochgrenzen der Oberkirche »verschliffen« und man kann hier nicht, wie Hertlein im Anschluß an Sedlmayrs Terminologie, von einem »Baldachinsystem« sprechen.[225] Die Oberkirche zeigt sich als ein ganzheitlicher, in Joche untergliederter Raum, während sich in der Unterkirche der Raum durch die Aneinanderreihung einzelner Joche erst konstituiert. Unstimmig ist das Gewölbe-Wandvorlagen-System der Oberkirche insofern, als den äußeren Wanddiensten die Schildbögen fehlen. Jene tragen dafür die Quertonne bzw. den »Aquäduktbogen« mit, der wegen des inneren Laufgangs zwischen Wand und Gewölbe zu vermitteln hat.[226] Ein Schildbogen ist nur

---

[225] E. Hertlein, 1964, S. 58. Vgl. die Kritik an Sedlmayrs Baldachinthese bei H.-J. Kunst, 1969, S. 70, Anm. 279.

[226] E. Hertlein, 1964, S. 61 beschreibt den Aquäduktbogen als Schildbogen (!), der zur Hälfte auf der Zugwand des Laufgangs und zum Teil auf dem Schilddienst säße. Ein Schildbogen ist aber im Langhaus nicht vorhanden! Die Fensterwand ist dem Gewölbe entrückt und mit ihm durch eine Quertonne verbunden, die D. Kimpel, aus statischer Sicht, sehr gut als Aquäduktbauweise beschrieben (1981, S. 118). Formal handelt es sich um ein »passage champenois«.

im Chor vorhanden, im Schiff hingegen wird er vorgetäuscht durch Bemalung des Aquäduktbogens und durch Abschrägung seiner Stirn.[227]

Das beschriebene System der Oberkirche wird heutzutage fast einstimmig mit den Seitenschiffen der Reimser Kathedrale in Verbindung gebracht *(Abb. 128)*. Doch ein Vergleich mit dem vermeintlichen Vorbild macht deutlich, daß in der Oberkirche von Assisi keine »Seitenschiffsstruktur«[228], sondern eine *Obergadenstruktur* abgebildet ist.

In den Reimser Seitenschiffen liegt nämlich, wie in den anderen hochgotischen Basiliken auch, die Kapitellzone der Gewölbedienste mit der Kapitellzone der Fenster *auf gleicher Höhe*. Beide Zonen sind durch ein Kapitellband am Aquäduktbogen miteinander verbunden.[229] Hingegen sitzt in der Hochschiffwand das Fenster zu Zweidritteln in der Schildfläche, und nur sein geringerer Teil ist aus der Gewölbezone in die freie Hochwand entlassen; und zwar in der Weise, daß die Fenstersohlbank knapp unterhalb der Kapitellzone der Gewölbedienste zu liegen kommt *(Abb. 129)*. Dies ist die vergleichbare Situation für die Oberkirche in Assisi, die *Hochfenster* zeigt und keine Seitenschiffenster.[230] Ganz analog ist der Chor der

---

[227] Das Fehlen des Schildbogens deutet auf eine systematische Änderung hin, zumal die Gewölbeglieder in einem merkwürdig formalen Gegensatz zu den Diensten stehen. Während diese rund sind, haben jene ein kantiges, recht grob abgefastes Profil. Man hätte hier durchaus feinere, den Wandvorlagen entsprechendere Profile erwartet. Hingegen stimmen die Gurte der Oberkirche mit den Vierungsrippen der Unterkirche fast völlig überein (vgl. B. Kleinschmidt, 1915, Bd. 1, S. 85, *Abb. 73*). Systematisch und formal gesehen, muß hier also ein ursprünglich anderes Gewölbe geplant gewesen sein. Zwar auch eines mit rippengleichen Gurten, wie die Wandvorlagen zeigen, jedoch mit feineren Profilen und vor allem mit einem Schildbogen! Insofern hatte I. B. Supino, 1924, S. 42 ff., schon richtig gesehen, nur falsch rekonstruiert. Er wollte nämlich in den Dachverstrebungen das ursprüngliche Gewölbe erkennen und es an den Wänden auf Konsolen aufsitzen lassen, was aber nicht vertretbar ist. Das ausgeführte Gewölbe macht deutlich, daß man nicht nur auf eine Kontrastierung zum Unterbau bedacht war, sondern auch auf einen stilistischen Ausgleich. Ein Indiz, daß Ober- und Unterkirche zeitlich nicht so weit auseinanderliegen können.

[228] R. Branner, 1971, S. 27 ff. spricht gar von einer ganzen »Seitenschiffsgruppe«, von Kirchen also, die in der Nachfolge der Reimser Seitenschiffe stehen. Zu ihnen zählt er auch San Francesco in Assisi.

[229] Genau besehen, sind in Reims die Seitenschiffenster auf das quadratische Joch in den Querhausseiten und unter den Westtürmen abgestimmt. Nur dort liegen Gewölbekämpfer und Fensterkämpfer *exakt* auf gleicher Höhe. Hingegen kommt es in den acht unterquadratischen Seitenschiffsjochen des Langhauses, unter Beibehaltung der Fensterproportionen, zu leicht höheren Fensterkämpfern in bezug zu den Gewölbekämpfern. Vgl. R. Hamann-MacLean, 1965, S. 229, *Abb. 137* und S. 229, *Abb. 145*. Dieses Moment ist ein wichtiges Kriterium für die einheitliche Konzeption in Reims!

[230] H. Sedlmayr hat den Begriff des »Hochfensters« geprägt. Doch hat sich in seine Definition wohl ein Setzfehler eingeschlichen. So liest man (1950, S. 225): »Hochfenster – so nennen wir eines, das aus der aufgehenden Wand in die Schildbogenfläche einer Wölbung hineinragt –«. Das muß wohl richtig heißen: »das aus der Schildbogenfläche einer Wölbung in die aufgehende Wand hineinreicht«. Denn weiter unten, auf derselben Seite, schreibt Sedlmayr: »*Zahlreiche Bauten des älteren Typus verlängern jetzt ihre Lünettenfenster nach unten zu Hochfenstern der neuen Art...*«. Und auf S. 259: »*...Übergang zu dem System mit dem Lichtgaden unter dem Ansatz der Wölbung.*« (Gesperrt gedruckt im Text.).
Daß diese Hochfenster aber eine Vorgeschichte in den Seitenschiffenstern haben, wie Sedlmayr S. 255 behauptet, bezweifle ich. Das Hochfenster gotischer Basiliken steht immer in dem beschriebenen *systematischen* Gegensatz zum Seitenschiffenster. Das Seitenschiffenster kann nur von seiner *Gestalt* her dem Hochfenster angeglichen werden. So steht z. B. das Chartreser Seitenschiffenster sowohl in einem systematischen als auch in einem gestalterischen Gegensatz zum Hochfenster der Kirche, während das Seitenschiffenster in Reims die Gestalt des Hochfensters angenommen hat (vgl. die Bildgegenüberstellung bei R. Branner, 1971, S. 16/17, *Abb. 1* und 2). Dadurch sind die untergeordneten Räume in der Reimser Kathedrale aufgewertet, etwa so, wie die Umgangskapellen in Reims den Binnenchorschluß erhalten haben, nämlich den Fünfzehntel (siehe hierzu auch die folgende Anmerkung). Diese reimsische Besonderheit mag auch die Verwechslung in bezug auf die Oberkirche von Assisi bedingt haben.

Oberkirche gebildet und zu begreifen. Die Fenster, hier völlig flächenfüllend, führen langgestreckt aus der Schildwand herab und haben ihre Sohlbank unterhalb des Kapitells der Gewölbedienste. Anders beschrieben: die Kappen des Polygongewölbes sind soweit herabgemauert wie im *Obergaden eines Binnenchors* und nicht wie in einer Umgangskapelle, beispielsweise in Reims. Daß der Oberkirchenchor eine Binnenchorstruktur nachbildet, macht auch sein Grundriß deutlich: es ist ein (gedrückter) Fünfzehntel, also ein traditioneller Binnenchorschluß, und nicht etwa ein Fünfachtel, der typisch für Umgangskapellen ist.[231]

Bemerkenswert ist noch der Gegensatz im Scheidbogen-Gurt-System von Reims und Assisi. Die Kathedrale besitzt scheidbogengleiche, also sehr breite Gurtbögen, für deren

---

[231] Eine Studie zum Verhältnis von Binnenchorschluß und Umgangskapellenschluß in der französischen Kathedralgotik ist mir nicht bekannt. Doch lassen sich hier Tendenzen aufzeigen, die nahelegen, in der Schlußform nicht bloß eine technische oder mathematische Angelegenheit zu sehen. Im Rahmen einer Anmerkung, kann aber dieses Problem nur verkürzt angesprochen werden.
Im Chor der erzbischöflichen Kirche von Sens (1130 ff.), die von Simson einmal zu Recht die »erste gotische Kathedrale« nannte (1972, S. 203), ist höchstwahrscheinlich im Binnenchor der *Fünfzehntel mit Halbjoch* inauguriert worden. Sein Entstehungszusammenhang läßt sich hier auch am klarsten abgreifen: er ist nichts anderes als das zur Schlußform modifizierte sechsteilig gewölbte, quadratische Langhausjoch (vgl. H.-J. Kunst, 1969, S. 52). Man beachte dazu die Übernahme des Stützenwechsels vom Langhaus in das Chorpolygon (E. Gall, 1925, S. 367, *Abb. 181*). Kirchen, die in der Nachfolge den Senser Schluß mit dem sechsteiligen Joch zeigen sind: die Kathedrale von Reims (Samson-Plan, 1140–60), Laon I (1160), Paris, Notre-Dame (1163), Bourges (1195) und die Benediktinerkirche in Mouzon (nach 1215). In der Benediktinerkirche St. Remi in Reims ist der Fünfzehntel mit Halbjoch bereits mit vierteilig gewölbten, queroblongen Sanktuariumstraveen verbunden (1170/80), eine baulogische Konsequenz, da schon Notre-Dame in Paris den Stützenwechsel aufgegeben hatte und damit spätestens das sechsteilige gewölbte Joch hinfällig wurde. Der Fünfzehntel mit Halbjoch aber wird nicht aufgegeben. Noch der Reimser Kathedrale (1211) installiert ihn im Binnenchor, ein Indiz für die normative Kraft, die diese Schlußform seit Sens gewonnen hat. Erst die Benediktinerabtei St. Nicaise in Reims gibt dem queroblongen, vierteiligen Sanktuariumsjoch *die* adäquate Schlußform: *den Fünfachtel* (1231). Dieser ist zuvor *nur* in den Umgangskapellen zu finden, vielleicht zum ersten Mal in der Kathedrale von Le Mans (1217 ff.), einer Bischofskirche die den *Siebenzwölftelschluß* im Binnenchor besitzt. Überhaupt zeigen gotische Kirchen mit diesem Binnenchorschluß, der kein genuin gotischer, sondern in den französischen Wallfahrtskirchen des 11. Jahrhunderts vorgeprägt ist, die Tendenz, vollständige Kapellenkränze zu entwickeln (St. Denis, 1140/43) und sie mit Fünfachtelschlüssen auszustatten (Chartres und Beauvais, 1220; Amiens, 1236). Hingegen haben die bedeutenden Kirchen mit Fünfzehntelschlüssen im Binnenchor, mit Ausnahme der Reimser Kirchen, häufig gar keine Kapellen bzw. recht verkümmert wirkende Kapellenkränze aufzuweisen. Jedoch ist festzuhalten, daß der *Fünfzehntel mit Halbjoch* im Binnenchor entwickelt wurde und nur ausnahmsweise in die Umgangskapelle gelangte (vgl. die Reimser Kirchen; in Mouzon wird nur die Stirnkapelle mit ihm ausgezeichnet, die anderen haben Fünfachtelschlüsse), während der *Fünfachtelschluß* aus der Umgangskapelle kommend nur selten im Binnenchor übernommen wurde. Der *Siebenzwölftelschluß* dagegen ist und bleibt ein reiner Binnenchorschluß. Dies zeigt auch die weitere Entwicklung in Frankreich nach 1231. Der Fünfzehntel mit Halbjoch, wie auch der Siebenzwölftel, bleibt der vorherrschende Binnenchorschluß, während der Fünfachtel, noch im 14. Jahrhundert, nur selten im Binnenchor auftaucht, hauptsächlich – merkwürdigerweise – bei Benediktinerkirchen (vgl. L. Schürenberg, 1934, S. 31 und 72, sowie ihre Tabelle, S. 306–309). Auch außerhalb Frankreichs ist dem so. In Deutschland wird der Siebenzwölftelschluß über den Kölner Dom, der Fünfzehntel mit Halbjoch – abgesehen von der Liebfrauenkirche in Trier und der Elisabethkirche in Marburg – über den Verdener Dom, und der Fünfachtel über die Lübecker Marienkirche wichtig. Die »gedrückten« Fünfzehntel des Baseler, Magdeburger und Münsteraner Doms stehen in einem anderen Zusammenhang (vgl. W. Schenkluhn/P. van Stipelen, 1983, S. 52, Anm. 33). Literaturhinweise: R. Hamann-MacLean, 1966, S. 240 ff. geht der Entwicklung des Fünfachtelschlusses nach, jedoch sehr eindimensional reihend und zum Teil mit falschen Schlußformbestimmungen; H.-J. Kunst, 1969, S. 27–56, grundsätzlich zur Umgangschorentwicklung; G. Dehio, 1909, S. 49–53, eine veraltete Darstellung gotischer Polygonalchöre.

Profilentfaltung nicht nur starke Hauptdienste nötig sind, sondern auch Begleitstäbe, so daß sich in den Seitenschiffen die Wanddienstzahl auf Sieben erhöht. Fünfer-Dienstbündel wie in Assisi sind in Reims nur an der Hochschiffwand gegeben, dort aber um den Preis, die Gurtprofile am Gewölbeansatz von den Rippen überschneiden lassen zu müssen.[232] Eine unmittelbare Beziehung zwischen den Reimser Seitenschiffen und der Oberkirche von Assisi besteht also weder architekturikonographisch noch architektursystematisch.

Zu der als *Obergadenstruktur* zu lesenden Großform der Oberkirche fügen sich erst die von Hertlein völlig richtig bestimmten Einzelformen. Sie sind nämlich alle, bringt man sie auf ihren wesentlichen Nenner, *Obergadenmotive* gotischer Basiliken.

So betritt man die Oberkirche durch ein Portal, das den Turmfenstern von *Notre-Dame in Paris*, die dort in Höhe des Langhausobergadens sitzen, »wörtlich« nachgebildet ist. Über dem Eingangsportal befindet sich die Rosette, wodurch kein Zweifel aufkommen kann, in welcher Höhe man sich befindet. Im tonnengewölbten Eingangsjoch ist der Laufgang mit einem ebenfalls »wörtlichen« Zitat aus dem Rosengeschoß von *St. Remi in Reims* wie ein Triforium vergittert. An der »Hochschiffwand« vorbei und unmittelbar unter den »Hochschiffgewölben« gehend, gelangt man in die Vierung, deren Querarme an den Stirnseiten mit Obergadenfenstern aus *Amiens* oder auch *St. Denis* besetzt sind. Nach Westen und Osten sind hier die Laufgänge mit Arkaden verblendet, die denen der Königsgalerie in Reims sehr ähnlich sind, aber auch mit den Strebepfeilertabernakeln dieser Kathedrale verglichen werden können. Den Abschluß bildet der gewestete Polygonchor, der dem Obergaden eines basilikalen Umgangschores nachempfunden ist.[233]

Die Oberkirche von Assisi ist also keine beliebig aufgesetzte Kirchenarchitektur, sondern ihr Raumgefüge ist wesentlich und »wörtlich« ein *»pars superior«: ein oberer und getragener Raumteil!* Wenn wir von der Gesamtkonzeption nichts wüßten und nur in diesen Raum kämen, so müßten wir ob der ikonographischen »Signale« nach dem ihn tragenden Raum fragen. Die Deutung der Oberkirche als Abbild des oberen Raumteils eines kathedralgotischen Hauptschiffs läßt sie und die Unterkirche *konzeptionell* eng zusammentreten.

Die Jochbreite der Oberkirche entspricht mit 13,6m fast genau der Mittelschiffsbreite von San Francesco in Bologna (13,8m). Vom Fußboden der Unterkirche bis zum Gewölbeschlußstein der Oberkirche sind es etwas mehr als 29m; die Mittelschiffshöhe in Bologna beträgt 26,2m. Somit spiegelt der Gesamtquerschnitt der Kirche in Assisi *Mittelschiffsproportionen* wider *(Abb. 125)!* Teilt man deshalb probeweise die Höhe der Oberkirche durch die des Unterbaus, so ergibt sich ein Verhältnis von 1 : 1,75. In Notre-Dame in Paris verhält sich die Pfeiler-Arkadenzone zur darüberliegenden Wand wie 1 : 1,9, in der Kathedrale von Laon wie

---

[232] Dieser Gewölbeansatz im Reimser Mittelschiff macht deutlich, daß man hier auf die kanonische Fünfzahl der Dienste nicht verzichten wollte: sie sind wie in Chartres gebildet. Chartres besitzt im Mittelschiff einen etwas dünneren Gurt. Vor allem in den Seitenschiffen ist ein andersartiges Gewölbesystem installiert: der Gurt entspricht dem Unterzug des Scheidbogens und an der Wand befinden sich nur fünf Dienste (vgl. H.-J. Kunst, 1969, S. 71, Fig. 67). Vielleicht läßt sich mit der gelungenen Kompromißformel in Reims – scheidbogengleiche Gurte, dünnere Rippen und Schildbögen auf nur fünf Wanddienste zu setzen – noch ein weiteres Phänomen dieser Wanddienstbündel erklären: die in die Kehlen eingestellten, fast nicht sichtbaren dünnen Stäbe (vgl. Th. H. King, o. J., Vol. III, pl. 81). Sie sind gleichsam der Ausdruck der eigentlich notwendigen, aber nicht zeigbaren Begleitstäbe des scheidbogengleichen Gurtes. Sie sind im Ostchor der Trierer Liebfrauenkirche als ein nur von Reims her verstehbares Zitat übernommen worden (1227 ff.).

[233] W. Schöne beschrieb bereits den Chor- und Vierungsbereich der Oberkirche als eine Zone mit ». . . gesteigerten Raum- und Lichtintensitäten, die ihrem Wesen nach mit jenen zu tun haben, die in der Obergaden- und Gewölbezone der Kathedralen herrschen.« (1957, S. 59).

1 : 1,75. In »hochgotischen« Kathedralen hingegen, wie etwa in Reims, ist das Verhältnis zwischen tragender und aufgehender Wand 1 : 1. Von daher kann man weitergehend sagen, daß hinter dem Doppelkirchenkonzept von Assisi der (frühgotische) *Basilika-Typus* steht und zwar der Kern einer solchen Anlage: *das hohe Schiff!*

Der *»pars inferior«* in Assisi entspricht der Pfeilerzone des Hauptschiffs einer Basilika oder anders gesagt: der Substruktionszone der aufgehenden Wand. Diese ist gerade im »frühgotischen Typus« (Paris, Laon, Bologna) als solche besonders hervorgehoben und nicht in das Gewölbe-Wandvorlagensystem eingebunden. Es herrscht in diesen Kirchen, wie Sedlmayr einmal treffend an der Pariser Kathedrale herausgestellt hat, eine *»scharfe Kontrastierung von Erdgeschoß und oberem Bau im Aufriß«* vor.[234]

Der *»pars superior«* in Assisi bezeichnet den Obergaden des Hauptschiffes, den Bereich der aufgehenden Wand, die Zone des Unzugänglichen und Optischen einer gotischen Basilika. Nur bestimmten Personen ist es vorbehalten, mittels Treppenanlagen auf die Galerie (Empore, Triforium) zu gelangen und in diese Zone einzudringen. Auch die Oberkirche war ursprünglich nur über die vierungsumstellenden Treppentürme erreichbar, und ob man vor der großen Platzaufschüttung durch das »Fensterportal« der Fassade gehen konnte, bleibt zweifelhaft.[235]

In der Funktion als Strebepfeiler umstellen die zum Teil als Treppentürme ausgebildeten *»Torrioni«* das gesamte Hochschiff von Assisi. Sie umklammern dabei im hellroten Material des Unterbaus die gelbgraue Wand der Oberkirche. Die horizontale Trennung und vertikale Bindung beider Räume wird somit auch über das Material sinnfällig gemacht. In den Bedeutungszusammenhang »Hochschiff« fügen sich ebenfalls die Strebebögen als typische Kennzeichen für obergadenstützende Bauelemente. Der Stilkritik galten sie bisher als »unschön« und darum nachträglich angebaut, was beides nun zu bezweifeln ist.[236]

Der Zusammenhang von Basilika und Doppelkirche im Falle von San Francesco in Assisi macht deutlich, weshalb die bisherigen Ableitungen nicht zum Ziel kommen konnten. Es ist die innovative Leistung von Assisi, den lange bestehenden Doppelkirchentypus von der gotischen Basilika her neu gefaßt zu haben. Die Errichtung eines *»Hochschiffs«* oder, paradox gesagt, einer seitenschifflosen Basilika und ihre Teilung in zwei übereinanderliegende Saalräume zeigt gewisse Analogien zu einschiffigen Kreuzbauten im Grundriß und zu Doppelkirchen im Aufriß, sie ist aber konzeptionell von dort her nicht gedacht. Die Konzeption von Assisi ist vielmehr im Bereich der frühgotischen Kirchen zu suchen, die, wie eben Notre-Dame in Paris, *»eine untere und obere Architektur«* unterscheiden.[237]

So hat Renate Wagner-Rieger auf eine für Assisi tatsächlich bedeutsame Kirche verwiesen: auf *Chiaravalle milanese*.[238] In dieser Zisterzienserkirche findet man nicht nur die stämmigen Vierungspfeiler der Unterkirche von Assisi wieder, sondern auch eine rigorose Trennung zwischen Ober- und Unterbau im Mittelschiff *(vgl. Abb. 37)*. Auf kurzen kapitellosen Rundpfeilertrommeln erhebt sich hier die aufgehende Wand, deren Vorlagen weniger

---

[234] H. Sedlmayr, 1950, S. 246.
[235] Die Platzaufschüttung vor der Fassade *nach 1300*, siehe: E. Hertlein, 1964, S. 16–19, besonders S. 19, Anm. 1. Hertleins Treppenkonstruktion auf S. 18 sieht heute sehr nach »Sechziger Jahre« aus. Ältere Rekonstruktionen bei: B. Kleinschmidt, 1915, Bd. 1, S. 22, *Abb. 13* und S. 116, *Abb. 114*.
[236] E. Hertlein, 1964, S. 10 schließt sich B. Kleinschmidt an, der die Strebepfeiler mit einem Erdbeben in Umbrien, 1279, in Zusammenhang bringt (1915, Bd. 1, S. 130). Ich frage mich nur, weshalb Sta. Chiara in Assisi (1257–65), eine Kirche, die in unmittelbarer Nachfolge zu San Francesco zu sehen ist, zwei Strebebögen hat (vgl. W. Krönig, 1938, S. 48–51).
[237] H. Sedlmayr, 1950, S. 249.
[238] R. Wagner-Rieger, 1959, S. 279.

Abb. 130 Bologna, San Francesco. Nordöstlicher Vierungspfeiler.

Dienstcharakter haben als vielmehr das Aussehen *halbierter Kreuzpfeiler* mit eingestellten Diensten. Diese platzgreifenden Wandvorlagen erzwingen den enormen Durchmesser der Pfeilertrommeln, die bloße Substruktionsfunktionen erfüllen, und gleichsam dem Oberbau als Sockel dienen. Nun ist aber in Chiaravalle milanese wohl ursprünglich ein Tonnengewölbe geplant gewesen, und die heutigen Kreuzgewölbe sind während der Bauzeit hereingenommen worden.[239] Doch blieb dieses System kein Einzelfall, wie in der Nachfolge die Zisterzienserkirche *Morimondo* zeigt *(vgl. Abb. 34)*. In ihr sind zwar die überdimensionierten Mittelschiffspfeiler vermieden, nicht jedoch die kreuzpfeilerartigen Wandvorlagen, wodurch die Wand aus der Mittelachse des Rundpfeilers geriet *(Abb. 35)*. Die obere Pfeilerkante ist, wie in Chiaravalle milanese, ohne Kapitell, aber dafür mit einem umlaufenden Konsolfries versehen, der den Pfeiler noch viel eindringlicher zum Sockel des Oberbaus bestimmt. In beiden Kirchen ist also eine Zweiteilung des Hauptschiffs durchgeführt, gleichsam ohne Zwischendecke. Trotzdem kann man Assisi von ihnen nicht unmittelbar ableiten.

Die Bildung der Oberkirche weist eher in den Bereich der »Burgundischen Gotik«. Hier hat schon Hertlein auf verschiedene Kirchen aufmerksam gemacht.[240] So kann man beispiels-

---

[239] siehe oben, S. 95.
[240] E. Hertlein, 1964, S. 172. Der Chorumgang der Kathedrale von Auxerre ist wie in Reims aufgewertet, da die Umgangswand den Obergaden nachbildet. Diese Wandstruktur hat nichts mit Assisi zu tun. St. Gildehard bei Nevers ist, wenn Branners Rekonstruktion richtig ist (1960, S. 78, Fig. 22), unmittelbar abhängig von Sta. Chiara in Assisi (1257–65) und muß deshalb wohl um 1260 angesetzt werden (vgl. R. Branner, 1960, S. 159). Auf die anderen Beispiele Hertleins einzugehen, erübrigt sich meines Erachtens.

weise den Langhausobergaden der Pfarrkirche *Notre-Dame in Cluny* (nach 1233) mit der Oberkirche von Assisi vergleichen.[241] In Cluny zieht sich ein Laufgang über den Langhausarkaden hin, die Laufgangsöffnungen sind rechteckig geschnitten, ohne Tudorbogen, wie in Reims. Rippengleiche Gurte sitzen auf Dreier-Dienstbündeln an der Wand, wobei merkwürdigerweise die Rippe keinen Dienst hat, sondern der Schildbogen auf den Gurtbegleitern aufsetzt. Auch eine gewisse Zweiteilung zwischen Ober- und Unterbau, der durch kantonierte Rundpfeiler gebildet wird, kann dieser Kirche nicht abgesprochen werden. Doch für Assisi kommt dieser rezeptive Bau, der von Notre-Dame in Dijon abhängt (einer Kirche, die übrigens die Pariser Kathedrale zitiert), als Vorbild nicht in Frage. Höchstwahrscheinlich, da wir uns mit Burgund im Heimatland der Zisterzienser befinden, war das Langhaus von Clairvaux II, von dem man annehmen muß, daß es mit dem Chor zusammen neu errichtet worden ist[242], für San Francesco in Assisi vorbildlich gewesen. Dies um so mehr, da wir für die Franziskanerkirche in Bologna den »Einfluß« von Clairvaux, formal und inhaltlich, nachweisen konnten. Doch ist hier der Nachweis für Assisi, da es keine Innenansicht von Clairvaux gibt, nicht mehr möglich.

Und obgleich Clairvaux nicht als Tertium comparationem für die beiden Kirchen in Assisi und Bologna »dingfest« zu machen ist, treten beide doch, nach diesem Exkurs, enger

Abb. 131 Paris, Ste. Chapelle.

---

[241] R. Branner, 1960, S. 130 und pl. 25 b. In diesem Buch finden sich auch noch weitere vergleichbare Pfarrkirchen, die aber als Vorbild für Assisi nicht in Betracht kommen.
[242] siehe Anm. 130.

Abb. 132 Paris, Ste. Chapelle – Längsschnitt.

zusammen: In Bologna die ausformulierte Basilika, in Assisi die Abbreviatur, die die gotische Basilika in der Doppelkirche aufgehoben hat. So sind die östlichen Vierungspfeiler von Bologna nun wirklich als ein *Querschnittszitat* zu begreifen, die im Übereinander von Achteckpfeiler und Dienstbündel, das Unten und Oben der Kirche von Assisi abbilden *(Abb. 130)*, ganz zu schweigen von den Gewölbeprofilen, die denen der Oberkirche von Assisi nachgebildet sind. Auch die beschriebenen »Assisi-Zitate« in den Nachfolgekirchen des Bologneser Baus werden verständlicher:[243] Die Abbildung der Oberkirche im Obergaden von Sta. Croce in Florenz, und die Übernahme von Ober- und Unterkirche im Chor der Katharinenkirche in Lübeck. Ja, selbst in der Franziskanerkirche in Prenzlau, deren Zusammenhang mit Assisi erst kürzlich erkannt worden ist[244], zeigt die Oberkirche von Assisi als einschiffigen Saalraum, gleichsam »auf den Boden« gestellt. Allerdings ist der Zusammenhang zwischen San Francesco in Assisi und San Domenico in Bologna nicht näher bestimmbar, da auch eine zeitliche Priorität nicht auszumachen ist. Beide wurden etwa gleichzeitig

---

[243] Einen m. E. wenig ergiebigen Aufsatz zur Nachfolge der Oberkirche von Assisi verfaßte P. Héliot, 1968, S. 127–140.
[244] E. Badstübner, 1980, S. 271 f.

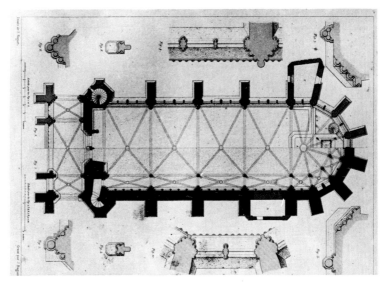

Abb. 133 Paris, Ste. Chapelle – Grundriß Ober- und Unterkirche.

realisiert: zwischen 1228 und 1239. [245] Immerhin hat Meersseman einmal vermutet, daß die Zweiteilung der Bologneser Grablegekirche in eine »*chiesa anteriore*« und eine »*chiesa*

---

[245] Ich folge in der Datierungsfrage von San Francesco in Assisi ganz der Auffassung der älteren Literatur. Hertleins Datierung der Oberkirche *nach 1247* (1964, S. 238), kann ich weder stilistisch noch geschichtlich nachvollziehen. Zum ersten: Da der Unterkirche jegliches plastische Dekor fehlt, sind der stilkritischen Bestimmung enge Grenzen gesetzt. Wenn wir nicht das Datum des Baubeginns hätten, könnten wir die Unterkirche auch rund fünfzig Jahre früher ansetzen, und der Spekulation wäre Tür und Tor geöffnet. Deshalb kann uns nur die Oberkirche Aufschluß darüber geben, wie eng beide Räume stilistisch zusammen gehen bzw. auseinanderliegen. In der Oberkirche gibt es keine Kleinform, die nach 1247 anzusetzen wäre. Triforien-, Fenster-, Kapitell- und Basisformen sind alle vor 1240 datierbar. Aber nicht das ist das eigentlich überraschende, sondern, wie wir gesehen haben (vgl. Anm. 227), die Angleichungsmomente in den Gewölben zur Unterkirche, sowie ein »stilistisches Gefälle« von West nach Ost, vom Chor zur Fassade, die Hertlein übersehen hat. Denn während im Chor und im Querhaus die zeitlich »jüngsten« Formen und Motive auftauchen, finden sich in und an der Fassade die zeitlich »ältesten Kleinformen«. Man betrachte hier nur das St. Remi-Zitat und das Chartreser Rosettenmotiv, welches mit einem umbrischen Bandgeschlinge eingefaßt ist (B. Kleinschmidt, 1915, Bd. 1, S. 79, *Abb. 60*). W. Krönig hat m. E. völlig Recht, wenn er die Einheit des Baus über die stilistischen Unterschiede stellt und eine kurze Bauzeit der Kirche, bis 1239, konstatiert (1938, S. 36/37). Zum letzteren haben auch vor allem die potenten Geldgeber beigetragen: neben den Ordensprovinzen und der päpstlichen Kurie, »... *many secular princes, including John of Brienne and Baldwin II, Latin Emperors of Constantinopel, Wenceslaw, King of Bohemia, and the Emperor Frederik II.*« (R. Brooke, 1959, S. 146/47). – Zum zweiten: Hertlein versucht mit den ordenspolitischen Konflikten auf der Leitungsebene der Franziskaner seine späte Datierung der Oberkirche zu stützen. Er stellt dies so dar, als hätte der konservative und unbequeme Elias von Cortona die Unterkirche nach seinem Gusto begonnen und einen Bautyp gewählt, den er während seines Provinzialats in Dalmatien bzw. in Armenien kennengelernt habe. Als Elias, 1239, seines Amtes als Generalminister des Ordens enthoben wurde, soll »sein« Bau liegen geblieben und erst unter Johannes von Parma, Generalminister von 1247–57, wiederaufgenommen worden sein; jetzt allerdings in »französischer Bauweise«. Doch wenn man von der Leitungsebene her argumentiert, was ich für grundsätzlich richtig halte, da hier unter anderem die Auftraggeber zu suchen sind, dann müssen aber auch die Zusammenhänge stimmen. So begann Elias das Kirchenbauprojekt in Assisi

interiore« im Übereinander von »*pars superior*« und »*pars inferior*« in Assisi wieder aufgenommen worden wäre.[246]

Die »Hochschiffthese« für Assisi, oder spezieller: »*die Obergadenthese*« für die Oberkirche von San Francesco wirft ein bezeichnendes Licht auch auf die *Ste. Chapelle in Paris (Abb. 131).*[247]

Besonders seit Sedlmayrs Kathedralenbuch wird die Ste. Chapelle als ein »*verselbständigter Teil einer Kathedrale*« begriffen, als eine »abgesprengte« Marienkapelle, wie sie sich an der Stirn kathedralgotischer Umgangschöre herausgebildet hat.[248] Doch zeigt sich bei genauerer Analyse, daß der Oberbau der Ste. Chapelle weniger eine Kapellenstruktur als vielmehr eine Obergadenstruktur nachbildet, also dem Binnenchor hochgotischer Kathedralen folgt. Dies läßt sich im Vergleich mit der Marienstirnkapelle von Amiens (1236), die immer als Vorbild herangezogen wird, leicht nachweisen.

Die einzige Gemeinsamkeit beider »Kapellen« ist in der Maßwerkbildung zu sehen, das heißt, beide besitzen sogenannte »gestapelte Dreipässe« im Couronnement ihrer Polygonfenster. Aber schon auf den Längsseiten der Ste. Chapelle erscheinen breite, mehrbahnige Maßwerkfenster, wie sie zuvor in den Langhausobergaden von St. Denis (1231 ff.) und Amiens (bis 1233) entwickelt worden sind. Innen sind diese Fenster der Ste. Chapelle als Hochfenster formuliert. Aus der Schildbogenwand führen sie langgestreckt herab und enden auf einem Blendtriforium, das die Oberkirche als Sockel umzieht *(Abb. 132)*. So sprach schon Sedlmayr über den Charakter der Oberkirche die Vermutung aus: »*Man könnte sie sich durch Einziehen eines Fußbodens in der Höhe der Sohle des Triforiums aus einem Hochchor entstanden denken.*«[249] Doch nahm er diese Beobachtung leider nicht so ernst wie seine Kapellentheorie und beließ sie im Konjunktiv. Ein Blick auf die Schlußform der Ste. Chapelle aber macht deutlich, daß Sedlmayrs »könnte« durch ein »muß« zu ersetzen ist: der Siebenzwölftelschluß der Oberkirche ist nämlich ein genuiner Binnenchorschluß und kommt in Umgangskapellen nicht vor *(Abb. 133)!*[250]

---

nicht als Generalminister, sondern *im Auftrage* der päpstlichen Kurie und der Ordensleitung, die damals Johannes Parenti inne hatte. Parentis Bedeutung und seine Entscheidungsbefugnisse innerhalb des Ordens müssen höher veranschlagt werden als allgemein angenommen wird. Gerade er schuf eine effektive Provinzialadministration und damit die entscheidende Grundlage für den Sturz Elias' 1239 (vgl. die Anm. 65 im IV. Kapitel und R. B. Brooke, 1959, S. 127 ff.). Wie gering hingegen die Befugnisse des Elias unter dem Generalat Parentis waren, beweisen die Vorgänge um die Translation 1230. Für die selbstherrlichen Übergriffe, die Elias sich hier hat zu schulden kommen lassen, mußte er augenblicklich von der Bildfläche verschwinden (vgl. R. B. Brooke, 1959, S. 137). Als Elias wieder Generalminister war (1232–39) wurden die großen Ordenskirchen in Paris und Bologna begonnen, so daß die Bemerkung Hertleins: »*Die französische Bauweise aus dem Umkreis des Königs... konnte schwerlich vor 1247 in Assisi zur Wirkung kommen*« (1964, S. 239), sich selbst widerlegt. Elias war nicht konservativ in bezug zum Kirchenbau, sondern konservativ in seinem *Führungsstil*. Das heißt, er wollte den Orden der dreißiger Jahre führen wie Franziskus zehn oder zwanzig Jahre zuvor. Doch dem widersetzte sich die Ministerschaft, die durch Parenti gestärkte Administration, und brachte ihn 1239 zu Fall. Die Gruppe, die seine Absetzung aktiv betrieb, war das »gelehrte Sprachrohr« des Ordens. Sie als »französische Partei« zu bezeichnen, die die »französische Bauweise« durchsetzte, ist mechanistisch gedacht und greift zu kurz. Übrigens waren zwei von ihnen – Alexander von Hales und Haymo von Faversham – gebürtige Engländer.

[246] G. Meersseman, 1946, S. 156f.
[247] Der neueste Aufsatz zur Bedeutung der Sainte-Chapelle stammt von Otto von Simson (1982).
[248] H. Sedlmayr, 1950, S. 377; vor Sedlmayr schon W. Gross, 1933, S. 40; vgl. auch R. Branner, 1965, S. 56 ff.
[249] H. Sedlmayr, 1950, S. 377.
[250] vgl. Anm. 231.

Abb. 134 Paris, Ste. Chapelle – Querschnitt.

Eine Parallele hierzu stellt die Bischofskapelle von Reims (1230) dar, die ebenfalls den Siebenzwölftelschluß zeigt, und deshalb – auch wegen ihrer Hochfenster und ihres triforienartigen Laufgangs – als Abbildung eines Binnenchores gelten muß.[251]

Die Ste. Chapelle ist also kein abgesprengter Teil einer Kathedrale, sondern sie bezieht sich auf das architektonisch ausgezeichnete Zentrum einer solchen Anlage: den Hochchor. Indem sie das Wesentliche einer Kathedrale in sich aufnimmt, hebt sie diese im Kleinen auf. So gesehen kann man wie Sedlmayr davon sprechen, daß die Ste. Chapelle »*die Tendenzen der Kathedrale auf den Gipfelpunkt*« geführt habe. Als ein bloß abgetrennter Teil wäre ihr dies nicht möglich gewesen.

Im Verhältnis von Ober- zu Unterkirche bringt die Ste. Chapelle die Momente, die wir an San Francesco in Assisi analysiert haben, noch viel klarer zum Ausdruck: der *pars superior* als Abbildung des oberen Raumteils einer Kathedrale, der *pars inferior* als Substruktionszone; in der Unterkirche sogar als eine regelrechte Nachbildung der Pfeilerzone eines dreischiffigen Langhauses *(Abb. 134)*.

Wenn auch die Ste. Chapelle mit Assisi formal nichts gemein hat, vor allem nicht das Vorbild für Assisi gewesen sein kann, so ist doch in ihr die »Hochschiffidee« von Assisi wiedererkennbar vorhanden. Bedenkt man, daß der höfische Bau in Paris zur Aufbewahrung der Dornenkrone Christi konzipiert worden ist und der französische König als Bauherr der Ste. Chapelle ein Verehrer des hl. Franziskus war – dessen Sterbekissen er übrigens besaß –, so liegt es im Bereich des Möglichen, daß die Hochschiffkonzeption der Ste. Chapelle durch Assisi »angeregt« worden ist.[252]

In den Augen des 13. Jahrhunderts war Franziskus durchaus ein neuer Christus, der *erste* stigmatisierte Heilige der Kirchengeschichte.

Mit der »Obergadenthese« für Assisi und die Ste. Chapelle fällt auch ein neues Licht auf die sogenannten Hochchöre in Deutschland, die Werner Gross untersucht und als eine eigenständige Leistung der Deutschen Hochgotik dargestellt hat, und an der die Mendikantenkirchen führend beteiligt gewesen sind.[253] Doch spreche ich dieses Problem im Rahmen des folgenden Kapitels an, das sich mit den beiden Mendikantenkirchen in Köln beschäftigt, einer der bedeutendsten Niederlassungsorte der Dominikaner und Franziskaner in Deutschland.

---

[251] Bezeichnend ist, daß die Reimser Bischofskapelle nicht den Binnenchorschluß der Kathedrale hat, der ja auch den Umgangskapellen zu Grunde liegt. Sie ist eben keine »Kapelle« im herkömmlichen Sinne, sondern ein obergadenabbildender Raum, der sich übrigens durch den Verzicht auf das Maßwerkfenster sehr konservativ gibt. Man vergleiche hierzu den Obergaden der *Kathedrale in Soissons* (S. Stoddard, 1966, *Abb. 237* und *252*). In den höherwertigen Polygonseiten sitzen maßwerklose Fenster, während in den Sanktuariumsseiten das Chartreser Gruppenfenster installiert ist. Die moderne Form bleibt untergeordnet. Das »obergadenabbildende Prinzip«, wie es hier an San Francesco in Assisi und der Ste. Chapelle in Paris in seiner »hochgotischen« Form nachgewiesen worden ist, scheint in der Kirchenarchitektur, wie das Beispiel der Reimser Bischofskapelle andeutet, schon früher von Bedeutung gewesen zu sein. Die Untersuchung der Genese des Prinzips muß aber einer anderen Studie vorbehalten bleiben. Zur Rezeption vgl. unten, Anm. 79 (Kap. VII).

[252] Mit der Pfalzkapelle in Aachen hat die Ste. Chapelle m. E. architektonisch nichts zu tun. Sie war ja auch kein Krönungsort (vgl. L. Grodecki, 1975, S. 15).

[253] W. Gross, 1933, S. 39–46.

VII.
Dominikaner und Franziskaner in Köln

1. Zur Ausbreitung beider Orden in Deutschland

Als 1217 Dominikus seine Toulousaner Mitbrüder aussandte, um den Predigerorden zu verbreiten, stand Deutschland nicht auf der Liste der Missionsländer. Die Franziskaner, die im selben Jahr mit ihren Missionsreisen begannen, hatten hingegen eine Gruppe auch für Deutschland zusammengestellt. Doch kam diese bald unverrichteter Dinge nach Assisi zurück, da Sprachschwierigkeiten sie in den Verdacht gebracht hatten, lombardische Ketzer zu sein, woraufhin man ihnen vielerorts übel mitgespielt hatte.[1] Erst 1221 versuchten die Franziskaner erneut in Deutschland Fuß zu fassen. Über diese zweite Reise ist uns ein einzigartiger und, wie die historische Forschung bestätigt, zuverlässiger Augenzeugenbericht überliefert. Sein Verfasser: *Jordan von Giano (1195–1265)*, der zweite Provinzial der sächsischen Minoritenprovinz. Gegen Ende seines Lebens diktierte er seine Chronik einem Mitbruder im Halberstädter Konvent, und sie ist heute eines der wichtigsten Dokumente aus der Frühzeit des Franziskanerordens.

Die Mission, an der Jordan 1221 teil hatte, stand unter der Leitung des Deutschen *Cäsarius von Speyer*. Cäsarius hatte Theologie in Paris studiert und war mit dem 5. Kreuzzug ins Heilige Land gekommen. Dort lernte er Franziskus, Peter Catanii und Elias kennen und trat der Franziskanergemeinschaft bei.[2] Ihm gelang es, die Gruppe von Assisi über Bologna und Trient innerhalb eines Jahres sicher nach Augsburg und Würzburg zu bringen. Dort wurde sie freundlich aufgenommen und konnte sich diesmal unbehelligt niederlassen. Noch im selben Jahr, man schrieb bereits 1222, gingen einige Mitbrüder weiter nach Mainz und Köln, bzw. von Mainz nach Worms, Speyer und Straßburg.

Der Verlauf dieser Reise macht deutlich, wie Cäsarius unverzüglich die wichtigsten Bischofsstädte Deutschlands ansteuerte, vor allem im Rheingebiet, aus dem er stammte und das wirtschaftlich und politisch das Zentrum Deutschlands war.

Die beiden ersten Provinzkapitel berief Cäsarius 1222 und 1223 nach Worms und Speyer ein. Erster Kustos der Städte Köln, Mainz, Worms und Speyer wurde *Thomas von Celano,* der berühmte Biograph des Hl. Franziskus.[3] Erst im Anschluß an das zweite Kapitel, das bei den Aussätzigen vor der Stadt abgehalten wurde – während die Wormser Versammlung ein Jahr zuvor im Westchor des Doms stattfinden konnte –, begann man mit der Mission nach Norddeutschland und Thüringen.[4] Auf dem Speyrer Kapitel wurde Cäsarius durch *Albert von Pisa* in der Leitung der Provinz Teutonia abgelöst. In den folgenden Jahren rückte Köln als Organisationszentrum immer mehr in den Mittelpunkt. Zum einen fanden dort die Provinzkapitel von 1228 und 1230 statt, zum anderen erbrachte die Teilung der Teutonia in die Provinzen Saxonia und Rheni den Kölner Franziskanern ein großes Einflußgebiet. Neben

---

[1] Jord. Chron., nr. 5 und Anm. 8 des Übersetzers.
[2] Jord. Chron., nr. 9. Die Aussendung der Mitbrüder wird von nr. 17 an geschildert.
[3] Jord. Chron., nr. 26, 30 und 33.
[4] Jord. Chron., nr. 33 ff.

dem gesamten Rheingebiet und dem Elsaß gehörten Schwaben, Franken und Bayern dazu. Erst zehn Jahre später trennte man von der Provinz Rheni die oberdeutsche Provinz ab, und nannte sie hinfort die *kölnische Minoritenprovinz*. Zu ihr zählten im Norden die Kustodie Holland und Deventer (Friesland), im Westen Brabant, im Süden Trier und im Osten Westfalen und Hessen.[5] In der Zeit vor der letzten Teilung leitete *Otto aus der Lombardei* die rheinische Franziskanerprovinz (1230–1240). Aus dieser mehr organisationstechnischen Seite geht bereits hervor, daß Köln der Hauptort im norddeutschen Bereich war und auch eine größere Ausstrahlungskraft besaß als etwa Straßburg, dem mit Konstanz, Basel, Regensburg und Würzburg renommierte Konvente im oberdeutschen Bereich gegenüber standen.

Der Ausbau des Kölner Konvents zu einem Hauptort der Franziskaner hängt aber auch wiederum eng mit der dortigen Niederlassung der Dominikaner zusammen. So gründeten die Dominikaner auf ihrem 2. Generalkapitel in Bologna, 1221, die Provinz Teutonia und ließen sich noch im selben Jahr in Köln nieder. Erst 1223 gingen sie nach Trier, 1224 nach Bremen und 1225 nach Magdeburg. Bis zur Provinzteilung, 1303, blieb Köln ihr Hauptstützpunkt in Deutschland. Hier errichteten sie ihre erste Kirche, bauten ein großes Kloster und besetzten es mit führenden Mitgliedern aus dem Pariser Konvent.

Mit der Eröffnung des *studium generale* (1248) war der Aufbau des Kölner Dominikanerkonvents beendet. Wieder einmal zeigt dieses Beispiel, wie zielstrebig der Predigerorden seine Vorhaben in die Praxis umsetzte.

Die Franziskaner hingegen errichteten in Deutschland vor 1230 – also vor dem Baubeginn von San Francesco in Assisi – keine eigenen Kirchen. Sie siedelten zunächst in Spitälern, bei Leprosenheimen, in verlassenen und überlassenen Häusern. Nichts ist bezeichnender für diese Zeit als der vielzitierte Ausspruch Jordans, der auf die Frage eines Erfurters, ob seine Gemeinschaft ein Haus nach Art eines Klosters gebaut haben möchte, antwortet: »*Ich weiß gar nicht, was ein Kloster ist. Baut uns ein Haus nur nahe am Wasser, damit wir zum Füßewaschen hineinsteigen können.*«[6]

In dieser Entgegnung schwingt noch etwas vom ursprünglichen Anliegen der »Büßer von Assisi« mit, obgleich gerade Jordanus ein typischer Vertreter der Ministerschaft war und sein Bericht sich streckenweise wie ein Itinerarium der Querelen innerhalb der Führungsschicht liest.

2. Dominikaner in der Stadt

Daß sich die Dominikaner in Deutschland zuallererst nach Köln begaben, kann nur als ein wohlüberlegter Beschluß gedeutet werden.

Köln war zu jener Zeit die größte Stadt, ein wirtschaftspolitisches Zentrum und kirchenpolitisch ein bedeutendes Erzbistum. Seit 1164 ruhten im Dom die Reliquien der Hl. Drei Könige, wodurch Köln ein Wallfahrtsort ersten Ranges wurde. Auch die Staufer mußten nach ihrer Krönung in Aachen das Grab ihrer heiligen Standesgenossen aufsuchen. Zweifellos richtete sich der Besitz dieser Reliquien gegen den großen Mainzer Konkurrenten, wie auch der Domneubau (1248 ff.) den Machtanspruch des Kölner Erzbischofs gegen ihn zu demonstrieren hatte. Nicht unwichtig scheint mir zu erwähnen, daß die Gebeine der Hl. Drei Könige

---

[5] Vgl. die Karte bei R. Krautheimer, 1925, zwischen den Seiten 58 und 59.
[6] Jord. Chron., nr. 43 (1226).

ein Beutestück aus *San Eustorgio in Mailand* waren, der Kirche also, die die Dominikaner 1220 als eine der ersten Kirchen übertragen bekommen hatten *(Abb. 40).*[7]

Als die Dominikaner in die Stadt kamen, war *Engelbert von Berg* der Erzbischof von Köln (1216-1225). Der nach seiner Ermordung heilig gesprochene Mann war, im Gegensatz zu seinem Vorgänger, ein mit dem Papst versöhnter Kirchenfürst und besaß die Gunst des Stauferkaisers. Gerade als Friedrich II. nach Italien ging, 1220, wurde er zum Reichsverweser und zum Vormund König Heinrichs bestellt, den er auch 1222 in Aachen krönte.

Engelbert war also auf der Höhe seiner Macht, als die Mendikanten eintrafen und Köln das »Rom diesseits der Alpen«. Gegen die Geistlichkeit, aber auch wohl gegen das Bürgertum, dessen Eigenverwaltung er unterdrückte, gewährte er den beiden Bettelorden die Niederlassung.[8] Doch während die Dominikaner einen zentralen Niederlassungsort unweit des Dombezirks erhielten, verblieben die Franziskaner weit draußen im dünnbesiedelten Severinsbezirk, der gerade erst durch die »Große Mauer« (1180-1240) in die Stadt integriert worden war.

Der Überlieferung zur Folge bekamen die Dominikaner in der Stolkgasse zunächst ein Hospital vom Andreasstift überlassen. Die erste beurkundete Erwerbung tätigten die Dominikaner an der »Stolikengazen« 1224.[9] In der Urkunde wird ihre Niederlassung bereits *»conventus sancte Crucis«* genannt. Am 15. Mai 1226 erfolgt die Besitzübertragung der Hofstätte des St. Andreasstifts in der Stolkgasse an die Dominikaner.[10] Die Bedingungen, die ihnen hier gestellt wurden, waren weniger günstig als jene, die wir in Paris kennengelernt haben.[11] So hatten sie einen jährlichen Hofzins an das Stift zu leisten, ohne daß dadurch die Rechte der Stiftskirche und der Pfarrkirche St. Paul erloschen wären. Darüber hinaus mußten sie sich verpflichten, die am Stift tätige Laienbruderschaft St. Matthäus zu betreuen. Sie durften kein Begräbnis ohne Zustimmung des Stiftskustos in ihrem Kloster durchführen, mit Ausnahme von Bestattungen ihrer Mitbrüder *(»Et nullam sepulturam in loco illo habebunt sine licencia custodis sancti Andree exceptis fratribus sui ordinis«).* Erst 1232 wurde diese Einschränkung aufgehoben mit der neuen Bedingung, bei Begräbnissen von Bürgern des Pfarrbezirks die Hälfte der Einnahmen an St. Paul abzuführen.[12]

1229 muß ihre Kirche bereits in Bau gewesen sein, da sie eine Gebietsschenkung zur Erweiterung ihres Kirchhofs erhielten.[13] Eine Urkunde, die sich in irgendeinerweise auf den Kirchenbau selbst beziehen ließe, haben wir nicht. Jedoch wird der Bau spätestens 1253 zum Abschluß gekommen sein, da für dieses Jahr eine Schreinseintragung über die den Klosterbezirk umschließenden Mauern vorliegt.[14] In diesem Jahr sind auch die Haus- und Hofstattererwerbungen, die besonders zahlreich in den vierziger Jahren getätigt worden waren, zu einem

---

[7] W. A. Hinnebusch, 1966, Bd. 1, S. 89.
[8] Schon 1220/21 kam ein Frater Christian, ein ehemaliger Zisterziensermönch, der in Rom zum Dominikanerorden konvertiert war, nach Köln (Libellus, nr. 49 und 55). Auf Betreiben des Abtes von Clairvaux wurde er der Stadt verwiesen und mußte in den Zisterzienserorden zurückkehren. Als nun 1221 Dominikaner zur Konventsgründung kamen, wehrte sich der Weltklerus in Köln, mit dem Argument es seien Häretiker, denen man eine Niederlassung gewähren wollte. Engelbert, der Dominikus vielleicht sogar persönlich kannte, nahm sie aber in Schutz und vermittelte wohl den günstigen Niederlassungsort. Vgl. hierzu: J. Greven 1925, S. 3 f. und 46 f.
[9] QF 16/17 (1922), nr. 1.
[10] QF 16/17 (1922), nr. 2.
[11] siehe oben, S. 51 ff.
[12] QF 16/17 (1922), nr. 9.
[13] QF 16/17 (1922), nr. 4: »... *ita ut' atrium ipsius ecclesie s. Crucis prout decet amplificetur.*«.
[14] QF 16/17 (1922), nr. 26.

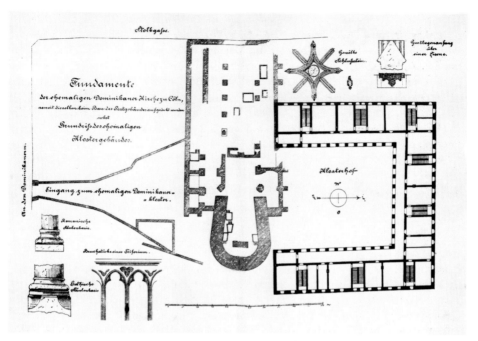

Abb. 135   Köln, Dominikanerkirche Hl. Kreuz. Grabungsgrundriß.

ersten Abschluß gekommen. Erst in den siebziger Jahren des 13. Jahrhunderts setzen diese erneut ein.[15] Wahrscheinlich war also mit der Übertragung des studium generale an Köln, 1248, der Konvent voll funktionsfähig.[16]

Über die Tätigkeit der Dominikaner in den ersten dreißig Jahren ihrer Niederlassung haben wir leider keine direkten Nachrichten mehr, auch nicht über das Generalstudium, das sich in der zweiten Hälfte des 13. Jahrhunderts im Konvent entfaltete.[17]

So ist die Betreuung der Laienbruderschaft zwar bemerkenswert, aber ein nur recht dürftiger Anhaltspunkt. Es scheinen sich die Kölner Dominikaner besonders in der Organisation und Überwachung des Beginenwesens hervorgetan zu haben.[18]

Über gelehrte Persönlichkeiten und das Studium erfährt man nur aus weitverstreuten Notizen.[19]

Die beiden ersten *Priore* des Kölner Konvents waren Frater Heinrich und Frater Leo, die zusammen mit Jordan von Sachsen in Paris studiert hatten und mit ihm dort dem Orden beigetreten waren. Insbesondere Heinrich war ein enger Freund des Ordensgenerals, der ihm breiten Raum in seinem »Libellus« gab.[20] Daß diese Männer den Aufbau der Kölner Niederlassung in Gang setzten und leiteten, spricht für die Bedeutung Kölns im Organisationskonzept der Dominikaner.

---

[15] QF 15 (1920), S. 10.
[16] QF 15 (1920), S. 9.
[17] QF 15 (1920), S. 57.
[18] QF 15 (1920), S. 66–72 und A. Kühl, 1922, S. 49–52. Zum Verhältnis der Dominikaner zur religiösen Frauenbewegung der Zeit: H. Grundmann, 1970, S. 284 ff.
[19] A. Kühl, 1922, S. 40 ff.
[20] Libellus, nr. 67–85.

Erster *Lektor* im Konvent war wohl jener Heinrich von Marsberg, den wir gleichfalls im Pariser Konvent dem Orden beitreten sahen, und der ab 1228 als Provinzial ins Hl. Land ging. Es ist möglich, daß seine Stelle von Albertus Magnus eingenommen wurde und daß dieser bis 1233 hier tätig war. Sicher war er 1244 wieder in Köln und übte seine Lehrtätigkeit bis zu seinem Tode 1280 am *studium generale* aus. Zwischenzeitlich war er Provinzial (1254–1258) und Bischof von Regensburg (1260–1263).[21]

Nach Aufhebung des jährlichen Wechsels der Generalversammlungen zwischen Bologna und Paris wurde als erster Tagungsort Köln gewählt. So erlebte die Stadt 1245 wohl eine fulminante Selbstdarstellung des Ordens, der hier seine Führungsschicht versammelte.[22]

3. Die Heiligkreuz-Kirche

Rekonstruktion

Um 1229 also wurde die Dominikanerkirche in Köln begonnen und wohl gegen 1248 beendet. Ab 1271 erhielt die Kirche einen neuen Chor, und 1804 wurde sie niedergerissen. Wie aus den überlieferten Ansichten und den Grabungsergebnissen von 1889 hervorgeht *(Abb. 135)*, war das Langhaus eine dreischiffige und sechs Joche tiefe Halle.[23] Im Osten schloß das querschifflose Langhaus mit drei Flachkapellen. Die mittlere Kapelle oder das Chorhaupt war quadratisch und sprang nach Osten vor. Ob die Kirche als Ganzes gewölbt war oder nur in den Chorkapellen, muß offen bleiben. Der neue Chor von 1271 setzte an der Nordost- bzw. Südostecke der Kirche mit einem dreischiffigen und zwei Joche tiefen Chorhaus an, und

---

[21] Zu Leben und Werk des Albertus Magnus: F. Steenberghen, 1977, S. 255–285.
[22] MOPH III (1898), S. 30–33.
[23] Der Grabungsgrundriß findet sich bei K. Wagner, 1893, S. 82 ff. Vgl. auch Kubach/Verbeek, 1976, Bd. 1, S. 528 u. *Abb. 907*.

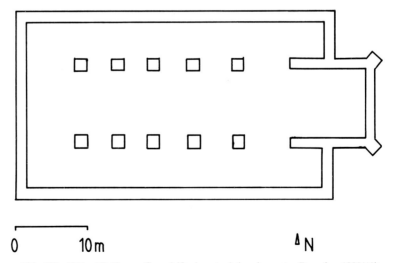

Abb. 136 Köln, Hl. Kreuz. Grundrißrekonstruktion des ersten Baus (ca. 1229/48) nach den Grabungsbefunden.

sprang dabei um eine Mauerstärke über die alte Kirchenbreite hervor. Den Abschluß bildete ein einschiffiger Hochchor, bestehend aus einem queroblongen Vorchorjoch und einem Fünfzehntel plus Halbjoch-Polygon. Eigentümlicherweise ist das überlieferte Fundament des Hochchores hufeisenförmig und in das Chorhaus hineingezogen. Die neue Choranlage war mit Sicherheit gewölbt.

Diese Kurzbeschreibung ist das Ergebnis einer Analyse der zugänglichen Ansichten und Risse. Sie widerspricht in einigen Punkten den herkömmlichen Vorstellungen über das Aussehen der Kirche. Deshalb habe ich einen Grundriß angefertigt, der auf der Umzeichnung der 1889 zum Vorschein gekommenen Fundamente der Kirche beruht, um meine Vorstellungen über die ursprüngliche Disposition der Kirche zu erläutern und zugleich die widersprüchlichen Beschreibungen des Kölner Inventars zu korrigieren *(Abb. 136)*. Die Ausgrabungen lassen in Folge der aufgefundenen Pfeilerfundamente – im Süden fünf und im Norden »drei« – mit Sicherheit die Rekonstruktion eines sechsjochigen Langhauses zu. Das dritte, östlichste Pfeilerfundament auf der Nordseite fluchtet nicht mit den beiden westlichen und steht im Zusammenhang mit einer merkwürdigen, quer zum Mittelschiff verlaufenden Mauerung. Darüber hinaus fehlt ihm das Pendant auf der Südseite. Von daher gesehen, gehört es wohl kaum zu den Pfeilerfundamenten des ursprünglichen Langhauses. Auf der Südseite, an Stelle des fehlenden Pfeilerfundaments, beginnt ein von West nach Ost laufendes, geschlossenes Fundamentstück, das im Osten in einer diagonalen Knickung endet – ein bislang uninterpretierter Grabungsfakt! Dem Diagonalfundament entspricht im Norden ein analog gestelltes, das, verfolgt man es in der Linie der nördlichen Pfeilerreihe nach Westen, mit einem zur nördlichen Außenwand verlaufenden Eckfundament korrespondiert. In Höhe dieses Eckfundaments ist auch im Süden ein Eckfundament feststellbar.

Verbindet man zeichnerisch die beschriebenen Fundamente, so gewinnt man den Umriß eines flachgeschlossenen Chorhauptes von leicht quadratischer Gestalt, das in voller Breite an das Mittelschiff anschließt. Nach Westen ist es um Jochtiefe eingezogen, nach Norden und Süden grenzt es sich mit seinen Scheidewänden von den Nebenkapellen ab, und nach Osten springt es um eine Jochtiefe hervor. Die Diagonalfundamente an seinen Ostecken entschlüsseln sich somit als die Auflager für die Eckstrebepfeiler. Von daher kann man auch auf eine Wölbung des Chorhauptes schließen.

Das Inventar interpretiert hingegen die diagonal gestellten Fundamente als Auflager für diagonal (!) gestellte Pfeiler im 1271 begonnenen Chorneubau.[24] Doch ist diese Annahme in zweifacher Hinsicht unglaubwürdig:
1. wurden im Chorbereich runde Basen gefunden, die nur auf runde Pfeiler schließen lassen *(Abb. 135)*; und runde Pfeiler kann man weder diagonal stellen noch brauchen sie diagonal gestellte Fundamente.
2. korrespondiert das südliche Diagonalfundament nicht mit der entsprechenden Kapellensüdwand, wie überhaupt das ganze Fundamentstück im Süden bei näherer Betrachtung nicht mit den Fundamenten des Chorneubaus zusammengeht.

Wenn also diesen Diagonalfundamenten überhaupt eine Funktion zukam, so die, die Strebepfeiler am alten Chorhaupt aufzunehmen.

Haben wir einmal soweit den ursprünglichen Grundriß der Kirche wiedergewonnen, so können wir auch in der als »merkwürdig« bezeichneten Nord-Südmauerung vor dem Chorquadrum die Fundamente eines Lettners bzw. einer Tribüne erkennen. Eine Deutung, die das Inventar als Möglichkeit immerhin zugesteht. Im Langhaus, das bleibt nachzutragen,

---

[24] KDM Köln, 1937, S. 163.

war das westlichste Joch tiefer als die übrigen. Es hebt sich also ein Eingangsjoch von den anderen ab, die im Verhältnis 2 : 1 : 1 disponiert sind.

Über den *Aufriß* der Kölner Dominikanerkirche schweigt sich das Inventar aus. Allerdings bietet es Rekonstruktionen an, die stillschweigend den Basilika-Typus unterstellen und dabei Einzelformen frei erfinden. So zeigt die Zeichnung von Dombaumeister *Wegener*[25] ein Rundfenster im Westjoch und spitzbogige Maßwerkfenster in den übrigen. Im Text wird aber von fünf Rundbogenfenstern gesprochen, die offensichtlich an einer abbreviaturhaften Darstellung der Kirche aus dem 17. Jahrhundert abgelesen sind, die keinerlei Anspruch erheben kann, eine Real-Abbildung des Bauwerks zu sein.[26]

Schwerwiegender als diese Detailphantasien ist das Hinweglavieren über den Querschnitt der Kirche. War Heiligkreuz nun eine basilikale oder eine Hallenkirche?

Auf der Mercatoransicht von 1571 sieht man die Kirche als kubischen Körper mit durchgehendem Satteldach, der nach Osten in einem Polygon endet. An beiden Längsseiten reihen sich Kapellen. Obgleich nun die Ausschachtungsarbeiten keine Kapellenfundamente auf der Nordseite nachweisen konnten, liegt es im Bereich des Möglichen, daß sich vor dem Klosterneubau von 1659/63 auch auf dieser Seite Kapellenanbauten befunden haben. Der Architekt *Arnzt* überträgt Mercators Kapellendächer in seinen rekonstruierenden Lageplan auf beide Seitenschiffe.[27] Dadurch bleibt die nachgewiesene Kapellenreihe auf der Kirchensüdseite ohne Bedachung. Dombaumeister Wegener »klärt« das Problem, indem er zeichnerisch das südliche Schiff mit den Kapellenanbauten unter giebelständige Dächer zusammenfaßt. So entstehen kleine »Häuser«, die in ihrer Tiefe die Breite des Mittelschiffs übertreffen. Ohne die Frage Basilika oder Halle zu problematisieren, wird in den Zeichnungen des Inventars die Basilika suggeriert und werden Widersprüche in Kauf genommen. So flankieren in diesen Rekonstruktionen die beiden westlichen Treppentürme das Mittelschiff. Mithin müßte sich dem Betrachter ein Fassadentyp à la Lehnin dargeboten haben. Jedoch zeigt die Westansicht der Dominikanerkirche von *Wouter Knijff* eine ganz andere Disposition.[28] Hier rahmen die Türme den gesamten Querschnitt der Fassade *(Abb. 137)!* Drei langgestreckte Fenster sind in sie eingetragen, wovon das mittlere nur leicht erhöht erscheint. Auf der Nordseite blickt man auf eine Langhauswand, in der ebenfalls langgestreckte Fenster angedeutet sind. Der von den Treppentürmen flankierte Langhauskörper bleibt mit dem First seines durchgehenden Satteldaches deutlich unter der Dachlinie des Chorhauses. Das Chorhaus, auf dem ein Dachreiter sitzt, überragt seitlich den Langhauskörper.[29]

---

[25] KDM Köln, 1937, S. 164, fig. 118.
[26] KDM Köln, 1937, S. 162, fig. 117.
[27] KDM Köln, 1937, S. 165, fig. 119.
[28] KDM Köln, 1937, S. 117, fig. 125. Das Inventar schreibt das Gemälde, welches sich in Budapest befindet, Jan van Goyen zu. Im Katalog des Budapester Museums wird es für J. J. de Vos (1593–1649) in Anspruch genommen. Jedoch zeigt das Gemälde den Zustand der Kirche um 1660 als die Klostergebäude auf der Nordseite abgerissen waren und neu aufgeführt wurden. Deshalb folge ich der Zuschreibung des Bildes an Wouter Knijff (1607–1693), wie bei H. Dattenberg nachzulesen ist (1967, S. 248, nr. 277). Dattenberg erkennt aber die Dominikanerkirche nicht und sein Text ist so unglücklich gesetzt, daß eine Verwechslung der Kirche mit der Maria-Ablaßkirche bei St. Ursula möglich ist.
[29] Das knappe Überragen des Chorhauses in Breite und Höhe geht am ehesten mit den ergrabenen Fundamenten überein. Es legt den Schluß nahe, daß der alte Chor vor seinem Abriß vom neuen Chor umbaut worden ist. Man kann dieses Chorhaus nicht als »Querhaus« im architekturterminologischen Sinne bezeichnen, wie im Inventar zu lesen ist (KDM Köln, 1937, S. 163), wohl aber als ein sich »querschiffartig« vom Langhaus absetzendes Mönchshaus. Zum Chor der Kölner Dominikanerkirche vgl. auch M. Geimer, 1937, S. 159 ff.

Abb. 137 Köln, Hl. Kreuz. Ansicht auf einem Gemälde von Wouter Knijff.

Diese Vedute aus dem 17. Jahrhundert, wohl während des Klosterneubaus 1659/63 gemalt, macht meiner Ansicht nach deutlich, daß die Kölner Dominikanerkirche einen Hallenquerschnitt hatte. Während Mercator die Kirche völlig schematisch wiedergibt, indem er die Differenz von Langhaus und Chor egalisiert, hebt die Darstellung auf dem Bild in der Andreaskirche, wohl aus ikonographischen Gründen[30], den neuen Chor unter Weglassung des Chorhauses hervor. Dagegen ist Knijffs Bild geradezu eine realistische Wiedergabe, an der sich der Kirchenquerschnitt eindeutig ablesen läßt. Die bei ihm dargestellte Fassade findet man an der Franziskanerkirche in *Bremen,* einer dreischiffigen Hallenkirche, wieder.[31]

Ableitungsversuch

Der für Köln rekonstruierte Grundrißtyp läßt sofort an die frühe Dominikanerkirche in Piacenza, San Giovanni in Canale, denken.[32] Dieser Bau hat, über die Grundrißdisposition hinaus, auch die von Rundpfeilern getragene Halle mit Köln gemeinsam. Was beide voneinander trennt, ist die Zweiteiligkeit der Halle in Piacenza.[33]

---

[30] Im Chor der Dominikanerkirche wurde Albertus Magnus begraben, der Mann also, auf den sich die Kirchenabbreviatur des Bildes bezieht.
[31] R. Stein, 1962, Bd. 2, S. 171 ff.
[32] siehe oben, S. 100 ff.
[33] Der Chorneubau in Köln erfüllt aber, wenn man so will, eine ähnliche Funktion wie das Mönchshaus in Piacenza.

Blickt man nur auf den Chorschluß von Köln, so kommt auch die Bologneser Dominikanerkirche in Betracht. Ein architektonischer Bezug der frühesten deutschen Dominikanerkirche zur »Mutterkirche« des Ordens wäre durchaus denkbar. Bilden Piacenza und Köln etwa deshalb Analogien, weil sie sich beide auf Bologna beziehen und diese Kirche in die örtlichen Bauformen umsetzen?

Beides sind Hallenkirchen, Bologna aber ist eine Basilika. San Giovannis Hallenquerschnitt ist, wie ausgeführt wurde, über die Querschiffshalle des Piacentiner Doms vermittelt. Woher ist aber die Kölner Halle zu verstehen?

Wenn man für Köln ein flachgedecktes Langhaus annimmt, so ist die Assoziation an die Hospitalarchitektur und damit an St. Jacques in Paris gegeben. Und tatsächlich war die ältere Forschung – unter Mißachtung der Grabungsergebnisse – davon überzeugt, daß in Köln wie in Paris eine zweischiffige Hallenkirche stand.[34] Die Dreischiffigkeit der Kölner Kirche widerlegt jedoch den behaupteten Zusammenhang nicht – im Gegenteil.

Die geschichtlichen Beziehungen beider Konvente und die Bedeutung der Kölner Niederlassung innerhalb des Dominikanerordens, machen einen architektonischen Rückgriff von Köln auf Paris sehr wahrscheinlich. Nicht nur, daß die ersten Priore und Lektoren aus Paris kamen bzw. in Paris studiert haben, spricht für eine architektonische Übernahme der Pariser Halle, sondern auch und vor allem die Eröffnung eines *studium generale,* das Köln zu einer der sechs wichtigsten Niederlassungen des Ordens erhob.[35] So möchte ich behaupten, daß die

Abb. 138   Frankfurt/Main, Dominikanerkirche. Mittelschiff und Chor von Nordwesten.

---

[34] F. Scheerer, 1910, S. 37 und K. Donin, 1935, S. 152.
[35] Oxford, Paris, Montpellier, Bologna und Neapel.

Kölner Kirche, aufgrund ihres Rangs, als Synthese aus Paris und Bologna zu begreifen ist, in der die Pariser Halle mit dem Bologneser Chor verbunden worden ist.

Die Hallenkirche in Köln ist kein Einzelfall geblieben. Dominikanische Hallen spielten auch in Deutschland eine große Rolle, die heute noch geflissentlich übersehen wird.[36] So erbauten die Dominikaner als erster Mendikantenorden Hallenkirchen am Mittelrhein, im Brandenburgischen und an der Ostsee.[37] Von ihren ersten Kirchen in Straßburg, Minden, Magdeburg und Bremen, wissen wir leider nichts, obwohl es sich um bedeutsame Konvente gehandelt hat.[38] Insbesondere die Dominikanerkirche in *Frankfurt am Main* ist in der Kunstgeschichte noch völlig unterbewertet. Seit den Grabungen von 1955 steht aber fest, daß sie, etwa ab 1245, als dreischiffige und gewölbte Hallenkirche mit Rundpfeilern errichtet worden ist *(Abb. 138).*[39]

Über die ordenseigene Architektur hinaus, ist das Phänomen zu beobachten, daß die Halle, im zweiten Dezennium des 13. Jahrhunderts, auch in die Bischofsarchitektur Deutschlands Eingang fand. So entstand um 1225 der Paderborner Dom.[40] Ob dies mehr als eine Parallele bedeutet, ist schwer zu sagen. Immerhin wurde die berühmte Halle des Mindener Doms unter der Ägide eines Dominikanerbischofs erbaut, der 1267 unter merkwürdigen Umständen zu seinem Amt kam.[41] Auch das Verdener Domkapitel stand unter der Visitation der Dominikaner, als dort der erste Hallenumgangschor Deutschlands errichtet wurde.[42]

4. Die franziskanische Ansiedlung in Köln

Wie schon erwähnt, ließen sich die Franziskaner am Stadtrand von Köln nieder, genauer: im Pfarrbezirk der Severinskirche. Erstmals urkundlich erwähnt wird ihre Niederlassung 1229, dem Jahr zwischen den beiden Kölner Provinzkapiteln. Damals überließ ihnen Gerhard Quatermark ein Grundstück zur Errichtung eines Oratoriums.[43] Ob die Franziskaner sich mit dem Oratorium vom Pfarrklerus befreien konnten, wissen wir nicht. Ebensowenig ist bekannt, welche Gebäude sie bis zu dieser Schenkung am Niederlassungsort besaßen. Aus einer Urkunde von 1246 läßt sich allerdings erschließen, daß ihnen der Graf Heinrich von Sayn ein Haus gekauft hatte, über das er, nach Übersiedlung der Franziskaner in die Stadtmitte, wieder verfügen wollte.[44]

Bei allen Überlieferungslücken wird deutlich, wie dürftig im Vergleich zum Ordensrivalen die Franziskaner in Köln angesiedelt waren. Sie mußten mitansehen, wie jener eine große und zentrale Niederlassung erbaute und ein Hausstudium mit weitbekannten Gelehrten führte.

---

[36] Vgl. etwa A. Verbeek, 1950, S. 152.
[37] Siehe auch Anm. 95 im V. Kapitel.
[38] In Straßburg hatten die Dominikaner bis 1251 ihre Kirche »extra muros«. Ab 1307 bauten sie ihre innerstädtische Ordenskirche zur Halle um (vgl. R. Recht, 1974, S. 98). In Bremen war die erste Kirche der Dominikaner 1253 fertiggestellt. Ihre zweite Kirche bauten sie im 14. Jahrhundert zur Halle um (vgl. R. Stein, 1962, Bd. 1, S. 185 f.). Zur Bedeutung des Mindener Dominikanerkonvents: H. Finke, 1891, S. 22 ff.
[39] G. Edelmann (1958, S. 37–48) veröffentlichte eine Zusammenfassung seines Grabungsberichtes.
[40] H. Peters, 1930, S. 31 ff.
[41] H. Finke, 1891, S. 16.
[42] D. Schomburg, 1910, S. 27, Anm. 258.
[43] »...ut aedificaretur in ea oratorium, in quo fratres minores possent divina celebrare et domino famulari.« (zit. n. J. W. J. Braun, 1862, S. 31).
[44] KDM Köln, 1929, S. 9.

Ungewiß ist, zu welchem Zeitpunkt die Franziskaner sich um eine bessere Niederlassung bemühten, aber es fällt auf, daß sie zu der Zeit, als die Dominikaner ihr *studium generale* einzurichten begannen und ihr Generalkapitel in Köln (1245) abhielten, in die Stadt drängten.

Der Lütticher Chronik von 1402 zur Folge hatten die Franziskaner bereits 1244 ein Haus im Pfarrbezirk der Kolumbakirche erhalten.[45] Sicher ist aber nur, daß sie im folgenden Jahr das Kölner Haus des Bischofs von Lüttich zur Wohnstatt erhielten und es zunächst mit den Kanonikern des Lütticher Kapitels teilen mußten.[46] Erst 1248, im Jahr der Eröffnung des dominikanischen *studiums generale* und der Grundsteinlegung des Kölner Doms, überließ ihnen der Lütticher Bischof das gesamte Anwesen und kaufte seinen Kanonikern ein anderes Haus.[47] Frühestens zu diesem Zeitpunkt konnten also die Franziskaner mit ihrem Kirchenbau beginnen.

5. Die Minoritenkirche

Die Minoritenkirche ist mit dem Chor begonnen worden, was aus der Hochaltarsweihe von 1260 und der Schreinseintragung von 1264 hervorgeht.[48] Ob damals auch schon Teile des Langhauses realisiert waren, ist ungewiß. Wahrscheinlich ist aber das gesamte Langhaus noch in der Amtsperiode des Erzbischofs *Siegfried von Westerburg* (1275–97) vollendet worden.[49] Die Westfassade mit ihrem großen Maßwerkfenster weist bereits ins 14. Jahrhundert, sie ist durch ständige Überarbeitungen recht schwer zu datieren. Ob also der Bau der Kirche hundert Jahre in Anspruch genommen hat, wie man von der Kirchenfassade her immer argumentiert, ist aufgrund der Bedeutung des Konvents zu bezweifeln.[50]

Veränderungen erfuhr die Minoritenkirche um 1500, als man in die südliche Seitenschiffswand spitzbogige Fenster mit Fischblaßen-Maßwerk einsetzte.[51] Im 16. Jahrhundert beseitigte man den Lettner und verlegte das Chorgestühl, und im 18. Jahrhundert erneuerte man den Dachreiter.[52] 1850 begann eine puristische Restaurierung unter Zwirner, 1855 riß er das auf der Nordseite gelegene Kloster weitestgehend ab, um den Bau des Wallraf-Richartz-Museums in Angriff nehmen zu können.[53] Im Zweiten Weltkrieg wurde die Kirche stark zerstört. Heute präsentiert sie sich wieder als eine dreischiffige Gewölbebasilika mit einem einschiffigen, polygonalen Hochchor.

Ein ursprünglicher Hallenbau?

Ganz allgemein gesprochen, entstand durch den Bau der Minoritenkirche in Köln die erste Mendikantenanlage Deutschlands mit »hochgotischem Formenapparat«: langgestreckte und flächenfüllende Maßwerkfenster am Chor, offenes Strebewerk am Langhaus, kantonierte

---

[45] P. Schlager, 1904, S. 10, Anm. 3.
[46] P. Schlager, 1904, S. 10, Anm. 4.
[47] P. Schlager, 1904, S. 10.
[48] KDM Köln, 1929, S. 10.
[49] KDM Köln, 1929, S. 10.
[50] A. Verbeek, 1950, S. 142.
[51] A. Verbeek, 1950, S. 156.
[52] KDM Köln, 1929, S. 11.
[53] J. W. J. Braun, 1862, passim.

Abb. 139 Köln, Minoritenkirche – Ansicht von Südwesten.

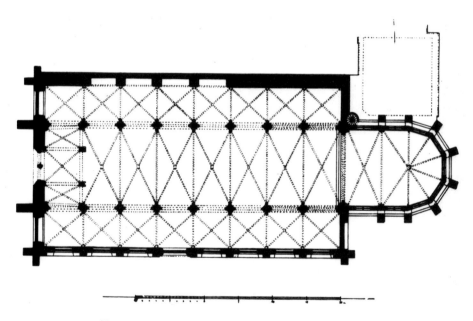

Abb. 140 Köln, Minoritenkirche. Grundriß n. Inventar, 1929.

Abb. 141 Köln, Minoritenkirche. Befund am nordöstlichen Choreckpfeiler (Seitenschiffsseite).

Rundpfeiler und ein Fünfzehntel-Polygon im Innern. All diese Merkmale sind, soweit ich die Mendikantenkirchen Deutschlands überblicke, hier erstmals eingeführt worden *(Abb. 139/140)*. Die älteren Interpretationen stellten die Kölner Kirche grundsätzlich in den sogenannten »Trier-Marburger Kunstkreis«. Entweder rückte man den Chor der Kirche in unmittelbare Nähe zur Elisabethkirche in Marburg, oder man brachte ihn mit der Liebfrauenkirche in Trier in Verbindung, da beide Chöre einen Fünfzehntel-Schluß mit Halbjoch besitzen.[54] Von Richard Krautheimer wurde das Langhaus wegen seiner Wandbildung von der Stiftskirche in Münster-Maifeld abgeleitet.[55] Bemerkenswert ist, daß er, aber auch Werner Gross, auf »italienische Züge« in der Kölner Minoritenkirche aufmerksam machten.[56]

Den Langhausanalysen der beiden wurde nie widersprochen, man ließ sie vielmehr nach dem Zweiten Weltkrieg einfach fallen, da ein »neuer« Baubefund die allgemeine Aufmerksamkeit auf sich zog. Albert Verbeek hatte nämlich an der kriegszerstörten Kirche einige Beobachtungen gemacht, die ihn zu dem Schluß führten, die Minoriten hätten zunächst eine Hallenkirche nach dem Vorbild der Marburger Elisabethkirche zu bauen begonnen. Diese

---

[54] K. Wilhelm-Kästner, 1924, Bd. 1, S. 223. KDM Köln, 1929, S. 22.
[55] R. Krautheimer, 1925, S. 83–85.
[56] W. Gross, 1933, S. 21 sah eine Analogie zum Dienstsystem im Langhaus von San Zeno in Verona gegeben. R. Krautheimer bemerkte in Köln den Einfluß des – über Münster-Maifeld vermittelten! – zisterziensischen Wandsystems der italienischen Ordenskirchen. Damit ist er nicht weit entfernt von unserem Herleitungsort.

Abb. 142 Köln, Minoritenkirche. Nordöstlicher
Choreckpfeiler, vom südlichen Seitenschiff gesehen.

Ansicht, von Verbeek 1950 in einem Aufsatz vorgetragen, wurde von der Kunstgeschichte umgehend akzeptiert.[57]

Ich will zunächst diesen Baubefund und die Folgerungen Verbeeks kurz darstellen und danach seine Hallenthese kritisch beleuchten. Es wird sich zeigen, daß die Minoritenkirche in ganz andere architektonische Zusammenhänge zu stellen ist.

Verbeek machte seine entscheidenden Beobachtungen an den beiden Choreckpfeilern der Kirche und an den Stirnwänden der Seitenschiffe. Dort konnte er sehen, da die Dächer und Gewölbe der Kirche 1942 zerstört worden waren, daß die bis zum Mittelschiffsgewölbe hinaufreichenden, dreiviertelrunden Choreckpfeiler auf ihrer westlichen Seite einmal freigestanden haben müssen *(Abb. 141)*. Das heißt, die Scheidbögen im östlichen Mittelschiffsjoch saßen ursprünglich auf den Gewölbekapitellen der Choreckpfeiler und nicht, wie in der heutigen Basilika, auf der Höhe des umlaufenden Sockelgesims *(Abb. 142)*. Verbeek fand auch Rippendienste für mittelschiffshohe Seitenschiffsgewölbe an beiden Choreckpfeilern wieder. Darüber hinaus entdeckte er Fensterlaibungsreste an den östlichen Stirnwänden der Seitenschiffe, die vor der Zerstörung der Kirche über den Seitenschiffsgewölben versteckt lagen. Aus diesen Befunden rekonstruierte Verbeek einen ersten Hallenplan für die Minoritenkirche: »*Die Freipfeiler der dreischiffigen Halle sind entsprechend schlanker als die*

---

[57] G. Dehio, Rheinland, 1967, S. 372. J. Michler benutzt die Hallenthese, um die Ursprünglichkeit der Marburger Halle zu untermauern (1972, S. 74). Die Pfarrkirche in Ratingen wurde umgehend von der imaginären Kölner Halle abhängig gemacht (H. Peters, 1957, S. 88). E. Badstübner stützt mit der Kölner Halle seine Frühdatierung der Neuruppiner Dominikanerkirche (1981, S. 329).

Chorbogenpfeiler zu denken und ohne deren Teilung durch das umlaufende Gurtgesims mithin in ganzer Höhe so, wie dann die ausgeführten kurzen der Basilika: als Rundpfeiler mit je vier Dreiviertelstab-Diensten... Das Bild der geplanten Halle zu vervollständigen, bietet weiter keine Schwierigkeiten: die Umfassungswände in Art der Seiten des ersten Chorjochs mit durchgehendem Sockelgesims und darüber hochsteigenden Diensten, auf Konsolen wie den erhaltenen der Ostecken; die Mittelschiffgewölbe wie die ausgeführten, die der Seitenschiffe mit gleicher Scheitelhöhe und entsprechend gestelzten Gurt- und Schildbögen; am Außenbau vermutlich stärkere Strebepfeiler in voller Höhe wie am Chor, vortretend etwa wie der an der Südostecke bestehende; das Dach endlich über dem Mittelschiff durchgehend mit abgewalmten Querdächern über den Seitenjochen.«[58]

Verbeeks Beschreibung des ursprünglichen Hallenplans enthält bereits das entscheidende Gegenargument. Doch will ich zunächst auf seine Rekonstruktion eingehen, um zu zeigen, daß diese, zu Ende gedacht, mit der Marburger Halle nichts zu tun hat.

Schon in ihrer Grundrißdisposition unterscheiden sich Kölner Hallenplan und Marburger Hallenbau stark voneinander. Das Marburger Langhaus ist zwischen Turmfront und Dreikonchenchor viel kürzer als das Kölner, bei ungefähr gleichen Breitenmaßen.[59] Da beide das gleiche Jochverhältnis aufweisen, erscheinen im längeren Riß der Kölner Kirche acht, im kürzeren von Marburg nur sechs Joche.

Im Aufriß übersteigt die Pfeilerhöhe des Kölner Hallenplans die Mittelschiffsbreite nur wenig, während der Marburger Pfeiler die Mittelschiffsbreite um die Hälfte überragt *(Abb. 143/144)*. In Verhältniszahlen ausgedrückt, heißt das: Pfeilerhöhe geteilt durch die Mittelschiffsbreite gleich 1,1:1 für Köln und 1,5:1 für Marburg. Zieht man noch das Verhältnis von Pfeilerhöhe zur Gewölbehöhe heran, für Köln gleich 1,5:1 und für Marburg gleich 2,5:1, so erkennt man sofort, daß die Raumproportionen beider Kirchen völlig verschieden sind. Im Kölner Plan sind die Pfeiler niedriger als in Marburg, der Gewölberaum hingegen höher, was zu einer unglaublichen Stelzung der Gewölbe in den Seitenschiffen geführt hätte, wenn eine Halle geplant worden wäre.

Nimmt man mit Verbeek an, daß die Gewölbedisposition der heutigen Basilika auch diejenige der Hallenkirche hätte sein sollen, so zeigt sich wiederum die Unvereinbarkeit beider Kirchen. Während in Marburg das Gewölbe einen Rückgriff auf ältere Kathedralsystematiken darstellt – der Gurt dem Unterzug des Scheidbogens entspricht und die Rippen schmäler als die Gurte sind –, wären in Köln die Gurte den Rippen angeglichen und die Scheidbögen wesentlich breiter gewesen. Das bedeutet, man hätte in Köln die Joche schiffsweise enger zusammengebunden und die schmalen Seitenschiffe durch die breiten Scheidbögen stärker vom Hauptschiff abgetrennt. In Marburg hingegen sind die einzelnen Joche durch die breiteren Gurte deutlich hervorgehoben.

Dieser Gewölbeunterschied hat auch Folgen für die Dienstsystematik der Langhauspfeiler. Während in Marburg die schiffsseitigen Dienste der Pfeiler nur die Gurte aufnehmen und die Rippen auf den Kapitelldeckplatten enden, hätten in Köln die schiffsseitigen Dienste Gurte *und* Rippen aufzunehmen gehabt.

Zum Schluß sei noch auf die rekonstruierte Hallenwand hingewiesen. Verbeek meint ja, den Wandaufriß des Chors an den Seitenschiffswänden fortsetzen zu können. Unten eine ungegliederte Sockelzone, darüber, über einem umlaufenden Sockelgesims, langgestreckte,

---

[58] A. Verbeek, 1950, S. 146.
[59] Für Köln sind die Grundverhältnisse im Langhaus 2:1, in Marburg 1,5:1. Die Maßangaben für Marburg bei A. Verbeek, 1950, S. 148, sind schlicht falsch.

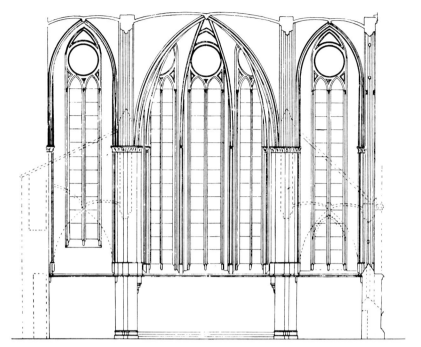

Abb. 143 Köln, Minoritenkirche. Querschnittrekonstruktion n. A. Verbeek.

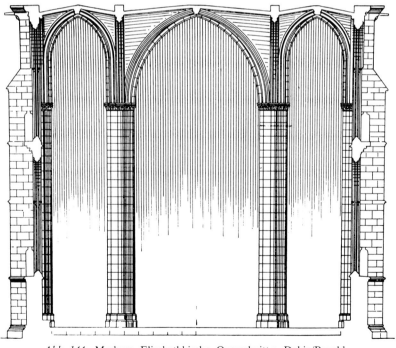

Abb. 144 Marburg, Elisabethkirche. Querschnitt n. Dehio/Bezold.

fast flächenfüllende Maßwerkfenster. Eine solche Wand hat offensichtlich nichts mehr mit der Marburger Hallenwand gemein, sie wäre in Deutschland im 13. Jahrhundert auch kaum denkbar.[60]

Zusammengefaßt ergibt der Vergleich beider Hallen unüberbrückbare Differenzen. Eine unmittelbare Ableitung des Kölner Hallenplans von Marburg ist unmöglich. Für die Aufrißproportionen und vor allem für die Gewölbe-Pfeiler-Systematik müßte ein dritter Bau herangezogen werden.

Die Gewölbe-Pfeiler-Systematik im Kölner Hallenraum ist unschwer aufzufinden. Die beiden ursprünglich zweischiffigen Minoritenkirchen in *Münster* und *Trier,* nach 1270 im Bau, besitzen sie. Insbesondere Trier hat einen ausgeprägt starken Scheidbogen, der sich zu Gurt und Rippe wie 4:1:1 verhält. Gurt und Rippe werden hier auch vom schiffsseitigen Pfeilerdienst aufgenommen. Jedoch sind Münster und Trier nach Köln begonnen worden. *Vor Köln existiert keine Halle mit diesem System, mithin wäre Köln der Innovationsort gewesen.*

Das System der Trierer Minoritenkirche ist in der Liebfrauenkirche der Stadt vorgegeben. Hier sitzen die überbreiten Scheidbögen und die rippengleichen Gurte im basilikal gestuften Raum auf dienstlosen, hohen Rundpfeilern. Ist die Hallenthese Verbeeks vielleicht doch noch aufrechtzuerhalten, wenn man die Kölner Minoritenkirche als »Tertium comparationis« aus Marburg und Trier begreift? Also von dort der proportional modifizierte Grund- und Aufrißplan, von hier die Gewölbe-Pfeiler-Systematik?

Dienstlose Rundpfeiler im Hallenraum kämen auch der ursprünglichen Dominikanerkirche in Köln, sowie der Dominikanerkirche in Frankfurt am Main nahe. Die Dominikaner wären folglich von den Franziskanern mit ihren eigenen Mitteln architektonisch »übertrumpft« worden. Doch das entscheidende Argument gegen einen ursprünglichen Hallenplan in Köln sind die Choreckpfeiler selber *(Abb. 142):* diese können nur als *Vierungspfeiler* geplant gewesen sein!

Denn was Verbeek nicht bedacht hat, ist die Tatsache, daß es im 13. Jahrhundert keine Kirche gibt, die ihr zum Chor *durchlaufendes* Mittelschiff in einem Choreckpfeiler enden läßt, der einen *stärkeren Durchmesser* als die Stützen im Langhaus besitzt. Es ist gerade das Kennzeichen einer *querschiffslosen (vierungslosen)* Kirche, die stärkeren Vierungsstützen zugunsten einer zum Chor durchlaufenden Pfeilerreihe aufzugeben. Deshalb wird in vielen Fällen sogar das Choreck ohne Stütze belassen, das heißt, man »verschleift« hier den Scheidbogen mit der Wand oder setzt ihn auf Konsolen ab.[61]

Von daher ist es völlig gleichgültig wie ein Hallenplan in Köln hätte aussehen können, da die stark dimensionierten Choreckpfeiler und die ehemals hochgezogenen Stirnwände der Seitenschiffe nur einen Schluß zu lassen: nämlich den *auf eine Vierung mit fluchtenden Querarmen!* Das hat im 19. Jahrhundert bereits J. Baudri vermutet, doch seine Auffassung ist

---

[60] Solche Hallen gibt es erst im 14. Jahrhundert: Soest, Wiesenkirche oder Münster, Liebfrauen-Überwasserkirche. Das Proportionsverhältnis der Chorfenster in Köln ist 7:1! Für die Zeit um 1248–60 ist dies recht ungewöhnlich. Sie bewegen sich normalerweise im Bereich von 3:1. Eine Ausnahme sind die Fenster im Langhaus des Frankfurter »Doms« (1250/60 erbaut). Vgl. R. Offermann, 1932, passim.

[61] Die Scheidbögen der Minoritenkirche in Trier und der Dominikanerkirche in Frankfurt am Main setzen am Choreck auf Konsolen auf. In der Franziskanerkirche in Münster und der Dominikanerkirche in Neuruppin stehen Rundpfeiler, die die Stärke der Langhauspfeiler nicht übertreffen. In der Dominikanerhalle in Prenzlau sind flache Wandvorlagen am Choreck gegeben. Man überprüfe dies auch an Hallenkirchen außerhalb der Mendikantenarchitektur (beispielsweise am Dom zu Minden).

von Verbeek mit dem Argument zurückgewiesen worden: »... *ein solches nicht ausladendes Querschiff liefe dem ganzen Zeitstil* (sic!), *nicht nur den Ordensgewohnheiten* (sic!) *zuwider, während die Hallenform für das Langhaus eine neue Möglichkeit* (sic!) *gerade des 13. Jahrhunderts war.*«[62]

Was die »Ordensgewohnheiten« der Franziskaner angeht, wissen wir inzwischen mehr. Denn gleichzeitig mit der angeblich so vorbildlichen Elisabethkirche in Marburg haben eben diese Franziskaner mit einer für ihren Orden überaus bedeutenden Kirche zu bauen begonnen: San Francesco in Bologna – eine dreischiffige Basilika mit Vierung und nicht ausladenden Querarmen.

Bologna als Vorbild

Der Typus der Kölner Minoritenkirche – ihr dreischiffiges, basilikales Langhaus mit der weit herabgezogenen Arkadenwand und dem fluchtenden Querhaus an einer quadratischen

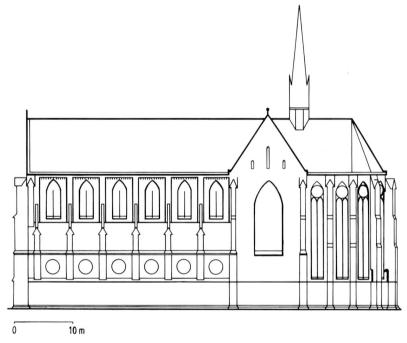

Abb. 145 Köln, Minoritenkirche. Rekonstruktionsversuch mit Querhaus.

---

[62] A. Verbeek, 1950, S. 146. J. Baudri schreibt: »*Der Triumphbogen, der den Chortheil vom Langschiffe trennt, wird von runden Diensten getragen, die fast zu drei Viertheilen aus einem kräftigen Säulenschafte hervorwachsen. Fast gewinnt es den Anschein, als ob es im Plane des Erbauers gelegen habe, hier ein Querschiff anzusetzen, d. h. die beiden östlichen Joche der Nebenschiffe bis zur Gewölbehöhe des Mittelschiffs hinauf zu führen, ohne sie über die Seitenlinien vortreten zu lassen. Auch im Aeußeren deuten mehrere Anzeichen auf die projektirte Anlage eines Querschiffes hin, von dessen Erbauung man durch irgend welche uns unbekannte Hindernisse Abstand genommen hat.*« (aus: Fr. Bock, o. J., Bd. 2, S. 3 f.). Leider nennt Baudri im folgenden diese äußeren Anzeichen nicht mehr.

Vierung – ist in der Bologneser Franziskanerkirche vorgegeben. Über Bologna habe ich so ausführlich gehandelt, daß ein Vergleich beider Kirchen kurz ausfallen kann.

Die Ausmaße des Kölner Langhauses, das zu rekonstruierende Querhaus miteinbezogen, bleiben hinter Bologna zurück. Vor dem Vierungsquadrat besitzt die Minoritenkirche sechs, San Francesco hingegen sieben Joche (in den Seitenschiffen gezählt). Auf sechs Joche verglichen haben beide Langhäuser folgende Dimensionen: Köln 44 × 22 × 22m, Bologna 52 × 26 × 26m.

Die drei quadratischen, sechsteilig gewölbten Mittelschiffsjoche in Bologna haben wir als ein Paris-Zitat erkannt, die in der Nachfolge keine Rolle gespielt haben.[63] So ist die Franziskanerkirche in Piacenza unter Beibehaltung des quadratischen Jochs zur vierteiligen Wölbung übergegangen.[64] Man kann deshalb für die Minoritenkirche in Köln formulieren: wie Piacenza den Bologneser Langhaustyp von der Vierung her aufgegriffen hat, so Köln das Vorbild vom queroblongen Eingangsjoch.

Die Mittelschiffspfeiler in Köln sind proportional gesehen etwas niedriger als in Bologna. Dadurch erscheint die flächige Hochschiffwand mit ihren in die Schildbogenfläche gerückten Fenstern noch tiefer herabgezogen.

Nach außen, auf der Südseite der Minoritenkirche *(Abb. 145)*, wirkt das die Großform determinierende Bologna-Zitat bis in die Einzelformen hinein: die Querschiffassade, die Okuli in der Seitenschiffswand und die auf flachen Wandvorlagen ansetzenden Strebebögen machen das Vorbild deutlich sichtbar.[65]

Die Kölner Kirche kopiert San Francesco natürlich nicht. Die Umsetzung des Vorbilds hat andere Bezugsgrößen zur Voraussetzung, wie ein Blick auf die Langhaussystematik und den Chor unschwer erkennen läßt.

Für das Scheidbogen-Gurt-System im Kölner Langhaus habe ich schon auf die Liebfrauenkirche in Trier hingewiesen. Dieser Bau ist, wie die Gestaltung des Chors und der Vierungspfeiler in Köln deutlich macht, von den Minoriten auch »gemeint« gewesen. In Trier nämlich ist der Vierungspfeiler nicht, wie sonst üblich, als Bündelpfeiler gegeben, sondern als kantonierter Rundpfeiler *(Abb. 147)*. Damit trägt er, wie in Köln, die Ikonographie eines Langhaus- bzw. Sanktuariumpfeilers; ein Umstand, der in Köln nicht unwesentlich zur Verbeekschen Fehlinterpretation beigetragen hat.[66] In Trier ist diese Ambivalenz aus der

---

[63] Die österreichische Franziskanerkirche in Stein besitzt sechsteilige Gewölbe (Langhaus vor 1264). Ob diese allerdings auf San Francesco zurückgehen, vermag ich, da ich diese Kirche nicht aus eigener Anschauung kenne, nicht zu sagen (vgl. K. Donin, 1935, S. 119, der einen solchen Zusammenhang verneint).

[64] siehe oben, S. 170 ff.

[65] Wie San Francesco einen rundbogigen Konsolfries unterhalb des Dachgesimses zeigt, so Köln einen Klötzchenfries und zwar in den Wandabschnitten, die flache Wandvorlagen haben. Zu den Strebebögen schreibt Verbeek: »... *bis zur Mitte des 19. Jahrhunderts fehlten überhaupt die Strebebögen der Westhälfte.*« (1950, S. 154). Nun fehlt aber nur *ein* Strebebogen unmittelbar an der Westfassade, für den jedoch ein Auflager an der Seitenschiffswand vorhanden ist, so daß man annehmen kann, er war auch ursprünglich vorhanden. Auf einer Ansicht vor Zwirners Restaurierung fehlt neben dem westlichsten auch der östlichste Strebebogen der Südseite, dieser wurde also ersetzt (vgl. *Abb. 146*). Daß auf der Nordseite Strebebögen fehlen und Strebepfeiler kaum fundiert worden sind mag mit den Klosteranbauten zusammenhängen und mit der Tatsache, daß diese Seite nicht die Schauseite der Kirche war. Dadurch erhöht sich eher die ikonographische Bedeutung der vorhandenen Strebebögen.

[66] Der kantonierte Pfeiler ist im Langhaus bzw. im Vorchor entwickelt worden und kam erst später ins Polygon der kathedralgotischen Kirchen (vgl. Anm. 138 des VI. Kapitels). Als Vierungspfeiler dient er in Deutschland nur selten, u. a.: Liebfrauenkirche Trier, Dom in Verden, Stiftskirche Wetter und Pfarrkirche Friedberg.

Abb. 146 Köln, Minoritenkirche. Ansicht von F. A. Mottu, 1827.

Verschränkung eines Zentralbaus mit einem Longitudinalbau zu verstehen. So zentriert sich diese Anlage einerseits in den stark dimensionierten Vierungspfeilern, betont aber andererseits die Längsrichtung, indem sie die Vierungspfeiler als kantonierte Rundpfeiler in die West-Ostachse des basilikalen Raums einbindet.[67] In der Minoritenkirche ist die Vierung über die Pfeiler*form* in das Langhaus eingebunden, so wie die Querarme in die Langhausbreite. Durch die Pfeiler*stärke* und *-höhe* aber ist die Vierung zugleich hervorgehoben, so wie die Querarme sich durch ihre Höhe als Querschiffe geltend gemacht haben.

Auf Trier verweist auch die Bildung des Kölner Chors *(Abb. 148)*. Nicht so sehr der Fünfzehntel mit Halb- und Vorchorjoch, der auch in Marburg vorkommt, sondern vielmehr seine Aufrißgestalt. Der Minoritenchor ist zweigeschossig angelegt; das heißt, auf einem Sockelgeschoß, das die Höhe der Mittelschiffspfeiler hat, setzt die Chorwand mit den langgestreckten Fenstern auf und das Dienstsystem mit hohen zylinderförmigen Sockeln und tellerartigen Basen neu an. Diese Zweigeschossigkeit zeigt auch Trier, allerdings sitzen dort *zwei* Fenstergeschosse auf einem Sockelgeschoß, während in Marburg, das ebenfalls Trier zum Vorbild hat[68], die Fenster in vertikalen Wandstreifen sitzen.

Daneben finden sich in den Kehlen der Wandvorlagen des Trierer Chors eingestellte Rundstäbe *(Abb. 149)*, die als Sporne in den Wandvorlagen im Kölner Chor wieder auftauchen, in Marburg aber nicht vorkommen.

Wenn man also unbedingt von einem Verhältnis zwischen der Kölner Minoritenkirche und der Marburger Elisabethkirche sprechen will, so ist dies ein Verhältnis der Analogie, welches

---

[67] Zur Bedeutung von Trier: W. Schenkluhn/P. van Stipelen, 1983, S. 28 ff.
[68] Zum Verhältnis zwischen Marburg und Trier: W. Schenkluhn/P. van Stipelen, 1983, S. 38 ff.

Abb. 147 Trier, Liebfrauenkirche. Nordöstlicher Vierungspfeiler.

sich aus der Beziehung beider Kirchen auf die Liebfrauenkirche in Trier ergibt, und zwar in dem Sinne, daß beide Kirchen, beispielsweise gegenüber Trier, Außenlaufgänge aufweisen oder ähnliche Strebepfeilerbildungen haben.

Der Kölner Minoritenchor geht in seiner Gestaltung aber auch weit über Trier hinaus. Als *einschiffiger Hochchor* bildet er mit seinen langgestreckten und flächenfüllenden Fenstern wiederum eine *Obergadenstruktur* nach, wie wir sie am Beispiel der Oberkirchenchöre von Assisi und der Ste. Chapelle in Paris kennengelernt haben.[69] Der Chorsockel hat, wie ich schon sagte, die Höhe der Langhauspfeiler; und wie dort die Obergadenwand mit ihrem Dienstsystem aufsetzt, so hier die Chorwand im Sinne *kathedralgotischer Binnenchorwände!* Deshalb halte ich es für verfehlt, die Chorfenster der Minoritenkirche als eine »Zusammenziehung« der in Trier oder Marburg übereinander angeordneten Fenster zu begreifen.[70] Mit beiden Chorstrukturen hat der Kölner Chor überhaupt nichts gemein, aber auch nichts mit Kapellenbildungen, wie wir sie etwa an der Altenberger Zisterzienserkirche finden können. Der Minoritenchor ist im wörtlichen Sinne als ein *Hoch*chor zu verstehen, der richtungsweisend für die Entwicklung dieses Typs in der Folgezeit wurde.[71]

Der an das Mittelschiff einschiffig anschließende kurze wie lange Hochchor der Mendikanten, wie er zu Beginn des 14. Jahrhunderts besonders häufig zur Ausführung kam, ist zweifellos eine der bedeutendsten Leistungen der Mendikantenarchitektur gewesen. Jedoch

---

[69] siehe oben, S. 201 ff.
[70] J. Michler, 1972, S. 75.
[71] So erscheint schon bald im Hochchor von St. Ursula in Köln (1270 ff.) die Binnenchorstruktur mit triforienartiger Vergitterung im unteren, verblendeten Fensterteil.

Abb. 148 Köln, Minoritenkirche. Blick in den Chor

Abb. 149 Trier, Liebfrauenkirche. Südlicher Choreckpfeiler.

verdankt sich dieser Typus weder einer bloß sukzessiv selbsttätigen Entwicklung in der Weise, daß man den Chor, Joch für Joch hinzufügend, nach Osten weit hinausschob[72], noch entstand er aus einer spontanen Syntheseleistung der Mendikanten[73], und er steht auch nicht als ein typisch »deutsches« Produkt der französischen Kathedralgotik gegenüber.[74] Er war vielmehr

---

[72] Diese Auffassung vertreten vor allem K. Donin, 1935, S. 35 ff. und L. Giese, 1939, Spalte 398–401. Sie legen ihr Hauptaugenmerk auf die Jochzahl im Chor und suggerieren eine stetige Entwicklung der Mendikantenchöre vom Kurz- zum Langchor. Jedoch existieren beide Typen zeitlich nebeneinander. Dies wird besonders deutlich, wenn man den eingezogenen Langchor in die Betrachtung mit einschließt. (Dominikanerkirche Konstanz, Regensburg, Esslingen und Erfurt). Der jüngste Aufsatz zum Problem der Langchöre in der Mendikantenarchitektur verneint zwar auch eine kontinuierliche Entwicklung, aber beschränkt sich in der Fragestellung doch wiederum nur auf ein »Jochzählen« (A. Gryzbkowski, 1983, S. 152–168). Vgl. auch die Ausführungen zu San Domenico, oben S. 92.

[73] Der Chor der Franziskanerkirche in Freiburg (CH) ist für Helma Konow der früheste Langchor der Bettelorden (1256 ff.). Er besteht aus drei queroblongen Jochen und einem Fünfachtelschluß und ist gewölbt. H. Konow begreift ihn als ein Produkt aus den Chören der Franziskanerkirche in Würzburg (flachgeschlossen und gewölbt, um 1250) und Rufach (polygonal geschlossen und flachgedeckt, um 1250). Von Freiburg geht die Entwicklung für sie geradlinig zu den Hochchören des 14. Jahrhunderts (1964, S. 16 f.).

[74] Werner Gross betrachtet die Entwicklung des Hochchors als eine »deutsche Eigenheit«, die er, ganz im Sinne seiner Unterscheidung von französischer und deutscher Gotik, gegen die französische Entwicklung setzt, und die er für die »verbindlichste Demonstration des hochgotischen Formgeistes« hält (1933, S. 41). Neben dem Chor der Regensburger Dominikanerkirche hebt er besonders den Naumburger Westchor als eine Inkarnation des »deutschen Hochchors« hervor (vgl. die folgende Anmerkung).

Abb. 150 Köln, Minoritenkirche.
Chor von Südosten.

in dem Augenblick geboren, als man im umgangslosen Chor die Binnenchorstruktur der Kathedralen nachbildete, also mit den Oberkirchenchören von Assisi und der Ste. Chapelle in Paris. Das ist m. E. das entscheidende Entstehungsmoment und der Grund, weshalb diese beiden Chöre innerhalb wie außerhalb der Mendikantenarchitektur das Bild der Hochchöre und deren Entwicklung so wesentlich bestimmen konnten.[75]

So ist auch die Obergadenstruktur des Kölner Minoritenchores nur in Abhängigkeit von diesen beiden Chorlösungen zu verstehen. Sie nimmt dabei gewissermaßen eine Mittelstellung ein. Wie sie einerseits durch das Vorbild in der »Mutterkirche« angeregt ist, so realisiert sie sich in Formen, die der Kathedralgotik, zu der die Ste. Chapelle zählt, viel näher stehen. Vor allem ist sie nicht mehr einer Unterkirche, sondern einem Chorsockel aufgesetzt.

Auch andere bedeutende Mendikantenkirchen folgen dieser neuen Chorlösung und lassen sie im einschiffigen Typus wirksam werden.[76] So bildet der Chor der Baseler Dominikanerkir-

---

[75] Eine frühe und bedeutende Hochchorform stellt der Naumburger Westchor dar (1249 ff.). Seine Architektur wird immer von der Plastik ausgehend als »reimsisch« verstanden (R. Hamann-MacLean, 1966, S. 240 ff.). Doch hat seine Struktur sehr viel mit dem Oberkirchenchor von Assisi zu tun (P. Héliot, 1968, S. 127 ff.). Hier sei noch auf einen weiteren Aufsatz von Pierre Héliot aufmerksam gemacht – *Les origines et les débuts de l'abside vitrée (XIe–XIIIe siècles)* –, der zahlreiche Hochchöre, in dem von mir verstandenen Sinne versammelt, sie aber entwicklungsgeschichtlich falsch verknüpft. Eine Kritik müßte deshalb sehr weit ausholen und kann hier nicht gegeben werden.
[76] Eine frühe Form ist, wenn die Datierung stimmt, der Chor der Trierer Franziskanerkirche gewesen (1235). Hier wurde einem vierjochigen flachgeschlossenen Mönchshaus ein Siebenzwölftelpolygon angefügt, das im Aufriß der Binnenchorgestaltung der Zisterzienserkirche von Marienstatt folgt. Dies ist auch ein Beispiel dafür, wie aus einem einschiffigen Mönchshaus umgehend ein Hochchor gestaltet

che den Binnenchorschluß des Baseler Münsters nach und zeigt in der Polygonwand Binnenchorfenster. Von außen wirkt dieser Chor wie der zentralisierende Hochchor der Baseler Bischofskirche. Die Erfurter Barfüßerkirche folgt mit ihrem Chor dem Binnenchorschluß des Magdeburger Doms: im Aufriß wiederum Binnenchorfenster und ein Dienstsystem, das das Dienstsystem des Magdeburger Domchores, mit seinen eingefügten ottonischen Säulen, nachahmt. Auch die Bremer Franziskanerkirche übernimmt einen Binnenchorschluß, und zwar den des benachbarten Verdener Doms. Und auch ihre Chorfenster sind als Hochchorfenster anzusprechen. Dies sind nur einige Beispiele aus der Vielzahl von Hochchören, die die Mendikanten in der zweiten Hälfte des 13. Jahrhunderts und zu Beginn des folgenden errichtet haben.[77] Dabei bilden sich gewisse Eigentümlichkeiten heraus, so etwa die häufige Benutzung des Fünfachtelschlusses, der sich am innigsten mit dem schmalen queroblongen Joch verbinden läßt, sowie die Eigenart, die Strebepfeiler meist unter der Dachtraufe auf Höhe der Fensterscheitel enden zu lassen.[78] Doch darf man darüber nicht den Entstehungszusammenhang dieser Hochchöre vergessen – jene beiden Kirchen in Assisi und Paris, die den entscheidenden Umbruch für die Hochchorentwicklung eingeleitet haben – und die späten Hochchortypen einfach als Weiterentwicklungen des kathedralgotischen Kapellentyps begreifen, was sie nicht sind. Sie treten in gewisser Weise die »Erbschaft« der großen Umgangschöre an, heben diese im Kleinen auf.[79]

---

wird. Einen ähnlichen Vorgang kann man an der Dominikanerkirche in Neuruppin studieren, wo ebenfalls an ein bereits vorhandenes, flachschließendes Chorhaus ein Siebenzwölftelpolygon angeschlossen wurde.

[77] So in Straßburg, Kolmar, Basel, Zürich, u. a. m. (vgl. H. Konow, 1954, passim.). Zur Beziehung von Mendikantenchören zu Chören von Bischofskirchen siehe oben S. 105 und die dortige Anmerkung 63.

[78] Diese Eigenheiten hat Helma Konow hervorgehoben (1954, S. 17).

[79] Damit soll angedeutet werden, daß dem obergadenabbildenden Hochchor in Deutschland im 14. und 15. Jahrhundert nicht nur in der Mendikantenarchitektur, sondern auch im »hochkirchlichen Bereich« eine Bedeutung zukommt, die den kathedralgotischen Umgangschor geradezu verdrängt. Dieser erfährt seine architektonische Weiterentwicklung, von einigen Ausnahmen abgesehen, in der Hauptsache auf der *Pfarrkirchenebene,* wird hier vom städtischen Bürgertum, beginnend mit der Lübecker Marienkirche, gleichsam okkupiert. Den bekannten und bedeutenden Umgangschören städtischer Pfarrkirchen, wie *Heiligkreuz in Schwäbisch-Gmünd* (1351 ff.), *St. Sebald in Nürnberg* (1361 ff.), *St. Katharinen in Brandenburg* (1380) ff.) und *St. Marien in Stralsund* (1382 ff.), stehen die von hochherrschaftlichen Auftraggebern getragenen Hochchorbauten am *Frankfurter »Dom«* (1315-38), am *Erfurter »Dom«* (1353-72) und an der *Aachener Pfalzkapelle* (1355-1414) gegenüber. Hinter dem Bau der »capella vitrea« in Aachen stand kein Geringerer als Kaiser Karl IV. Die gleichzeitige Verwendung von obergadenabbildenden Hochchören im Mendikanten- und Stiftsbereich kann kaum überraschen, da beide, wie wir sahen, ihre gemeinsame Wurzel in den Konzeptionen der Oberkirche von Assisi und der Ste. Chapelle in Paris haben. Diese Koinzidenz zeigt aber an, wie wenig man den Mendikanten-Hochchören gerecht wird, wenn man sie nur unter reduktionsgotischem Aspekt als Ausdruck für »Armut« und Bescheidenheit betrachtet. Hier bleibt der konkrete Wechselwirkung zu untersuchen, beispielsweise: inwieweit haben die obergadenabbildenden Hochchöre der beiden Erfurter Mendikantenkirchen die Konzeption des Erfurter »Dom«stiftschores bestimmt?
Der Forschung über die spätgotische Architektur ist *diese Umwertung* der Chortypen, da sie sich auf den Sieg der »demokratischen Halle« über die »aristokratische Basilika« konzentrierte, weitgehend entgangen (vgl. K. H. Clasen, 1930, S. 149; etwas differenzierter F. W. Fischer, 1971, S. 81). Doch ist dieser gesellschaftliche Unterschied, wenn überhaupt (vgl. H. J. Kunst, 1983, S. 273 ff.), weniger über die Langhausgestalt als vielmehr über die jeweilige Chorlösung vermittelt, wie das folgende Beispiel zeigen kann. In *Stendal* errichteten die Domstiftsherren ihre Kirche *St. Nikolai* ab 1423 als dreischiffige Hallenkirche mit einem einschiffigen obergadenabbildenden Hochchor, der ganz in der Tradition der Ste. Chapelle steht, unmittelbar aber vom Chor der Wallfahrtskirche *St. Nikolai in Wilsnack* (begonnen nach 1384) abhängt. Das mit ihm verfeindete städtische Patriziat antwortete umgehend mit

Wie weit die Umgangschöre selbst wieder von dieser neuen Form bestimmt sind, kann an zwei prominenten Beispielen verdeutlicht werden. Das eine ist der Kölner Domchor, der auf die Ste. Chapelle reagiert und sie im Binnenchor (vier Chorjoche, Siebenzwölftelschluß, Figuren an den Pfeilern) aufnimmt[80]; das andere ist der Verdener Domchor, der erste Hallenumgangschor Deutschlands, der mit dem ihm »fehlenden« Obergaden gleichsam die Binnenchorpfeiler ummantelt, so daß von außen der Eindruck eines breitgelagerten einschiffigen Hochchores entsteht.

Hier am Ende der Arbeit schließt sich auch der Kreis zwischen den einschiffigen, obergadenabbildenden Hochchören und den optischen Phänomenen, die wir am Chor der Bologneser Franziskanerkirche kennengelernt haben. Was dieser Binnenchor als Bildarchitektur leistet ist auch den obergadenabbildenden Hochchören möglich. Dank ihrer Obergadenstruktur, die die Wandfläche auflöst, wirken sie wie Bilder in die Langhäuser hinein. Eine hierfür beispielhafte Lösung ist die Dominikanerkirche in Colmar *(vgl. Abb. 48)*, aber auch die Minoritenkirche in Köln.

Die Minoritenkirche hat, um zum Schluß noch einmal auf ihre Geschichte zurückzukommen, eine große Nachfolge innerhalb der kölnischen Franziskanerprovinz gehabt. Diese habe ich aber zum Teil an anderer Stelle bereits behandelt.[81] Deshalb bleibt hier nur die Frage, weshalb in ihr die Bologneser Franziskanerkirche zitiert worden ist. Die Antwort liegt in der Konkurrenzsituation zu den Kölner Dominikanern begründet. Als die Dominikaner den Plan faßten, in Köln ihr Studium generale zu eröffnen, gingen die Franziskaner auf die Suche nach einem innerstädtischen Bauplatz. Sie bekamen ihn bemerkenswerterweise nur mit Hilfe eines auswärtigen Bischofs. Die Kirche, die da entstand, orientierte sich an einer ordenseigenen Konzeption, die wir als Synthese von »Ordensleben und Wissenschaft« kennengelernt haben. Darin liegt eine *architektonische Antwort* auf die ordenspolitischen und wissenschaftlichen Erfolge der Dominikaner in Köln, die auf anderer Ebene so schnell nicht einzuholen waren. Die Predigerbrüder blieben auch davon keineswegs unberührt. Schon 1271 errichteten sie einen neuen Hochchor, der den Fünfzehntelschluß der Minoritenkirche übernahm und ein

---

dem Neubau von *St. Marien,* ihrer Pfarrkirche, die sie als dreischiffige Halle mit Hallenumgangschor errichten ließen, der die schon über 150 Jahre alte Chorlösung des Bischofsdoms in Verden aufgriff (H. J. Kunst, 1969, S. 88). Hier wird augenscheinlich, daß zu der Zeit dieser Chortyp – man denke auch an die obigen Beispiele – schon lange *der* Ausweis für das Patriziat bedeutender Städte war.
Unter diesen Voraussetzungen sollte man einmal die spätgotische Architektur»landschaft« Süddeutschlands untersuchen, etwa die Bedeutung des obergadenabbildenden Hochchors am Ulmer Münster, einer Stadtkirche!

[80] Wenn auch bestimmte Formen der Kathedrale von Amiens im Kölner Domchor übernommen worden sind, so kann aus geschichtlicher Perspektive jene Kathedrale nicht gemeint gewesen sein. Vergleiche hierzu auch die Ausführungen zum Kölner Chorpfeiler in Anmerkung 138 (Kapitel VI).
Der Kölner Domchor ist der Aufbewahrungsort für die Reliquien der Hl. Drei Könige. Zu ihnen hatte der in Aachen gekrönte Deutsche König im Anschluß an die dortige Zeremonie zu gehen. Gleichsam im Gegenzug erwarb der französische König die Dornenkrone Christi und erbaute dieser Reliquie die Ste. Chapelle. Allein auf dieses Anspruchsniveau ist der Kölner Dom ausgerichtet! Seine Architektur zitiert (meint) die Ste. Chapelle und – wie die Chorpfeiler zeigen – St. Denis, die Grablege der französischen Könige. Auf diese Zusammenhänge machte mich Prof. Kunst aufmerksam.

[81] W. Schenkluhn, 1983, S. 86–88. Außerhalb der Mendikantenarchitektur gibt es noch eine bemerkenswerte Rezeption: *die Stiftskirche St. Peter in Vilich.* In vereinfachter Form wurde hier um 1280 ein neuer Chor erbaut, dessen Choreckpfeiler die der Kölner Minoritenkirche übernehmen (I. Achter, 1968, S. 45, *Abb. 22*). Sie dienen als Vierungspfeiler eines Querhauses!

zweijochiges, das Langhaus überragendes Mönchshaus umfaßte. Ließen die Franziskaner wegen dieses Neubaus ihr Querhaus fallen? Mit Sicherheit hatte der Dominikanerchor auch eine Obergadenstruktur, wie der Fund eines Triforiumrestes belegt *(Abb. 135).*[82]

Im Jahre 1280 wurde Albertus Magnus im Chor der Dominikanerkirche beigesetzt, und im Jahre 1308 bestattete man Johannes Duns Scotus in der Minoritenkirche. Beide waren für ihre Orden und darüber hinaus Gelehrte ersten Ranges. Vielleicht sprach deshalb nicht zufällig ein Kölner (!) Kanoniker, *Alexander von Roes,* am Ausgang des 13. Jahrhunderts von den drei (!) »Gewalten«, auf denen die christliche Welt sich erhebe: *dem sacerdotium, regnum und studium.*[83] Daß das Studium als eine Macht begriffen werden konnte, ist nicht zuletzt der wissenschaftlichen Wirksamkeit der Mendikanten zu verdanken, und gerade die beiden in Köln bestatteten Gelehrten bezeichnen ihre Grablegeorte als das, was sie auch architektonisch waren: Kirchen der *Ordines studentes* – der Dominikaner und Franziskaner.

---

[82] Möglich ist, daß auf den Hochchor in Köln der Chorumbau von San Domenico in Bologna reagiert hat. Ab 1298 errichtete man ihn nämlich einschiffig, zwei Joche tief und mit einem Fünfzehntel plus Halbjoch-Schluß (vgl. H. Dellwing, 1970, S. 22).

Nachwort: Zusammenfassung und offene Fragen

Zu Anfang der Arbeit bin ich der Frage nachgegangen, unter welchen Bedingungen die mittelalterlichen Kirchen der Dominikaner und Franziskaner Eingang in die Kunstgeschichte des 19. Jahrhunderts gefunden haben, und in welcher Form sie von ihr angeeignet wurden. Dabei stellte sich heraus, daß bereits um die Jahrhundertmitte die Mendikantenkirchen in den Kanon der vaterländischen Monumente integriert waren und dort als Denkmäler der Bescheidenheit, gleichsam als »bürgerlich-profane« Zweckbauten innerhalb der mittelalterlichen Sakralarchitektur, auftreten. Der durch die Romantik ästhetisch-emotional angeeigneten gotischen Kathedrale stand von nun an die ästhetisch-rational empfundene »Bettelordenskirche« gegenüber. Die Skizze dieser Zusammenhänge könnte an dieser Stelle eine weitergehende Differenzierung erfahren, indem man den Anteil der »klassizistischen Kunstauffassung«, wie sie für die Arbeiten Kuglers charakteristisch erscheint, noch deutlicher herausarbeitet.

In dem Maße, wie sich die ästhetische Norm um die Jahrhundertwende zum funktionalistischen und ornamentlosen Bauen verschob, gerieten auch die Mendikantenkirchen in das Blickfeld der Architekten. An der Vielzahl der bauwissenschaftlichen Abhandlungen über die Mendikantenarchitektur wird dieser Prozeß ablesbar. Inwiefern die Kenntnis der Bettelordensarchitektur auf die Kirchenbaupraxis der Zeit eingewirkt hat und inwieweit sie Anteil an der Herausbildung des Neuen Bauens hatte, ist eine weitere »offene Frage«, die im Rahmen dieser Arbeit nicht beantwortet werden konnte.

Die Kunstgeschichte gewann erst mit ihrem Wandel zu einer stilgeschichtlichen Disziplin die Basis für eine Neubestimmung der Bettelordenskirchen. In den beiden grundlegenden Arbeiten von Richard Krautheimer und Werner Gross, denen bis heute, so weit ich sehe, noch alle Untersuchungen zur Mendikantenarchitektur verpflichtet sind, avancierten die Kirchen der Dominikaner und Franziskaner zu Stilprodukten. Ganz im Sinne der Moderne wurden nun ihre Räume expressionistisch und ihre Wandbildungen funktionalistisch aufgefaßt.

An der stilgeschichtlichen Aufarbeitung der Mendikantenkirchen wurde die Methode der abstrakten Klassifizierung und der stilkritischen »Demontage« hervorgehoben. Dabei habe ich kritisiert, daß diese allein auf eine eindimensionale, entwicklungsgeschichtliche Darstellung der Objekte abhebt, die sowohl ihren widersprüchlichen Charakter auf der Formebene als auch ihren historischen Gehalt auf der Bedeutungsebene völlig ausblendet. Nicht zufällig wird gerade bei Krautheimer und Gross – in einer Zeit des funktionalistischen Baugedankens – die utilitäre Seite der Mendikantenarchitektur als formbestimmendes Moment festgeschrieben. Doch hat ein Blick auf die Nutzung der Mendikantenkirchen im Mittelalter gezeigt, daß diese von vielfältiger Art war, und daß unter den utilitären Funktionen gerade die vielbeschworene Predigttätigkeit am allerwenigsten formbestimmend gewesen ist.

Hingegen hat die Kunstgeschichte den so bedeutenden Grablegeaspekt der Mendikantenkirchen übersehen und bis heute nicht in ihre bauanalytischen Überlegungen miteinbezogen. Von ihm aber könnte ich mir vorstellen, daß er architekturbestimmend war, doch das ist eine »offene Frage«.

Die Reduzierung der Mendikantenkirchen auf *einen* funktionalen Gehalt, die Predigt, hat ihre ideologischen Implikationen vollständig verdrängt. Das heißt, man betrachtet die Kirchen so, als wären sie bloß auf einen Adressaten, das predigthörende »Volk«, zugeschnitten gewesen und hätten keinen anderen Anspruchspartner gehabt, vor allem keinen Auftraggeber bzw. Bauherrn. So sind sie der Kunstgeschichte nach wie vor »Volkskirchen« oder »Predigtkirchen«, aber nicht Kirchen *der* Dominikaner und *der* Franziskaner. Insofern habe ich von der Anonymisierung der »Bettelordenskirchen« durch die Kunstgeschichte gesprochen. Die architektonische Form transportiert aber in erster Linie die Ansprüche beider Orden, welche sie in der konkreten geschichtlichen Situation erhoben haben, ja stellen mußten, da sie zugleich bestimmten Herausforderungen und Zwängen unterworfen waren. Dies wird sofort deutlich, wenn man das Augenmerk auf die historische Entwicklung beider Orden richtet und nach den entscheidenden Stationen und Zielrichtungen fragt. Diese liegen überraschenderweise ganz anders, als die historischen Allgemeinplätze und Topoi der Kunstgeschichte zur Mendikantengeschichte suggerieren. Von ideologischer Seite her wirkten »Armut und Bettel« ebensowenig formbestimmend wie von utilitärer Seite die Predigt. Vielmehr besteht ein Zusammenhang zwischen der Konstituierung beider Orden, dem Beginn ihrer Niederlassungs- und Ausbreitungspolitik, die im Kern ein Gang an die Universitäten war, und dem Einsetzen ihres Kirchenbaus. Den Dominikanern bot der Kirchenbau nur deshalb weniger Konfliktstoff, weil sie als kleine Gemeinschaft früher als die Franziskaner ihre Chance in der »Ordenslandschaft« erkannten und den Status eines »ordo studens« zielstrebig anvisierten. Die Franziskaner hingegen mußten lange Zeit um ihr Selbstverständnis als Orden, vor allem als ein studierender Orden, hart kämpfen, so daß sie in den Zentren der Bildung bereits vorlorengegangenes Terrain einzuholen hatten und ihr Kirchenbau ein zwangsläufig »verspäteter« war. So drückt sich auch in ihren Kirchen viel deutlicher als in den Bauten des Konkurrenten ein noch unerfülltes, gleichsam ein noch anzustrebendes Ordensverständnis aus.

Die frühen Dominikanerkirchen waren nicht nur bescheidener, sondern auch architekturgeschichtlich gesehen innovativer – ob sie deshalb schöner oder weniger schön sind als die der Franziskaner, ist eine andere Frage. Sie nobilitierten mit dem Hospitaltyp eine profane, untergeordnete Architekturform zur Sakralform und machten damit, wie wir am Beispiel Paris sahen, ihre karitativen und wissenschaftlichen Ansprüche sichtbar. Denn gerade in Paris gingen aus dem Hospitalzusammenhang die Kollegien hervor, die führenden Lehranstalten innerhalb der Universität seit der zweiten Hälfte des 13. Jahrhunderts. So wie sich hier wissenschaftliche Gemeinschaften ordensmäßig verfaßten, bildete sich dort der Dominikanerorden auf wissenschaftlicher Grundlage. Beiden gemeinsam ist ihr architektonischer Bezug auf das Hospital. In der Ordensvorschrift, zweigeteilte Kirchen zu errichten, die im Chorteil gewölbt und im Laientrakt flachgedeckt sein sollten, haben die Dominikaner ein Charakteristikum der Hospitalarchitektur verbindlich festgeschrieben.

Von der etablierten Kirchenarchitektur übernahmen die Dominikaner zunächst den sogenannten »bernhardinischen Typus« der Zisterzienser, wie wir am Beispiel von San Domenico in Bologna sehen konnten. Dies geschah ebenfalls nicht aus rein künstlerischen Erwägungen, sondern aus ganz bestimmten inhaltlichen Gründen. Sie stellten nämlich mit dieser Übernahme ihren Orden bewußt in die Nachfolge der Zisterzienser, übertrugen gewissermaßen das Vorbild via Architektur in die mittelalterliche Stadt und zeichneten so den Grablegeort ihres Stifters aus. In diesem Akt kündigte sich auch die Aufhebung der führenden Rolle der Zisterzienser unter den christlichen Orden an.

Auf die Kirchenarchitektur der Dominikaner reagierten die Franziskaner mit dem Bau aufwendiger und traditionell gestalteter Kirchen. In Paris und Bologna errichteten sie dreischiffige Basiliken mit Umgangschoranlagen. Insbesondere mit ihrem Bologneser Bau überflügelten sie die Dominikanerkirche der Stadt durch die Übernahme der Architektur von Notre-Dame in Paris und Clairvaux II, also der Hauptkirche der Pariser Universität und der Grablegekirche des hl. Bernhard, womit sie eine Synthese aus »Wissenschaft und Ordensleben« schufen. Doch drückt sich in dieser Architektur weniger der reale Stand der damaligen Ordensentwicklung der Franziskaner aus, als vielmehr der Anspruch auf einen gleichrangigen Status als »Ordo studens«.

In der Nachfolge von San Francesco in Bologna sahen wir bedeutende Franziskanerkirchen, die neben dem Bologneser Vorbild aber auch die Architektur der Grablegekirche des hl. Franziskus in Assisi rezipierten. Die Konzeption dieser Doppelkirche habe ich als Nachbildung eines basilikalen Hochschiffs beschrieben. Dadurch wurde der Zusammenhang von Assisi zu den kathedralgotischen und den frühen franziskanischen Basiliken hergestellt, und es wurde deutlich, daß die Oberkirche von Assisi als Abbildung eines oberen Raumteils begriffen werden muß. Als ein »pars superior« ist auch die Oberkirche der Ste. Chapelle zu verstehen, die nicht das Vorbild für Assisi war, jedoch neben Assisi das wohl eindrucksvollste Beispiel eines den kathedralgotischen Binnenchor nachbildenden Saalraums ist. In der Ste. Chapelle ist nicht die Umgangskapelle zur selbständigen Form gelangt, sondern das sakrale Zentrum hochgotischer Basiliken im dialektischen Sinne des Wortes »aufgehoben« worden. Nur so konnten diese Oberkirchenchöre eine Alternative zu den aufwendigen Umgangschoranlagen werden und die Ausbildung der einschiffigen Hochchöre entscheidend beeinflussen. Als ein frühes Beispiel obergadenabbildender Chöre wurde der einschiffige Hochchor der Minoritenkirche in Köln vorgestellt. Eine weitergehende Analyse hätte diesen Chortypus innerhalb und außerhalb der Mendikantenarchitektur zu verfolgen, und ihn vor allem von den Hochchören zu unterscheiden, die tatsächlich nur eine Kapellenstruktur aufweisen.

Gerade die Minoritenkirche in Köln, in welcher der Hochchor einen richtungsweisenden Ausdruck fand, haben wir als einen Nachfolgebau des Langhaustyps von San Francesco in Bologna kennengelernt. Sie war nie, wie man bisher annahm, als eine Hallenkirche konzipiert, die der Elisabethkirche in Marburg folgen sollte. Die Franziskaner reagierten mit ihrer Kirche auf das Kölner Studienzentrum der Dominikaner, die hier auch ihre erste Hallenkirche in Deutschland errichtet hatten.

Die Mendikantenarchitektur war kein verfrühter Funktionalismus, keine Vorwegnahme moderner Zweckarchitektur. Dies wurde sie erst unter den »Händen« der Denkmalpflege und unter den »Augen« der durch die Moderne geprägten Kunstgeschichte. Ihre Formen waren *bedeutungstragend,* und zwar in einem durchaus weiteren Sinne als die utilitär und ideologisch verkürzend argumentierenden Arbeiten bis heute vorgeben. Vor allem war sie nicht an einer Profanisierung oder Entsakralisierung des mittelalterlichen Kirchenraums beteiligt, sondern umgekehrt wohl die letzte neue Kirchenarchitektur des Mittelalters, welche die spätgotische Kirchenarchitektur, die im wesentlichen eine Pfarrkirchenarchitektur war, mitbestimmt hat. Die bedeutungs*verändernde* Kraft der Mendikantenarchitektur, die als Bedeutungsabbau mißverstanden worden ist (G. Bandmann, 1969), haben wir gerade an der Aufnahme und Nobilitierung profanarchitektonischer Strukturen in den Kirchenraum verfolgen können. Hierzu zählt auch die Ausbildung der Mendikantenchöre zu Bildarchitekturen, die dem Verhältnis von Laie und »Predigermönch« einen neuen Ausdruck gaben. Dieses optisch-ästhetische Moment in vielen der Mendikantenkirchen bedarf ebenfalls einer weiterführenden Untersuchung.

Literaturverzeichnis

Alphabetische Liste der in den Anmerkungen abgekürzt zitierten Titel.

ACHTER, Irmingard   Die Stiftskirche St. Peter in Vilich (= Die Kunstdenkmäler des Rheinlandes, Beiheft 12, Düsseldorf 1968.
ADRIANI, Götz   Der mittelalterliche Predigtort und seine Ausgestaltung, (Phil. Diss.) Tübingen, 1966
AFP   Archivum Fratrum Praedicatorum (AFP) – Istituto storico domenicano, S. Sabina/Rom. Bd. XLII (1972): Documenti sul convento di San Domenico in Bologna dal 1221 al 1251, ed. V. Alce, S. 5–45.
ALCE, Venturino   Il convento di San Domenico nel secolo XIII, in: Culta Bononia, Rivista di studi bolognesi, Jg. IV, No. 2, Bologna 1972, S. 127–174.
ALCE, Venturino   La cella dove morì San Domenico, Bologna 1978.
ALTANER, Berthold   Die Beziehungen des hl. Dominikus zum hl. Franziskus von Assisi, in: Franziskanische Studien 9 (1922), S. 1–28.
ARIÈS, Philippe   Studien zur Geschichte des Todes im Abendland, München 1981, (1. Aufl. Paris 1975).
ASSUNTO, Rosario   Die Theorie des Schönen im Mittelalter, Köln 1982 (Neuausgabe der 1. Aufl. Köln 1963).
ATTAL, S.   Frate Elia, Compagno di San Francesco, Rom 1936.
AUBERT, Marcel   Notre-Dame de Paris – sa place dans l'histoire de l'architecture du XII au XIV siècle, Paris 1929 (2. Aufl.)
AUBERT, Marcel   L'architecture cistercienne en france, 2 Bde., Paris 1943.

BADSTÜBNER, Ernst   Kirchen der Mönche – Die Baukunst der Reformorden im Mittelalter, Berlin 1980.
BADSTÜBNER, Ernst   Kirchen und Klöster der Bettelorden im sozialen und gestalterischen Gefüge der mittelalterlichen Stadt, in: Wissenschaftliche Zeitschrift der Friedrich Schiller-Universität Jena, 30. Jg., Heft 3/4, 1981, S. 323–335.
BANASCH, Richard   Die Niederlassungen der Minoriten zwischen Weser und Elbe im 13. Jahrhundert, (Phil. Diss. Erlangen) Breslau 1891.
BANDMANN, Günter   Ikonologie der Architektur (= Libelli Bd. CCIC) Damrstadt 1969 (2. Auflage).
BANDMANN, Günter   Mittelalterliche Architektur als Bedeutungsträger, Berlin ^{5}1978.
BEAUMONT-MAILLET, Laure   Le Grand Convent des Cordeliers de Paris – Étude historique et archéologique du XIIIe siècle à nos jours (= Bibliothèque de l'École des Hautes Études, vol. 325), Paris 1975.
BECK, Kurt   Das Dominikanerkloster Frankfurt am Main. (= Schriftenreihe des evangelischen Regionalverbandes, Nr. 1) Frankfurt 1977.
BEHRENDT, W. C.   Der Sieg des neuen Baustils, Stuttgart 1927.
BELLINATI, Claudio/PUPPI, Lionello   Padova – Basiliche e chiese, Bd. 1: Le chiese dal IV al XVII secolo, Vicenza 1975.
BELTING, Hans   Die Oberkirche von San Francesco in Assisi – Ihre Dekoration als Aufgabe und die Genese einer neuen Wandmalerei, Berlin 1977.
BENNETT, R. F.   The early Dominicans – Studies in 13th century Dominican history, Cambridge 1937.
BERNARD, E.   Les Dominicains dans l'Université de Paris ou le Grand Couvert des Jacobins de la rue Saint-Jacques, Paris 1883.
BERG, Dieter   Armut und Wissenschaft. Beiträge zur Geschichte des Studienwesens der Bettelorden im 13. Jahrhundert, (= Bochumer Historische Studien, Bd. 15), Düsseldorf 1977.
BERTY, A./TISSERAND, L. M.   Topographie historique du vieux Paris, Bd. V: Région occidentale de l'Université de Paris, (= Histoire générale de Paris), Paris 1887.
BIEBRACH, Kurt   Franziskaner- und Dominikanerkirchen in Umbrien und Toskana, Berlin 1908/09.
BINDING, Günther   Die Franziskaner-Baukunst im Deutschen Sprachgebiet, in: 800 Jahre Franz von Assisi. Franziskanische Kunst und Kultur des Mittelalters, (Ausstellungskatalog) Krems-Stein 1982, S. 431–460.

BLUME, Dieter   Wandmalerei als Ordenspropaganda – Bildprogramme im Chorbereich franziskanischer Konvente Italiens bis zur Mitte des 14. Jahrhunderts (= Heidelberger Kunstgeschichtliche Abhandlungen, N. F., Bd. 17), Worms 1983.

BOCK, Friedrich (Hrsg.)   Rheinlands Baudenkmäler des Mittelalters, 3 Bde., Köln-Neuß, o. J. (um 1870), Bd. 2: J. Baudri, Die Minoritenkirche in Köln, S. 1–18.

BONAVENTURA   Itinerarium mentis in Deum – De reductione artium ad theologiam (Lateinisch und Deutsch), eingel., übers. und erläutert v. J. Kaup, München 1961.

BORST, Arno   Lebensformen im Mittelalter, Frankfurt 1979.

BOVING, Remigius   Bonaventura und die französische Hochgotik, hrsg. v. B. Kleinschmidt, Werl 1930.

BRANNER, Robert   Burgundian Gothic Architecture, (= Studies in Architecture, Bd. 3), London 1960.

BRANNER, Robert   St. Louis and the Court Style in Gothic Architecture, (= Studies in Architecture, Bd. 7), London 1965.

BRANNER, Robert   Die Architektur der Kathedrale von Reims im 13. Jahrhundert, in: architectura – Zeitschrift für Geschichte der Baukunst, 1 (1971), S. 15–37.

BRAUN, J. W. J.   Das Minoritenkloster und das neue Museum zu Köln. Eine historische Denkschrift, Köln 1862.

BRAUNFELS, Wolfgang   Abendländische Klosterbaukunst, Köln 1969.

BRONISCH, Gerhard   Die Franziskaner-Klosterkirche in Berlin (Phil. Diss.), in: Mitteilungen des Vereins für die Geschichte Berlins, 50 Jg., Heft 4, Berlin 1933, S. 89–142.

BROOKE, Rosalind B.   Early Franciscan Government. Elias to Bonaventura, (= Cambridge Studies in Medieval Life and Thought, 7) Cambridge 1959.

BROOKE, Rosalind B.   S. Leonis, Rufini et Angeli sociorum sancti Francisci. The writings of Leo, Rufino and Angelo companions of S. Francis, (ed. and translated by. R. B. B.) Oxford 1970.

BROOKE, Rosalind B.   The coming of the Friars, (= Historical Problems: Studies and Documents, Bd. 24), London 1975.

BÜCHSEL, Martin   Ecclesiae symbolorum cursus completus, in: Städel-Jahrbuch 9 (1983), S. 69–88.

BURCKHARDT, Jakob   Cicerone. Eine Anleitung zum Genuß der Kunstwerke Italiens, Wien–Leipzig 1938 (Neudruck der Originalausgabe 1855).

BUSSE, Hans Berthold   Kunst und Wissenschaft – Untersuchungen zur Ästhetik und Methodik der Kunstgeschichtsschreibung bei Riegl. Wölfflin und Dvorak, Mittenwald 1981.

CALI, François   L'Ordre ogival – Essai sur l'architecture gothique, Paris 1963.

CEL. I/II   Thomas von Celano, Leben und Wunder des hl. Franziskus von Assisi, Einl., Übers. und Anm. von Engelbert Grau, (= Franziskanische Quellenschriften, Bd. 5), Werl 1980 (3. und verbesserte Aufl.).

CHAPOTIN, Marie-Dominique   Histoire des Dominicains de la province de France. Le siècle des Fondations, Rouen 1898.

CHRIST, Yvan   Églises Parisiennes – Actuelles et Disparues, Paris 1947.

CHART. UN. PAR. I   Chartularium Universitatis Parisiensis, Tomus I, (Hrsg. H. Denifle und A. Chatelain), Paris 1899 (Reprint Brüssel 1964).

CLARK, William W./MARK, Robert   The First Flying Buttress: A new Reconstruction of the Nave of Notre-Dame de Paris, in: Art Bulletin LXVI, 1 (1984), S. 47–65.

CLASEN, Karl-Heinz   Die gotische Baukunst (= Handbuch der Kunstwissenschaft), Wildpark-Potsdam 1930.

CLASEN, Sophronius   Lehrer des Evangeliums. Ausgewählte Texte aus den Predigten des hl. Antonius von Padua, (= Franziskanische Quellenschriften, Bd. 4), Werl 1954.

CLASEN, Wolfgang   St. Marien zu Stralsund und der Kirchenbau im norddeutschen Backsteingebiet, (Phil. Diss. Masch.), Marburg 1947.

CLASSEN, Peter   Die Hohen Schulen und die Gesellschaft im 12. Jahrhundert, in: Archiv für Kulturgeschichte 48 (1966), S. 155–180.

CONRADS, Ulrich (Hrsg.)   Programme und Manifeste zur Architektur des 20. Jahrhunderts, (= Bauwelt Fundamente, Bd. 1), Braunschweig 1975.

COYECQUE, E.   L'Hôtel-Dieu des Paris au moyen âge, 2 Bde., Paris 1889/91.

CRAEMER, Ulrich   Das Hospital als Bautyp des Mittelalters, Stuttgart 1963.

CURUNI, Alessandro   Architettura degli Ordini Mendicanti in Umbria – Problemi di rilievo, in: Ausstellungskatalog Francesco d'Assisi – Chiese e Conventi, Mailand 1982.

DATTENBERG, H. Niederrheinische Ansichten holländischer Künstler des 17. Jahrhunderts (= Die Kunstdenkmäler des Rheinlandes, Beiheft 10), Düsseldorf 1967.
DEHIO, Georg Über die Grenze der Renaissance gegen die Gotik, in: Kunstchronik, N. F., XI Jg., Nr. 20, 1899/1900, S. 306–310.
DEHIO, Georg Zur Geschichte der gotischen Rezeption in Deutschland: Die polygonalen Chöre, in: Zeitschrift für Geschichte der Baukunst III (1909), S. 49–53.
DEHIO, Georg Handbuch der Deutschen Kunstdenkmäler, Nordrhein-Westfalen, Bd. 1: Rheinland, (bearb. v. Ruth Schmitz-Ehmke), München 1967.
DEHIO-BEZOLD Die kirchliche Baukunst des Abendlandes, 2 Textbände und 5 Atlanten, Stuttgart 1892–1901.
DELLWING, Herbert Studien zur Baukunst der Bettelorden im Veneto. Die Gotik der monumentalen Gewölbebasiliken, (= Kunstwissenschaftliche Studien, Bd. XLIII), München 1970, (Phil. Diss. Frankfurt 1966).
DENIFLE, Heinrich Die Universitäten des Mittelalters bis 1400, Bd. 1: Die Entstehung der Universitäten des Mittelalters bis 1400, Berlin 1885, (kein weiterer Band erschienen).
DILLY, Heinrich Kunstgeschichte als Institution, Studien zur Geschichte einer Disziplin, Frankfurt 1979.
DONIN, Richard K. Die Bettelordenskirchen in Österreich. Zur Entwicklungsgeschichte der österreichischen Gotik, Baden b. Wien 1935.
DRERUP, Heinrich Bildraum und Realraum in der römischen Architektur, in: Mitteilungen des deutschen archäologischen Instituts, Römische Abteilung, Bd. 66, 1959.

ECCLESTON Thomas von Eccleston, Bericht über die Ankunft der Minderbrüder in England, übers. v. P. Seidensticker, in: Nach England und Deutschland, Die Chroniken der Minderbrüder Jordan von Giano und Thomas von Eccleston, (= Franziskanische Quellenschriften, Bd. 6), Werl 1957.
EDELMANN, Gottfried Zur Baugeschichte der Dominikanerkirche in Frankfurt am Main, in: Schriften des Historischen Museums 9 (1958), S. 37-48.
EMERY, R. W. The Friars in Medieval France. A catalogue of French Mendicant Convents 1200–1550, New York 1962.
EUBEL, Konrad Geschichte der Oberdeutschen (Strassburger) Minoritenprovinz, Würzburg 1886.
EUBEL, Konrad Geschichte der kölnischen Minoritenprovinz, Köln 1906.

FAIT, Joachim Die norddeutsche Bettelordensbaukunst zwischen Elbe und Oder, (Phil. Diss. masch.) Greifswald 1954.
FELDER, Hilarin Geschichte der wissenschaftlichen Studien im Franziskanerorden bis um die Mitte des 13. Jahrhunderts, Freiburg 1904.
FINKE, Heinrich Ungedruckte Dominikanerbriefe des 13. Jahrhunderts, Paderborn 1891.
FIORENTINI, E. F. Le chiese di Piacenza, Piacenza 1976.
FISCHER, Friedhelm Wilhelm Spätgotik – Zwischen Mystik und Reformation (= Holle, Kunst der Welt), Baden-Baden 1971.
FLEURY, G. Rohault de Gallia Dominicana. Les couvents de St. Dominique au moyen âge, 2 Bde., o. S., Paris 1903.
FOURNIER, Edouard La Palais de Justice et le Pont-Neuf, in: Paris a travers les âges. Aspects successifs des monuments et quartiers historiques de Paris depuis le XIIIe siècle jusqu'a nos jours, (Hrsg. M. F. Hoffbauer), Bd. 1, Paris 1885 (2. Aufl.).
FRANK, Isnard W. Die Spannung zwischen Ordensleben und wissenschaftlicher Arbeit im frühen Dominikanerorden, in: Archiv für Kulturgeschichte 49 (1967), S. 164–207.
FRANKL, Paul Entwicklungsphasen der neueren Baukunst, Leipzig-Berlin 1914.
FRANKL, Paul Rezension zu Kurt Donin, 1935, in: Kritische Berichte zur kunstgeschichtlichen Literatur, Jg. 1937, Bd. VI, Zürich-Leipzig, S. 21–25.

GALBRAITH, G. R. The Constitution of the Dominican Order 1216 to 1360, (= Publications of the University of Manchester, Historical Series 44), Manchester 1925.
GALL, Ernst Die gotische Baukunst in Frankreich und Deutschland, Teil I: Die Vorstufen in Nordfrankreich von der Mitte des elften bis gegen Ende des zwölften Jahrhunderts (= Handbuch der Kunstgeschichte) Leipzig 1925. (Kein weiterer Band erschienen)
GARINI, Luigi Il bel San Francesco di Bologna. La sua storia, Bologna 1948.

GARMS, Pius B.   Series Episcoporum Ecclesiae Catholicae, Graz 1957 (= Unveränd. Neudruck der Ausgaben Regensburg-München 1873/86).
GEESE, Uwe   Reliquienverehrung und Herrschaftsvermittlung. Ein Versuch über das Verhältnis zwischen mittelalterlicher Handlungsweise und ästhetischer Form am Beispiel des Elisabethkults in Marburg von 1231–1236 (Phil. Diss. Mschr.), Marburg 1979.
GEIMER, Maria   Der Kölner Domchor und die rheinische Hochgotik, Bonn 1937.
GERSTENBERG, Kurt   Deutsche Sondergotik. Eine Untersuchung über das Wesen der deutschen Baukunst im späten Mittelalter, München 1913.
GIESAU, Peter   Die Benediktinerkirche St. Ägidien zu Braunschweig, Braunschweig 1970.
GIESE, Leopold   Bettelordenskirchen, in: Reallexikon zur deutschen Kunstgeschichte (RDK), 16. Lieferung 1939 (Bd. II 1948), Stuttgart-Waldsee.
GILSON, Étienne   Die Philosophie des heiligen Bonaventura, Köln-Olten ²1960.
GLORIEUX, Palemon   Répertoire des maîtres en théologie de Paris au XIIIe siècle (= Études de Philosophie Médiévale 17/18), 2 Bde., Paris 1933/1934.
GREVEN, Joseph   Engelbert der Heilige und die Bettelorden, in: Bonner Zeitschrift für Theologie und Seelsorge 2, Düsseldorf 1925.
GRODECKI, Louis   La Sainte-Chapelle, Paris 1975, (2. Auflage).
GRODECKI, Louis   Architektur der Gotik, Stuttgart 1976.
GROSS, Werner   Die Hochgotik im deutschen Kirchenbau, in: Marburger Jahrbuch für Kunstwissenschaft, Bd. 7 (1933), S. 290–346. Zitiert nach dem Sonderdruck 1933, S. 1–58.
GROSS, Werner   Die abendländische Architektur um 1300, Stuttgart 1948.
GROSS, Werner   Gotik und Spätgotik (= Epochen der Architektur), Frankfurt 1969
GRUNDMANN, Herbert   Sacerdotium-Regnum-Studium. Zur Wertung der Wissenschaft im 13. Jahrhundert, in: Archiv für Kulturgeschichte 34 (1951), S. 5–21.
GRUNDMANN, Herbert   Litteratus-illiteratus. Der Wandel einer Bildungsnorm vom Altertum zum Mittelalter, in: Archiv für Kulturgeschichte 40 (1958), S. 1–65.
GRUNDMANN, Herbert   Vom Ursprung der Universität im Mittelalter, Darmstadt 1960 (2. Auflage mit einem Nachtrag).
GRUNDMANN, Herbert   Religiöse Bewegungen im Mittelalter. Untersuchung über die geschichtlichen Zusammenhänge zwischen Ketzerei, den Bettelorden und der religiösen Frauenbewegung im 12. und 13. Jahrhundert und über die geschichtlichen Grundlagen der deutschen Mystik, Darmstadt 1970 (3. Aufl. des Erstdrucks von 1935).
GRZYBKOWSKI, Andrzej   Das Problem der Langchöre in Bettelordens-Kirchen im östlichen Mitteleuropa des 13. Jahrhunderts, in: architectura, Bd. 13.2 (1983), S. 152–168.

HAENEL, Erich   Spätgotik und Renaissance. Ein Beitrag zur Geschichte der deutschen Architektur vornehmlich im 15. Jahrhundert, Stuttgart 1899.
HAHN, Hanno   Die frühe Kirchenbaukunst der Zisterzienser. Untersuchungen zur Baugeschichte von Kloster Eberbach im Rheingau und ihren europäischen Analogien im 12. Jahrhundert, (= Frankfurter Forschungen zur Architekturgeschichte, Bd. 1), Berlin 1957.
HAHNLOSER, Hans R.   Villard de Honnecourt. Kritische Gesamtausgabe des Bauhüttenbuches ms. fr. 19093 der Pariser Nationalbibliothek, Graz 1972 (2. revidierte und erweiterte Auflage).
HAMANN-MACLEAN, Richard   Zur Baugeschichte der Kathedrale von Reims, in: Gedenkschrift Ernst Gall, München–Berlin 1965, S. 195–234.
HAMANN-MACLEAN, Richard   Die Burgkapelle Iben, in: Mainz und der Mittelrhein, Mainz 1966.
HAUSER, Arnold   Methoden moderner Kunstbetrachtung, München 1974 (= Nachdruck der Originalausgabe »Philosophie der Kunstgeschichte«, München 1958).
HDK   Handbuch der Kirchengeschichte (Hrg. Hubert Jedin). Bd. III, Teil 2: Freiburg 1968.
HAUSHERR, Reiner   Eine Warnung vor dem Studium von zivilem und kanonischem Recht in der Bible moralisée, in: Frühmittelalterliche Studien 9 (1975), S. 390–404.
HECKER, Norbert   Bettelorden und Bürgertum – Konflikt und Kooperation in deutschen Städten des Spätmittelalters (= Europäische Hochschulschriften, Reihe XXIII, Bd. 146), Frankfurt–Bern–Cirencester 1981.
HEGEL, Georg Wilhelm F.   Ästhetik, 2 Bde., Berlin–Weimar 1976, (3. Aufl. nach der 2. Ausgabe von H. G. Hotho, 1842, redigiert von Friedrich Bassenge).
HÉLIOT, Pierre   La filation de l'église haute à Saint-François d'Assise, in: Bulletin monumental 126 (1968), S. 127–140.

HÉLIOT, Pierre   Les Origines et le Débuts de l'Abside vitrée (XIe–XIIIe siècles), in: Wallraf-Richartz-Jahrbuch 30 (1968), S. 89–127.

HELLER, Carl-Benno   Gotische Hallenkirchen in Piemont und Lombardei (Phil. Diss. Mschr.) Frankfurt 1968. (Zitiert nach den Druckfahnen)

HERTLEIN, Edgar   Die Basilika San Francesco in Assisi. Gestalt – Bedeutung – Herkunft (= Pocket Library of »Studies« in Art, XVI), Florenz 1964.

HERTLEIN, Edgar   Masaccios Trinität, Kunst, Geschichte und Politik der Frührenaissance in Florenz (= Pocket Library of »Studies« in Art, XXIV), Florenz 1979.

HESSEL, Alfred   Geschichte der Stadt Bologna von 1116 bis 1280 (= Historische Studien, Bd. 76), Berlin 1910.

HETZER, Theodor   Über das Verhältnis der Malerei zur Architektur, in: Aufsätze und Vorträge, Bd. 2, Leipzig 1957.

HINNEBUSCH, William A.   The Pre-Reformation Sites of the Oxford Black Friars, in: Oxonensia III (1938), S. 57–82.

HINNEBUSCH, William A.   The History of the Dominican Order. Bd. 1: Origins and Growth to 1500, New York 1966. Bd. 2: Intellectual and Cultural Life to 1500, New York 1973.

HOLL, Adolf   Der letzte Christ – Franz von Assisi, Stuttgart 1979.

HOLZAPFEL, Heribert   Handbuch der Geschichte des Franziskanerordens, Freiburg 1909.

HORN, Walter/BORN, Ernest   The Barns of the Abbey of Beaulieu and its Granges of Great Cuxwell and Beaulieu St. Leonhards, Berkeley/Los Angeles 1965.

HORN, Walter/BORN, Ernest   The Barn of the Cistercian Grange of Vaulerent (Seine-et-Oise), France, in: Festschrift Ulrich Middeldorf, Berlin 1980, S. 24–31.

HUNOLD, Werner   Die mittelalterlichen Kirchen und Klöster der Franziskaner und Dominikaner in Westfalen, (Diss. Mschr. TH Dresden), Dresden 1918.

JAACKS, Günther H.   St. Katharinen zu Lübeck, Baugeschichte einer Franziskanerkirche (= Veröffentlichungen zur Geschichte der Hansestadt Lübeck, Bd. 21) Lübeck 1968 (Phil. Diss. Kiel 1967).

JANTZEN, Hans   Die Gotik des Abendlandes, Köln 1962.

JORD. CHRON.   Die Chronik des Jordan von Giano, in: Nach England und Deutschland (= Franziskanische Quellenschriften, Bd. 6), übers. von Kletus Kohorst, Werl 1957.

KATALOG, 1968   Katalog der Galerie alter Meister. Museum der Bildenden Künste Budapest, bearb. von A. Pigler, Bd. 1, Tübingen 1968.

KAUFMANN, Georg   Geschichte der deutschen Universitäten, 2 Bde., Stuttgart 1888/1896, Bd. 1: Vorgeschichte, 1888.

KDM KÖLN, 1929   Kunstdenkmäler der Rheinprovinz, Bd. VII, Abt. 2 = Die Kunstdenkmäler der Stadt Köln, II. Bd., 2. Abt., Düsseldorf 1929.

KDM KÖLN, 1937   Kunstdenkmäler der Rheinprovinz, Bd. VII, Abt. 3 = Die Kunstdenkmäler der Stadt Köln, II. Bd., 3. Abt. (Ergänzungsband), Düsseldorf 1937.

KIMPEL, Dieter   Die Querhausarme von Notre-Dame zu Paris und ihre Skulpturen, (Phil. Diss.) Bonn 1971.

KIMPEL, Dieter   Ökonomie, Technik und Form in der hochgotischen Architektur, in: Bauwerk und Bildwerk im Hochmittelalter. Anschauliche Beiträge zur Kultur- und Sozialgeschichte (= Kunstwissenschaftliche Untersuchungen des Ulmer Vereins, Bd. XI), Gießen 1981, S. 103–125.

KING, Thomas B.   The Study-Book of Medieval Architecture and Art, 4 Bde., London, o. J. (um 1858).

KLEINSCHMIDT, Beda   Die Basilika San Francesco in Assisi, 3 Bde. Berlin 1915/28, Bd. 1: Einleitung – Geschichte der Kirche – Architektur und Skulptur–Kunstgewerbe, Berlin 1915.

KLOTZ, Heinrich   Die Frühwerke Brunnellschis und die mittelalterliche Tradition, Berlin 1970.

KLUCKHOHN, Erwin   Gestalt und Geschichte der Ambrosiuskirche in Mailand, in: MittKhInstFlorenz VI (1940) S. 73 ff.

KOCH, Adolf   Die frühesten Niederlassungen der Minoriten im rechtsrheinischen Bayern, Heidelberg 1880.

KOCH, Adolf   Die frühesten Niederlassungen der Minoriten im Rheingebiete und ihre Wirkungen auf das politische und kirchliche Leben, Leipzig 1881.

KONOW, Helma   Die Baukunst der Bettelorden am Oberrhein, (Phil. Diss. 1939), Berlin 1954.

KOTHE, Julius   Ferdinand von Quast (1807–1877). Konservator der Kunstdenkmäler des Preußischen

Staates. Eine Würdigung seines Lebenswerkes, in: Deutsche Kunst und Denkmalpflege XLI (1977), S. 114–136.

KRAUTHEIMER, Richard   Die Kirchen der Bettelorden in Deutschland, (= Deutsche Beiträge zur Kunstwissenschaft, hrsg. v. P. Frankl, Bd. 2), Köln 1925.

KRÖNIG, Wolfgang   Hallenkirchen in Mittelitalien, in: Jahrbuch der Bibliotheca Hertziana II (1938), Rom, S. 1–142.

KUBACH, H. E./VERBEEK, A.   Romanische Baukunst an Rhein und Maas, 3 Bde., Berlin 1977.

KUGLER, Franz   Handbuch der Kunstgeschichte, Stuttgart 1842.

KUGLER, Franz   Kleine Schriften und Studien zur Kunstgeschichte, 3 Bde., Stuttgart 1853/1854.

KUGLER, Franz   Geschichte der gothischen Baukunst, 5 Bde., Stuttgart 1858/1873.

KÜHL, Arnold   Die Dominikaner im deutschen Rheingebiet und im Elsaß während des 13. Jahrhunderts, (Phil. Diss. masch.) Freiburg 1922.

KUNST, Hans-Joachim   Die Entstehung des Hallenumgangschores. Der Domchor in Verden an der Aller und seine Stellung in der gotischen Architektur, (Phil. Diss. 1964), in: Marburger Jahrbuch für Kunstwissenschaft XVIII (1969), S. 1–104.

KUNST, Hans-Joachim   Zur Ideologie der deutschen Hallenkirche als Einheitsraum, in: architectura – Zeitschrift für Geschichte der Baukunst 1 (1971), S. 38–53.

KUNST, Hans-Joachim   Die Vollendung der Romantischen Gotik im Expressionismus. Die Vollendung des Klassizismus im Funktionalismus, in: kritische berichte, Mitteilungsorgan des Ulmer Vereins, Jg. 7, Heft 1, 1979, S. 20–36.

KUNST, Hans-Joachim   Freiheit und Zitat in der Architektur des 13. Jahrhunderts. Die Kathedrale von Reims, in: Bauwerk und Bildwerk im Hochmittelalter. Anschauliche Beiträge zur Kultur- und Sozialgeschichte (= Kunstwissenschaftliche Untersuchungen des Ulmer Vereins, Bd. XI), Gießen 1981, S. 87–102.

KUNST, Hans-Joachim   Die Kirchen in Lüneburg – Architektur als Abbild, in: Architektur des Mittelalters – Funktion und Gestalt (hrsg. v. F. Möbius und E. Schubert), Weimar 1983.

KUTTNER, Stephan   Papst Honorius III. und das Studium des Zivilrechts, in: Festschrift für Martin Wolff, Tübingen 1952, S. 79–101.

LACROIX, Paul   Histoire de l'Hôtel de Ville, in: Paris a travers les âges. Aspects successifs des monuments et quartiers historiques de paris depuis le XIIIe siècle jusqu'a nos jours, (Hrsg. M. F. Hoffbauer), Bd. 1, Paris 1885, (2. Aufl.)

LAMBERT, E.   L'église et le couvent des Jacobins et l'architecture dominicain en France, in: Bulletin monumental 104 (1946), S. 141–186.

LECLERQ, Jean   Wissenschaft und Gottverlangen. Zur Mönchstheologie des Mittelalters, Düsseldorf 1963.

LEISTIKOW, Dankwart   Hospitalbauten in Europa aus zehn Jahrhunderten. Ein Beitrag zur Geschichte des Krankenhausbaus, Ingelheim 1967.

LEKAI, Louis J.   Studien, Studiensystem und Lehrtätigkeit der Zisterzienser, in: Die Zisterzienser. Ordensleben zwischen Ideal und Wirklichkeit (Ausstellungskatalog), Bonn 1980, (= Schriften des Rheinischen Museumsamtes, Bd. 10).

LEMMENS, Leonhard   Niedersächsische Franziskanerkirche im Mittelalter, Hildesheim 1896.

LENOIR, Albert   Architecture monastique, 2 Bde. Paris 1856 (= Collection documents inédits histoire France, Serie 3).

LENOIR, Albert   Statistique monumentale de Paris, 2 Bde. Paris 1867 (= Collection documents inédits histoire France, Serie 3).

LIBELLUS   Jordan von Sachsen, Libellus de principiis ordines Praedicatorum, in: MOPH XVI (1935), S. 1–88 (siehe »MOPH«).

LITTLE, Andrew George (ed.)   Tractatus Fr. Thomae, vulgo dicti de Eccleston, de adventu Fratrum Minorum in Angliam, Paris 1909.

LITTLE, Andrew George   The franciscan school at Oxford in the thirteenth century, in: Archivum Franciscanum Historicum (AFH), 19 (1926), S. 803–874.

LONGHI, L. Fraccaro de   L'Architettura delle chiese cistercensi italiane, Mailand 1958.

LORENZONI, Giovanni   L'edificio del Santo Padova, (= Fonti e Studi per la Storia del Santo a Padova, 3), Vicenza 1981.

LThK   Lexikon für Theologie und Kirche, 10 Bde., Freiburg ^{2}1957–1965.

LURZ, Meinhold   Heinrich Wölfflin. Biographie einer Kunsttheorie, (Heidelberger kunstgeschichtliche Abhandlungen, N. F., Bd. 14), Worms 1981 (Phil. Diss. 1976).
LÜBKE, Wilhelm   Die mittelalterliche Kunst in Westfalen, Leipzig 1853.
LÜBKE, Wilhelm   Geschichte der Architektur von den ältesten Zeiten bis auf die Gegenwart, Leipzig 1855.

MATTEUCCI, Anna Maria   Carlo Francesco Dotti e l'architettura bolognese del Settecento (= Fonti e Studi per la Storia di Bologna e delle Province Emiliane, 2), Bologna ²1969.
MARTIN, A. R.   Franciscan Architecture in England, Manchester 1937 (Reprint 1966).
MAURER, François   Kunstdenkmäler des Kantons Basel-Stadt, Bd. V: Die Kirchen, Klöster und Kapellen, Basel 1966.
MAURER-KUHN, François   Predigerkirche Basel, (= Schweizerische Kunstführer), Basel 1979.
MAZZEI, Otello   Alfonso Rubbiani: La maschera e il volto della città, Bologna 1879–1913, Bologna 1979.
MEERSSEMAN, G.   L' architecture Dominicaine au XIIIe siècle. Législation et pratique, in: Archivum Fratrum Praedicatorum (AFP), XVI (1946), S. 136–190.
MICHLER, Jürgen   Marburg und Köln – Wechselseitige Beziehungen der Baukunst des 13. Jahrhunderts, in: Hessische Heimat, 22. Jg. (1972).
MINGES, Parthenius   Geschichte der Franziskaner in Bayern, München 1896.
MÖBIUS, Friedrich   Basilikale Raumstruktur im Feudalisierungsprozeß – Anmerkungen zu einer »Ikonologie der Seitenschiffe«, in: kritische berichte 7 (1979), Heft 2/3, S. 5–17.
MONTAGNES, Bernhard   Architecture dominicaine en Provence, (= Publication de l'Unités de recherches archeologiques, No. 6/= Archéologie médiéval méditerraneénne Memoires 1), Paris 1979.
MOORMAN, John H.   A history of the Franciscan Order. From its Origins to the Year 1517, Oxford 1968.
MOPH   Monumenta Ordinis Fratrum Praedicatorum, Bd. I: Löwen 1896.
Bd. III: Acta capitolorum generalium Ordinis Praedicatorum, 1220–1303, Rom–Stuttgart 1898.
Bd. XVI: Monumenta historica sancti Patris nostri Dominici, Rom 1935.
Bd. XXV: Monumenta diplomatica s. Dominici, Rom 1966.
MULLIE, Robert   Monuments des Bruges, Bd. 1: Églises et Chapelles, Brügge (Woluwe–St. Lambert) 1960.
MÜLLER, Gottfried   Die Dominikanerklöster der ehemaligen Ordensnation »Mark Brandenburg«, (Diss. TH. Berlin-Charlottenburg), Berlin 1914.
MÜLLER, Karl   Die Anfänge des Minoritenordens und der Bußbruderschaften, Freiburg 1885.
MURPHY, John C.   The early Franciscan Studium at the University of Paris, in: Studium Generale. Studies offered to A. L. Gabriel (= Texts and Studies in the history of medieval education, No. XI), New York 1967.

NUSSBAUM, Otto   Die Aufbewahrung der Eucharistie (= Theophaneia, Beiträge zur Religions- und Kirchengeschichte des Altertums), Bonn 1979.

OBERST, Johannes   Die mittelalterliche Architektur der Dominikaner und Franziskaner in der Schweiz, Zürich 1925.
OFFERMANN, Rudolf   Die Entwicklung des gotischen Fensters am Mittelrhein im 13. und 14. Jahrhundert, (Phil. Diss. Frankfurt), Wiesbaden 1932.

PAATZ, Walter u. Elisabeth   Die Kirchen von Florenz. Ein kunstgeschichtliches Handbuch, 6 Bde., Frankfurt 1940/1954. Bd. 1: A–C, 1940.
PANOFSKY, Erwin   Über die Reihenfolge der vier Meister von Reims, in: Jahrbuch für Kunstwissenschaft 1927, S. 55–82.
PANOFSKY, Erwin   Architecture and Scholasticism, Latrobe 1964 (8. Aufl.).
PANOFSKY, Erwin   Das erste Blatt aus dem »Libro« Giorgio Vasaris. Eine Studie über die Beurteilung der Gotik in der italienischen Renaissance. Mit einem Exkurs über zwei Fassadenprojekte Domenico Beccafumis., in: Sinn und Deutung in der bildenden Kunst, Köln 1975, S. 192–273.
PAULUS, C.   Welt- und Ordensklerus beim Ausgang des 13. Jahrhunderts im Kampfe um die Pfarrechte, Essen 1900.
PEHNT, Wolfgang   Die Architektur des Expressionismus, Stuttgart 1973.
PELLY, R. L.   St. Nicholas Hospital Salisbury. The first seven centuries. Salisbury o. J. (um 1978).

PETERS, Hans   Das Aufkommen der Hallenkirche in Westfalen, (Phil. Diss. Tübingen 1930), Neufassung masch., Bonn 1951.
PETERS, Heinz   St. Peter und Paul in Ratingen. Eine frühe deutsche Hallenkirche, Ratingen 1957.
PRIN, Maurice   La première église des Frères Precheurs de Toulouse, d'après les fouilles, in: Annales du Midi 67 (1955), Toulouse, S. 5–18.
PROPYLÄEN   Das hohe Mittelalter, hrsg. v. Otto von Simson (= Propyläenkunstgeschichte, Bd. 6), Berlin 1972.

QF   Quellen und Forschungen zur Geschichte des Dominikanerordens in Deutschland, hrsg. von Paulus von Loë und B. M. Reichert, Leipzig 1970 ff.
    Heft 15: Beiträge zur Geschichte des Kölner Dominikanerklosters im Mittelalter, von G. M. Löhr, Teil 1: Darstellung, 1920.
    Heft 16/17: Beiträge zur Geschichte des Kölner Dominikanerklosters im Mittelalter, von G. M. Löhr, Teil 2: Quellen, 1922.
    Heft 38: Die Konstitutionen des Predigerordens unter Jordan von Sachsen, ed. von H. C. Scheeben, 1939.
QUSCHRFT. I   Franziskanische Quellenschriften, Bd. 1. Die Schriften des hl. Franziskus von Assisi, Einf., Übers. und Erläuterungen von L. Hardick und E. Grau, Werl 1982, (7. Aufl.)

RASHDALL-POWICKE-EMDEN   Hastings Rashdall The Universities of Europe in the Middle Ages, A new edition, by F. M. Powicke and A. B. Emden, 3 Bde., Oxford 1936, Bd. 1: Salerno–Bologna–Paris.
RÉAU, Louis   Iconographie de l'art chrétien, Tome III: Iconographie des Saints: A-F, Paris 1958.
RECHT, Roland   L'Alsace gothique de 1300 à 1365. Étude d'architecture religieuse, Colmar 1974.
ROCCHI, Guiseppe   La Basilica di San Francesco ad Assisi – Interpretazione e Rilievo, Florenz 1982.
ROMANINI, Angiola Maria   Die Kathedrale von Piacenza. Der Bau des 12. und 13. Jahrhunderts, in: Zeitschrift für Kunstgeschichte XVII (1954), S. 129–158.
ROMANINI, Angiola Maria   L'architettura gotica in Lombardia, 2 Bde., Mailand 1964.
ROMANINI, Angiola Maria   Per una interpretazione della Cattedrale di Piacenza, in: Il Duomo di Piacenza (1122–1972), Piacenza 1975.
RUBBIANI, Alfonso   La chiesa San Francesco in Bologna, Bologna 1866.
RUBBIANI, Alfonso   La chiesa di San Francesco e le tombe dei Glossatori in Bologna. Note storiche ed illustrative, Bologna 1899 (2. Aufl. 1900).
RÜCKBROD, Konrad   Universität und Kollegium. Baugeschichte und Bautyp. Darmstadt 1977.

SAINT-DENIS, Alain   Institution hospitalière et société aux XIIe et XIIIe. L'Hôtel-Dieu de Laon, 1150–1300, Nancy 1983.
SALIMBENE   Die Chronik des Salimbene von Parma. Nach der Ausgabe der Monumenta Germaniae, bearb. von Alfred Doren (= Die Geschichtsschreiber der deutschen Vorzeit, Bd. 93/94), 2 Bde., Leipzig 1914.
SABATIER, Paul   Leben des Hl. Franz von Assisi, Berlin 1897. Vie de S. François d'Assise, Paris 1893/94 (1. Aufl.).
SCHÄFER, Albrecht   Die Orden des hl. Franz in Württemberg bis zum Ausgang Ludwig des Bayern, (Phil. Diss. Tübingen 1910), Stuttgart 1910.
SCHEERER, Felix   Kirchen und Klöster der Franziskaner und Dominikaner in Thüringen. Ein Beitrag zur Kenntnis der Ordensbauweise. (= Beiträge zur Kunstgeschichte Thüringens, Bd. 2) Jena 1910.
SCHENKLUHN, Wolfgang   Wiedergelesen: Die gotische Baukunst von Karl-Heinz Clasen, in: kritische berichte, Mitteilungsorgan des Ulmer Vereins, Jg. 10, Heft 3, 1982, S. 61–66.
SCHENKLUHN, Wolfgang   Die Auswirkungen der Marburger Elisabethkirche auf die Ordensarchitektur in Deutschland, in: 700 Jahre Elisabethkirche Marburg (Ausstellungskatalog: Architektur in der Geschichte), Marburg 1983, S. 81–101.
SCHENKLUHN, Wolfgang/STIPELEN, Peter van   Architektur als Zitat. Die Trierer Liebfrauenkirche in Marburg, in: 700 Jahre Elisabethkirche Marburg (Ausstellungskatalog: Architektur in der Geschichte), Marburg 1983, S. 19–53.
SCHLAFFER, Hannelore und Heinz   Studien zum ästhetischen Historismus, Frankfurt 1975.
SCHLAGER, P. Patricius   Beiträge zur Geschichte der Kölnischen Franziskaner-Ordensprovinz im Mittelalter. Nach meist ungedruckten Quellen, Köln 1904.

SCHLAGER, P. Patricius Beiträge zur Geschichte der sächsischen Franziskanerprovinz, 2 Bde., Düsseldorf 1908/09.

SCHLEGEL, Friedrich Ansichten und Ideen von der christlichen Kunst, hrsg. und eingel. von Hans Eichner, (= Kritische Friedrich Schlegel-Ausgabe, Bd. 4), Paderborn–München–Wien 1959.

SCHLINK, Wilhelm Zwischen Cluny und Clairvaux. Die Kathedrale von Langres und die burgundische Architektur des 12. Jahrhunderts, (= Beiträge zur Kunstgeschichte, Bd. 4), Berlin 1970.

SCHMARSOW, August Das Wesen der architektonischen Schöpfung, Antrittsvorlesung, gehalten in der Aula der königlichen Universität Leipzig am 8. November 1893, Leipzig 1894.

SCHMARSOW, August Zur Beurtheilung der sogenannten Spätgotik, in: Repertorium für Kunstwissenschaften XXIII, Heft 4, 1900, S. 290–298.

SCHMID, Alfred A. Dominikaner, in: Reallexikon zur deutschen Kunstgeschichte (RDK), Bd. IV, Stuttgart-Waldsee 1958.

SCHMITT, Clement Der Anteil der Franziskaner an den Kreuzzügen 13. bis 15. Jahrhundert, in: 800 Jahre Franz von Assisi. Franziskanische Kunst und Kultur des Mittelalters (Ausstellungskatalog), Krems-Stein, 1982, S. 213–220.

SCHNAASE, Carl Geschichte der bildenden Kunst, 8 Bde., Düsseldorf 1866–1879 (2. Auflage).

SCHOMBURG, Dietrich Die Dominikaner im Erzbistum Bremen während des 13. Jahrhunderts, mit einer einleitenden Übersicht über die Ausbreitung des Ordens in Deutschland bis 1250, (Phil. Diss. Jena), Braunschweig 1910.

SCHÖNE, Wolfgang Studien zur Oberkirche von Assisi, in: Festschrift Kurt Bauch 1957, S. 50–116.

SCHÜRENBERG, Lisa Die kirchliche Baukunst in Frankreich zwischen 1270 und 1380, Berlin 1934.

SCHWARZ, Hans-Peter (Hg.) Die Elisabethkirche Marburg – Architektur in der Geschichte (Begleitheft zur Ausstellung), Marburg 1983.

SEDLMAYR, Hans Die Entstehung der gotischen Kathedrale, Zürich 1950.

SEDLMAYR, Hans Säulen mitten im Raum, in: Epochen und Werke, Gesammelte Schriften zur Kunstgeschichte, Bd. 1, Mittelwald 1977, S. 199–201.

SEEBERG, Reinhold Lehrbuch der Dogmengeschichte, Bd. 3: Die Dogmengeschichte des Mittelalters, Graz 1960 (6. Auflage).

SIMSON, Otto von Die gotische Kathedrale. Beiträge zu ihrer Entstehung und Bedeutung, Darmstadt 1972 (2., verbesserte Auflage).

SIMSON, Otto von Opere Superante Materiam – Zur Bedeutung der Sainte-Chapelle zu Paris, in: Mélanges Jacques Stiennon, Lüttich 1982.

SORBELLI, Albano Storia della Università die Bologna, Bd. 1: Il medioevo, Bologna 1944.

SOUTHERN, R. W. Kirche und Gesellschaft im Abendland des Mittelalters, Berlin 1976.

SPRINGER, Anton Handbuch der Kunstgeschichte. Zum Gebrauch von Künstler und Studierende und als Führer auf der Reise. Leipzig 1855.

STEENBERGHEN, Fernand v. Die Philosophie im 13. Jahrhundert, Paderborn 1977 (für die deutsche Übersetzung vom Verfasser neu bearbeitete 2. Auflage des in französisch erschienenen Buches, Paris 1966).

STODDARD, Whitney S. Monastery and Cathedral in France, Middletown (Connecticut), 1966.

STÜDELI, Bernhard E. J. Minoritenniederlassung und mittelalterliche Stadt. Beiträge zur Bedeutung von Minoriten- und anderen Mendikantenanlagen im öffentlichen Leben der mittelalterlichen Stadtgemeinde, insbesondere der deutschen Schweiz. (= Franziskanische Forschungen, Heft 21), Werl 1969.

SUNDT, Richard Alfred The churches of the Dominican Order in Languedoc, 1216–ca.1550, (Phil. Diss. Madison, Wisconsin), 1981.

SUPINO, I. B. La Basilica di San Francesco in Assisi, Bologna 1924.

SUPINO, I. B. L'arte nelle chiese di Bologna nei secoli XIII–XIV, Bologna 1932.

STEIN, Rudolf Romanische, Gotische und Renaissance-Baukunst in Bremen, (= Forschungen zur Geschichte der Bau- und Kunstdenkmäler in Bremen, Bd. 2), Bremen 1962.

TARTAKIEWICZ, W. Geschichte der Ästhetik, 3 Bde. Bd. 2: Die Ästhetik des Mittelalters, Stuttgart 1980.

THODE, Henry Franz von Assisi und die Anfänge der Kunst der Renaissance in Italien, Wien 1934, (4. und vermehrte Auflage). 1. Auflage: 1885.

THOMPSON, John D./GOLDIN, Grace The hospital: A social and architectural history, New Haven/London 1975.

TILLICH, Paul   Systematische Theologie, 3 Bde., Stuttgart–Frankfurt, 1958–1966.
TILLICH, Paul   Vorlesungen über die Geschichte des christlichen Denkens, Teil 2: Aspekte des Protestantismus im 19. und 20. Jahrhundert, (= Ergänzungs- und Nachlaßbände zu den Gesammelten Werken, Bd. II), Stuttgart–Frankfurt 1972.
TOLLET, Casimir   Les édifices hospitaliers depuis leur origine jusqu'à jours, Paris 1892 (2. Aufl.).

VERBEEK, Albert   Zur Baugeschichte der Kölner Minoritenkirche, in: Untersuchungen zur frühen kölner Stadt-, Kunst- und Kirchengeschichte, hrsg. von W. Zimmermann (= Kunstdenkmäler des Rheinlandes Beiheft 2), Essen o. J. (1950).
VICAIRE, Marie-Humbert   Geschichte des Hl. Dominikus, 2 Bde., Freiburg–Basel–Wien 1962/1963.
VIOLLET-LE-DUC, Eugène E.   Dictionnaire Raisonné de l'Architecture Française du XIe au XVIe, 10 Bde., Paris 1854–1868, Bd. 6: G–O, 1863.

WAGNER, Kurt   Denkschrift zur Einweihung des Reichspostgebäudes an den Dominikanern, Köln 1893.
WAGNER-RIEGER, Renate   Die italienische Baukunst zu Beginn der Gotik, 2 Bde. Graz–Köln 1956/1957. Bd. 1: Oberitalien, Bd. 2: Süd- und Mittelitalien.
WAGNER-RIEGER, Renate   Zur Typologie italienischer Bettelordenskirchen, in: Römische Historische Mitteilungen 2. Heft (1957/58), Rom 1959, S. 266–298.
WAGNER-RIEGER, Renate   Italienische Hallenkirchen (Zur Forschungslage), in: MittGesellschaft für vergl. Kunstforschung Wien, 12 (1960), S. 127–135.
WAGNER-RIEGER, Renate   San Lorenzo Maggiore in Neapel und die süditalienische Architektur unter den ersten Königen aus dem Hause Anjou, in: Miscellanea Bibliothecae Hertzianae, München 1961.
WAGNER-RIEGER, Renate   Rezension des Buches von E. Hertlein, 1964, in: Zeitschrift für Kunstgeschichte 28 (1965), S. 159–161.
WARNKE, Martin   Bau und Überbau. Soziologie der mittelalterlichen Architektur nach den Schriftquellen, Frankfurt 1976.
WERNER, Christof   Sakralität, was ist das?, in: Kirchen in nachsakraler Zeit, hrsg. von H. E. Bahr, Hamburg 1968.
WEX, Reinhold   Ordnung und Unfriede. Raumprobleme des protestantischen Kirchenbaus im 17. und 18. Jahrhundert in Deutschland. (Phil. Diss. 1981) Marburg 1984.
WHITE, John   Art and Architecture in Italy 1250–1400, (= Pelican History of Art), Harmondsworth 1966.
WIEG, Cornelia   Die Schlußsteine im Langhaus der Erfurter Predigerkirche. Resümee mit Katalog. In: Wissenschaftliche Zeitschrift der Friedrich-Schiller-Universität in Jena, 30. Jg., Heft 3/4, 1981, S. 337–350.
WIESEHOFF, Josef   Die Stellung der Bettelorden in den deutschen freien Reichsstädten im Mittelalter (Phil. Diss. Münster), Bonn–Leipzig 1905.
WILHELM-KÄSTNER, Kurt   Die Elisabethkirche zu Marburg und ihre künstlerische Nachfolge, Bd. 1, Marburg 1924.
WIND, Edgar   Kunst und Anarchie, Frankfurt 1979.
WITTKOWER, Rudolf   Gothic versus Classic, Architektural Projects in Seventeenth Century Italy, London 1974.

ZILSEL, Edgar   Die sozialen Ursprünge der neuzeitlichen Wissenschaft, hrsg. von W. Krohn, Frankfurt 1976.
ZIMMERMANN, Albert (Hg)   Antiqui und Moderni – Traditionsbewußtsein und Fortschrittsbewußtsein im späten Mittelalter (= Miscellanea Mediaevalia, Bd. 9), Berlin–New York 1974.

Register

Aachen, Pfalzkapelle 203, 228
Accursio 163
Agen, Dominikanerkirche 73, 112
Albertus Magnus 49, 208, 211, 230
Albert von Pisa 44, 204
Albi, Kathedrale 83
Alexander III.
  s. Rolando Bandinelli
Alexander Stavensby 40
Alexander von Hales 44, 49, 50, 78, 201
Alexander von Roes 203
Altenberg, Zisterzienserkirche 224
Amiens, Dominikanerkirche 72, 73 – Kathedrale 155, 157, 165, 195, 229
Angers, Kathedrale 186 – St. Jean 67 – Universität 72
Antonius von Padua 158, 177
Arlotto von Prato 45
Assisi, Portiuncula 34, 35 – San Francesco 20, 24, 25, 30, 118, 149, 166, 185–203, 233, Abb. 124–127 – Sta. Chiara 197

Barcelona, Kathedrale 123 – St. Maria del Mar 123
Basel, Dominikanerkirche 105, 112, 113, 227, 228, Abb. 53–55 – Münster 105, 194, 228
Beaune, Hospital 83
Beauvais Dominikanerkirche 72 – Kathedrale 194
Berlin, Franziskaner (Kloster-)kirche 11
Bern, Franziskanerkirche 10
Bernardo da Quintavalle 114
Bernhard von Clairvaux 98, 150, 159, 177
Bologna, San Domenico 24, 41, 52, 86–98, 110, 199–201, 230, 232, Abb. 32, 33, 38 – San Francesco 20, 29, 30, 52, 80, 110, 114–119, 221, 222, 233, Abb. 58–87, 91, 96, 103, 104 – Santa Maria Mascarella 85 – Santa Maria Pugliole 114, 158 – San Nicolò 43, 85–88 – San Petronio 90, 183 – San Pietro (Dom) 97, 98, 100, 101, 157, Abb. 41, 42 – San Proculo 86, 98 – SS. Vitale e Agricolo 98 – Universität 47, 161–163
Bonaventura 45, 167–169
Bonviso da Piacenza 106
Bourges, Kathedrale 194
Brandenburg, St. Katharinen 228
Braunschweig, St. Ägidien 157, Abb. 100, 5/6
Bremen, Dominikanerkirche 10, 13, 25, 213
  – Franziskanerkirche 10, 55, 105, 211, 228
Bristol, Kathedrale 181
Brügge, St. Jan-Hospital 64, Abb. 12, 13
Burckhardt, Jakob 14

Cäsarius von Speyer 204
Canterbury, Kathedrale 148, 166
Casanova, Zisterzienserkirche 148
Châlons-sur-Marne, Dominikanerkirche 72
Chartres, Dominikanerkirche 72 – Kanonikerhospital 64, Abb. 15–17 – Kathedrale 28, 89, 148, 194, 195
Cherlieux, Zisterzienserkirche 124, 150
Chichester, St. Mary-Hospital 64
Clairvaux, Zisterzienserkirche 30, 98, 122, 123, 148, 150–155, 159, 175, 198, Abb. 97–99
Cluny, Klosterkirche III 146, 147, 150, 151 – Notre-Dame 198
Colmar, Dominikanerkirche 106–108, 228, 229, Abb. 48 – Franziskanerkirche 9
Cremona, Dom 104

Dehio, Georg 17, 18, 31, 194
Dellwing, Herbert 24, 87, 88, 94, 96, 110, 123, 230
Dijon, Notre-Dame 198
Dominikus, hl. 34, 39–43, 51, 85, 88, 89, 92, 204
Dotti, Carlo F. 90, 91

Eisenach, Dominikanerkirche 9 – Franziskanerkirche 10
Elias von Cortona 37, 39, 44, 158, 159, 200, 201, 204
Engelbert von Berg 206
Erfurt, Barfüßerkirche 12, 20, 105, 228 – Dom 228 – Predigerkirche 226
Esslingen, Dominikanerkirche 226

Florenz, Santa Croce 30, 32, 80, 166, 170, 178–183, 199, Abb. 117, 118 – San Lorenzo 90 – Santa Maria Novella 32, 112–115, Abb. 57
Fontenay, Zisterzienserkirche 76, 148
Fossanova, Zisterzienserkirche 136
Frankfurt am Main, Dom 220, 228 – Dominikanerkirche 10, 13, 25, 29, 33, 212, 213, 220, Abb. 138 – Franziskanerkirche 10
Frankl, Paul 18, 19
Franziskus, hl. (Franz von Assisi) 13, 34–39, 43, 89, 167
Freiburg (Schweiz), Dominikanerkirche 226
Friedberg (Hessen), Pfarrkirche 222
Friedrich I. 47
Friedrich II. 200, 206
Friesach (Österreich), Dominikanerkirche 112–114, Abb. 56

Genf, Dominikanerkirche 10
Gerstenberg, Kurt 17–19
Giovanni da Piacenza 106
Goethe, J. W. 10
Gratian 161
Gregor IX.
  s. Hugolino von Ostia
Gross, Werner 21–26, 55, 123, 166, 178, 201, 203, 216, 226, 231

Hagenau, Dominikanerkirche 10
Haymo von Faversham 44, 52, 77, 158, 201
Hegel, G. W. F. 10, 11
Heiligenkreuz, Zisterzienserkirche 148
Heinrich von Marsberg 41, 208
Henricus de Fratte 115
Hertlein, Edgar 24, 25, 32, 123, 186–188, 190, 196, 197, 200, 201

Honorius III. 30
Hugo von St. Victor 169
Hugolino von Ostia 35, 37–39, 42, 43, 86, 98, 115, 159

Innozenz III. 34

Jacobo Buoncambio 159
Jean de St. Gilles 48
Johannes Barastre
  s. Johannes von St. Alban
Johannes Duns Scotus 230
Johannes Parenti 44, 158, 201
Johannes von Murrovalle 45
Johannes von Parma 200
Johannes von Rupella 44, 49, 78
Johannes von St. Alban 48, 52, 61, 62, 64
Jordan von Giano 204, 205
Jordan von Sachsen 41, 89, 207

Koblenz, Dominikanerkirche 25, 92 – Franziskanerkirche 10
Köln, Dom 157, 188, 194, 229 – Dominikanerkirche 10, 92, 208–213, 230, Abb. 135–137 – Minoritenkirche 12, 30, 183, 214–230, 233, Abb. 139–143, 145, 146, 148, 150 – St. Andreas 205, 206 – St. Ursula 224
Konow, Helma 24, 83, 106, 108, 114, 226, 228
Konrad Scharfeneck 83
Konstanz, Dominikanerkirche 13, 105, 113, 114, 226 – Franziskanerkirche 13
Krautheimer, Richard 19–21, 24, 26, 183, 205, 216, 231
Kugler, Franz 11, 12, 122, 231
Kunst, Hans-Joachim 10, 15, 18, 29, 30, 67, 157, 194, 195, 228, 229

Langres, Kathedrale 152
Laon, Kanonikerhospital 64 – Kathedrale 72, 141, 194, 195
La Prée, Zisterzienserkloster 148
Le Mans, Kathedrale 82, 194
Leipzig, Dominikanerkirche 25
Lilienfeld, Zisterzienserkloster 148

Lincoln, Franziskanerkirche 183–185, Abb. 122, 123
Lucca, San Francesco 166
Ludwig IX. 73, 78, 84, 203
Lübeck, Dominikanerkirche 10 – Franziskanerkirche (St. Katharinen) 30, 55, 82, 181–183, 199, Abb. 119–121 – Heilig-Geist-Hospital 70, Abb. 71 – Marienkirche 157, 194, 228
Lübke, Wilhelm 11, 18

Magdeburg, Dom 105, 194, 228 – Dominikanerkirche 213
Mailand, Chiaravalle Milanese 95–97, 136, 196, Abb. 37 – Sant' Ambrogio 97, 157, 167 – San Eustorgio 43, 94, 97, 99, 205, Abb. 39, 40
Mainz, Dominikanerkirche 10 – Franziskanerkirche 10
Marburg, Dominikanerkirche 10 – Elisabethkirche 27, 29, 194, 216, 218, 219, 223, 233, Abb. 144
Marienstatt, Zisterzienserkirche 227
Matthäus von Paris 98
Matthäus von Aquasparta 45
Maubuisson, Zisterzienserscheune 108, Abb. 51
Mendelsohn, Erich 20, 21
Metz, Dominikanerkirche 13, 83, Abb. 30
Minden, Dom 29, 213, 220 – Dominikanerkirche 213
Modena, Dom 118
Moneta da Cremona 41
Montpellier, Universität 42
Morimondo, Zisterzienserkirche 87, 93–98, 136, 148, 197, Abb. 34–36
Mouzon, Benediktinerkirche 194
Münster, Dom 194 – Franziskanerkirche 10 – Liebfrauen-Überwasserkirche 220 – Minoritenkirche 220
Münster-Maifeld, Stiftskirche 216

Narbonne, Kathedrale 82
Naumburg, Dom 227
Neapel, Santa Maria Maggiore 177–179, Abb. 115, 116 – Universität 178
Neuruppin, Dominikanerkirche 11, 217, 220
Nevers, St. Gildehard 197

Nikolaus von Lund 41
Noirlac, Zisterzienserkloster 148
Nürnberg, Dominikanerkirche 10 – St. Sebald 228

Odofredo 163
Orleans, Dominikanerkirche 73 – Universität 72, 73
Otto aus der Lombardei 205
Ourscamp, Zisterzienserkloster 67
Oxford, Mendikantenkirchen 185 – New College, 71, 72, Abb. 20 – Universität 185

Pacificus 77
Paderborn, Dom 213
Padua, Palazzo della Ragione 67 – San Agostino 32 – San Antonio 176, 177, Abb. 113, 114
Paris, Collège de Cluny, 55, 57 – École de St. Thomas 60 – Les Bernhardins 76 – Notre-Dame, 29, 59, 136–149, 152, 159, 165, 194–196, Abb. 80–90, 92 – Notre-Dame de Champs 52 – Palais de la Cité 83, Abb. 29 – Parloir aux Bourgois 56 – St. Benoît 51 – Ste. Chapelle 30, 186, 201–203, 224, 227, 229, 233, Abb. 131–134 – St. Christophe (Hospital) 51, 64, Abb. 14 – St. Cosmas und Damian 77, 78 – St. Denis 77, 194, 201, 229 – St. Geneviève 41, 55 – St. Germain des Prés 77, 78, 82, Abb. 26 – St. Jacques 43, 55–62, 68–72, 212, Abb. 4–7, 11 – St. Lazare (Hospital) 57 – Ste. Madeleine 20, 78–84, 159, Abb. 25, 27, 28 – St. Mathurin 76, 78 – St. Victor 36 – Sorbonne 55 – Universität 47–50
Paul von Ungarn 41
Pavia, San Michele 135
Peter Catanii 34, 38, 204
Peter von Nemour 48
Pforzheim, Franziskanerkirche 10
Piacenza, Dom 104–106, 136, 173, Abb. 47 – San Francesco 170–176, 222, Abb. 105–112 – San Giovanni in Canale 92, 100–108, 175, 211, 212, Abb. 43–46 – Universität 105
Pierre von Reims 41
Pisa, Dom 104

247

Poitiers, Kathedrale 29 – Palais des Contes 83
Potsdam, Einsteinturm, 21, Abb. 1
Pontigny, Zisterzienserkirche 77, 122, 123, 149–153, Abb. 93–95
Prenzlau, Dominikanerkirche 220 – Franziskanerkirche 30, 199

Quincy, Zisterzienserkirche 150

Ratingen, Pfarrkirche 217
Regensburg, Dominikanerkirche 22, 112, 226
Reginald d'Orleans 52, 85, 88
Reigny, Zisterzienserkirche 148
Reims, Bischofskapelle 203 – Kathedrale 155, 156, 165, 193–196, Abb. 128, 129 – St. Nicaise 194 – St. Remi 194, 195
Riegl, Alois 16
Rimini, San Francesco 33
Ripalta Scriva (Piemont), Zisterzienserkirche 97, 148
Robert Grosseteste 168, 185
Robert von Courçon 47
Rodez, Kathedrale 83
Roger Bacon 50, 163, 168
Roland von Cremona 41, 48, 49
Rolando Bandinelli 161
Rom, Sta. Maria Maggiore 183 – Santa Sabina 43
Romanzini 163
Royaumont, Zisterzienserkirche 74, 155, 178
Rubbiani, Alfonso 118, 119, 122, 124, 126, 130, 135, 166, Abb. 62–64
Rufach, Franziskanerkirche 226

Sabatier, Paul 13, 37, 38, 158
Salimbene 44, 89
Salisbury, Kathedrale 74 – St. Nicholas-Hospital 64, Abb. 18, 19
San Galgano, Zisterzienserkirche 136
Savigny, Zisterzienserkirche 124
Schlegel, Friedrich 10
Schlettstadt, Franziskanerkirche 13
Schmarsow, August 16, 17
Schnaase, Carl 11–14, 122
Schwäbisch-Gmünd, Heiligenkreuz 228

Sedlmayr, Hans 24, 55, 76, 159, 192, 193, 196, 201
Sens, Kathedrale 140, 141, 146, 194 – St. Jean 158
Siegfried von Westerburg 214
Siena, Dom 136, 157
Simon von Schweden 41
Soest, Dominikanerkirche 10 – Wiesenkirche 220
Soissons, Kathedrale 203
Speyer, Dominikanerkirche 10 – Franziskanerkirche 10
Stein (Österreich), Zisterzienserkirche 222
Stendal, St. Marien 229 – St. Nikolai 228
Stephan Lexington 98
Stralsund, Franziskanerkirche 10, 55 – St. Marien 228
Straßburg, Dominikanerkirche 13, 112, 113 – Franziskanerkirche 9, 10
Stuttgart, Weißenhofsiedlung 23, Abb. 2

Thode, Henry 14, 15, 122
Thomas Eccleston 44, 77
Thomas von Aquin 49, 76, 169
Thomas von Celano 204
Todi, Dominikanerkirche 29
Tonnere, Hospital 83
Toulouse, Kathedrale 83 – St. Jacques 29, 52, 72–76, Abb. 22–24 – St. Romanus 40 – Universität 48, 49
Trier, Dominikanerkirche 10 – Liebfrauenkirche 194, 195, 216, 220, 222–224, Abb. 147, 149 – Minoritenkirche 10, 220, 227

Vaucelles, Zisterzienserkirche 28, 124
Vaulerent, Zisterzienserscheune 109, Abb. 50
Venedig, Frarikirche 110 – San Marco 118, 177 – SS. Giovanni e Paolo 32
Ventura di Verona 89
Vercelli, Sant' Andrea 136
Verden, Dom 29, 105, 213, 222, 228, 229
Verona, S. Anastasia 32 – San Zeno 216
Vezelay, Ste. Madeleine 78
Vicenza, San Corona 110–112, Abb. 52 – San Lorenzo 32
Vilich, Stiftskirche 229

Villard d'Honnecourt 28–30
Villeneuve sur Yonne, Notre-Dame 158
Vincent von Beauvais 41
Viollet-le-Duc 11, 17, 64, 108, 136

Wagner-Rieger, Renate 24, 86, 87, 88, 92, 94, 95, 97, 98, 100, 110, 177, 186, 187, 196
Wetter, Stiftskirche 222
Wilsnack, St. Nikolai 228
Wismar, Dominikanerkirche 10, 13
Wölfflin, Heinrich 16, 17
Worms, Dom 105, 204 – Dominikanerkirche 10, 105 – Franziskanerkirche 10
Würzburg, Franziskanerkirche 83, 226

Zürich, Franziskanerkirche 13, 228
Zwirner, Ernst Friedrich 13, 214

Abbildungsnachweis

Nach Aubert (L'architecture cistercienne, Bd. 2): Abb. 51 – Nach Bau und Wohnung (Hrg. v. Deutschen Werkbund): Abb. 2 – Nach Beaumont/Maillet (Grand Couvent des Cordeliers): Abb. 25, 28. – Becocci, Florenz: Abb. 117 – Bildarchiv Foto Marburg: Abb. 8–10, 12, 18, 26, 34–37, 39, 40, 43–49, 52, 58–60, 68–74, 76–93, 95, 96, 103–106, 108–112, 114, 115, 119, 122, 123, 127–130, 147, 149, 150.
Bulletin monumental 104 (1946): Abb. 5, 23.
Nach Chapotin (Histoire des Dominicains): Abb. 4, 30.
Nach Christ (Églises Parisiennes): Abb. 11, 27.
Congres archéologique 74 (1907): Abb. 94.
Nach Craemer (Hospital als Bautyp): Abb. 13, 19, 21.
Nach Dattenberg (Niederrheinische Ansichten): Abb. 137.
Nach Decloux/Doury (Histoire de la Sainte-Chapelle): Abb. 131–134.
Nach Dehio/v. Bezold (Kirchliche Baukunst): Abb. 24, 57, 100/3, 118, 125, 144.
Nach Denkmalpflege-Bericht, Wiesbaden (1929–36): Abb. 138.
Nach Donin (Bettelordenskirche in Österreich): Abb. 56.
Nach de Fleury (Gallia Dominicana): Abb. 7.
Nach Garini (San Francesco di Bologna): Abb. 61, 65.
Nach Giesau (St. Ägidien in Braunschweig): Abb. 100/5+6.
Handbuch der Architektur, Teil 2, Heft 4, (1927): Abb. 100/1+2.
Nach Hoffbauer (Paris travers les âges): Abb. 3, 29.
Nach Horn/Born (Grange of Vaulerent): Abb. 50.
Nach Kleinschmidt (San Francesco in Assisi, Bd. 1): Abb. 124.
Kunstdenkmäler Basel-Stadt, Bd. 5 (1966): Abb. 53, 55.
Kunstdenkmäler Lübeck, Bd. 4/1 (1926): Abb. 120, 121.
Kunstdenkmäler Italien, Venetien (1976): Abb. 113.
Nach Lenoir (Architecture monastique, Bd. 2): Abb. 6.
Nach Maurer-Kuhn (Predigerkirche Basel): Abb. 54.
Nach Mazzei (Alfonso Rubbiani): Abb. 62, 63.
Nach Pehnt (Architektur des Expressionismus): Abb. 1.
Rheinisches Bildarchiv, Köln: Abb. 139–142, 146, 148.
Nach Ricci (Bologna): Abb. 102.
Nach Rubbiani (Le tombe dei Glossatori): Abb. 64, 66, 67.
Nach Rückbrod (Universität und Kollegium): Abb. 20, 31.
Nach Schlink (Cluny und Clairvaux): Abb. 97–99.
Nach Sorbelli (Bologna negli scrittori stranieri): Abb. 101.
Nach Supino (San Francesco in Assisi): Abb. 126.
Nach Supino (Chiese di Bologna): Abb. 41, 42.
Nach Tollet (Édifices hospitaliers): Abb. 14–17.
Nach Veerbek (Kölner Minoritenkirche): Abb. 143.
Nach Wagner (Denkschrift): Abb. 135.
Nach Wagner-Rieger (San Lorenzo Maggiore in Neapel): Abb. 116.
Zeichnungen vom Verfasser: Abb. 22, 32, 33, 38, 75, 100/4, 107, 136, 145.